우리에게
종교란 무엇인가

우리에게 종교란 무엇인가

청년을 위한 종교인문학 특강

ⓒ 한국종교문화연구소 2016

초판 1쇄	2016년 12월 30일
초판 2쇄	2020년 4월 6일

편저자	이진구
지은이	한국종교문화연구소

출판책임	박성규	펴낸이	이정원
편집주간	선우미정	펴낸곳	도서출판 들녘
편집	박세중·이수연	등록일자	1987년 12월 12일
디자인	한채린·김정호	등록번호	10-156
마케팅	정용범	주소	경기도 파주시 회동길 198
경영지원	김은주·장경선	전화	031-955-7374 (대표)
제작관리	구법모		031-955-7381 (편집)
물류관리	엄철용	팩스	031-955-7393
		이메일	dulnyouk@dulnyouk.co.kr
		홈페이지	www.dulnyouk.co.kr

ISBN	979-11-5925-223-5 (03200)	CIP	2016030755

이 도서의 국립중앙도서관 출판예정도서목록(CIP)은 서지정보유통지원시스템 홈페이지(http://seoji.nl.go.kr)와
국가자료공동목록시스템(http://www.nl.go.kr/kolisnet)에서 이용하실 수 있습니다.

값은 뒤표지에 있습니다. 잘못된 책은 구입하신 곳에서 바꿔드립니다.

청 년 을 위 한 종 교 인 문 학 특 강

우리에게
종교란 무엇인가

이진구 편저
한국종교문화연구소 지음

들녘

오늘을 살아가는 우리에게 종교란 무엇일까요? 이 물음에 대해 한 마디로 답하기는 매우 어려울 것입니다. 인간이나 예술, 사랑 등에 대한 물음을 던졌을 경우에도 사정은 매한가지일 것입니다. 이러한 물음들에 대해서는 모든 사람이 동의하는 단 하나의 해답을 찾는 것이 사실상 불가능합니다. 이럴 경우에는 물음을 조금 바꾸어볼 필요가 있을 것 같습니다. 이렇게 물으면 어떨까요? 사람들은 도대체 종교에 대해 어떻게 말하고 있을까요?

주변 사람들에게 종교에 대해 어떻게 생각하느냐고 물어보면 천차만별의 답이 나오지만 크게는 두 부류로 나뉘는 것 같습니다. 첫 번째 부류의 사람들은 종교를 절대적 진리의 세계라고 주장합니다. 이들에 의하면 종교는 절대적 존재인 신이 인간에게 가르쳐준 영원불변의 진리로서 어지럽고 혼탁한 이 세상에서 우리가 의지해야 하는 유일한 등불입니다. 특히 신의 계시는 경전에 온전하게 들어 있기 때문에 경전의 가르침대로 사는 것이 가장 참된 삶이라고 주장합니다.

그런데 이렇게 말하는 사람들의 이야기를 좀 더 들어보면 이때 신이나 경전은 다른 종교의 신이나 경전이 아니라 그들 자신이 신봉하는 신과 경전을 가리키는 경우가 대부분입니다. 이들에 의하면 세상은 타락하고 다른 종교들은 온전한 진리를 알지 못하기 때문에 자신들의 종교를 통해서만 참된 구원이 가능하다고 합니다. 따라서 이들은 어둠 속에 빠져 있는 영혼들을 빛의 세상으로 인도하기 위해 온몸을 바쳐 포교활동에 나서게 되는데 이때 이들에게 세상 사람은 모두 개종의 대상이 될 뿐입니다. 종교적 절대주의라고 부를 수 있는 이러한 태도는 특정 종교의 지도자나 열정적 신앙을 지닌 신자들에게서 쉽게 눈에 띕니다.

두 번째 부류의 사람들은 종교에 대해 전혀 다른 태도를 취합니다. 이들은 종교를 영원한 진리의 세계가 아니라 무지에 근거한 오류의 세계라고 주장합니다. 지적으로 미성숙한 사람들에게서 나타나는 비논리적이고 유치한 사고가 바로 종교라는 것입니다. 이들에 의하면 종교는 지적 오류에 해당할 뿐만 아니라 심리적·사회적 측면에서도 많은 해악을 초래합니다. 심리적 측면에서 보면 종교는 정신건강에 해로운 강박신경증의 하나이고, 사회적 측면에서는 지배계급의 도구이자 민중의 아편이라는 것입니다. 종교를 침투력이 강한 문화적 유전자의 하나인 '악성 바이러스'로 보는 관점도 이와 유사한 논리에 속합니다.

이처럼 종교에 대해 적대적인 태도를 취하는 사람들은 종교의 지적 오류와 역사적 해악을 폭로하는 동시에 종교로부터 인간을 해방하기 위한 다양한 프로그램 개발에 주력합니다. 이들이 개발하는 종교예방 혹은 종교퇴치 프로그램은 과학적 유물론, 과학적 무신론, 과학적 휴머니즘 등의 이름으로 나타나곤 하는데 과학적 합리성이라는 전가의 보도가 그 배후에 놓여 있음을 알 수 있습니다. 이러한 반종교적 노선은 계몽주의의 후예를 자처하는 이른바 진보적 지식인 진영에 널리 퍼져 있습니다.

신의 이름을 외치며 세상구원을 위해 돌진하는 종교적 절대주의와 종교박멸을 외치며 인간해방을 위해 나서는 과학적 합리주의는 이처럼 정면충돌하고 있습니다. 둘 사이의 접점은 전혀 없어 보입니다. 그런데 한발 떨어져서 보면 양자는 인식론적 토대를 공유하고 있습니다. 양자 모두 종교의 본질을 전제하고 있기 때문입니다. 종교적 절대주의는 종교를 절대적 진리로 본질화하는 반면 과학적 합리주의는 종교를 망상의 체계로 본질화하고 있습니다.

종교의 본질을 진리로 규정하건 망상으로 규정하건 본질주의적 태도는 종교에 대한 성찰을 가로막기 쉽습니다. 종교를 고정불변의 진리체계로 전제할 경우 신과 경전에 대한 무조건적 믿음만이 요구되는 반면, 종교를 전도망상의 체계로 간주할 경우 종교에 대한 공격과 해체 작업만이 요청되기 때문입니다. 이처럼 종교적 절대주의와 과학적 합리주의는 서로 대적 관계에 있지만 종교의 선험적 본질을 전제함으로써 종교선전과 종교박멸이라는 동어반복의 몸짓만을 지속할 뿐입니다. 이러한 두 입장에서는 인식지평의 확장을 기대하기 어렵습니다.

따라서 우리는 종교를 절대진리나 절대오류와 같은 신성불가침의 언어로 신비화시키는 태도보다는 인간이 살아가면서 만들어낸 삶의 한 차원으로 볼 필요가 있습니다. 다시 말하자면 유한한 인간이 삶의 과정에서 생산한 역사적·문화적 산물의 하나로 종교를 보자는 것입니다. 그럴 경우 종교는 무조건적 믿음이나 배척의 대상이 아니라 우리 자신의 삶을 이해하기 위한 하나의 렌즈가 될 수 있을 것입니다.

이러한 맥락에서 이제 우리가 물어야 할 것은 종교의 본질이 아

우리에게 종교란 무엇인가

니라 종교의 본질을 주장하는 배후의 힘과 논리입니다. 왜 사람들은 종교의 본질을 규정하고 싶어 하며 그 이면에는 어떠한 욕망과 권력이 작동하고 있는지, 그리고 그러한 논리는 어떠한 효과를 산출하는지를 살펴보는 일이 중요합니다. 다시 말하자면 종교라고 불리는 현상에 대해 '의심의 해석학'을 적용해볼 필요가 있습니다.

이 책에 실린 에세이들은 대체로 이러한 문제의식을 공유하면서 우리 사회의 종교문화에 대한 인문학적 성찰을 모색한 글들입니다. 여기에는 최근 우리 사회에서 일어난 미션스쿨을 둘러싼 종교 자유 문제에서부터 종교인의 세금, 교회와 사찰의 매매, 대통령의 조찬기도회 참석, 아프간 사태로 대변되는 해외선교와 안티기독교 운동, 창조-진화 논쟁과 같은 뜨거운 이슈들만이 아니라, 미디어의 발달에 따른 종교경험의 변화와 사이버 의례의 등장, 신자유주의의 확산에 따른 종교의 문화상품화와 성공 신화의 열풍, 다문화 시대의 도래에 따른 종교 기상도의 변화, 9·11로 대변되는 종교와 폭력(평화)의 관계, 생태(생명)환경의 변화에 따른 종교계의 대응과 생명윤리 논쟁, 종교적 실천의 한 부분을 이루는 순례의 성격과 양상, 나아가 최근 종교연구 분야에서 새로운 이론으로 떠오르고 있는 인지종교학의 성과에 이르기까지 매우 광범위한 주제와 이슈를 포함하고 있습니다.

이 책은 수년 전 한국종교문화연구소의 연구원들이 우리 시대의 종교를 문화비평의 차원에서 재조명해보고자 하는 취지하에 기획 모임을 가지면서 시작되었습니다. 적지 않은 수의 집필자들이 참여하였기 때문에 원고 수집과 검토에 상당한 시간이 소요되었을 뿐만 아니라 여러 사정으로 인해 예상했던 것보다 출판이 매우 늦어지게 되었습니다. 그럼에도 불구하고 인내심을 갖고 출판을 기다려준 필자들께 다시 한 번 미안한 마음과 동시에 감사의 말씀을 전합니다. 바쁜 시간에 틈을 내어 초고를 꼼꼼하게 읽고 코멘트를 해준 전인철 선생님께도 감사의 말씀 드립니다. 필자들이 미처 준비하지 못한 이미지 자료를 확보하여 원고의 내용을 더욱 알차게 만들어준 들녘 출판사의 박성규 주간과 편집부 유예림 팀장께 특별한 감사의 말씀 드립니다.

글쓴이들을 대표하여
이진구

차례

권

최근
한국 사회
신화 열풍의
빛과
그림자

임현수

언제부턴가 신화가 우리 일상 가까운 곳에서 모습을 드러내기
시작했습니다. 그저 아득히 먼 과거에 우리와는 생각하는 방식이
전혀 다른 사람들이 전유했던 이야기 정도로만 알고 있던 신화가
이제 우리 주변을 근거리에서 맴도는 현상이 벌어지는 것입니다.
자식의 일이라면 무엇이든 관심을 아끼지 않는 우리의 부모님들도
신화 관련 서적을 사기 위해 기꺼이 지갑을 열고 있습니다.
어찌된 일일까요. 수년 전부터 한국 사회에서 불고 있는 신화 열풍의
이면을 짚어보고 몇 가지 문제점을 함께 토론해보도록 하지요.

신화 열풍이라는 현상

최근 몇 년 사이에 신화 바람이 한국 사회를 흔들고 지나갔습니다. 2000년을 전후로 불기 시작하여 그 파동이 현재까지도 잔잔히 남아 있는 이 바람은 신화에 대하여 몇 가지 생각할 거리들을 던져줍니다. 이 신화 바람의 실체는 무엇일까요? 그것은 다름 아니라 신화에 대한 사회적 관심이 이전과 비교할 때 폭발적으로 증가한 현상을 말합니다. 신화에 대한 사회적 소비가 증폭했다고 할까요? 그 바람의 중심에는 그리스 신화가 있었습니다.

새천년을 맞이하느라 떠들썩했던 2000년 한국의 서점가에서는 주목할 만한 일이 벌어집니다. 국내의 한 출판사에서 발행한 『이윤기의 그리스 로마 신화』가 증쇄를 거듭하는 판매고를 올리기 시작한 것이지요. 그동안 그리스 로마 신화를 소개한 책이 전혀 없었던 것은 아니어서 갑작스럽게 벌어진 이 현상을 처음에는 의아스런 눈길로 바라보았지요. 하지만 시간이 지날수록 판매부수는 더욱 늘어만 갔고 여기에 편승하여 이와 유사한 소재로 만들어진 책들이 다른 출판사에서 덩달아 출판되는 현상이 빚어지기도 했습니다. 그 가운데는 주 독자층을 어린이로 선정하여 만들어진 책들도 있었습니다. 그리스 로마 신화를 만화로 소개한 책들이 대표적인데, 이러한 책들이 올린 판매부수도 무시할 수 없는 수치를 기록했습니다. 만화로 된 그리스 로마 신화가 많이 팔리게 된 데는 당연히 자식을 위하여 기꺼이 지갑을 열었던 학부모들의 높은 관심이 한몫했겠지요.

갑작스럽게 일어난 그리스 로마 신화 열풍은 여기서 그치지 않았어요. 다양한 문화권의 신화들이 동시다발적으로 출판되는 양상이 나타나기 시작한 것이지요. 물론 그리스 로마 신화 이외에

우리에게 종교란 무엇인가

도 메소포타미아 신화나 중국 신화처럼 다른 문화권의 신화가 이미 소개된 사례가 없지는 않았습니다. 하지만 이번의 경우는 사정이 달랐습니다. 왜냐하면 매우 광범위한 지역에 걸쳐 다양한 신화들이 소개되었으니까요. 이집트 신화, 아프리카 신화, 인도 신화, 유럽 신화, 마야 신화 등과 같이 주요 문화권의 신화들이 본격적으로 출판되었습니다. 한국 신화, 중국 신화, 일본 신화처럼 동아시아 문화권에 속한 신화들도 예전에 소개된 적이 있더라도 일반인들이 쉽게 읽을 수 있는 판으로 다시 출판되는 경우가 생겼습니다.

처음 출판계에서 불기 시작했던 신화 열풍은 점차 다른 문화콘텐츠 산업에도 영향을 끼쳤습니다. 출판 쪽에서 거둔 성공은 신화가 얼마든지 돈벌이의 수단이 될 수 있다는 생각을 불러일으켰던 것이지요. 신화의 내용이나 주인공을 소재로 활용한 애니메이션과 게임, 캐릭터 등이 제작되는 비율이 부쩍 늘어났습니다.

사태가 이쯤 되면 가히 신화 바람이 한국 사회를 강타했다고 표현해도 무리는 아니겠지요. 하나의 문화가 사회 전반에 걸쳐서 지속적인 영향력을 행사했을 때 우리는 그것을 유의미한 문화현상이 나타났다고 평가합니다. 그리고 많은 전문가들이 나서서 왜 이러한 현상이 그 사회에 출현했는지, 또 그 현상이 남긴 흔적과 의의는 무엇인지, 앞으로 보완하거나 해결해야 할 과제로는 어떤 것들이 있는지 분석하는 작업을 수행합니다. 해당 문화현상의 소용돌이를 직접 경험한 바 있었던 일반 대중은 전문가들의 발언을 참고하여 주변을 되돌아보는 기회를 갖기도 합니다. 한국 사회에 불어온 신화 바람은 신화라고 하는 하나의 문화가 한국 사회 전반에 걸쳐 2000년 이후 적어도 10여 년 동안 일정한 영향력을 행사한 사건이었습니다. 당연히 이 현상을 신화학자, 문화평론가, 문학 연구자, 종교학자 등의 여러 전문가들이 주목하기 시작하였지요.

신화 열풍을 바라보는 다양한 시각들

그렇다면 한국의 신화 열풍에 대하여 전문가들은 어떤 평가를 내렸을까요? 전문가에 따라서 다양한 의견이 제시되었지만 몇 가지 사안을 중심으로 간단히 정리해보도록 하겠습니다.

먼저 신화 열풍이 일어난 원인에 대한 이야기입니다. 많은 전문가들이 이구동성으로 지적하는 것 중에 하나가 신화는 일종의 판타지라는 겁니다. 잘 아시는 바와 같이 판타지는 현실 속에서 구현할 수 없는 욕망이나 꿈, 이상을 대리 충족할 수 있는 장치입니다. 판타지를 생산하는 방법은 여러 가지가 있을 수 있겠지요. 개인적으로 상상력을 발동시켜 판타지를 즐길 수도 있고, 문학이나 영화 같은 예술을 통해서 표출할 수도 있고요. 신화도 판타지가 나오는 주요 통로라는 것입니다. 그런데 한국에서 신화가 갑작스럽게 유행을 타기 시작한 배경에는 이미 판타지 문화에 대한 높은 관심이 작용하고 있었다고 합니다. 다시 말해 신화가 각광을 받기 전부터 판타지 문화에 대한 높은 호응이 한국 사회 저변을 흐르고 있었던 것이지요. 예를 들면 '해리 포터'나 『반지의 제왕』 같은 문학 작품이나 영화, 젊은 층 사이에서 꽤 잘나가는 인터넷 게임 등은 형식이나 내용으로 볼 때 판타지 장르에 속한 것으로 평가되고 있습니다. 이 작품들은 신화가 주목을 끌기 전부터 대중들의 인기를 얻고 있었는데, 특히 신화에서 끌어온 소재와 모티브가 많았지요. 이

우리에게 종교란 무엇인가

와 같은 분위기에 편승하여 자연스럽게 신화에 대한 관심이 싹트기 시작했다는 것입니다. 여기서 우리는 신화를 판타지의 원천 혹은 고향으로 여기는 태도를 발견할 수 있습니다. 그렇다면 판타지 문화에서 신화에 대한 관심으로 이어진 일련의 흐름은 어떤 의미에서는 근원에 대한 호기심이라고도 말할 수 있지 않을까요?

하지만 신화 열풍의 원인을 오로지 판타지 문화에 대한 흥미의 연장선상에서만 찾을 수는 없다는 의견도 있습니다. 이러한 입장에 따르면 신화 바람이 불어닥친 원인은 현대사회가 안고 있는 근본적인 한계에서 찾아야 한다고 강조합니다. 이성과 과학을 지나치게 강조한 나머지 자연과 인간의 관계가 친화적이지 못하거나 금전만능의 풍조로 인간성이 경시되고 있는 현상, 소통의 부재로 인하여 인간들 사이에서 소외 현상이 만연하고 있는 현실은 현대 사회가 지닌 병폐가 아닐 수 없지요. 사실 이러한 문제점들은 어제오늘의 일이라기보다는 현대 문명이 성립된 이후로 계속해서 나타났던 고질병이라 할 수 있습니다. 현대 문명의 한계를 성찰하고 그에 대한 대안을 모색한 연구 업적들만 모아도 아마 웬만한 도서관 하나 정도는 채우고도 남을 겁니다. 전문가들에 의하면 현대인들이 신화를 찾는 이유도 현대 문명의 문제점에서 벗어나보고자 하는 노력의 일환이라는 것이지요. 신화란 본디 삶의 원형을 제시해주는 이야기이므로 우리네 인생살이가 본질에서 일탈되면 언제라도 찾아질 수밖에 없는 기준점과 같다는 것입니다. 사실 신화의 잠재력을 현대 문명의 한계와 결부지어서 높게 평가한 것은 이번이 처음은 아닙니다. 이미 오래전에 서구 사회도 한국 사회와 같은 신화 열풍을 경험한 바 있습니다. 그 당시 서구 지식인들의 입을 통해서 나왔던 발언도 앞서 이야기했던 것과 대동소이합니다. 신화의 귀환이란 표현도 당시의 지식인들이 즐겨 사용했던 말이었지요. 이 말 속에는 서구 현대 문명의 한계를 신화가 보완해주리라는 기대감이 담겨 있습니다.

그리스 로마 신화 편향성

신화 열풍의 이면을 들여다보면 동전의 양면처럼 긍정적인 측면과 부정적인 측면이 함께 나타납니다. 현대 과학문명의 고질병을 신화를 통해서 고쳐보겠다는 의지는 긍정적인 면에 속하겠지요. 하지만 한국 사회 신화 열풍은 상당히 편향된 면도 가지고 있습니다. 조금만 주의를 기울이면 대부분 어렵지 않게 동의할 수 있는 부분입니다만, 우리가 주로 관심을 가지고 접하는 신화가 그리스 로마 신화에 국한되어 있다는 겁니다. 다시 말해 그리스 로마 신화라고 하는 서구 신화에 과도한 관심을 표하고 있다는 것이지요. 한국에서 그리스 로마 신화에 대한 몰입은 정말 대단합니다. 우리가 알고 있는 신화 서적 중에서 출판한 지 얼마 지나지 않아 순식간에 매진되었던 것은 오직 그리스 로마 신화밖에는 없을 거예요. 한국의 신화 연구자들은 이러한 현상을 매우 비판적인 시각에서 바라보고 있습니다. 많은 신화 중에서 유독 특정 신화에 빠져 편식하는 것이 신화 연구자의 입장에서 보면 건강하게 보일 리 만무하지요. 더구나 그 신화가 서구 신화라면 문제의 심각성은 더욱 크다고 할 수 있습니다. 왜냐하면 여기에는 비서구인으로서 서구를 대하는 독특한 태도가 반영되어 있기 때문입니다. 그러한 태도의 깊숙한 곳에는 서구에 대한 일종의 열등감이 도사리고 있는 것으로 보입니다.

오늘날 한국을 비롯한 대부분의 지역이 서구 문명으로부터 많은 영향을 받았다는 점에는 의문의 여지가 없습니다. 이 과정에서 전통적인 삶의 양식이 붕괴되고 나중에는 구성원들에게도 더 이상 수용되지 못하는 현상이 발생했지요. 그러다 보니 서구적인 것이 삶의 기준이 되는 양상이 벌어졌습니다. 서구인들이 마련한 삶의 방식을 가지고 세상을 바라보는 것을 당연하게 여기기 시작한 것이지요. 남과 비교하여 약간의 모자람이 있더라도 자신의 삶을 주체적으로 살아가는 것이 떳떳하고 행복한 일이라는 점은 두말할 나위가 없습니다. 그러나 안타깝게도 서구를 바라보는 우리의 태도는 그렇지 못한 것 같습니다.

토마스 불핀치
Thomas Bulfinch (1796〜1867)
그가 1855년에 완성한 『신화의 시대(The Age of Fable)』는 그리스 로마 신화를 체계적으로 정리한 최초의 책이었다.

다시 현재 논의 중인 신화 문제로 돌아가볼까요? 그리스 로마 신화에 쏠린 편중 현상은 방금 말씀드린 사실에 비추어볼 때 예사롭게 보이지 않습니다. 여기에는 그리스 로마 신화를 암암리에 신화의 본보기로 취급하는 태도가 가로놓여 있습니다. 그리스 로마 신화야말로 신화로서 갖추어야 할 모든 요소를 구비했다는 것이지요. 그러나 여러 지역의 신화들을 조사해보면 그리스 로마 신화 못지않게 훌륭한 것들도 많습니다. 오히려 우리가 알고 있는 그리스 로마 신화는 후대의 기록 과정에서 본래의 모습이 상당 부분 훼손된 것이라는 사실이 밝혀진 바 있습니다. 다시 말해서 그리스 로마 신화를 모든 신화의 모델로 인정할 아무런 근거가 없다는 것입니다. 그럼에도 불구하고 그리스 로마 신화에 대한 선호도가 높은 것은 서구적인 삶의 양식과 가치를 우월시하는 태도가 신화 방면에도 영향을 미치기 때문이라고 볼 수 있습니다. 그나마 다행인 것은 그동안 그리스 로마 신화 일변도 기류가 다변화되는 현상이 나타나고 있다는 점입니다. 출판계만 하더라도 이런 변화의 흐름을 쉽게 포착할 수 있습니다. 다양한 문화권의 신화를 소개하는 책들이 속속 출판되고 있습니다. 이런 변화가 지속된다면 신화에 대해서 품었던 많은 오해나 편견을 해소하는 데 일조할 수 있겠지요.

근대화 과정이 남긴 짐

앞서 그리스 로마 신화에 대한 과잉 선호가 비서구인으로서 서구에 대하여 가지고 있는 열등감이 표출된 결과라고 언급한 바 있지요. 삶의 전반에 걸쳐서 서구화가 이루어지는 상황에서 전통 문화보다 서구적인 것을 더 우월시하는 태도는 안타깝지만 불가피한 일인지도 모르지요. 이러한 현상은 신화뿐만 아니라 대부분의 영역에서 나타나고 있습니다. 아시는 바와 같이 사정이 이렇게 된 데는 꼭 기억해야 할 역사적인 배경이 있습니다. 19세기는 한국을 비롯한 동아시아 세계가 격동의 세월을 보내고 있던 시기였습니다. 이른바 서세동점西勢東漸의 시대로 막강한 힘을 지닌 서양이 동아시아로 세력을 확장하던 때였지요. 이 시기를 기점으로 한국도 서구 문명을 받아들여 근대화의 길을 모색하기 시작합니다. 이 과정에서 전통 문화는 서구 문화와 비교되는 상황에 놓이게 됩니다. 그럴 수밖에 없었겠지요. 그전까지만 해도 절대적이며 당연한 것으로 누리고 살던 삶의 방식이 서구적인 것이 들어오면서 상대화되

우리에게 종교란 무엇인가

기 시작했으니까요.

근대화는 전통 문화에 대한 서구 문화의 비교 우위가 강조되는 과정이었다고 할 수 있습니다. 그 결과 전통의 급격한 몰락이 초래되었습니다. 자기 자신에 대한 자긍심을 가지고 살 수 없다면 그처럼 비참한 일은 없을 것입니다. 거대한 서구 문명 앞에서 초라해진 자신의 모습을 되도록이면 감추고 싶어 했던 것이 당시 우리의 자화상이라고, 슬프지만 인정할 수밖에 없지 않을까요?

그럼 서구인들이 비서구인들에게 자기들의 우월성을 입증하고자 할 때 자주 내세웠던 논리는 무엇이었을까요? 그것은 자신들이 가지고 있는 것에 비추어 상대방의 결핍을 부각시키는 것이었습니다. 내가 가지고 있는 것을 당신들도 가지고 있는가? 이것이 서구인들이 비서구인들에게 주로 던졌던 물음이었습니다. 동양에도 과학science이 있는가? 당신들은 자본주의capitalism에 대하여 얼마나 알고 있는가? 조선에 종교religion가 있는가? 중국에 신화myth가 있는가? 이런 물음을 통하여 서구인들은 자신들의 우월성을 입증하려고 했습니다. 물론 서구인들은 이런 물음에 대하여 부정적인 판단을 하고 있었지요. "서구 이외의 지역에서는 우리가 가지고 있는 것을 찾을 수 없다. 백번 양보해서 그들이 가지고 있다 하더라도 기준에 훨씬 못 미치는 함량 미달의 것에 불과하다." 이것이 서구인들이 비구서인들을 바라보는 기본 입장이었지요.

문제는 이러한 물음이 서구인들 스스로의 우월성을 입증하는 데 머물지 않았다는 것입니다. 이 물음은 비서구인들이 자신들의 정체성을 확인할 때도 제기되었습니다. 사실은 자기가 던진 물음이 아니라 남이 던진 물음에 불과한 것인데, 결국에는 자신의 물음으로 차용한 셈이지요. 서양에 있는 것이 우리에게도 있는가? 상대가 나보다 강력하다고 느낄 때 우리는 대개 자존심을 살리기 위해서라도 우리도 있다고 하는 경향이 있습니다. 당신들이 가지고 있는 것을 우리도 가지고 있다고 말입니다. 그리하여 동양에도 과학, 자본주의, 종교, 신화 등등 모든 것이 있었다고 말합니다. 동아시아 세계에서 근대화 과정이 처음 시작되었던 시기에 진행된 많은 학술 활동은 서양에 있는 것이 이쪽에도 있다는 점을 입증하는 데 상당한 비중을 두었습니다. 신화학만 해도 출발부터 이런 현상이 두드러지게 나타납니다. 그럼 동아시아 지역을 중심으로 신화학이 초창기에 어떤 문제의식을 가지고 시작되었는지 살펴보기로 하지요.

초창기 동아시아 신화학의 문제의식

중국의 신화학이 처음 던진 문제는 "왜 중국에는 서양처럼 체계적이고 완비된 이야기 구조를 갖춘 신화가 없는가?" 하는 것이었습니다. 이러한 물음을 던지게 된 계기는 대체로 이렇습니다. 중국의 신화 연구자들은 중국에도 서구처럼 신화가 있었다는 사실을 확인합니다. 그런데 자신들이 확인한 중국 신화는 서구의 그리스 로마 신화에 비하여 보잘것없었던 것이지요. 일관된 스토리도 없이 단편적인 데다가 이런저런 자료에 뿔뿔이 흩어져 있어서 계통도 명확히 파악할 수 없는 것이었습니다. 서양인들이 자랑하는 신화를 우리도 가지고 있다고 주장하기 위해서 열심히 찾아봅니다. 그런데 신화라고 찾은 것이 변변한 스토리도 없이 파편처럼 흔적만

남기고 있는 현실을 목도했을 때 중국 신화학자들의 심정이 어떠했을까요? 자존심이 상할 만도 하겠지요. 당시 그리스 로마 신화는 위대한 서양 문명의 찬란한 과거를 비춰주는 거울 같은 존재로 인식되었습니다. 비록 신화의 내용 자체는 믿을 수 없을지라도 그와 같은 완벽한 신화가 존재했었다는 사실은 서양 문명의 위대함을 증명해주는 것이라고 말입니다. 마찬가지로 중국의 신화학자들도 은근히 중국 문명의 탁월함을 신화를 통하여 입증하고 싶은 욕망을 가지고 있었습니다. 하지만 자신들이 발견한 신화의 모습은 궁색하고 초라하기 이를 데 없는 것이었지요. 이때부터 중국 신화학자들은 중국 신화가 서구의 그리스 로마 신화와 달리 체계적이지 못하고 단편적인 것으로 남게 된 연유를 탐구하기 시작합니다. 중국에도 원래는 그리스 로마 신화 못지않은 훌륭한 신화가 있었다는 전제를 버릴 수는 없었던 것이지요. 중국의 초창기 신화학은 이런 원인을 규명하는 데 많은 시간과 노력을 기울입니다.

여기서 중국의 신화학자들이 찾아낸 그 원인에 대하여 세세히 말씀드릴 여유는 없습니다. 다만 주목할 만한 이유 한 가지를 소개하면 다음과 같습니다. "중국에서는 이른 시기부터 합리주의적이며 사실주의적인 사유가 발달하여 그 많던 신화가 엄청난 훼손을 당할 수밖에 없었다. 그렇게 훼손된 신화 중 많은 것이 역사화되었다." 이 밖에도 다양한 원인들이 중국 신화학자들에 의하여 언급되었지요. 우리는 이러한 원인들 모두를 검토할 필요성을 느끼지 않습니다. 하지만 그러한 발언들의 저변을 흐르는 한 가지 일관된 주장만큼은 짚고 넘어가야겠습니다. 중국 신화가 비록 몇몇 원인 때문에 원래의 모습을 잃어버리고 파편화되거나 역사화되어 이

위앤커
袁珂 (1916~2001)
중국 신화는 그의 복원 작업을 거쳐 재구성된 것이 많다.

런저런 자료에 산재되어 남아 있다는 사실은 불행한 일이지만, 희망이 전혀 없는 것은 아니라는 겁니다. 뒤집어서 생각해보면 원상태로 복구할 가능성도 함께 가지고 있다는 것이지요. 중국의 신화학자들은 바로 이 점에서 단편들로 남아 있는 신화 자료를 토대로 원래의 신화를 재구성하는 작업에 착수합니다. 위앤커라는 중국의 신화학자는 중국의 많은 신화를 복원하는 데 기여한 학자입니다. 오늘날 우리에게도 많이 알려진 중국 신화는 그의 복원 작업을 거쳐 재구성된 것이 많습니다.

한·중·일 동아시아 삼국 중 일본의 경우는 약간 사정이 다르게 전개되었습니다. 중국의 신화학은 서구 신화를 기준으로 둔 비교를 통하여 중국 신화가 지닌 결핍을 인식하고 이를 보완하는 방향으로 흘러갔습니다. 하지만 일본의 신화학은 그 반대쪽으로 진행되었습니다. 왜냐하면 일본의 신화학자들은 일본 신화에 대단한 자부심을 가지고 있었기 때문입니다. 『일본서기』와 『고사기』를 읽어보면 어렵지 않게 확인할 수 있는 일입니다만, 여기에 수록된 일본 신화는 중국 신화나 한국 신화와 비교해서 체계적일 뿐만 아니라 거의 완벽한 스토리를 갖추고 있습니다. 그러니 일본의 신화학자들이 자국의 신화에 대하여 우월감을 가지는 것도 무리는 아니었지요. 일본의 신화학자들은 이러한 일본 신화의 우월성을 입증하기 위하여 종종 한국 신화를 비교의 대상으로 삼곤 했습니다. 이들의 주장은 한국 신화는 진짜 신화가 아니라는 것이었어요. 예를 들어 단군신화는 전설이거나 후대에 불교의 영향을 받아 승려들이 꾸며낸 이야기에 불과하다는 것이었지요. 게다가 일본의 신화학자들에게 신화는 그 자체로 신성한 것이었습니다. 근대 초기

우리에게 종교란 무엇인가

일본을 이끌었던 정치체제가 천황제였다는 사실은 잘 알고 계시지요. 바로 신화는 이러한 천황의 신성성을 입증하는 이야기로 받아들여졌던 것입니다. 그러나 여기서 우리가 간과해서는 안 될 것이 있습니다. 일본의 신화학자들이 일본 신화에 대하여 자부심을 가졌던 이면에는 서구 신화에 대한 비교 의식이 자리 잡고 있었다는 사실을 말입니다. 그들이 일본 신화가 우수하다고 강변할 수 있었던 까닭은 서구 신화와 비교할 때 전혀 모자람이 없다고 판단했기 때문이었습니다. 일본의 신화학자들에게 서구 신화는 신화 자체를 바라보는 준거였음에 틀림없습니다.

한국의 신화학도 서구 신화를 판단의 기준으로 삼았다는 점에서는 예외가 아닙니다. 한국 최초의 신화학자라 할 수 있는 최남선의 예를 들어보지요. 최남선은 일본의 신화학 연구에 자극을 받아 본격적으로 한국 신화를 연구합니다. 일본 신화학자들의 단군신화 부정론은 최남선으로 하여금 한국 신화에 관심을 가지게 했던 주요한 계기였습니다. 최남선은 일본 학자들이 주장하는 단군신화 부정론을 정면으로 반박하였습니다. 그는 단군신화야말로 엄연한 신화일 뿐만 아니라, 일본 신화와 동일 계통의 신화라고 주장합니다. 일본 신화와 비교하여 뒤질 것이 전혀 없다는 것이었지요. 오히려 한국 신화는 일본 신화의 한계를 보완해줄 수도 있다고 주장합니다. 그에 따르면 일본 신화는 정치적으로 천황제를 수식하는 방향으로 취사선택되는 운명을 겪었기 때문에 여기에 맞지 않은 신화는 상당 부분 배제될 수밖에 없었다고 합니다. 그렇다면 한국 신화는 일본 신화의 공백을 채워줄 수 있는 위치에 서게 되겠지요. 물론 최남선은 그 반대도 가능하다고 말합니다. 한국 신화를 이해

하는 데 일본 신화의 도움을 받을 수 있다는 것이지요.

최남선의 이러한 입장은 한국 신화의 빈약함을 옹호하기 위한 방편이었다고도 볼 수 있습니다. 최남선은 중국의 신화학자들과 유사한 문제의식을 가지고 있었습니다. 그는 한국 신화 대부분이 역사화 과정으로 말미암아 사라져버리고 말았기 때문에 현재 남아 있는 것이 별로 없다고 생각했습니다. 최남선은 초라한 한국 신화의 위상을 일본 신화와 비교함으로써 높일 수 있다고 판단하지 않았을까요? 일본의 신화학자들이 강변하듯이 그도 일본 신화를 서구 신화와 어깨를 나란히 하는 신화로 인정했다는 전제하에서 말이지요.

지금까지 우리는 동아시아 세계에서 신화학이 처음 발걸음을 뗄 당시의 모습을 거칠게나마 그려보았습니다. 이 글에서 강조하고 싶었던 바는 다른 것이 아니었습니다. 당시의 신화학이 표출한 사유의 중심에는 항상 서구 신화에 대한 비교 의식이 자리하고 있었다는 것입니다. 각국의 신화가 지닌 위상과 가치를 서구 신화와 대조되는 절차를 통해서만 가늠해왔던 것이지요. 그리고 이러한 흐름은 분명 오늘날까지도 이어지고 있습니다. 단적으로 한국 사회 신화 열풍에서 관찰되는 그리스 로마 신화 선호 현상이 그 점을 증명하고 있으니까요.

이 글을 마무리해야 할 때가 되었습니다. 이런저런 이야기를 두서없이 전해드렸습니다만 뭔가 마음속 한구석에 개운치 못한 느낌이 남아 있는 것 같습니다. 잠시 이런 상상을 하면서 글을 마치겠습니다. 만약 서구인들이 "당신들도 신화를 가지고 있는가?"라고 물었을 때, 당당히 "아니요!"라고 답했다면 어땠을까요? "당신들이 말하는 신화^{myth}가 무엇인지는 모르지만 우리들 나름의 이야기는 있지요."라고 덧붙이면서 말입니다. 그랬다면 서양의 신화만이 홀로 일방통행하는 현상은 면하지 않았을까요?

이도흠 외, 「특집/왜 신화와 판타지인가?」, 『문학과 경계』 4, 2002.

장석만, 「한국 신화 담론의 등장」, 『종교문화비평』 5, 2004.

정재서, 「中國神話의 槪念的 範疇에 대한 檢討: 袁珂의 廣義神話論을 중심으로」, 『中國學報』 제41집, 2000.

조현설, 「동아시아 신화학의 여명과 근대적 심상지리의 형성」, 『민족문학사연구』 16, 2000.

하정현, 「한국사회 신화 담론의 어제와 오늘: 1920-30년대 한국사회의 '신화' 개념의 형성과 전개」, 『종교문화비평』 20, 2011.

홍윤희, 「1920년대 중국, '국가의 신화'를 찾아서: 胡適, 魯迅, 茅盾의 중국신화 단편성 논의를 중심으로」, 『中國語文學論集』 제28호, 2004.

더
읽어볼 만한
글

자기 착취적
성공 신화는
이제 그만!

하정현

최근 한국 사회에서 성공 신화라는 말이 자기계발 담론과
연동하여 후기 산업사회에서 기업적인 성공과 같은 의미로
사용되고 있습니다. 매스컴에 자주 등장하는 'OO 신화'
혹은 'OO기업 신화'라는 말은 주로 고난을 극복하고 세계
최고가 된 기업의 성공담을 비유적으로 표현할 때 사용되고
있습니다. 무한경쟁 시대가 도래하면서 기업 경영 원리가 비단
경제계뿐 아니라 모든 분야를 망라하여 지배하고 있고,
한 개인의 삶에서조차 자신을 계발하여 '최고'가 되어야 한다는
일류 경영의 논리를 삶의 좌우명으로 여기는 경향이 있습니다.
그렇다면 그 배경은 무엇이며, 또 파생되는 문제들은 무엇일까요?

자기계발과 신화 창조

바야흐로 우리는 무한경쟁의 사회에 살고 있습니다. 태어나면서부터 이 사회를 떠날 때까지 우리의 일상은 경쟁의 연속이라고 해도 과언이 아닐 것입니다. 현대인들이 경쟁력을 키우려고 고군분투하는 것을 두고 혹자는 경쟁을 위한 무장을 해제하고 욕심과 집착을 버리라고 처방하기도 합니다. 하지만 우리는 인간 욕망의 표출을 합리화하고 그것을 부추기는 사회구조적 측면에 주목하지 않을 수 없습니다.

최근 대중매체에 자주 등장하는 용어 중에 '성공 신화'라는 표현이 있습니다. 여기서 '신화'는 절대적이고 획기적인 업적을 비유적으로 이르는 말입니다. 특히 '○○기업의 신화'라는 용례는 고난과 갈등을 극복하고 세계 최고가 된 기업의 업적 내지는 성공담을 비유적으로 표현할 때 사용되고 있습니다. 이와 같은 '신화' 용례에서는 두 가지 사실이 확인됩니다. 하나는 이러한 신화가 개개인의 필사적 노력에 따라 만들어질 수 있다는 것입니다. 또 다른 하나는 한 개인 혹은 한 집단이 어떤 분야에서 남다른 기록이나 성과를 낸다는 것은 '○○ 신화'라고 하여 일종의 신화 창조 행위로 간주되고, 나아가 성공한 삶과 등치되기도 한다는 사실입니다.

일반적으로 신화는 고대인들의 사유와 표상이 반영된 이야기입니다. 하지만 신화의 고전적인 의미와는 달리 최근 우리 사회에서는 신화라는 말이 자기계발 담론과 연동하여 후기 산업사회에서 기업적인 성공을 비유적으로 일컫는 이야기로 사용되고 있습니다. 우리 사회에서는 경제계뿐만 아니라 모든 분야를 기업 경영의 원리가 지배하고 있습니다. 심지어는 한 개인의 삶에서조차 자유경쟁 시대에서 '최고'가 되어야 한다는 일류 지향의 논리를 자연스럽

우리에게 종교란 무엇인가

게 받아들이고 있습니다. 그렇다면 그 배경은 무엇이며, 또 파생되는 문제들은 무엇일까요?

우선 서구 근대성modernity을 생각해봐야 할 것입니다. 근대성의 특징인 자유주의는 변화를 거듭해왔습니다. 개인의 자유를 사유재산 및 시장과 밀접하게 연관시킨 고전적 자유주의자들에게 심각한 위기가 닥친 것은 19세기 말부터 20세기 초입니다. 그 위기를 극복하려는 과정에서 사회복지 지향적인 사회적 자유주의가 등장했습니다. 특히 제1차 세계대전 이후 경제 활성화를 위한 국가의 개입이 성공적으로 이루어지면서 국가 주도형 경제개발계획을 통해 경제가 크게 성장합니다.

하지만 이 노선 또한 1970년대에 들어오면서 그 제도적 한계를 노정하면서 경제가 침체, 실업률이 높음에도 불구하고 인플레이션이 계속되는 스태그플레이션이 지속적으로 나타납니다. 이제 또 다른 대안이 필요하게 되었습니다. 즉 시장에 대한 국가의 강력한 통제보다는 시장의 자유를 최대한 보장하는 정책이 필요하게 된 것입니다. 새로운 대안으로 등장한 신자유주의는 시장의 대폭적인 개방과 기업의 자유경쟁을 강조하며, 국가 단위의 시장에서 벗어나 국제적 무역시장을 확대하고 사기업의 자유경쟁이 전 세계적으로 이루어지는 경제적 지구화를 추구했습니다. 이러한 배경에서 경제적 효율성을 위해 국가의 개입보다는 시장에 맡기고, 개인 간의 경쟁을 부추겨 그 결과는 개인 스스로 감수하도록 했습니다.

한국 자본주의 역시 1990년대 이래 이러한 세계적 변화에 영향받지 않을 수 없었습니다. 특히 1997년 IMF 사태는 한국 경제를 세계화의 거센 흐름 속에 편입시켰습니다. 세계화라는 미명하에

마셸 푸코
Michel Foucault (1926~1984)
그는 '통치성'이라는 개념으로
서구 근대의 권력 행사 방식을
설명했다.

진행되고 있는 글로벌시장화는 달리 표현하면 신자유주의의 확산입니다. 신자유주의 시대를 맞이하여 우리 사회는 경제적 영역의 변화뿐 아니라 새로운 주체성의 체제를 형성하게 되었습니다.

신자유주의 체제를 주도하는 권력들의 특성은 통치성governmentality으로 집약됩니다. 학계에서 종종 회자되는 통치성은 푸코가 서구 근대의 권력 행사 방식을 설명할 때 사용한 개념입니다. 그 용어는 '일방적인 억압에 의한 지배가 아니라 지배자들과 피지배자들의 관계 속에서 피지배자들의 동의를 끌어내면서 지배하는 형태'라는 의미로 정의됩니다. 통치성은 신자유주의적 지배의 핵심적 기제로 여겨지는 권력과 지식의 관계 그리고 권력과 주체화 과정에 대한 이해를 제공할 뿐 아니라 권력 지배의 기술들과 개인들을 주체화하는 기술들을 서로 관계시켜 생각할 수 있는 관점을 제시합니다. 푸코의 통치성을 연구한 로즈Nikolas Rose는 그의 통치양식을 '자유를 통한 통치governing through freedom'라고 보면서 전문가들의 지식에 '자발적으로 묶어두는 것'이라고 했습니다. 이러한 입장에서 보면 신자유주의 체제하에서 개인은 자기계발에 관한 심리적 담론에 능동적 주체로서 자율적으로 구속되는 것입니다.

신자유주의의 능동적 주체로서 개인의 삶은 자기계발 열풍과 함께 성공학의 확산으로 요약됩니다. 현대 성공학의 뿌리는 산업혁명 이후 개인의 자유와 사유재산에 대한 사회적인 공감대가 형성되면서 개인의 성공에 관한 저작물이 나오면서 형성되었다고 할 수 있습니다. 초기 성공학은 주로 의지나 노력, 끈기, 신념 같은 자기관리 능력을 강조하였습니다. 성공학의 성립에 기여한 인물로는 프랭클린, 스마일스, 힐, 카네기 등이 있는데, 이들은 성공한 사람

우리에게 종교란 무엇인가

들과의 인터뷰를 통해 추출된 데이터에 의거하여 구체적인 방식으로 미국 성공학 프로그램을 형성했습니다. 특히 자조론self-help은 자기 자신을 부단히 단련해 성공한 인물들을 조명함으로써 많은 사람들에게 긍정적 사고의 힘을 전파하고 '나도 할 수 있다'는 동기를 부여했습니다. 이 시기에 자수성가한 인물들은 현대판 영웅 신화의 주인공으로 여겨졌다고 해도 과언이 아닐 것입니다.

1990년대 한국 사회에서도 미국 성공학의 긍정적 사고 담론의 영향을 받은 자기계발 열풍이 출판계를 비롯하여 강연이나 대중 매체를 통해 하나의 문화산업이 되었습니다. 이 시기에 『성공하는 사람들의 7가지 습관』(스티븐 코비, 1994)이나 공병호, 구본형 같은 자기계발 전문가들이 쓴 책들은 베스트셀러 목록의 상위를 점유했습니다. 구체적으로 재테크, 대인관계, 화술, 다이어트, 시간관리, 책읽기, 글쓰기 등에 관한 지침서나 매뉴얼, 나아가 어린이를 위한 동화나 청소년을 위한 교양서적, 그리고 영성에 관한 서적에 이르기까지 대부분의 출판물들이 자기계발 담론에 속한다고 볼 수 있습니다.

이와 같은 자기계발 붐은 우리 사회에서 자아를 빚어내는 새로운 이상이 되었다고 해도 과언은 아닐 것입니다. 콜린 고든Colin Gordon은 신자유주의가 횡행하면서 경제학이 인간행위의 총체를 설명하고 통치행위의 전체를 계획할 수 있게 했다고 지적한 바 있습니다. 이러한 관점에서 볼 때 자기계발 담론에서 자기란 곧 기업으로 간주되기도 합니다. 따라서 신자유주의 사회에서 기업이나 기업가들의 성공담이 개개인 삶의 모델로 기능하는 것은 당연한 귀결인지도 모르겠습니다.

벤저민 프랭클린
Benjamin Franklin (1706〜1790)
새뮤얼 스마일스
Samuel Smiles (1812〜1904)
나폴레온 힐
Napoleon Hill (1883〜1970)
데일 카네기
Dale Carnegie (1888〜1955)

성공 신화의
이데올로기

앞서 '○○ 신화'라는 대중적 표현을 소개했었는데요, 이와 같은 현대판 신화 만들기와 관련된 방송 프로그램이 있어서 소개하고자 합니다. 한 방송에서 〈신화창조〉라는 프로그램을 방영한 적이 있습니다(2005년 11월~2006년 9월, KBS). 이 프로그램은 "각 분야에서 뚜렷한 업적을 이룬 신화적인 성공 스토리를 발굴하고, 그 이야기를 통해 시청자에게 도전과 창조정신을 북돋고 기업가에겐 자긍심을 느끼도록 하는 것"이 기획 의도였다고 합니다.

이 프로그램의 전신 격인 〈신화창조의 비밀〉(2003년 11월~2005년 10월) 역시 동일한 의도를 지닌 기획으로서, 각 분야에서 세계 최고가 되기 위해 특급 프로젝트를 수행하면서 고난을 극복했던 과정을 이야기 형식으로 소개하면서 '한국기업의 세계시장 공략기'라는 부제에 걸맞게 대부분의 소재가 기업과 관련된 성공 사례였습니다. 편의상 이 프로그램의 제1편부터 제10편을 부제 중심으로 살펴보면 아래 표와 같습니다.

No	방송일	제목
제1편	2003년 11월 7일	36인치의 승부, 흑사자 프로젝트의 영웅들
제2편	2003년 11월 14일	골든이글팀의 도전, 마하 1.0을 돌파하라
제3편	2003년 11월 21일	리비아 사막의 불사조, 119 프로젝트
제4편	2003년 11월 28일	3.2g의 승부—300억불 시장을 잡아라
제5편	2003년 12월 5일	우주를 향한 30인의 도전! 100kg의 작은 별
제6편	2003년 12월 12일	다윗, 골리앗을 이기다. 삼성 휴대폰 신화
제7편	2003년 12월 19일	300km를 돌파하라! 한국형 고속철도 프로젝트
제8편	2003년 12월 26일	100원짜리 과자의 도전, 13억 중국대륙의 입맛을…
제9편	2004년 1월 2일	검은 대륙의 황금불꽃—나이지리아 LNG프로젝트
제10편	2004년 1월 9일	검은 광맥을 찾아라—파시르 정글팀의 투혼

이 프로그램의 연출자는 "신화가 없는 시대에 열심히 일한 사람들의 성공 신화를 통해 미래 한국의 비전을 제시하고자 하는 것"이 기획 의도라고 하였습니다. 우선 제목을 살펴보면 영웅, 불사조, 돌파, 승부, 투혼 등의 표현으로 쉽사리 해내기 어려운 과정을 극복했다는 점을 강조하고 있습니다. 제1편 '36인치의 승부, 흑사자 프로젝트의 영웅들'은 베트남 유전 15-1 광구를 개발한 한국석유공사팀에 관한 이야기입니다. KBS 홈페이지에 소개된 이 프로그램의 내용은 여섯 단락으로 나누어져 있는데, 마치 극적인 드라마의 한 편과 같은 구도로 짜여 있습니다. 편의상 번호를 매겨 살펴보면 다음과 같습니다.

❶ 흑사자 프로젝트의 끝없는 노력과 집념이 만든 장대한 드라마

20여 년의 한국석유개발공사와 궤를 같이하는 오일맨 1세대 김성훈 소장. 그를 포함한 프로젝트팀은 국내 대륙붕 어디에도 없는 석유를 찾아 해외 유전에 눈을 돌린다. 1992년 베트남에서 가스 발견에 성공하고 BP, 엑슨모빌 등 세계 메이저급 석유회사들과 경쟁하여 베트남 15-1 원유광구 입찰에 들어가게 된다.

❷ 국가적 위기 IMF를 넘어서

그러나 한국은 입찰 과정에서 세 번이나 떨어졌고 천신만고 끝에 최종 낙찰자로 선정되었지만 계약금 지불을 앞두고 국가적 위기를 맞는다. 그러나 반드시 우리의 석유를 찾아야 한다는 기술적인 확신과 의지로 난관을 돌파한다.

❸ 흑사자 프로젝트 팀의 보이지 않는 희망, 계속된 도전

국가와 회사의 운명을 걸고 시작된 베트남 해상 석유 탐사 작전! 제주도 두 배 크기의 해상에서 남자 허리둘레만 한 36인치의 시추봉을 찍어 석유를 찾아야 하는 흑사자 프로젝트팀. 하지만 탐사팀이 시추점으로 정한 흑사자 구조는 20년 전 독일의 데미넥스 사가 석유 발견에 실패한 바로 그 구조였다.

❹ 제1차 원유 발견 성공

그러나 밤새워 자료를 분석, 미국 기술진의 반대를 물리치고 프로젝트팀은 1차 원유를 발견하는 데 성공한다.

❺ 곧이어 닥친 위기의 순간들

그런데 원유의 생산 가치를 따지는 2차 시추에서 난관은 계속됐다. 기쁨도 잠시……, 나와야 할 석유가 나오지 않은 것. 공동 운영사인 미국과 베트남은 시추 탐사를 포기했지만 흑사자 프로젝트팀은 결코 포기하지 않았다.

❻ 유전 개발 성공, 흑사자 프로젝트팀의 노력과 집념의 결실

2001년 8월. 5억9000만 배럴이라는 2000년 이후 최대, 자이언트급 유전을 발견하는 데 성공한다.

그것은 한국 오일맨들의 끝없는 노력과 집념으로 찾아낸 한국 최초의 원유……. 우리가 원한다면 마음대로 갖다 쓸 수 있는 우리의 석유였다. 그들의 꿈이 실현되는 순간이었다.

①~⑥을 살펴보면 소위 영웅 신화의 서사구조가 드러납니다. 신화학자 캠벨이 언급한 바 있는 '출발-입문-귀환'이라는 전형적인 영웅 이야기의 전개와 유사합니다. 이와 같은 이야기 구조는 이 프로그램의 전편에서 일관되게 나타납니다. 특히 제6편 '다윗, 골리앗을 이기다. 삼성 휴대폰 신화'에서 삼성 휴대폰이 휴대폰계의 최강 모토로라를 넘어서는 대목이 있습니다. 이 내용 역시 세계 최강과 경쟁하여 물리침으로써 신기록을 세우는 것이 새로운 신화 창조이고 그것이 바로 성공한 삶인 것으로 여기도록 주입합니다.

조지프 캠벨
Joseph Campbell (1904~1987)
우리 시대의 영웅 신화에는 대부분 그가 제시한 모델인 '출발-입문-귀환'이라는 서사구조가 깔려 있다.

이와 같이 세계 최고 혹은 최강이 되어야 한다고 부추기는 방송 프로그램을 통해서 신화 창조라는 말은 다음과 같은 의미로 사용되고 있습니다. 첫째, 신화 창조는 한 분야에서 최초의 성과를 내거나 기존의 기록을 경신하는 것으로 주로 기업의 성공담입니다. 둘째, 이러한 성공담은 경제계뿐 아니라 제 분야에서, 심지어는 한 개인의 삶에서조차 성공 모델로 자리매김합니다. 따라서 이런 프로그램은 시청자들에게 '누구나 신화 창조의 주인공이 될 수 있다'는 식의 믿음을 주입하면서 성공이야기야말로 우리 시대의 신화라는 것을 천명하고 있습니다. 하지만 성공 신화라는 것은 기존의 한계를 넘는 인간 승리일 수도 있지만 한편으로는 끊임없이 기록 경신을 부추기는 성공 강박증의 반증일 수도 있습니다.

힐링이 필요해

한 분야에서 최초의 성과를 내거나 기존의 기록을 경신하는 기업의 성공담은 자기계발 담론과 연동하여 한 개인의 삶에서조차 나를 계발하고 경영해야 살아남을 수 있다는 논리를 확산시켰습니다. 과연 우리는 지식과 능력을 스스로 향상시킴으로써 삶과 행복을 책임지는 능동적 주체로서 살고 있는가 하고 묻지 않을 수 없습니다. 다음 인용문들은 이와 같은 현실의 문제점을 적나라하게 보여주는 사례라고 판단되어 그 일부를 소개하고자 합니다.

사례❶

"오늘 나는 대학을 그만둔다. ……이것은 나의 이야기이지만 나만의 이야기는 아닐 것이다. 나는 25년 동안 경주마처럼 길고 긴 트랙을 질주해왔다. 우수한 경주마로, 함께 트랙을 질주하는 우수한 친구들을 제치고 넘어뜨린 것을 기뻐하면서 나를 앞질러 달려가는 친구들 때문에 불안해하면서 그렇게 소위 명문대 입학이라는 첫 관문을 통과했다. 그런데 이상하다. 더 거세게 나를 채찍질해봐도 다리 힘이 빠지고 심장이 뛰지 않는다. 지금 나는 멈춰 서서 이 경주 트랙을 바라보고 있다. 저 끝에는 무엇이 있을까? 취업이라는 두 번째 관문을 통과시켜줄 자격증 꾸러미가 보인다. 너의 자격증 앞에 나의 자격증이 우월하고 또 다른 너의 자격증 앞에 나의 자격증이 무력하고 그리하여 새로운 자격증을 향한 경쟁 질주가 다시 시작될 것이다. 이제야 나는 알아차렸다. 내가 달리고 있는 곳이 끝없는 트랙임을. 앞서간다 해도 영원히 초원으로 도달할 수 없는 트랙임을. ……"(『김

우리에게 종교란 무엇인가

예슬 선언: 오늘 나는 대학을 그만둔다, 아니 거부한다』, 2010)

사례 ❷

"휴학생 100만 명 시대가 12년째 이어지면서 휴학생을 고정 고객으로 삼는 휴학 컨설팅 업체도 생겼다. ……'휴학스쿨'이라는 이름으로 심리 상담, 인문학 수업, SNS 수업을 들었다. ……8주 과정의 휴학스쿨은 심리 상담과 더불어 인문학, 사회트렌드 수업을 함께 진행하는데 '나는 왜 쉴 때도 죄책감을 갖는가?'와 같은 휴식하는 방법에서부터 인문학 서적 읽는 방법 등까지 가르친다. ……이 수업을 들은 강○○ 씨(23)는 '학교는 내가 누군지 고민하도록 도와주는 데 많이 부족했다'면서 '내가 진짜로 원하는 게 뭔지 알아보기 위해 휴학하고 이 과정을 등록했다'고 말했다. 또 정○○ 씨는 '학교에서 그런 이야기를 하면 어느새 취업이야기로 빠진다. 취업 말고 내 꿈에 대해서 고민해보기 위해 휴학했다'고 말했다." ("빈자리 없는 휴학컨설팅 스쿨", 〈조선일보〉 2012.12.7)

이 인용문들은 무한경쟁 시대를 살고 있는 우리 사회의 젊은이들이 처한 현실을 다시 생각해보게 합니다. 이와 같은 사회적 분위기에서 스펙 쌓기에 지친 이들과 공감하면서 위로를 건네는 식의 서적들이 우후죽순 격으로 출판되어 베스트셀러가 되는 현상도 하나의 흐름이 되었습니다. 예를 들자면 『아프니까 청춘이다』(김난도, 2010), 『멈추면 비로소 보이는 것들』(혜민, 2012)과 같은 책들입니다. 비록 이 책들은 무한경쟁의 구도에서 고통받는 이들에게 근본적인 대안을 제시하는 것은 아니지만 위로의 언어나 잠언과 같은 내용으로 대중의 공감을 얻었습니다.

주지하다시피 최근 들어 부쩍 일상적으로 많이 쓰이는 단어 중 하나가 힐링healing입니다. '치유'라는 의미의 힐링은 마음의 상처를 입거나 억압을 받아 괴로워하다가 평온을 얻게 되는 것, 또 육체적으로 상처가 나거나 병이 들었다가 회복되는 것을 일컫습니다. 이러한 힐링의 대유행에는 마케팅 전략이 한몫을 했을 터인데, 마케팅의 중요한 코드로 자리 잡을 수 있었던 것은 신자유주의 시대의 무한경쟁 사회에서 자기 착취적 신화 만들기의 무차별적 유포와 무관하지 않을 것입니다.

탈신화화를 꿈꾸며

무한경쟁 시대에 돌입한 우리 사회에는 TV 프로그램, 서적, 강연, 토크 콘서트 등 다양한 방식으로 성공 담론이 확산되고 있습니다. 성공이냐 실패냐라는 평가를 당연하게 여기고 어느 쪽에 속할지는 '스스로 하기 나름'이라는 의식이 팽배하게 되었습니다. 극한의 경험을 통해 수립되는 신기록을 소재로 상품화된 성공담이 보통 사람들의 신화가 되어 지향해야 할 전형이 되는 현상은 주시할 필요가 있습니다.

성공 신화라는 말은 인간 승리이고 성공적 삶의 모습을 함축적으로 나타낸 용어일 수 있지만, 한편으로는 끊임없이 기록 경신을 부추기는 우리 시대의 성공 강박증을 증명하는 표현일 수도 있습니다. 신화 창조라는 표현 역시 '나도 할 수 있다' 혹은 '꿈은 이루어진다'는 희망을 심어주는 기호이지만, 한편으로는 끊임없이 무한 경쟁에 시달리는 우리 시대의 자화상을 비유하는 표현일 수 있습니다. 이와 같은 성공을 강요하는 사회에서 성공에 이르지 못한 개인들은 자책감을 피하기 어렵습니다.

롤랑 바르트
Roland Barthes (1915〜1980)
그는 현대 사회의 대중은 일종의 믿음에 기초하여 일상생활을 살아가는데, 그 믿음이란 바로 '신화'라고 했다.

오늘날의 자기계발 전문가들이 부적격한 상像을 창조해내고 있다는 측면도 있습니다. 하나의 예로 극단적인 변신을 부추겨 자기 변화를 위한 최선의 수단으로 성형이나 무리한 다이어트 등에 열을 올리도록 조언하는 경우입니다. 일종의 세속화된 종교와 같은 자기계발서 저자들이 독자들을 불완전한 존재나 어떤 근본적 요소가 결여된 존재로 전제하고, 그들이 해결사임을 자처하는 발언을 쏟아내는 것도 예의주시해야 할 현상입니다.

기호학의 관점에서 현대 문화를 분석한 바르트는 현대 사회의 대중들 역시 일종의 믿음에 기초하여 일상생활을 살아간다고 보았습니다. 그는 일반인들에 의해 광범위하게 믿어지고, 심지어는 자연스럽고 본래적인 것으로 여겨지는 이념이 바로 '신화'라고 했습니다. 한국 사회에서 자주 등장하는 성공이라는 기표에는 일반인들이 쉽사리 해내기 어려운 획기적인 업적이나 신기록 수립이라는 기의가 담겨 있습니다.

하지만 우리 사회에 만연한 '성공 신화'라는 이데올로기의 이면을 들여다보면, 신자유주의 체제하에서 개인의 능력, 주체의 능동성을 강조하여 위기를 극복하려는 개인의 욕망과 경제적인 효율성을 숭상하고 동시에 자기의 책임을 내면화하도록 하는 이념이 확인됩니다. 즉 이러한 이념에는 경제적 가치를 증진시키기 위해서 시장 원리에 따라 극한적으로 개인을 경쟁하게 하고 그 결과를 고스란히 감수하도록 유도하는 억압적인 측면도 있습니다. 또한 성공의 결과만을 부각함으로써 그 수행 과정에서의 여러 문제점들을 은폐하여 신자유주의 시대의 경쟁 논리를 미화하는 측면도 있습니다.

오늘날 한국 사회에서는 성공 신화를 당연하고 자연스러운 것으로 추구합니다. 그리하여 지나친 경쟁 속에서 '성공 아니면 실패'라는 식의 양극단적인 평가를 내리고 그 결과는 고스란히 개인의 책임이 되고 맙니다. 이제라도 성공 신화라는 이데올로기가 낳은 문제점을 예의주시하며 그 해결점을 모색해야 합니다.

더 읽어볼 만한 글

미키 맥기, 김상화 옮김, 『자기계발의 덫』, 모요사, 2011.
서동진, 『자유의 의지 자기계발의 의지』, 돌베개, 2009.
이원석, 『인문학으로 자기계발서 읽기』, 필로소픽, 2013.
임현수 엮음, 『신화 신화담론 신화만들기』, 모시는 사람들, 2013.
한병철, 김태환 옮김, 『피로사회』, 문학과지성사, 2012.

우리에게 종교란 무엇인가

종교를 믿으면 우리는 정말 행복해질까?

이창익

ㅠ

언제부턴가 행복은 우리의 삶을 판단하는 절대적인 준거가 되어버렸습니다.
행복한 사람이 된다면 다른 건 전혀 문제되지 않는 것처럼 보일 정도입니다.
많은 사람들이 행복의 비법을 전해주겠다며 책을 쓰고 강연을 합니다.
그러나 어찌된 일인지 행복 담론이 무성해질수록 불행한 사람은
늘어나는 것 같습니다. 종교 역시 예외는 아닙니다. 이제 많은 종교는
구원이 아니라 행복을 종교의 목표로 설정하고 있는 것처럼 보입니다.
종교는 몸과 마음을 행복하게 하는 고대의 비법을 알고 있는 걸까요?
이 글에서 저는 행복의 상태가 불행의 감각을 증가시킨다는 행복의
역설을 이야기하고자 합니다. 그리고 행복 담론의 종교적인 뿌리를 찾아서
행복이 얼마나 많은 불행을 딛고 만들어지는 것인지를 보여주려 합니다.

보이지 않는 행복

감히 '종교와 행복'이라는 주제로 이야기를 하겠다고 나선 것을 후회하면서 이 글을 씁니다. 먼저 행복이라는 주제 자체가 문제가 됩니다. 왜냐하면 저는 항상 주변 사람들에게 "난 한 번도 행복해본 적이 없어!"라고 이야기하곤 했기 때문입니다. 사실인 것 같습니다. 게다가 저는 "난 한 번도 악몽이 아닌 꿈을 꾼 적이 없어!"라고 이야기하기도 합니다. 이것도 사실인 것 같습니다. 그렇다면 도대체 행복을 한 번도 경험해본 적이 없는 제가, 심지어는 항상 악몽만 꾸는 제가 무슨 자격으로 행복에 대해 말할 수 있겠습니까? 행복의 단꿈을 꾼 자만이, 원하면 언제라도 행복의 상태에 몰입할 수 있는 자만이 행복에 대해서 말할 수 있는 것 아닐까요? 그렇다면 저처럼 '행복으로부터의 소외 의식'에 허덕이고 있는 사람이 과연 다른 사람에게 행복을 이야기할 수 있을까요? 행복 이야기는 항상 언제나 행복한 자의 전유물이거나 행복의 절정을 맛보았던 자의 회고 속에서만 존재하는 아련한 추억이 아닐까요?

그런데 먼저 이런 질문을 드리고 싶습니다. 행복은 과연 교육할 수 있는 것일까요? 행복의 원리, 행복의 철학, 행복의 법칙이 존재할까요? 그럴 리가 없습니다. 만약 그런 것을 주장하는 사람이 있다면 믿지 마십시오. 인간이라면 누구든지 자신의 내면에 행복의 가능성을 지니고 있으며, 다만 그러한 가능성을 실현하는 방법을 모르기 때문에 행복하지 않은 것이라고 말하는 사람도 있습니다. 이때 문제가 되는 것은 '행복의 잠재성'을 '행복의 현실성'으로 전환하는 방법일 것입니다. 행복의 교육학은 그러한 주장을 담고 있습니다. 요즘 어떤 이들은 행복을 계량화하고 수치화할 수 있다고 말합니다. '행복지수'가 그 예입니다. 그러나 행복은 수치로 상대화할 수 있는 것이 아닙니다. 가령 누군가가 수치를 들이대면서 당신의 행복 수치가 이렇게 높으니까 당신은 행복해야만 한다고 주장한다면 어떨까요? 타인의 행복에 대해서는 그렇게 말할 수도 있겠습니다. 그러나 자기의 행복에 대해서는 아무도 이러한 수치적 접근법을 전개하지 않을 것입니다. 왜냐하면 우리에게 행복은 외적으로 보이는 것이 아니라 내면에 감추어진 보이지 않는 어떤 것이기 때문입니다. 행복은 '평가의 범주'에 속하는 것이 아니라 '고백의 범주'에 속하는 것 같습니다. 행복은 외부로부터 '부과'하는 어떤 것이 아니라 내부로부터 '토로'하는 어떤 것인 듯합니다.

어떤 분은 이렇게 반문하실 것입니다. "당신이 행복한 적이 없었다는 것은 거짓말이다. 다만 당신은 행복을 행복이라 인정하지 못하고 있는 것이다."라고 말입니다. 그러나 이건 조금은 다른 문제인 것 같습니다. 행복이 다만 '인정'의 문제라면, 의외로 행복해지는 것은 쉽습니다. 사소한 일에도 감사하는 마음을 갖고, 작은 일에도 만족할 줄 아는 안분지족安分知足의 태도를 가진다면, 우리는 쉽게 행복해질 수 있을 것입니다. 지나치게 커진 나를 작게 줄이면 우리는 행복해질 것입니다. 욕심을 줄이고 욕망을 절제하고 마음을 다스리고 화를 억제하면 우리는 행복해질 수 있을 것입니다. 다만 그렇게 하지 못하기 때문에 우리가 행복하지 못한 것이라고 말하면 그뿐일 것입니다. 이때 행복하지 못한 것은 오로지 나의 책임이 됩니다. 이때 작동하는 논리는 단순한 것입니다. 외적 상황이 불변적인 것이라면 그런 상황을 맞이하는 나의 태도가 달라져야만 내가 행복해질 수 있다는 것입니다. 나의 외부를 확장시키기보다는 나의 내부를 축소시키면 된다는 논리입니다. 이와는 반대로 나의 내부는 항상 그대로이기 때문에 외부의 확장을 통해서만 내가 행복해질 수 있다고 주장하는 많은 사람들이 있습니다. 그래서 어떤 사람들은 건강이나 재력 같은 물질적 지표가 행복을 결정한다고 주장합니다. 그리고 만족할 만한 물질적 축적을 달성하지 못한 책임을 오로지 개인에게 전가하기도 합니다. 이러한 맥락에서는 "너의 행복을 결정하는 것은 바로 너 자신이다!"라는 주장이 득세합니다.

부정적인 행복

그러나 이런 방식의 문제 해결은 그다지 선호할 만한 것이 아닙니다. 왜냐하면 이것은 행복의 모든 책임을 한 개인에게 떠넘기는 무책임한 짓이라고 판단되기 때문입니다. 우리는 결코 홀로 행복해질 수 없습니다. 바로 곁에서 수많은 사람이 전쟁과 살상으로 죽어가는데 내가 나의 마음을 깨끗하게 한다고 해서 내가 행복해질 수 있겠습니까? 혼자서 책임지는 행복은, 혹은 '혼자만의 행복'은 불행의 의도적인 망각이거나 불행의 무조건적 회피일 뿐입니다. 저는 이러한 행복을 '부정적인 행복'이라고 부르고 싶습니다. 이러한 '부정적인 행복'은 대부분 이기적인 형태의 행복으로 표출됩니다. 산속에 토굴을 파고 들어가서 '혼자만의 행복'을 추구할 수도 있습니다. 물론 이때 그는 자신의 가족이나 친구나 연인을 불행하게 만들 것입니다. 그는 결코 토굴 밖으로 뛰쳐나와서는 안 됩니다. 그가 토굴 밖으로 나와서 행복 전도사가 되는 순간, 그는 타인들에게 "너희들도 나처럼 토굴 속에 들어가야 한다."라고 강요하거나, 아니면 자신의 토굴 경험을 기록하여 타인의 구원을 위한 지침서를 작성할 것입니다. 다시 말해서 그는 행복해지려면 반드시 먼저 스스로 불행해지거나 타인을 불행하게 만들어야 한다는 역설적인 논리를 설파하게 됩니다.

실제로 종교에서는 내세의 행복을 위해서 현세의 극단적인 불행 상태를 조장하는 방식을 취하기도 합니다. 극한의 고행이나 금욕이 그러합니다. 이때 사용되는 논리는 불행과 행복을 각각 다른 시간대에 배당함으로써 미래의 행복으로 현재의 불행을 상쇄시킨다는 것입니다. 예컨대 종교인이나 종교전문가는 무욕, 무소유, 무집착을 통해서 스스로 현재의 불행을 의도적으로 조장하여 이것이 내세의 행복에 이르는 길이라고 주장합니다. 심지어는 일반 사람들이 행복이라고 부르는 것이 사실은 불행의 씨앗이며, 우리는 오로지 불행 속에서만 진정한 행복(지복)의 그림자를 발견할 수 있다고 말합니다. 이러한 논리의 밑바탕에는 불행과 행복을 구별할 수밖에 없는 '인간의 조건' 자체를 무화시키려는 열망이 내재해 있습니다. 이것은 시간 지평을 미래로 확장하여 현재에서는 가치 있고 의미 있는 것이 미래에서는 가치 없고 의미 없는 것이 된다고 주장합니다. 또 이것은 미래에 의해서 현재를 지워버리는 기술이며, 현재와 미래의 시간을 겹쳐서 현재를 중화하는 기술입니다. 현재 속에서 미래를 보게 하는 것, 현세 속에서 내세를 보게 하는 것, 존재 안에서 비존재를 보게 하는 것은 종교가 구사하는 '이중화의 기술'입니다. 종교는 보이는 것이 전부가 아니며 그 너머를 보아야 한다고 주장합니다.

'부정적인 행복'이란 내가 계속해서 나를 부정하면서 만들어가는 행복을 가리킵니다. 나는 나의 모든 욕망을 부정하고 잘라내고 도려낼 수 있습니다. 심지어 나는 나의 고통과 나의 죽음조차도 부정할 수 있습니다. 인간이 지닌 부정의 힘은 무척 위대해서, 어떤 종교는 '부정의 끝'을 종교적 완성이라 부르면서 모든 것을 부정하고 난 연후에 생겨나는 텅 빈 자리를 추구하기도 합니다. 처음부터 하나씩 모든 고통의 원인을 제거해나가다 보면, 우리는 어느 순간 절대적인 백지상태의 깨끗함에 이르게 됩니다. 아무런 글씨도 새겨져 있지 않은 순백의 정신을 만나게 되는 것입니다. 그래서 어떤 사람은 모든 것을 부정하고 난 연후에 생겨나는 이러한 절대적인 긍정의 상태를 종교적 목표로서 추구합니다.

　물론 이러한 '부정의 끝'에서 우리가 인간 불행의 모든 그림자를 제거할 수 있을지도 모릅니다. 그러나 이러한 '부정의 철학'은 삶의 제거이자 인간의 제거입니다. 살아 있지만 이미 죽은 것 같은 사람처럼 굴어야만, 우리는 그러한 절대적 부정의 자리에 가 닿을 수 있습니다. 그래서 이렇게 모든 것을 부정한 자는 인간이 아니라 신처럼 굴게 됩니다. 그는 신적인 인간, 즉 인간이면서도 인간이 아닌 존재가 됩니다. 그는 세상에 존재하는 '신의 기호'가 됩니다. 세계 안에 있으면서 세계 밖에 있는 것처럼 살아가는 것입니다. 그리고 우리는 이처럼 인간을 극복한 인간을 통해서 간신히 신을 짐작하게 됩니다. 그러나 '인간 밖의 인간'도 인간입니다. '인간을 넘어선 인간'도 인간의 가능성을 실현한 인간일 뿐입니다. 그러므로 논리적으로 따지자면 인간은 결코 극복할 수 없는 존재입니다.

우리에게 종교란 무엇인가

비슷하게 어떤 종교는 '살아 있으되 미리 죽어버리기'의 방법을 추구하기도 합니다. '살아 있으되 미리 죽어버리기'의 방식에도 여러 가지가 있습니다. 예컨대 요가 수행자는 공간 위를 여기저기 배회하는 인간의 신체를 한 장소에 뿌리내리게 합니다. 동물은 이리저리 공간 위를 배회하는 존재입니다. 그런데 그러한 동물이 마치 식물처럼 모든 운동을 멈추고 한 장소에 붙박입니다. 그리고 미동도 없이 눈을 감고 호흡의 간격을 서서히 늘려갑니다. 옆에서 도저히 숨소리를 들을 수조차 없을 만큼 호흡의 간격이 점점 길어지는 것입니다. 그러면서 요가 수행자는 정신을 한 점에 집중시킵니다. 본래 의식은 직선으로 흐르면서 시간을 만들어냅니다. 그러나 요가 수행자는 의식의 흐름을 한 점 주변으로 빙빙 돌려 감아서 의식을 한 덩어리로 뭉뚱그려버립니다. 풀어진 의식의 실타래를 실패에 되감는 것입니다. 요가는 신체의 정지, 호흡의 정지, 의식의 정지를 통해서 인간이 식물처럼 되는 길을 추구합니다. 이것이 바로 제가 앞서 말한 '인간의 제거'가 의미하는 바입니다. 동물을 식물처럼, 살아 있는 것을 죽은 것처럼 만드는 것이 바로 종교가 구사하는 기본적인 '인간 구하기' 전략의 하나입니다. 예컨대 샤먼은 살아 있으면서도 죽음의 기술을 습득한 자입니다. 그들은 삶과 죽음의 경계선을 넘나들면서 우리에게 죽음으로부터의 소식을 전해줍니다. 샤먼은 삶과 죽음이라는 서로 분리된 사건들이 만나는 경계선에 위치하는 인간입니다. 샤먼은 자유롭게 몸과 정신을 분리시키는 기술을 습득하고 있으며, 따라서 몸은 삶의 세계에 둔 채 정신은 죽음의 세계로 내보낼 수 있는 자들입니다. 그는 삶과 죽음의 경계선을 왕복할 수 있는 자입니다.

1990년대 초의 시베리아 샤먼

물론 어떤 이는 왜 우리가 이렇게까지 하면서 살아야 하는지를 잘 이해하지 못할 것입니다. 인간은 인간으로 태어나는 것이고, 그래서 인간이 지닌 욕망과 욕구를 성실하게 충족시켜나가는 것이 자연스러운 것이라고 주장하면서, 이러한 '부정의 종교'를 비웃는 사람들이 있을 것입니다. 그러나 우리는 한 가지 사실을 명심해야 합니다. 어떤 곳에서는 사람들의 고통과 절망이 하도 커서 사람들이 집단적으로 앞다투어 절벽에서 뛰어내려 자살을 하기도 했습니다. 우리는 그들의 고통의 깊이를 가늠해야 합니다. 인간으로서의 욕망을 충족시

조르조 아감벤
Giorgio Agamben (1942~)
프랑스의 티에리 에르만이 '혼돈의 집(Demeure du Chaos)' 벽에 그린 조르조 아감벤의 초상. 아감벤은 "분리 없는 종교는 존재하지 않으며, 모든 분리는 그 안에 종교적인 정수를 포함하거나 보존한다."고 말했다.

키면서 살아갈 수 없는 극심한 공포의 세상 속에서 어떤 사람들은 아예 경쟁과 생존을 포기하고 식물이 되기로 결심합니다. 그들은 세속적인 모든 욕망을 부정하고 산속에서 식물처럼 살아갑니다. 심지어 극단적인 경우에 어떤 이는 숨을 쉬지 않기로 결심하고, 어떤 이는 살아 있으면서 땅속에 묻히기도 합니다. 그들은 그렇게 자신이 인간이라는 사실을 부정해버림으로써 인간을 비웃으면서 사라져갑니다. 그들에게 남은 행복의 길은 이것밖에 없었을지도 모릅니다.

　세상사에 초연한 도사나 신선처럼 구는 것도 행복을 위한 한 가지 방법일 수 있습니다. 그들은 세속적인 인간이 누리는 쾌락과 행복을 비웃습니다. 왜냐하면 모든 쾌락은 고통의 열매를 맺을 것이고, 모든 행복은 불행의 가면일 뿐이기 때문입니다. 사실 세상의 고통에 시달리다가 세속에서 은퇴하여 산속에 들어가 도를 닦거

나, 세상 사람들과 단절된 분리된 공간에서 전혀 다른 삶을 살아가는 많은 사람들이 있습니다. 종교는 기본적으로 '분리의 기술'입니다. 이탈리아의 철학자인 조르조 아감벤은 "분리 없는 종교는 존재하지 않을 뿐만 아니라, 모든 분리는 그 안에 진정으로 종교적인 정수를 포함하거나 보존한다."고 말합니다. 예컨대 종교는 인간과 신을 만나게 하는 기술이 아니라, 인간과 신을 분리하여 결코 만나지 못하게 하는 기술입니다. 인간과 신의 만남은 극히 한정된 예외적인 사건이나 인물에게 국한됩니다. 그러므로 종교는 인간의 세계에는 행복이 없다는 것을 주장하는 '행복 부재의 증언'입니다. 따라서 종교는 인간을 행복하게 만들기보다는 불행하게 만드는 경우가 많습니다.

행복과 불행의 이분법

행복은 자신이 처한 상황에 대한 절대적인 긍정의 상태인 것 같습니다. 그러므로 행복하지 않다고 해서 반드시 불행한 것은 아닙니다. 왜냐하면 우리는 행복과 불행 사이의 어중간한 상태에서 대부분의 시간을 보내기 때문입니다. 우리의 삶은 보통 행복하지도 불행하지도 않습니다. 왜냐하면 행복이든 불행이든 그것은 일상적이지 않은 비일상적인 것의 현존일 수밖에 없기 때문입니다. 행복하지 않은 것은 불행한 것이고 불행하지 않으려면 행복해야 한다는 이분법은 비일상적인 상황에서만 등장합니다. 우리의 일상 속에서 우리는 그러한 극단적인 대립을 겪지 않습니다. 우리는 보통 행복하지도 불행하지도 않습니다. 심지어 우리는 행복과 불행이 별

우리에게 종교란 무엇인가

로 문제되지 않는 상황에 지속적으로 놓이게 됩니다. 그러므로 행복과 불행은 일상의 균열이 낳는 특수한 사태의 소산입니다. 불행에 빠진 자는 지금 그를 지독하게 불행하게 만드는 현실만 제거된다면 행복할 것이라고 느낍니다. 그에게는 불행의 끝이 행복입니다. 그러나 지독한 불행이라는 이러한 현실은 우리의 일상적인 삶의 현실이 아닙니다. 행복의 눈물을 흘리는 자는 이 행복이 혹시라도 깨질까 봐 조마조마합니다. 그는 이 행복의 시간이 깨지는 순간 자기가 영원한 지옥에 갇힐 거라고 믿습니다. 그에게는 행복의 끝에 불행이 놓여 있습니다. 그러나 행복하지 않으면 곧 불행해질 것이라는 의식은 '행복의 비일상성'을 맛본 자의 고백일 뿐입니다. 우리가 겪는 대부분의 시간은 이러한 행복/불행의 이분법으로 압축되지 않습니다.

요약하면 일상적인 삶 속에서 우리는 행복과 불행의 대립을 겪지 않습니다. 비일상적인 정황 속에서만 우리는 '행복 아니면 불행'이라는 이분법적 상황에 놓이게 됩니다. 항상 그렇듯이 이분법은 삶의 일상적인 정황이 아닙니다. 우리는 선과 악의 이분법을 이야기하지만 선악의 대립은 가공된 이야기 속에만 존재합니다. 혹은 선악이란 극단적이거나 극한적인 삶의 정황에서 발생합니다. 왜냐하면 대부분의 사건이나 사물은 선하지도 악하지도 않으며 선악의 대립을 넘어선 곳에 존재하기 때문입니다. 그러므로 선악의 이분법으로 세계를 설명하는 종교의 논리는 일상적인 현실의 논리가 아닙니다. 그것은 항상 비일상성이 현실 속에 침투할 때만 발언되는 삶의 '극화劇化 현상'입니다. 이야기로 가공된 현실만이 선악의 대립을 품습니다. 그러므로 선악의 세계는 이야기의 세계입니다. 종교는 맥없이 느슨한 세계가 아니라 팽팽하게 긴장된 세계 속에서 발생합니다. 물론 느슨한 세계를 사는 인간에게는 동화나 소설이나 신화의 팽팽한 긴장의 세계가 공포의 대상이거나 오락과 흥미의 대상일 것입니다. 그러나 이분법은 일상적인 삶의 논리가 아닙니다.

선악의 이분법은 느슨한 삶을 가공하여 팽팽하게 긴장시킬 때 발생하는 '이야기 현상'입니다. 그러므로 이야기 밖으로 나가는 순간 우리는 선과 악의 범주가 전혀 먹혀들지 않는 사태에 당황할 수밖에 없습니다. 종교도 그렇습니다. 종교는 일정한 콘텍스트context의 산물입니다. 종교는 일정한 '텍스트 공유'를 전제할 때 발생합니다. 그러므로 그리스도교의 텍스트를 공유하지 않는 사람에게는 그리스도교가 종교로서 작용하지 않습니다. 불교의 텍스트를 공유하지 않는 사람에게 불교는 더 이상 종교현상으로 드러나지 않습니다. 텍스트 밖에서 볼 때 종교는 그저 '이상한 짓'이거나 '기묘한 믿음'일 따름입니다. 텍스트를 공유하지 않을 때 모든 현상은 낯설게 됩니다. 이처럼 '낯설게 하기'는 일반적인 텍스트를 공유하지 않을 때 발생하는 '텍스트 위반'의 사건입니다. 마찬가지로 선악의 이분법도 일정한 텍스트를 공유할 때만 등장하는 개념입니다.

이것이 바로 러시아 형식주의 비평가인 빅토르 쉬클롭스키가 말하는 '낯설게 하기defamiliarization'의 기본 원리입니다. 그에 의하면 인간의 지각은 쉽게 무뎌져서 자동화됩니다. 처음에는 사물을 '지각'하지만, 이러한 일이 반복되면서 어느 순간 인간은 사물을 더 이상 '지각'하지 않고 '인식'하게 됩니다. 즉 인식이 지각을 압도하게 되는 것입니다. 그러므로 '낯설게 하기'는 지각의 자동화로 인

우리에게 종교란 무엇인가

해 무뎌진 지각에 인간의 감각작용을 되돌려주기 위한 것입니다. 쉬클롭스키에 의하면 예술은 인간의 지각을 부활시키기 위한 도구입니다. 예술은 낯익은 사물을 낯설게 만들어서 인간의 무뎌진 지각을 다시 활성화시킵니다. 그에 의하면 예술에서 중요한 것은 예술작품이 아니라 인간의 복원된 지각력입니다. 종교도 그렇습니다. 종교 안에서 어느 순간 종교인은 더 이상 사물과 사건을 지각하는 것이 아니라 인식하게 됩니다. 종교는 전제된 종교적 콘텍스트 안에서 인간이 사물과 사건을 경험하게 합니다. 그러므로 종교의 텍스트에 의해 자동적으로 세계를 지각하는 인간은 선과 악, 행복과 불행의 도식에 의해서 세계를 인식합니다. 그러나 우리는 이러한 낯익은 도식에서 벗어나서 행복과 불행 자체를 낯설게 만들 필요가 있습니다.

빅토르 쉬클롭스키
Victor Shklovsky (1893~1984)
그는 '낯설게 하기'를 통해 무뎌진 인간의 지각을 부활시켜야 한다고 했으며, 그를 위한 도구로 예술을 꼽았다.

우리는 행복과 불행, 선과 악, 쾌와 불쾌의 도식으로 세계를 인식하도록 프로그래밍되어 있습니다. 그러므로 행복과 불행의 이분법으로부터 벗어나지 않는 한 우리는 불행을 구원할 수 없습니다. 우리는 미래의 행복이 아니라 과거의 불행을 먼저 구원해야 합니다. 과거의 불행을 구원한다는 것은 불행을 본래의 맥락에서 떼어내는 것, 불행을 정화하는 것, 불행을 파괴하는 것을 의미합니다. 발터 벤야민은 이것을 두고 '인용citation'이라는 표현을 사용합니다. 인용이란 본래의 맥락이 아닌 다른 맥락에서 특정한 문장이나 구절을 사용하는 것을 가리킵니다. 모든 문장은 문맥에 맞는 제한된 의미만을 드러냅니다. 그래서 우리는 그 문장을 '인용'함으로써 본래의 맥락에서는 드러나지 않은 해당 문장의 '잠재된 의미'를 실현시킵니다. 그러나 모든 인용은 본래의 맥락을 파괴합니다. 이것이

발터 벤야민
Walter Benjamin (1892~1940)
과거의 불행을 구원한다는 것은 불행을 본래의 맥락에서 떼어내는 것, 불행을 정화하는 것, 불행을 파괴하는 것을 의미하는데, 그는 이것을 두고 '인용'이라는 표현을 썼다.

벤야민이 말하는 '인용 이론'입니다. 우리는 과거의 불행을 현재라는 다른 맥락에서 인용함으로써, 이전에는 과거의 사건이 드러내지 못한 새로운 의미의 가능성을 실현시킬 수 있어야 합니다. 불행한 인간은 과거의 맥락에 빠져 허우적거리는 인간입니다. 그러므로 그를 과거의 맥락 밖으로 꺼내어 현재의 맥락 속에서 인용할 수 있어야 합니다. 불행은 인간이 시간의 바다에 빠져 익사하는 사건입니다. 우리는 그러한 익사를 막아야 합니다.

존재 전체의 고백

저는 행복/불행의 이분법이 비일상적인 맥락의 산물이라고 생각합니다. 행복과 불행의 도식으로 삶을 재단하는 것은 무척 불행한 일이며, 이러한 도식 속에서 우리는 항상 불행할 수밖에 없습니다. 굳이 행복해지려 한다 할지라도 이때 우리는 무척이나 많은 것을 희생해야 합니다. 외적 불행, 혹은 객관적인 불행은 극심한 '내면의 침잠' 없이는 행복으로 전환되지 않습니다. 그러므로 자칫 내면의 행복 추구는 외면의 불행을 억제하고 중화시키기 위한 허구적 기술이기 십상입니다. 그래서 많은 경우에 행복 담론은 밖을 추구하는 정신을 안으로 향하도록 꺾어버리는 기술을 구사합니다. 안으로 침잠하는 정신은 개별성을 지우고 인간을 지우고 시간을 지우고 정체성을 지우면서 자기를 자기 아닌 다른 것으로 변환시킵니다. 갑자기 부서지는 의자를 향해서 화를 내는 것은 이상합니다. 그런데 세계는 '갑자기 부서지는 의자' 같은 것입니다. 우리는 세계를 향해서 화를 내지만, 세계는 우리에게 아무런 감정도 없습

우리에게 종교란 무엇인가

니다. 우리는 마치 세계가 인격체라도 되는 양 세계를 향해 분노의 감정을 쏟아냅니다. 그러나 우리가 생각하는 그런 세계는 실은 존재하지 않는 세계이며 환영의 세계일 뿐입니다. 우리는 이렇게 세계마저도 지워버릴 수 있습니다.

  내면은 내가 지닌 '나 아닌 것'의 다른 이름입니다. 그러므로 내면에서 찾아지는 행복은 고통과 불행을 겪는 주체를 제거함으로써만 얻어집니다. 남들이 보기에는 아무리 하찮은 것처럼 보이더라도 개인의 불행은 해당 개인에게 엄청난 충격과 여파를 가져옵니다. 타인의 시선으로 볼 때 개인의 불행은 숱한 인간의 불행 가운데 하나일 뿐입니다. 개인에게는 엄청난 사건이라 할지라도 우주적인 차원에서 볼 때는 하찮은 작은 사건이 됩니다. 그러므로 우리는 '개인적인 사건'을 '우주적인 사건'으로 전환시킴으로써 문제를 해결합니다. 이것이 종교가 구사하는 가장 일반적인 고통 극복의 기술입니다. 종교는 '나의 시선'으로 세상을 보는 것이 아니라 한 걸음 떨어져서 '신의 시선'으로 세상을 관조합니다. 종교는 내가 '나의 시선'과 '신의 시선'이라는 두 개의 이중적인 시선을 갖게 합니다. 바로 이러한 두 개의 시선, 즉 두 개의 렌즈를 세계에 들이댈 때 비로소 우리는 선과 악의 세계를 이해할 수 있습니다. 우리는 '나의 시선'으로는 보이지 않던 세계를 '신의 시선'을 통해서 보게 됩니다. 그런데 '신의 시선'은 때때로 논리적이며 보편적인 시선으로 나타납니다. 그리스 철학자인 에피쿠로스Epicurus의 다음 이야기를 들어보겠습니다.

    "죽음이란 아무것도 아니라는 사실에 익숙해지도록 하게. 왜

냐하면 모든 악이나 선은 우리의 감각 속에 존재하는데 죽음이란 감각의 부재이기 때문일세. 우리가 존재하는 한 죽음은 우리와 함께 있지 않으며 죽음이 오면 우리는 더 이상 존재하지 않기 때문에, 모든 악 중 가장 끔찍한 것인 죽음은 우리에게 아무것도 아니라네. 그러므로 죽음이란 산 자에게도 죽은 자에게도 관여하지 않는데, 이는 산 자에게는 죽음이란 존재하지 않으며, 죽은 자는 더 이상 존재하지 않기 때문일세." (장 그르니에, 『불행한 존재』, 권은미 옮김, 청하, 1989, 41-42쪽.)

에피쿠로스의 말은 논리적으로는 매우 타당합니다. 그렇다면 이제 더 이상 우리에게 죽음은 문제가 아니어야 합니다. 그러나 우리는 결코 논리적으로 죽음을 극복할 수 없습니다. 아마 에피쿠로스도 그랬을 겁니다. 왜냐하면 프랑스 작가인 세낭쿠르Étienne Pivert de Senancour의 말처럼 "나는 무엇인가? 이 우주로선 아무 것도 아니나 나로선 전부이다."라고 말할 수 있기 때문입니다. 바로 이 '나의 전부'가 문제가 되는 죽음 사건은 더 이상 논리가 적용되지 않는 사건입니다. 장 그르니에Jean Grenier의 말처럼 나의 존재는 논리적인 사건이나 산술적인 사건이 아닙니다. 군대에서 나는 다른 군인에 의해 대체될 수 있는 한 명이라는 산술적인 수치가 됩니다. 마찬가지로 우주적인 차원에서 볼 때 나는 얼마든지 다른 존재로 대체 가능한 계량적 존재입니다. 우주나 군대에서 나의 존재는 우주나 군대의 전부가 아닙니다. 그러나 나에게 나의 존재는 나의 전부입니다. 그러므로 행복은 나의 전부가, 즉 나의 존재 전체가 문제가 되는 사건입니다. "나는 이런 부분에서는 행복하지만, 다른 부분에

우리에게 종교란 무엇인가

서는 불행하다."고 딱 잘라 나누어서 행복과 불행을 나의 삶 이곳 저곳에 적절하게 분배할 수 있다면 참 좋을지도 모릅니다. 그러나 행복 사건은 그렇게 '존재의 파편'에서 벌어지는 사태가 아닙니다. 행복과 불행은 존재 전체가 토해내는 나의 고백이기 때문입니다. 이러한 고백은 논리와 산술로는 해결되지 않는 비일상적인 상황을 전제합니다.

불행의 구원론

대략 짐작하셨을 줄 압니다만, 저는 행복과 불행이 다분히 종교적인 개념이라고 생각합니다. 행복과 불행의 언어를 구사하는 순간 우리는 종교적 세계 속으로 내던져지게 됩니다. 아니 어쩌면 종교적 세계 안에서만 행복과 불행의 어휘가 등장하는 것인지도 모릅니다. 그러므로 행복이 문제가 되는 상황에 놓여 있다는 것은 우리가 서서히 종교적인 세계에 접근하고 있다는 것을 의미합니다. 물론 오늘날 행복은 종교적인 담론이 아니라 세속적인 담론의 중심 주제입니다. 여전히 우리 주변에는 종교를 통해 행복에 도달하고자 하는 많은 사람들이 있습니다. 그러나 이제 대부분의 사람들은 종교 밖에서 행복을 추구합니다. 그러나 종교 밖에서 행복을 추구하는 순간 우리는 종교 밖에 존재하는 지극히 종교적인 상황에 내던져지게 됩니다. 이것을 '종교 밖의 종교'의 등장이라고 말할 수도 있습니다. 행복과 불행은 선과 악, 혹은 고통과 구원의 문제를 세속적인 맥락에서 재서술하고 있을 뿐, 문제 자체는 여전히 종교적인 것이고, 그 해결책도 대부분 종교적인 것입니다.

저는 지금 이 순간에도 제가 행복을 누렸던 사건을 찾아 제 기억 속을 헤매고 있습니다. 그러나 저는 결코 제 삶 속에서 '행복한 사건'을 단 하나도 발견하지 못할 것만 같습니다. 미래에는 그런 사건이 많이 일어났으면 좋겠지만, 별로 기대는 안 하고 있습니다. 저는 행복이란 그저 살다가 어느 순간 우리가 발설하게 되는 감탄사와도 같은 것이라고 생각합니다. "아, 행복하다!"라고 말하는 순간 우리는 행복합니다. 우리는 설명하기 힘든 어떤 상태에 대해서 '행복하다'라는 이름을 붙입니다. 행복은 마치 '그것'이라는 지시대명사와도 같습니다. 왜냐하면 행복은 '빈말'이기 때문입니다. 행복은 정의할 수 없는, 행복에 이를 수 있는 구체적인 방법도 없는, 그래서 저장할 수도 없고, 예측할 수도 없고, 계획할 수도 없고, 또한 가르칠수도 없고, 학습할 수도 없는 그런 것입니다. 행복은 결코 특정한 대상을 가리키는 말이 아닙니다. 오히려 행복은 어떤 특정한 맥락에서 발언되는 '나의 증언'입니다. 그러므로 행복은 가르칠 수도 없고 배울 수도 없는 것이라는 사실만 인정한다면, 어쩌면 제가 여러분에게 행복에 대해서 말씀드리는 것이 가능할지도 모르겠습니다. 제가 여러분을 행복하게 해드릴 필요는 없게 되는 것이니까요.

말씀드렸듯이 행복은 제 말씀을 듣고 있는 여러분에게 제가 드릴 수 있는 선물일 수 없습니다. 오히려 저는 여러분이 가진 행복을 약탈하기 위해 이 글을 쓰고 있는지도 모르겠습니다. 왜냐하면 저는 행복이 '근대적인 문제이자 물음'이라고 생각하고 있기 때문입니다. 다시 말해서 저는 우리가 개인적으로 행복을 추구한다는 것 자체가 우리 시대의 가장 큰 문제라고 생각합니다. 우리는 결코 홀로 행복해질 수 없기 때문입니다. 우리는 개인이 '행복의 단위'

우리에게 종교란 무엇인가

이고 사회는 '복지의 단위'라고 생각합니다. 그리고 행복과 복지가 비례할 것이라고 착각합니다. 행복은 개인적인 것이고 복지는 집단적인 것입니다. 그러나 행복과 복지는 많은 경우에 서로 어긋나는 관계를 형성합니다. 돈을 많이 가지면 행복해질 수 있다고 믿는 사람에게 행복이란 무욕의 상태를 가리키는 것이라고 주장해봤자 그리 큰 설득력을 지니지 못할 것입니다. 단순한 경제학적 지식만으로도 우리는 한 사회가 지닌 재화의 양이 일정하다는 것을 압니다. 그러므로 경제라는 것은 모든 사람이 갑부가 될 수 없는 시스템입니다. 한 사람이 잘산다면 다른 사람이 못살 수밖에 없고, 지금 내가 잘산다면 미래의 누군가가 못살 수밖에 없습니다. 그러므로 개인의 행복은 집단의 복지와는 다른 별개의 논리 속에서 벌어지는 사태입니다.

사실 과거의 우리 조상들에게 행복이란 것은 그렇게 크게 문제되지 않았던 것 같습니다. '오복五福'이란 말이 가리키듯이 장수하고 부유하고 건강하고 덕망이 있고 급사하지 않는 것은 모두 어느 정도 객관적으로 측정 가능한 것들입니다. 그러므로 오복이란 인간 내면의 상태가 아니라, 어느 정도 명확히 관찰할 수 있는 외적 상태를 가리킵니다. 그러나 오늘날 우리에게 행복은 다분히 심리학적 현상입니다. 우리는 행복이 내적으로 경험되는 충만한 느낌이라고 생각합니다. 그러므로 우리는 근대사회 이후에 팽배해진 이러한 행복의 '내면화 현상' 내지는 '심리학화 현상'에 주목할 필요가 있습니다. 우리는 행복을 주관적인 심리 상태라고 가정합니다. 그러므로 과거에는 행복이 '보이는 것'이었지만, 이제 행복은 '보이지 않는 것'이 되었습니다. 지금 우리에게 행복은 아직 실현되지 않은 미래에 대한 꿈이거나 과거에 지나가버려 이제는 사라진 추억 같은 것입니다. 이때 현재는 항상 불행의 장소가 됩니다. 행복은 항상 과거 아니면 미래에 존재하는 무엇입니다. 우리는 그렇게 행복이 이제는 오기를, 아니면 다시 오기를 기다립니다. 우리에게 행복은 메시아와도 같은 구원의 피난처가 됩니다.

이 글을 읽고 계시다면 십중팔구 "종교가 인간의 행복을 위해 무엇을 해줄 수 있는가?"를 궁금해하실 줄 압니다. 적어도 상식적인 관점에서 볼 때 종교는 인간의 행복을 위한 도구 내지는 지침서 같은 역할을 해야 합니다. 인간을 행복하게 해주지 못하는 종교가 우리에게 무슨 필요가 있겠습니까? 사실 모든 인간사는 아무리 복잡하고 힘든 것일지라도 어느 정도 멀리 떨어져서 보게 되면 점점 희미해지면서도 투명해지게 됩니다. 시간이라는 게 그렇습니다. 아무리 힘든 일이라 할지라도 우리가 어느 정도의 시간만 잘 버티게 되면 시간의 원근법에 의해 모든 사건은 희미하지만 단순한 선명함을 갖게 됩니다. 시간의 급류에 휩쓸리지만 않는다면 우리는 대부분의 불행을 견뎌낼 수 있습니다.

그런데 제가 보기에 오늘날의 행복 담론은 종교가 지닌 숱한 유토피아 담론의 미니어처인 것 같습니다. 유토피아는 공동체, 혹은 우주 전체의 구원을 위한 자리입니다. 그러나 이제 우리는 유토피아를 혼자 힘으로 만들어야 하는 시대를 살고 있습니다. 그것은 두렵고 외로운 싸움입니다. 왜냐하면 행복 추구는 반드시 실패할 수밖에 없는, 행복하자마자 불행의 덫에 걸릴 수밖에 없는 그런 것이기 때문입니다. 제가 여러분에게 드릴 수 있는 말씀은 불행하지 않다면 행복을 추구하지 않을 것이라는 사실입니다. 그러므로 불행

우리에게 종교란 무엇인가

의 극복이야말로 행복 담론의 일차적인 과제인 것 같습니다. 불행을 회피해서는 안 됩니다. 불행은 구제의 대상입니다. 그럴 수 있을 때 우리는 행복과 불행의 이분법을 벗어날 수 있습니다. 불행을 더 이상 불행하게 내버려두지 않는 것이 바로 불행의 구원론입니다.

미르치아 엘리아데. 이윤기 옮김, 『샤마니즘: 고대적 접신술』, 까치, 1992.

알프레드 알바레즈. 최승자 옮김, 『자살의 연구』, 청하, 1995.

장 그르니에. 권은미 옮김, 『존재의 불행』, 문예출판사, 2002.

조르조 아감벤. 김상운 옮김, 『세속화 예찬: 정치미학을 위한 10개의 노트』, 난장, 2010.

더
읽어볼 만한
글

순례를
어떻게
이해할까?

최화선

제가 특별히 관심을 갖고 있어서 그런지 몰라도 요새 주변에서 '순례'라는 말이
자주 눈에 뜨입니다. 얼마 전 출판된 꽤 유명한 일본 작가의 신작 제목에도 '순례'가 들어가 있고,
서점에 가보니 그 외에도 제목에 '순례'가 들어간 신간 소설이 두어 권 더 있었습니다.
여행서적 코너에는 산티아고 순례길에 대한 안내서, 기행문 등이 가득했습니다.
이전에는 힘들고 지친 당신, 여행을 떠나라고 말했다면, 왠지 요새는 힘들고 지친 당신의
영혼을 치유해줄 '힐링' 여행, 순례를 떠나라고 부추기고 있는 것 같기도 합니다.
알게 모르게 순례는 '힐링'의 열풍을 타고 여행의 새로운 트렌드로 부상하고 있는 것 같습니다.
그런데 사실 순례는 정말 오래된 여행 형태입니다. 순례를 아주 폭넓고 느슨하게
정의한다면 종교적인 장소를 찾아가는 여행이라고 할 수 있습니다.
사람들은 오래전부터 중요한 종교적인 사건이 일어난 장소, 종교적인 인물이 있는 곳,
혹은 그의 흔적이 남아 있는 곳을 찾아갔습니다. 거기에는 그곳을 직접 두 눈으로
보고 그곳에 존재하는 성스러운 기운과 직접 접촉하고 싶은 열망이 있었고,
그러한 접촉을 통해 변화를 얻고 싶어 하는 바람이 있었습니다.
최근 통용되는 힐링 여행으로서의 순례라는 말에는 홀로 걷는 길에서 얻는 깨달음, 치유 등이
주로 강조되고 있는 듯합니다. 하지만 실제로 역사 속에서 행해져온 순례는 이보다 더
다양한 모습과 다양한 차원을 지니고 있습니다. 이 글에서는 종교적인 장소를 찾아가는
여행, 순례의 다양한 목적, 양상, 순례지의 특성 및 변화 등을 간략하게 살펴보겠습니다.

사람들은 왜 순례를 떠날까

순례는 종교의 성지를 찾아가는 여행입니다. 옛부터 많은 사람들이 성지를 찾아갔던 이유는 대략 다음과 같이 정리해볼 수 있습니다. 첫째, 종교적 과거 속의 장소들을 직접 자신의 눈으로 확인해보고 싶은 마음 때문입니다. 순례자들이 찾는 순례지는 한 종교의 중요한 역사가 담긴 장소입니다. 그리스도교에서 예수의 행적이 담긴 예루살렘, 베들레헴 등 팔레스타인의 여러 장소들, 이슬람교의 창시자 무함마드의 중요한 종교적 행적이 남아 있는 메카, 부처가 태어난 곳 룸비니와 깨달음을 얻은 곳 부다가야, 최초의 설법을 행한 녹야원 등이 그 대표적인 예라 할 수 있습니다.

이러한 성지를 찾는 사람들은 현재의 그곳을 보면서 과거에 그곳에서 일어난 일들을 기억하고 회상합니다. 한 종교의 전통이 형성되는 과정에서 지상의 한 장소에 그들의 전통을 고정시킨다는 것은 매우 중요합니다. 그것은 장소라는 구체적이고 물리적인 것을 통해, 신화를 인간의 실제적인 역사와 연결시키는 가장 기본적인 작업이기 때문입니다. 사람들은 그 장소에 가서 자신의 두 눈으로 자신이 믿는 것과 관련된 무엇을 직접 보고 만지면서 그 신화와 그것에 대한 믿음이 허구가 아니라 실제임을 구체적으로 체험합니다.

둘째, 사람들은 병의 치유와 같은 특별한 기적을 경험하기 위해 순례를 떠나기도 했습니다. 의술의 신 아스클레피오스^{Asklepios}의 신전이 있던 고대 그리스의 도시 에피다우로스^{Epidauros}는 병을 치유하기 위해 찾는 사람들로 항상 붐볐습니다. 5세기 소아시아의 도시 셀레우키아^{Seleukeia}에 있는 테클라^{Thekla} 성지는 병든 자들에게 치유의 기적이 일어나는 장소로 유명했습니다. 또한 갠지스 강을 찾아 순례를 하고 강에 몸을 담그는 이들 중에도 아픈 곳이 낫

64

예루살렘 /메카의 카바 /룸비니

아스클레피오스 신전의 유적지 /갠지스 강에 몸을 담그는 사람들 /프랑스의 루르드

기를 바라는 사람들이 있습니다. 이때 기적은 이 장소가 성스러운 장소라는 것을 확인해주는 징표입니다. 일상적인 삶에서는 일어날 수 없다고 여겨지는 비일상적인 사건이 일어난다는 것은 곧 성스러움이 나타난다는 뜻이기 때문입니다. 오늘날 대표적인 가톨릭 순례지 중 하나인 프랑스의 루르드Lourdes는 19세기 중반 베르나데트Bernadette라는 한 소녀가 자신 앞에 성모 마리아가 나타났다고 주장했던 곳입니다. 사람들은 처음에 베르나데트의 말을 잘 믿지 않았으나, 이곳에서 솟아난 샘물에 치유의 효과가 있다는 말이 퍼져나가기 시작하자, 곧 이곳을 찾는 사람들이 많아졌고 교황청에서도 결국 이곳을 공식적인 성모 발현 성지로 인정하게 되었습니다. 물론 기적은 자주 일어나지 않고 또 설사 일어났다 하더라도 이것이 진짜 기적인지 확인하는 일은 쉬운 일이 아닙니다. 그러나 중요한 것은 이 같은 기적을 바라는 사람들의 갈망은 항상 있고, 이러한 갈망이 있는 한 사람들은 계속 이러한 장소들을 만들어내고, 또 그곳으로 찾아갈 것이라는 점입니다.

셋째, 참회를 목적으로 순례를 한 이들도 있었습니다. 산티아고 데 콤포스텔라Santiago de Compostela는 중세에 유명한 참회의 순례지 중 하나였고, 죄에 대한 보속補贖으로 이곳으로 순례를 다녀오는 이들이 많았습니다. 아일랜드의 북서부 더그Derg 호에 자리 잡은 '성 패트릭의 연옥'이라는 순례지는 중세 때부터 유명한 참회의 성지였습니다. 이곳에는 예수가 성 패트릭Saint Patrick에게 직접 보여주었다는 동굴이 있는데, 이 동굴에서는 천국과 지옥의 모습을 모두 경험할 수 있었다고 전해집니다. 죄를 용서받기를 비는 순례인 만큼 그 과정에서는 금욕과 고행이 중요한 요소로 작용하게 됩니다.

　　넷째, 종교적인 의무에서 행하는 순례도 있습니다. 무슬림들의
순례 하지haji가 그 대표적인 예입니다. 하지는 오주(다섯 가지 기둥)
라 불리는 무슬림의 다섯 가지 의무 중 하나로서, 무슬림이라면
누구나 일생에 한 번은 메카를 방문하는 이 순례를 해야만 합니
다. 메카의 순례자들은 모두 흰 옷을 입으며, 무함마드가 마지막

　　　　　　　　　　　　　　　　우리에게 종교란 무엇인가

설교를 한 아라파트 산에서 기도를 드리고, 메카의 성스러운 돌, 카바 주위를 도는 의례를 수행하며, 미나 평원에 가서 악마를 쫓는 의미로 돌기둥에 돌을 던지는 의례를 행합니다. 이 모든 과정은 정해진 절차에 따라 이루어지는데, 이처럼 종교적 의무로 규정된 순례에서는 의례적인 성격이 좀 더 두드러집니다.

다섯째, 순례 자체에 수행으로서의 의미를 두는 사람들도 있습니다. 순례자를 뜻하는 고대 희랍어 '크세노스xenos'는 '이방인'을 뜻하는 말이며, 라틴어 '페레그리노스peregrinos' 역시 '떠돌아다니는 이, 방랑자'라는 의미를 갖고 있습니다. 순례자는 어떤 의미에서 스스로 이 세상에서 이방인이 되길 자처한 이들입니다. 초기 그리스도교의 수도자들 중에는 이처럼 한곳에 정착하지 않고 떠돌아다니는 생활을 통해 영적인 완성을 추구한 이들도 있었습니다. 힌두교에서 바라나시Varanasi를 찾아가는 길은 단지 목적지에서 무엇인가를 얻기 위한 것만이 아닙니다. 힌두교도들은 바라나시를 향한 길 자체가 그들에게 의미 있는 수행이라고 생각합니다. 여기서 순례의 목적은 성스러운 장소보다도 그곳을 향해 가는 길 위의 여정 자체에 있습니다.

그러나 실제 순례를 하는 사람들의 목적이 반드시 앞서 이야기한 것들 중 어느 하나에만 국한되는 것은 아닙니다. 종교적 과거를 직접 찾아보려는 사람이 동시에 기적을 기대하며 성지를 찾을 수도 있고, 종교적 의무로서 순례를 행하면서도 그 과정을 수행의 길로 인식하는 사람들이 있을 수도 있습니다. 또한 대부분의 실제 순례자들은 저마다 마음속에 소소한 세속적·개인적 목적도 지니고 있을 것입니다. 다른 여행과 마찬가지로 순례 역시 특별히 하나의 목적에만 집중한다 해도 오로지 그 목적만을 위한 여행이 되지 않는 경우가 많습니다. 순례자들, 여행자들은 길 위에서 많은 예기치 못한 일들과 만나게 되고, 또 그러한 만남을 통해 기대하지 않았던 새로운 것들을 얻게 됩니다. 순례가 흥미로운 이유 중 하나는 아마도 이러한 예측하지 못한 일들이 우리를 기다리고 있다는 것 때문

우리에게 종교란 무엇인가

일 것입니다.

<더 웨이The Way>라는 영화가 있습니다. 산티아고 순례길에서 죽은 아들 대신 그 아버지가 순례를 하며 그 과정에서 다른 순례자들을 만나고 그들과 우정을 쌓으며 변화를 겪는 내용을 다룬 영화입니다. 이 영화에 나온 산티아고 순례길El Camino de Santiago은 중세 때부터 유명했던 순례길입니다. 예수의 제자였던 성 야고보의 유해가 묻혀 있다는 산티아고 데 콤포스텔라 성지를 찾아가는 이 길은, 프랑스에서 출발해 피레네 산맥을 넘어 에스파냐 북부를 가로질러 총 800여 킬로미터에 달하며, 이는 보통 한 달 정도를 매일 걸어야 하는 거리입니다. 영화의 마지막에 목적지인 산티아고 데 콤포스텔라에 도착한 순례자들은 왜 이 길을 걸었냐는 질문을 받습니다. 저마다 나름대로의 이유를 대답합니다. 살을 빼기 위해서, 담배를 끊기 위해서, 글을 다시 쓰기 위해서 등등. 주인공은 죽은 아들을 위해서라 생각하지만 어쩐지 그것만도 아닌 것 같아서 대답을 제대로 하지 못하고 우물쭈물합니다. 다른 영화 속 인물들 역시 여행이 끝나고 나자 자신이 줄곧 말하고 있던 순례의 목적이 사실은 진짜 목적이 아니었다는 것을 깨닫게 됩니다. 영화 속 인물들은 살을 빼지도 못했고, 담배를 끊지도 못했으며, 비록 글을 다시 쓰기 시작하긴 했지만 그렇다고 또다시 슬럼프에 빠지지 않는다는 보장은 없다는 것을 압니다. 하지만 그들은 분명 여행을 통해 변화했고, 어떤 힘을 얻었고, 그래서 그 힘을 가지고 다시 일상

순례길에서는 무슨 일들이 일어날까

으로 돌아갑니다. 영화 〈더 웨이〉의 핵심은 산티아고 순례길의 마지막에 있는 것이 아니라, 산티아고 길을 걸으며 주인공이 다른 순례자들과 만나 그들에게 마음을 열고 그들과 우정을 쌓아가는 과정에 있습니다. 이는 순례의 의미는 단지 목적지인 순례지에만 있는 것이 아니라 이를 향해 찾아가는 여정 중에 있다는 것을 잘 보여주는 것입니다.

순례를 떠나는 자는 익숙해진 일상을 떠납니다. 그리고 순례의 여정 전체를 통해 비일상적인 시공간을 경험하게 됩니다. 이곳에서 순례자는 일상에서는 겪지 못할 새로운 경험을 쌓고 변화된 존재가 되어서 다시 돌아와 일상에 복귀하게 됩니다. 일상에서 비일상으로 옮겨가고 여기서 새로운 힘을 얻어 다시 일상으로 귀환하는 이 구조는, '일상으로부터의 분리-시련과 혼란의 전이기-다시 일상으로의 통합'으로 이어지는 통과의례의 구조와 닮아 있습니다. 그래서 어떤 이들은 순례는 일종의 통과의례라고 말하기도 합니다. 이렇게 보자면 순례길에서 겪는 이러저러한 시련들은 통과의례의 전이기에서 겪는 시련과 유사한 것이 됩니다.

또한 같이 순례를 하는 이들 사이에서는 보통 일상에서와는 다른 특별한 유대관계가 생겨납니다. 산티아고 순례길에서 만난 이들은 서로 다른 나라에서 온, 직업도 다르고 살아온 방식도 다른 사람들입니다. 그러나 그들은 순례의 여정 속에서 그들만의 특별한 우정과 유대관계를 형성하게 됩니다. 이러한 관계를 영국의 인류학자인 빅터 터너Victor Turner는 코뮤니타스communitas라는 말로 표현했습니다. 이는 통과의례의 전이기를 겪는 이들 사이에서 형성되는 기존의 사회구조와는 다른 구조, 그리고 그 속에서의 평등하

우리에게 종교란 무엇인가

고 이상적인 관계를 뜻하는 말입니다. 순례자들은 순례 속에서 이러한 코뮤니타스를 경험하며 잠시나마 새로운 인간관계와 삶의 가능성을 봅니다. 비록 일상으로 귀환했을 때 사라져버릴 것이라 하더라도, 이 경험은 세상과 인간을 바라보는 시각을 바꿔줄 수 있는 것입니다. 그래서 우리는 순례가 변화를 야기하는 여행이라고 말할 수 있습니다. 사실 모든 여행에 이러한 변화의 가능성이 잠재되어 있지만, 순례의 경우에는 애초부터 비일상적인 것과의 조우를 통한 변화를 노골적으로 지향하고 있다는 점에서 이 특성이 더 두드러진다고 볼 수 있습니다. 힌두교에서는 순례 장소를 띠르따 tirtha라고 부르는데, 이는 '건너가다'라는 뜻의 범어 'tri'에서 유래했다고 합니다. 순례를 우리 삶을 변화시키는 통과의례로 바라보는 입장에서 보자면, 이는 마치 문지방을 넘어가듯이 우리가 순례를 통해 무엇인가를 건너가 새로운 변화를 얻게 되는 측면을 잘 나타내주는 말이라 할 수 있을 것입니다.

성스러움을 보고 만지는 장소

순례지는 신성한 무엇인가가 이 세상에 드러난 물리적 흔적입니다. 따라서 순례자들은 이 장소에서 그러한 물리적 흔적을 직접 보고 만지고 냄새 맡고 듣고 싶어 합니다. 순례는 물질적인 것과 감각적인 것에 대한 종교적 집착이 강하게 드러나는 순간입니다. 그리스도교에서 성인들의 유해와 유물에 대한 강한 신심과 의례가 발달하게 된 것도 이러한 성향과 관련 있습니다. 유명한 성인의

그들이
찾아간 곳,
순례지는
어떤
장소일까

암풀라

유해가 있는 장소는 많은 순례자들의 발길을 끌게 되었고, 그래서 중세 유럽에서는 성인이 죽고 나면 그의 유해를 서로 가져가려는 도시 간에 쟁탈전이 벌어지기도 했다고 합니다. 성인 유해의 작은 부분이라도 가져간 도시는 또 다른 성스러운 도시가 될 수 있었기 때문입니다.

고대와 중세의 그리스도교 순례에서는 성지순례를 한 후 성지의 일부라 생각되는 물건을 가져가는 것이 크게 유행했습니다. 예루살렘 순례를 간 이들은 성지의 흙 일부를 퍼 가거나, 성지에서 축성된 성유를 가져가기도 했습니다. 당시 순례자들은 암풀라ampulla라 불리는 작은 병에 성유를 담아서 돌아갔습니다. 후에 불법으로 규정되어 엄격히 제재되긴 했지만 4세기에는 당시 예루살렘에서 갓 발견되었다고 주장된 예수의 십자가 조각들을 떼어 가는 이들도 많았다고 합니다. 순례자들이 이처럼 순례지의 물건을 가져가려고 했던 이유는 이러한 물건들 속에 성지의 성스러움이 담겨 있다고 생각했기 때문입니다. 성지의 흙, 예수의 십자가, 성지에서 축성된 성유 등은 그 장소를 떠나서도 계속 성지의 성스러움을 보존하고 나아가 확장할 수 있는 매개로 생각되었던 것입니다. 비록 오늘날 성지를 방문하는 사람들은 예전처럼 성지의 일부를 성스러움 그 자체로 여기는 성향이 강하지는 않지만, 여전히 성지 방문객들은 다른 어느 곳이 아닌 바로 그곳에서 구한 '기념품'에 특별한 의미를 부여합니다. 비슷한 물건 혹은

우리에게 종교란 무엇인가

똑같은 물건을 다른 곳에서도 구할 수 있겠지만, 그래도 '그 장소'에서 구한 것은 여전히 특별하다는 생각이 알게 모르게 남아 있기 때문일 것입니다.

신화가 있는 장소, 신화가 만들어지는 장소

산티아고 데 콤포스텔라가 성지가 될 수 있었던 것은 성인 야고보의 무덤이 있다는 것 때문이었습니다. 성 야고보는 예수의 12제자 중 하나로 1세기 때 사람입니다. 전하는 이야기에 따르면 그는 이베리아 반도, 즉 지금의 에스파냐 지역에 전도를 하러 왔다가 다시 팔레스타인으로 돌아가 44년경에 예루살렘에서 순교했다고 합니다. 그런데 왜 그의 유해가 있는 곳은 예루살렘이 아니라 이베리아 반도일까요? 여기에 또 다른 전설이 있습니다. 순교한 야고보의 유해가 바닷물에 실려서 다다른 곳이 바로 그가 생전에 전도했던 이베리아 반도 북부 해안이라는 것입니다. 전설은 놀랍게도 성 야고보의 유해가 자그마치 800여 년 동안이나 잊혀 있다가 갑자기 9세기에 다시 발견되고, 이 유해의 출현과 더불어 여러 기적이 일어났다고 전합니다. 그래서 이곳에 성 야고보의 유해가 묻힌 성당이 세워졌고, 그 이후로 이곳을 찾아오는 순례자들이 생겨나게 되었으며, 또 이들에게 성 야고보의 여러 기적이 나타났다는 것입니다.

1세기 팔레스타인에서 순교한 성 야고보와 9세기 이베리아 반도 북부 지역을 연결해준 고리는 오랫동안 사람들의 입을 통해 전해 내려오던 성 야고보 생전의 전도 여행과 그의 사후 유해의 여행에 대한 이야기였습니다. 이 이야기가 실제인지 아닌지는 알 길 없

예루살렘의 성묘교회 /바위돔(황금돔) 모스크 /알아크사 모스크

지만, 중요한 것은 그것의 사실 여부가
아니라 이 이야기를 믿는 이들이 있었
다는 것, 그리고 그들의 이야기와 믿음
이 결국 산티아고 데 콤포스텔라를 성
지로 만들고 이곳으로 사람들이 계속
찾아오게끔 만들었다는 것입니다. 사실
여부와 관계없이 사람들이 진실이라고

「코덱스 칼릭스티누스」의 일부

믿고 그들에게 큰 영향을 끼치는 이야기라는 점에서 이 이야기를
신화라고 부를 수 있을 것입니다.

영화 〈더 웨이〉에서 아일랜드에서 온 작가 잭은 산티아고 순례
에 대해 과연 무슨 이야기를 써야 하나 고민합니다. 그는 12세기에
쓰인 순례 안내서인 『코덱스 칼릭스티누스Codex Calixtinus』가 전하는
일종의 원조 산티아고 순례 이야기도 떠올려보고, 다른 유명한 여
행 안내서들에 나온 이야기들도 떠올려보지만, 그가 결국 쓰게 되
는 이야기는 지금 현재, 이 길을 걷고 있는 사람들의 이야기입니다.
그것은 결국 자기 자신의 순례의 이야기이기도 하지요. 순례의 이
야기는 하나만 있지 않습니다. 순례지가 계속 성지로 남을 수 있게
된 것은 맨 처음 순례지가 만들어지던 때의 하나의 이야기, 최초
의 신화가 지닌 힘 때문이 아닙니다. 그것은 이 장소를 찾으며 저
마다의 성스러움을 경험하고 돌아가는 순례자들이 매번 다시 만
들어내는 이야기, 바로 그 다양한 이야기의 힘입니다.

그런 점에서 5세기에 만들어진 『확장된 테클라 행전』의 예는 흥
미롭습니다. 셀레우키아의 테클라 성지를 만든 신화는 1세기 후반
경 쓰인 『테클라 행전』이었습니다. 그러나 5세기 테클라 성지를 찾

아오는 순례자들이 점점 많아지면서, 이들의 순례에 의해 원래의 『테클라 행전』의 결말 자체가 달라진 『확장된 테클라 행전』이 만들어지게 됩니다. 여기에는 원래의 『테클라 행전』에는 없던 내용들, 즉 테클라가 셀레우키아에서 행한 기적 및 그녀의 신비한 죽음에 관한 이야기들이 실리게 됩니다. 테클라 성지에는 다른 일반적인 순교자 성인 성지와는 달리 성녀 테클라의 유해가 없었습니다. 성스러움의 직접적인 징표인 유해가 없다는 것은 성지로서 큰 약점일 수 있지만, 그럼에도 계속 이곳을 찾아온 순례자들은 테클라가 죽은 것이 아니라 이곳 성지에 있는 바위 아래 동굴로 사라져버렸다는 결말을 집어넣습니다. 『확장된 테클라 행전』의 결말은 어떻게 순례자의 경험이 순례의 원 신화마저 바꾸게 되는지 보여주는 좋은 예라 할 수 있습니다. 사람들이 끊임없이 찾는 성지, 순례지에는 이처럼 하나가 아닌 여러 이야기들이 혼재되어 있고, 때에 따라서 새로운 이야기들이 만들어져 첨가되거나 기존의 이야기들이 변화되기도 합니다.

갈등과 대립의 장소

어떤 장소는 한 종교의 성지로만 계속 남아 있는 것이 아니라, 그 지역에 다른 종교인들이 들어오면서 다른 종교의 성지로 다시 거듭나기도 합니다. 가장 대표적인 예는 예루살렘이라고 할 수 있습니다. 예루살렘은 그리스도교의 성지이기 이전에 유대교의 성전과 언약의 궤가 있는 유대교의 성지였습니다. 그러나 70년 로마 제국에 의해 유대인들의 예루살렘 성전이 완전히 파괴되고 난 후 이곳

우리에게 종교란 무엇인가

에는 유피테르(그리스 신화의 제우스)와 베누스(그리스 신화의 아프로디테)의 신전이 세워졌습니다. 그리고 다시 로마 제국의 황제가 그리스도교로 개종하고 난 이후, 이곳에는 예수의 죽음과 부활을 기념하는 성묘교회가 세워졌습니다. 이후 7세기 무슬림들의 땅이 된 이후에는 바위돔 모스크와 알아크사 모스크가 세워졌습니다.

2000년 9월 당시 이스라엘의 야당 지도자 아리엘 샤론Ariel Sharon이 동 예루살렘에 있는 이슬람교의 성지 알아크사 모스크를 방문했습니다. 유대인이 이슬람교의 성지에 발을 들여놓은 이 사건은 팔레스타인 인들의 강한 반발을 사게 되고, 그래서 이 일은 결국 인티파다Intifada라 불리는, 팔레스타인 인들의 이스라엘에 대한 대대적인 저항운동으로 이어졌습니다. 알아크사 모스크가 있는 지역은 옛 이스라엘의 파괴된 성전이 세워졌던 장소이기도 하고, 여전히 팔레스타인 인들과 이스라엘 인들의 영유권 주장이 첨예하게 대립하고 있는 곳이기 때문입니다.

이 일화가 보여주듯이, 성지, 순례지들은 성스러움과 기적을 체험하는 종교적 공간만이 아닙니다. 그곳은 세속적 정치적 힘과 또 각 종교의 이해가 교차하며 서로의 우위를 내세우고 경합을 벌이는 시끄러운 투쟁의 장소인 경우가 많습니다. 한 종교의 성지는 종교의 세력에 대한 뚜렷한 물리적 징표입니다. 그렇기 때문에 성지를 파괴하거나 훼손하는 것은 그 종교의 세력을 뒤흔드는 강력한 힘을 지닙니다. 그러나 그보다 더 효과적인 것은 타 종교의 성지 위에 자신들의 새로운 종교의 성지를 세우는 것입니다. 지금의 영국인 브리타니아 지역에 들어간 그리스도교는 켈트족의 종교 성지에 그리스도교 교회를 세웠습니다. 메카 성지순례의 중심지인 카바 신전도 사실 이슬람교 이전 고대로부터 내려오는 아라비아 종교의 전통적인 성지를 무함마드가 점령하면서 이슬람교화한 것입니다. 북아메리카의 신종교 중에는 예전부터 아메리카 원주민들에게 성스러운 장소라고 여겨진 장소 위에 자신들의 새로운 성지를 세운 경우도 있습니다. 이처럼 성스러운 장소와 순례는 종교적 힘, 그리고 종교와 연결된 세속적 힘의 대립·경쟁과 무관하지 않습니다. 그렇기 때문에 순례지는 다양한 종교적 세속적 이해관계가 서로 부딪히고 경쟁하면서 계속 변화하는 역동적인 공간이라고 할 수 있습니다.

변화하는 성지, 변화하는 순례

일부 학자들은 현대의 성지순례가 지나치게 상품화되고 관광화되었다고 지적하기도 합니다. 사실 오늘날 성지순례는 대표적인 관광사업의 하나입니다. 팔레스타인이나 로마로 떠나는 그리스도교 성지순례 상품, 인도의 불교 성지 관광 상품 등은 여행사에서 꾸준히 잘 팔리는 여행 상품이며, 최근에 우리나라에서 인기를 끌었던 템플 스테이 역시 일종의 관광 상품화된 순례라고도 할 수 있습니다. 그러나 순례의 상품화, 관광화라는 것이 비단 현대에만 일어나고 있는 일은 아닙니다. 고대로부터 순례지는 많은 사람들이 모여 상업 활동이 활발하게 이루어지는 곳이었고, 따라서 지역 경제를 활성화하려는 의도로 특정한 성지를 부각시키려는 움직임은 언제나 있었습니다. 중세의 그리스도교 주교들은 자신의 교구에 유명한 성인의 유해나 유물을 안치해서 그곳의 위상을 높이고 이를 찾아오는 순례객들을 유치하려고 노력했습니다. 그러므로 순례지가 관광화, 상품화된다는 것 자체를 문제 삼기보다는, 각 시대마다 어떤 의도로 어떤 순례지들이 주목받게 되는지, 어떠한 의도로 기존의 성지가 재정비되고 활성화되는지, 그러한 경향은 당시의 어떤 시대적 상황을 반영하는지에 관심을 기울이는 것이 더 흥미로울 것입니다.

미국의 가톨릭 여성사제운동 단체인 미래교회FutureChurch가 2006년부터 기획하고 있는 로마 순례는 순례자들의 열망에 따라 성지의 의미를 바꾸어보려는 노력의 하나로 이야기될 수 있습니다. 이들의 로마 순례는 단지 기존 가톨릭의 설명을 따라가는 순례가 아니라, 이 장소들에서 자신들이 찾고 싶은 역사 속 여성 사제의 흔적을 확인하고 이를 통해 이곳들을 여성 사제의 성지로 새롭게 자리매김하려는 시도이기 때문입니다. 이러한 움직임을 보면 순례는 단지 기존의 형식만 따라가는 고정된 여행이 아니라, 특정한 사람들의 주장과 의도에 따라 새롭게 만들어지고 또 변화할 수도 있는, 역동적인 종교현상이라는 것을 알 수 있습니다.

또한 최근에 부상하고 있는 성지순례들, 즉 산티아고 데 콤포스텔라 순례나 일본의 시코쿠 섬에 있는 88개의 사찰을 걸어서 순서대로 돌아보는 시코쿠 순례길 등도 최근 성지순례의 한 흐름을 보여줍니다. 이러한 순례에서는 특정 종교 전통의 맥락이 강조되기보다는 개인적인 영성이 강조되고, 여행을 통한 치유 등이 강조되고 있습니다. 2007년에 시작된 제주도의 '올레길'은 이런 점에서 흥미로운 예입니다. 산티아고 순례길에 감명받은 이에 의해서 만들어진 '올레길'은 여행을 통한 마음의 치유, 일종의 걷기 수행으로서의 순례라는 유행을 따라 만들어진 새로운 순례길이라 할 수 있기 때문입니다. 물론 여기에는 전통적인 성지의 전설이나 기적 같은 것은 없습니다. 그러나 요즘 한국 사회에서 유행하고 있는 '순례'라는 말에는 사실 전통적인 성지의 전설, 기적보다는, 걷기를 통한 개인의 변화와 치유의 추구라는 것이 더 강조되고 있다는 점에서, 이곳을 오늘날의 순례지라 불러도 별 무리가 없을 것입니다. 순례지는 다양한 사람들의 다양한 추구와 열망에 따라 만들어지고 재정의되고 변화될 수 있기 때문입니다.

지금까지 순례의 목적, 양상, 순례지의 특성 및 변화 등에 관해 간략하게 살펴보았습니다. 그러나 역시 순례를 이해하는 가장 좋은 방법은 직접 여행길에 나서는 것일 겁니다. 그 어떤 순례이든 간에 순례는 결국 이곳이 아닌 다른 곳에 가서, 혹은 다른 어딘가로 가는 길 위에서, 우리의 몸과 감각으로 종교적인 무엇을 체험해 보려는 시도이기 때문입니다.

더 읽어볼 만한 글

김승혜·조철수·이제민·김용선, 『유다교 그리스도교 이슬람교의 순례: 유일신 삼교의 대화를 지향하며』, 바오로딸, 2004.

박용진, 「순례와 여행: 〈산티아고 순례 안내서〉를 통해 본 중세의 순례」, 『동국사학』 Vol. 53, 167-195쪽, 2012.

최창모, 『예루살렘: 순례자의 도시』, 살림, 2004.

최화선, 「여성, 순례, 새로운 기억과 서사: 미래교회(FutureChurch)의 로마 순례」, 『종교와 문화』, 20호, 27-44쪽, 2011.

종교인들의
뇌는
특별한가?

구형찬

종교를 믿는 일은 인간의 두뇌 작용과 어떤 관련이 있을까요?
독실한 신앙을 가진 사람들의 뇌는 과연 특별할까요? 합리적 과학의
시대에도 종교적 믿음이 여전히 널리 퍼져 있는 이유는 무엇일까요?
인간의 인지 작용과 의사소통에 관한 과학적 지식이 이러한
의문을 푸는 데 중요한 단서를 제공할 수 있을지도 모릅니다.

현대의 과학적 진보는 세계와 인간에 관한 지식을 크게 향상시켜 주고 있습니다. 인간의 종교적 삶에 관해서도 다르지 않습니다. 물론 과학이 인간의 삶으로부터 종교를 마침내 몰아내게 되리라는 계몽주의적인 전망도 여전히 건재합니다. 그러나 지금으로서는 과학이 인간의 종교적 삶에 관해 묻고 답하는 새로운 방식을 이끌어 내고 있다는 사실이 더 의미심장하고 흥미롭습니다. 근래에는 종교의 광범위한 분포와 지속성의 원인을 과학적으로 설명하고 이해해보려는 시도가 다양하게 이루어져왔습니다. 예를 들면, 종교를 인류의 집단 선택과 연계된 진화적 적응으로 간주하는 논의가 있습니다. 또 어떤 논의에서는, 종교가 생물 유전자^{gene}와 비슷한 문화 복제자^{meme}의 일종으로서 마치 바이러스가 퍼지듯 숙주인 인간의 이익과는 무관하게 '이기적으로' 퍼져나간다고 합니다. 그 외에도 종교적 체험이 뇌의 특정 부분에 나타나는 병변과 관련된다고 보는 가설이나, 뇌 속에 신을 믿게 하는 기능적 모듈이 있다고 하는 가설도 있습니다. 이런 이야기들은 매우 흥미롭기도 하고 나름의 이론적 개연성과 설명력도 있는 듯합니다. 그러나 엄밀히 말하자면 현재까지는 그것들 모두가 과학적으로 충분히 입증되지는 않았습니다.

여기서는 그런 부류의 논의들 중에서 이른바 '자연주의 종교학 $^{naturalistic\ study\ of\ religion}$' 혹은 '인지종교학$^{cognitive\ science\ of\ religion}$'의 기본적인 입장에 관해 살펴보고자 합니다. 그것은 종교적인 생각, 행동, 표현이 발생하고 전수되며 문화적으로 널리 분포하게 되는 양상은 초자연적인 신비의 작용을 배제한 채 설명될 수 있으며, 종교만을 위한 특수한 인지 체계나 뇌의 병리적 상태를 가정하지 않고도

우리에게 종교란 무엇인가

설명될 수 있다는 것입니다. 이러한 입장에 따르면, 문화 속의 종교적 요소들은 인간의 일상적인 인지능력과 의사소통능력에 대한 과학적 지식을 통해 체계적으로 설명될 수 있습니다. 참고로, 이런 입장의 기본적인 아이디어는 댄 스퍼버Dan Sperber나 파스칼 보이어Pascal Boyer, 저스틴 배럿Justin Barrett, 스튜어트 거스리Stewart Guthrie 등의 학자들이 선구적으로 제시해주었습니다.

종교적 삶의 패턴

'종교'는 깔끔하게 정의되지 않습니다. 우리가 아는 '종교들'은 다양하고 이질적이기 때문입니다. 하지만 특정한 부류의 말이나 행동 혹은 사물을 접할 때 우리는 그것들이 '종교적'이라고 판단하는 데 별로 주저하지 않습니다. 그건 아마도 거기서 어떤 패턴이 포착되기 때문일 겁니다. 예를 들면, 우리가 종교적이라고 여기는 것들은 대개 반복적으로 등장하는 특정한 부류의 관념들과 연결되어 있는 경우가 많습니다. 즉, 살아 있고 의지를 지녔지만 육체는 없는 존재, 죽었지만 여전히 영향력을 행사하는 조상, 소원을 들어주거나 무언가를 계시해주는 사물 등에 대한 생각들 말입니다. 여행지나 박물관에서, 또 소설이나 영화 속에서도 이런 관념이 결부된 삶의 다양한 모습들을 심심찮게 보게 됩니다.

이런 패턴의 관념 혹은 삶의 모습이 어떻게 인간 문화 속에 자리 잡게 된 것일까요? 이 질문에 대해, 신적인 존재가 부여한 인간의 보편적 종교성 때문이라거나, 개인의 무지나 망상 혹은 콤플렉스의 탓이라거나, 사회의 규범이나 관습 때문이라는 고전적인 설명들이 있었습니다. 여기서는 그 설명들이 보여준 통찰과 한계를 자세히 다루지는 않을 겁니다. 아무튼 그런 부류의 설명들은 각각의 전제와 내용과 맥락이 무척 달랐고 그 과학적 타당성을 서로 견주어보기도 어려웠습니다. 어쩌면 이 물음에 대한 보다 과학적이고 일반적인 대답은 종교적 삶의 양상 역시 결국 공통의 생물학적 기질을 지닌 현생인류가 살아가는 모습의 일부라는 단순한 사실로부터 찾아나가야 할지도 모릅니다.

생물학적 기질과 종교성

'종교는 뭔가 특별한 것'이라는 생각을 잠깐 미뤄두고 봅시다. 종교적 삶도 무언가를 보고 듣고 감지하며 특정한 생각을 떠올리고 표현하고 서로 소통하는 일상적인 과정으로 가득 차 있습니다. 종교적 삶을 잘 이해하려면 그러한 일상적인 과정에 대해서도 잘 알아야 합니다. 과거에는 주로 철학, 심리학, 언어학 등의 분야에서 인간의 생각과 의사소통의 과정에 관해 연구해왔습니다. 그런데 근래에는 진화심리학, 동물행동학, 뇌신경과학 등 자연과학적인 학문들도 이 주제와 관련해 의미 있는 연구 성과를 많이 내고 있습니다.

인간은 생물입니다. 생물학에서는 현재의 각 생물 집단을 규정하는 본질이 신적인 권위에 의해 부여되어 있다고 보지 않습니다. 생물학에서 '종'은 선험적인 구분이 아니라 개체군들 간의 상호 교배 가능성을 기준으로 학자들이 부여한 분류 체계입니다. 생물학적으로는 인간 종에게 어떤 특권적 지위나 본질이 전제되지 않습니다. 생물학의 일반적인 관점에서 보면, 인간의 '위대한' 특성들

우리에게 종교란 무엇인가

역시 오랜 생물학적 과정에 의해 갖추어진 것이기 때문입니다.

생물 집단의 특성은 이전 세대로부터 물려받은 기질들을 지닌 개체들이 어떤 환경 속에서 자신의 후손을 남기고 죽는 과정을 오랫동안 반복함으로써 형성됩니다. 한 집단이 유사한 기질을 특징적으로 갖게 되는 것은 개체들의 차이에 의해 역동적으로 전개되는 생물학적 과정을 통해서입니다. 한 집단 내의 개체들은 마치 한 부모에게서 난 자식들이 서로 다른 것처럼 서로 조금씩 다릅니다. 만약 이 차이가 환경과의 상호작용을 통해 특정 개체의 생존과 번식에 영향을 끼칠 수 있다면, 그리고 그 차이가 후대로 유전되는 형질과 관계가 있다면, 그것이 아무리 작은 차이라고 해도 결과적으로 다음 세대 개체군의 대체적인 특성을 형성하는 중요한 요소가 됩니다.

생물의 운동, 지각, 소통능력은 이런 과정을 통해 마련된 기질에 따라 형성되고 또 동시에 제한됩니다. 예컨대 동물의 체형, 관절과 근육, 평형기관, 물질대사 체계 등은 그 동물의 몸을 움직일 수 있게 해주지만 동시에 그 운동의 범위, 방향, 지속성을 제한하기도 합니다. 다양한 감각 정보를 처리하는 방식도 마찬가지입니다. 동물들이 사물의 형태, 깊이, 색깔, 온도, 냄새, 맛, 질감, 운동 등을 지각하는 다양한 방식들과 민감성의 정도는 그 동물이 지닌 감각기관과 신경 전달 체계의 특성에 따라 정해집니다. 동물은 이러한 생물학적 기질을 바탕으로 하여 개체들이 만들어내는 소리, 표정, 동작 등 다양한 표상들의 패턴을 인식하고 이용하는 나름의 정보처리 방식과 의사소통 방식도 갖게 됩니다. 물론 생물 집단의 이런 기질적 특성이 고정불변의 완성품은 아닙니다. 긴 생물학적 과정

속에서 변화의 동력이 되어줄 개체들 간의 차이는 지금도 여전히 존재하기 때문입니다.

　사람들의 경우도 마찬가지입니다. 지각하고 기억하고 표현하고 이해하고 상호작용하는 인간의 능력 역시 오랜 시간에 걸쳐 갖추어져온 생물학적 기질들을 바탕으로 합니다. 당연히 인간의 일상적 삶의 모습도 그러한 기질에 의해 제약됩니다. 인간의 생활 방식 자체가 생물학적 과정의 직접적인 산물은 아닐지라도 그것은 분명히 그러한 생물학적 기질과 능력에 의존하기 때문입니다. 서로 돕거나 다투는 일, 물건을 사고파는 전략적인 경제활동, 예술작품을 만들거나 감상하는 것 등의 고차원적인 인간 활동들도 인간의 생물학적 기질을 바탕으로 작동하는 인지 체계와 의사소통 체계 없이는 불가능합니다. 종교적으로 생각하고 행동하는 인간 활동도 마찬가지입니다. 그러한 '종교성' 자체가 인간의 생물학적 기질은 아닐지 몰라도, 그것이 인간의 생물학적 제약을 초월해 있다고 말할 수는 없습니다. 인간의 기본적인 인지능력과 의사소통능력 없이는 종교적 경험, 고백, 의례, 공동체 활동 등도 지금처럼 이루어질 수 없을 것이기 때문입니다.

　즉, 종교적 삶의 양상도 인간의 인지능력과 의사소통능력의 기반이 되는 생물학적 기질과 관련이 있습니다. 하지만 이렇게 말하는 것만으로는 부족합니다. 그 관련성에 관해 더 체계적인 설명이 필요합니다. 인간의 인지능력과 의사소통능력은 종교문화와 도대체 어떤 식으로 관련되어 있을까요?

근래에는 인간이 어떻게 종교적인 것들을 생각하고 표현하고 소통할 수 있게 되었는지를 보다 체계적으로 설명하려는 과학적 시도가 활발히 이루어져오고 있습니다. 여기서는 그러한 시도들을 인지와 의사소통의 차원에서 조망해보고자 합니다. 이 작업은 종교를 인간의 일상적인 능력과 관련시킨다는 공통점을 지닙니다. 이를 둘로 구분해보겠습니다. 첫 번째는 인간이 신이나 영혼 같은 초자연적 존재를 머릿속에 떠올리는 일이 어떻게 정상적인 인지 과정을 통해 자연스럽게 발생하는지에 관한 것입니다. 초자연적 존재에 대한 관념은 우리가 종교적이라고 여기는 것들에서 매우 빈번히 등장하는 요소이기 때문에 특별히 주목해볼 필요가 있습니다. 두 번째는 초자연적 존재에 대한 생각이 문화적으로 널리 분포하게 된 원인을 일상적인 의사소통 체계의 특성에 비추어 설명하는 것입니다. 인간의 생각은 개인적인 것에 그치지 않고 여러 사람들 사이에 널리 분포하고 오래 지속할 때 비로소 문화적인 것으로 표상되고 관찰됩니다. 그 문화적 분포를 가능하게 하는 중요한 요소 중의 하나가 의사소통 체계입니다. 긴밀히 연결되어 있는 이 두 차원은 종교문화의 발생과 분포가 어떻게 이루어지는지를 설명하는 데 많은 시사점을 제공합니다.

종교문화: 인지와 의사소통

초자연적 존재에 대한 생각을 떠올리게 하는 인지체계

인간이 무언가를 느끼고 지각하고 생각하고 표현하고 행동하는 일은 두뇌의 기능과 직접적인 관련이 있습니다. 그래서 뇌에 관한 지식은 인간을 이해하는 데 핵심적인 부분이라고 할 수 있습니다. 하지만 인지 체계를 통해 인간을 포괄적으로 이해하기 위해서는 뇌의 생리학적 구조와 기능에 대한 지식뿐만 아니라 컴퓨터과학, 생물학, 철학, 언어학, 진화심리학 등에서 축적해온 관련 지식이 많이 필요합니다. 근래에는 다수의 연구 분야들이 마음 혹은 인지 체계에 대한 물음들을 공유하면서 '인지과학cognitive science'이라는 영역을 이루어 발전해오고 있으며 인간에 대한 이해를 향상시켜주고 있습니다.

인간 두뇌의 작용을 컴퓨터에 빗대어보는 것은 꽤 유용합니다. 뇌와 컴퓨터는 여러 가지 측면에서 비슷하기 때문입니다. 그러나 뇌는 기능적 부품들이 완벽하게 조합되어 정확한 계산을 수행하도록 잘 설계된 최신의 일체형 컴퓨터 같은 것은 아닙니다. 뇌는 그 기능적 조합과 구성에서 볼 때, 오히려 오랜 세월에 걸쳐 필요한 부품을 그때그때 업그레이드하면서 짜 맞춰 사용하고 있는 구식 조립 컴퓨터에 가깝습니다. 즉, 현생인류의 두뇌는 조상 대대로 긴 생물학적 과정을 통해 아주 오래전부터 조금씩 구성된 기능적 부품들을 지니고 있습니다. 또한 인지적 부품들이 하나하나 갖춰져온 긴 세월에 비하면 현생인류가 살면서 겪는 환경의 변화는 무척 빠르고 극심한 편인 것이 사실입니다. 따라서 두뇌의 다양한 인지적 부품들, 변화하는 환경에 따라 입력되는 정보들, 각 부품들에서 정보가 처리되는 방식들, 각 부품에서 처리된 정보를 다시 입력으로 받아 처리하는 부품들, 최종적인 아웃풋들 사이에는 일종의

'시대착오'나 '문화 지체 현상' 같은 어긋남이 있게 마련입니다.

그런데 바로 그러한 인지 체계의 고유 영역과 외부 환경의 현실 영역 사이의 어긋남 덕분에 인간은 기계적인 사유의 틀을 넘어서 시와 은유와 예술과 농담을 즐기고 사랑과 미움과 거짓말과 오해도 경험하게 되었을지도 모릅니다. 즉, 인간의 두뇌는 프로그래밍되어 있는 알고리즘대로 작동해 계산 결과를 내놓는 기계식 컴퓨터와는 다릅니다. 두뇌는 살아 있는 한 기능을 멈춰서는 안 되는 생체의 일부이기 때문입니다. 두뇌는 불확실한 정보가 입력되는 경우나 변화된 환경에 의해 예기치 않은 정보가 입력되는 경우에도 그때그때 임기응변적으로 작동하여 어떻게든 적당한 아웃풋을 이끌어냅니다. 불완전하거나 부족한 정보로도 별로 주저함 없이 끊임없이 뭔가 계산을 해내는 인간의 두뇌는 그러한 과정에서 실수도 하고 꽤 엉뚱하거나 기발한 아웃풋을 내기도 합니다. 즉, 인간의 두뇌는 매우 빠르고 효율적이긴 하지만 최고의 정확성을 보장하는 컴퓨터는 아닙니다. 바로 이것이 인공지능 연구가 직면하는 역설이기도 합니다. 영화에서 보듯이 언젠가 완벽한 인공지능 기술이 개발되어 거의 인간에 가까운 로봇을 만들 수 있게 된다면, 그 로봇의 두뇌는 실수가 전혀 없는 슈퍼컴퓨터가 아니라 오히려 정확히 '인간의 두뇌만큼' 실수를 범하는 유연한 컴퓨터라야만 할 것입니다.

인간이 신이나 영혼 같은 초자연적 존재를 머릿속에 떠올릴 수 있게 된 것은 이러한 생물학적 두뇌의 특성과 관련이 있다고 여겨집니다. 그런데 이런 관련성을 이야기할 때 주의할 것이 있습니다. 그것은 진화적 적응의 직접적 결과인 생물학적 기질과 그것에 부수적으로 따르는 효과를 구분해야 한다는 점입니다. 이를테면, 지방과 당분을 맛있게 느끼는 사람들이 많은데, 그러한 인간의 미각과 심리적 반응은 일종의 진화적 적응일 수 있습니다. 즉, 그런 입맛을 가진 조상들은 상대적으로 적은 양을 먹고도 높은 열량을 취할 수 있어 원시 야생의 환경에서 더 잘 살아남아 자손을 낳을 확률이 클 텐데, 만약 그런 입맛이 유전되는 특징이라면 결과적으로 그런 입맛을 가진 개체들이 후대에 상대적으로 많아졌으리라 생각할 수 있기 때문입니다. 이와 달리, 특정 브랜드의 피자나 생크림 케이크에 대한 선호나 열량 과다 섭취로 인한 비만은 변화된 환경 속에서 그러한 기질이 일으키는 부수적 효과입니다. 그런 관점에서 보면, 어떤 상황에서 초자연적 존재를 떠올리거나 특정 종교를 믿는 것이 뇌의 작용과 관련이 있는 것은 분명하지만 그 자체가 진화적 적응이라고 할 필연적인 이유는 없습니다.

오히려 원시 야생의 환경에서 살아남아 자손을 남겨야 했던 인류의 조상들에게 직접적으로 도움을 주었던 뇌의 적응적 특성은 대상의 물리적, 생물적, 심리적 상태 등을 읽어내는 능력, 인과 추론 능력, 주의 집중력, 기억력, 환기 능력 등의 인지적 기능들이라고 생각됩니다. 이러한 인지적 부품들은 야생에 숨어 있는 맹수나 사냥감을 예민하게 탐지해내는 데 직접적으로 도움이 되었을 겁니다. 인간이 초자연적 존재를 머릿속에 떠올리는 능력을 갖게 되는 것은 이 부품들이 작동하는 과정에서 부수적으로 발생하는 효과일 것이라고 학자들은 추정합니다. 이 추정에 대해 조금 더 자세히 살펴보겠습니다.

인간을 포함한 현생 동물 개체군들의 다수는 대상의 물리적,

우리에게 종교란 무엇인가

생물적, 심리적 상태를 포착하는 직관적인 능력들을 갖고 있습니다. 이러한 능력은 아마 원시 야생의 환경에서 살아남을 수 있었던 조상들로부터 물려받았을 겁니다. 현생 동물들이 그렇듯이 옛 동물들도 야생에서 먹잇감을 찾고 포식자의 공격을 피하면서 살아가야 했을 것으로 가정한다면 이러한 능력들을 가진 개체의 상대적 우위를 어렵지 않게 짐작할 수 있습니다. 우선 대상의 물리적 상태, 즉 몸집이 얼마나 육중한지, 또 발톱이나 이빨이 얼마나 날카로운지 등을 빠르게 파악하는 능력이 있는 개체들은 그렇지 않은 개체들보다 오래 생존하여 자손을 낳을 가능성이 더 컸을 겁니다. 마찬가지로 대상이 살아 있는 생물인지의 여부를 재빨리 판단하는 능력이 있는 개체들도 꽤 유리했을 겁니다. 대상이 살아 있다면 그것이 아무리 조그맣고 귀여워 보여도 조심하는 편이 더 안전할 테니까요. 또 상대의 마음을 빠르게 읽어내는 능력, 즉 대상이 자기를 공격할 의도가 있는지 없는지를 알아내는 능력도 중요했을 겁니다. 이외의 몇 가지 주요한 인지적 능력들도 그러한 생물학적 적응과 관련되어 있다고 생각할 수 있습니다. 이를테면, 환경에 어떤 변화가 발생했을 때 그 원인을 떠올리는 인과 추론 능력, 이미 겪은 것과 유사한 상황에 처했을 때 예전의 일을 떠올릴 수 있는 기억력, 특정 대상에 효과적으로 주의를 집중하는 능력, 최소한의 불완전한 정보만으로 어떤 것을 떠올리는 환기 능력 등도 조상들로부터 물려받은 특질일 것입니다.

학자들은 이런 특질들이 미지의 행위자를 탐지하는 작업에 유용하게 동원될 수 있는 인지적 기능이라고 봅니다. 포식자도 피하고 사냥도 해야 하는 원시 야생의 환경을 가정한다면 행위자 탐지

능력이 평소에 충분히 활성화되어 있는 개체들은 상대적으로 더 많이 살아남아 자신의 기질을 물려받은 자손을 남길 수 있었을 것입니다. 그런데 행위자를 탐지하는 능력은 과연 얼마나 활성화되어야 '충분'하다고 할 수 있을까요? 아마 그것은 행위자의 존재가 확실하게 파악되지 않는 상황에서 어느 정도의 낌새만으로도 깜짝 놀라 도망가거나 덤벼들 준비가 되는 정도, 즉 너무 지나치지만 않는다면 조금은 과도하게 활성화되어 있는 정도라야 할 것입니다. 이런 특징을 지닌 개체들은 그렇지 않은 개체들보다 잘 살아남아 자손을 남길 가능성이 상대적으로 더 컸을 겁니다. 비록 하루하루 살아가는 게 그만큼 더 피곤했겠지만 말입니다.

현생인류의 인지 체계에도 여전히 이러한 행위자 탐지 장치가 작동하고 있는 것 같습니다. 변화된 생활환경에서는 과거만큼 개체의 생존에 필수적이지 않지만 그 기능은 여전히 비슷한 방식으로 작동하고 있는 것으로 보입니다. 혼자 어두운 밤길을 걸어가다가 누군가 불쑥 나타날 것 같아 긴장하거나 마른 나뭇가지를 밟아서 나는 소리에도 괜히 놀라고 오싹한 느낌이 든 적이 있지 않나요? 공포 영화를 보고 나서 왠지 별일도 아닌 일에 평소보다 더 자주 깜짝 놀랐던 경험은 없나요? 조금 다르긴 하지만, 화성탐사선이 찍은 사진이나 흘러가는 뭉게구름에서 문득 어떤 사람의 얼굴이나 동물의 모양을 발견하고 재미를 느꼈던 적은 없나요? 어떤 상황에서 자신도 모르게 누군가를 찾거나 떠올리게 되는 이런 일들은 아주 재빠르게 일어나는데, 객관적으로 따진다면 그리 정확한 판단이라고는 할 수 없습니다. 하지만 이런 반응은 우리 두뇌의 오작동이 아니라 오히려 오랜 세월 동안 갖춰져온, 두뇌가 지닌 정상적인 기능의 부수적인 효과라고 보아야 합니다. 또 이는 의식적으로 깊이 생각한 후에 내리는 판단의 결과가 아니라 대체로 특정 조건하에서 거의 자동적으로 발생하는 인지적 반응이기 때문에, 아무리 머리가 좋고 냉정하며 많이 배운 사람이라고 해도 해당 상황에서 생겨난 느낌을 완전히 떨쳐버리기는 힘들 겁니다. 학자들은 미지의 행위자를 감지하기 위해 빠르고 예민하게 작동하는 두뇌의 이러한 기능을 이른바 '과활성 행위자 탐지 장치hyperactive agent detection device, HADD'라고 부릅니다.

그런데 이러한 두뇌의 작용이 어떤 사람이나 동물 같은 자연의 행위자를 떠올리는 데 그치지 않고, 나아가 귀신이나 도깨비와 같은 부류의 초자연적 존재자를 생각하는 능력과 연결되기 위해서는 좀 더 많은 설명이 필요합니다. 그런 능력이 단지 인간의 자유로운 상상력이라 말하는 것은 충분한 설명이 아닙니다. '상상은 자유'라고 하지만 엄밀히 말해 그 자유는 언제나 인지적으로 제약된 자유일 수밖에 없기 때문입니다. 초자연적 존재의 관념들이 의외로 그리 다양하지 않은 이유가 바로 여기에 있습니다. 실재하지 않는 행위자들은 다양한 모습으로 머릿속에 떠올려질 수 있지만 대개는 쉽게 잊히고 잘 회상되지 않습니다. 그러나 그중에는 특수한 정서적 반응과 함께 주의가 집중되고 회상되며 어디에서나 반복적으로 떠올려지는 초자연적 행위자들도 있습니다. 학자들은 그런 행위자 표상들이 '사람'이나 '식물'과 같은 기본적인 범주들에 대해 우리가 자연스레 직관적으로 기대하게 되는 성질을 대부분 공유하지만 결정적으로 아주 약간 어긋난다는 점minimally counter-intuitiveness, MCI에 주목합니다. 이 최소한의 위반은 강력한 인지적 적합성cognitive relevance의 조건이 됩니다. 자연스런 직관을 벗어나는 정도가 커서 너무 낯설어 보이는 행위자 표상의 경우는 익숙한 범주를 이용해 분류되지 않기 때문에 기억하는 데 힘이 많이 들고, 직관적 기대를 전혀 위반하지 않는 행위자 표상은 너무 흔해 특별한 인지적 효과를 생산하지 못하기 때문에 잘 주목되지도 않고 나중에 회상될 가능성도 적습니다. 이와 달리, 어떤 범주에 대한 직관적 기대를 최소한으로 위반하는 초자연적 행위자의 표상들은 그 위반에 드는 인지적 노력에 비해 생산되는 효과가 매우 큰데, 이로 인해서 상대적으로 잘 기억되며 어디에서든 자주 환기됩니다. 예를 들면, 의도와 욕망을 가지고 있고 표현도 할 줄 아는 '사람'인데 육체는 없는 존재인 영혼이라든지, 뒷산 중턱에 오랜 세월 뿌리내려 살고 있는 '식물'인데 사람의 말을 듣는 존재인 신목神木이라든지 하는 것들이 그렇습니다. 이러한 부류의 표상들은 인지적으로 적합성이 매우 큰 것들로서 실제로도 여러 문화에 걸쳐 널리 분포합니다. 우리가 종교적이라고 느끼는 것들은 이런 패턴의 표상들과 관련되어 있는 경우가 많습니다.

우리에게 종교란 무엇인가

생각의 문화적 분포를 가능하게 하는 의사소통체계

초자연적 존재의 표상들이 이런 식으로 자연스레 생겨날 수 있다고 해도 그런 표상들이 개인의 머릿속에만 남아 있다면 그것들은 자신의 공적인 이름도 갖지 못했을 것이고 그것과 관련된 문화적 형태도 전혀 관찰될 수 없었을 겁니다. 어떻게 그런 표상이 개인의 머릿속에 머물지 않고 지금처럼 널리 분포하면서 종교라는 문화적 구조물을 형성하게 된 걸까요? 다시 말해, 초자연적 관념을 발생시키는 인지 체계의 작동에 관한 이론적 설명은 종교문화에 대한 설명의 한 축이 될 수는 있지만 그것만으로는 충분하지 않습니다. 왜냐하면 문화적으로 존속하는 종교적 관념들 중에는 인지 체계의 일차적인 작용만으로는 설명될 수 없는 복잡한 교리적 구조물들도 존재하기 때문입니다. 따라서 여기서는 이 문제를 풀 실마리를 찾아보기 위해 인지 체계를 토대로 작동하는 인간의 의사소통 체계에 주목하고자 합니다.

의사소통은 표상들의 연쇄로 이루어집니다. 그런데 우리는 두 가지 종류의 표상을 구별할 필요가 있습니다. 우리가 환경과 상호작용하는 동안 뇌에는 어떤 물리적 상태가 형성됩니다. 우리는 뇌의 이런 상태에 '느낌', '생각', '의도' 등의 이름을 붙이는 데 익숙합니다만 여기서는 편의상 뭉뚱그려 '정신적 표상'이라고 해봅시다. 이것과 구별해야 하는 표상은 '공적 표상'인데, 그것은 어떤 정신적 표상을 지닌 인간에 의해 생산되어 환경에 물리적 변화를 일으키는 것들입니다. 예컨대, 사람이 생산하는 신호, 말, 글, 그림, 행동 등은 공적 표상에 해당합니다. 의사소통은 정신적 표상과 공적 표상, 이 두 가지 표상들의 연쇄로 이루어집니다.

표상들의 연쇄라고 하는 의사소통의 기본 메커니즘은 인간의

우리에게 종교란 무엇인가

인지 체계가 표상들에 쉽게 전염된다는 사실에 주목할 때 이해하기 쉽습니다. 이것을 좀 더 풀어 말해보겠습니다. 인간의 생체 기관에 전염병이 옮기 쉬운 것처럼, 사람의 인지 체계는 표상에 전염되기 쉽습니다. 전염병에 옮는다는 것은 전염병 자체가 사람들 사이에 전달된다는 뜻이 아니라, 외부로부터 전달된 병원체로 인해 생체 기관이 특정한 증상들을 일으키는 것을 의미합니다. 만약 그 생체 기관이 해당 병원체에 대한 감수성이 없거나 강력한 면역을 가지고 있다면 비록 병원체가 전달되었다고 해도 거기서 전염병은 발생하지 않습니다. 마찬가지로 사람의 인지 체계가 표상에 잘 전염된다는 것은 사람의 인지 체계가 어떤 표상 자체를 그대로 전달받거나 복제한다는 뜻은 아닙니다. 이는 오히려 외부의 공적 표상으로부터 특정한 몇몇 정보가 우리의 인지 체계에 전달되었을 때 우리 인지 체계는 자체의 '감수성susceptibility'에 따라 상황적으로 가장 적합한 정신적 표상을 발생시키게 된다는 의미입니다.

우리는 의사소통을 위해 머릿속의 모든 생각을 상대방에게 전달할 수는 없습니다. 내가 가진 생각 중의 일부를 발언하거나 글 혹은 사물로 외부에 표현했을 때 상대방이 무관심해하지 않고 그것을 통해 내가 지녔던 생각과 유사한 어떤 생각을 자기의 머릿속에 떠올리거나 스스로 어떤 생각을 전개하게 될 때 의사소통이 되었다고 하는 것입니다. 이처럼 우리의 의사소통은 적합성의 원리에 따라 이루어지는 정신적 표상과 공적 표상의 연쇄입니다. 즉, 내가 머릿속에 지닌 정신적 표상을 토대로 어떤 공적 표상을 만들어내면 다른 사람들이 그것을 접함으로써 내가 지니고 있었던 것과 유사한 정신적 표상을 머릿속에 갖게 됩니다. 그러한 과정은 계속해서 여러 방향으로 진행해나갈 수가 있습니다. 그때 생산되는 각각의 표상들은 부분적인 정보를 전달받은 인지 체계가 나름의 감수성을 따라 만들어낸 것입니다. 인간의 인지 체계가 작동하는 방식은 비슷하기 때문에 각각의 표상들이 서로 닮아 있을 수는 있지만, 그 표상들이 처음의 것과 완전히 똑같을 가능성은 거의 없습니다. 또 표상들 가운데 많은 것들이 쉽게 잊히지만 환경과 인지적 감수성에 적합한 것들은 꽤 유사한 변형들을 낳으면서 널리 퍼져나가기도 합니다. 이러한 과정을 통해 유사한 표상들이 광범위하게 분포하며 지속하는 경우, 우리는 그러한 표상들을 '문화적 표상'이라고 부를 수 있을 것입니다.

이러한 의사소통은 난해한 종교적 관념들이 문화적으로 분포하게 되는 데에도 중요한 역할을 합니다. 매우 세련되게 다듬어지고 복잡해져 있는 관념이어서 개인의 기본적인 인지적 감수성만으로는 바로 이해되거나 받아들여질 수 없는 것들이 널리 퍼져 존속하는 경우를 생각해봅시다. 예컨대 '공空'이나 '삼위일체' 같은 것들은 직관적으로나 논리적으로 잘 이해하기 어려운 관념인데도 문화적으로는 널리 퍼져 있습니다. 이런 현상에는 만 두 살에서 다섯 살 사이에 자연히 형성되는 '메타표상meta-representation'이라는 인지적 도구가 중요한 역할을 한다고 여겨집니다.

일차적인 표상 작용이 세계에 대해 거의 직관적으로 작용하는 인지적 능력이라면 메타표상은 어떤 표상을 그것에 관한 이차적인 정보를 통해 처리하는 '표상에 대한 표상 작용'입니다. 어떤 정보 자체가 직관적으로 이해되지 않는 경우, 그것에 관한 이차적인 정보가 작용하여 그 일차적인 정보를 일단 유효한 것으로 처리하

우리에게 종교란 무엇인가

게 하거나 거짓된 것으로 처리하게 해주는 경우가 있습니다. 이때 이를 가능하게 하는 인지적 능력이 곧 메타표상입니다. 예를 들면, 어린이들은 각자가 스스로 이해하기 어려운 정보라도 "엄마가 말씀하셨어."나 "선생님이 가르쳐주셨어."라는 이차적인 정보가 있으면 쉽게 소통하곤 합니다. 마찬가지로 꽤 난해한 종교적 교리의 경우도 "교조의 말씀이야."라든지 "경전에 나온 내용이야."라는 이차적인 정보를 통해 그리 어렵지 않게 소통될 수 있습니다. 이때 전달되는 정보가 일차적인 표상 작용과 어떤 식으로든 관련된다면 이 소통 과정이 다른 경우보다 훨씬 수월하게 이루어지게 됩니다. 나아가 메타표상에 의한 의사소통은 괴델Kurt Gödel의 정리나 아인슈타인Albert Einstein의 상대성이론 같은 어려운 지식들을 각자의 머리를 심하게 쥐어짜지 않고도 간단히 '옳다'고 판단해 수용할 수 있게 해줍니다. 사실 종교적 교리나 믿음만이 아니라 엄청나게 많은 지식이 메타표상을 통해 소통되고 문화적으로 널리 퍼집니다.

지금까지의 이야기에 따르면, 종교적 관념의 발생과 분포는 인간의 인지 체계와 의사소통 체계의 특성을 통해 꽤 체계적으로 설명될 수 있습니다. 이런 설명을 위해 특별한 신비를 가정할 필요는 없습니다. 종교인들의 뇌에 무언가 특별한 점이 있다고 볼 이유도 없습니다. 거기에는 바이러스나 질병이나 신의 거처도 없습니다. 우리가 '종교'라고 부르는 문화적 현상들은 다른 문화적 요소들과 마찬가지로 오랜 생물학적 과정을 통해 인류에게 갖춰져온 적응적

인간과 종교에 대한 통합 과학적 연구

기질들이 정상적으로 작동하는 가운데 나타나는 자연스러운 부산물일지도 모릅니다. 그렇다면 종교가 모든 인간이 지닌 본성이라거나 치료해야 할 질병이라거나 원시적 무지의 산물이라는 식의 주장들은 의심받아야 할 것입니다. 오히려 인류 문화에 다양한 종교적 표상들이 나타나고 존속하고 사라져왔다는 사실과 그 이유를 과학적으로 되살펴야 할 것입니다.

이야기의 첫 부분에서 언급한 것처럼, 근래에는 자연과학과 인문학의 경계를 넘어서 통합 과학적으로 종교를 연구하고자 하는 시도가 다양하게 이루어지고 있습니다. 그러한 논의들은 널리 알려진 과학적 이론들과 모순되지 않으면서 특정한 부류의 여러 문제들을 잘 설명할 수 있을 때 유의미한 가설로 받아들여질 수 있을 것입니다. 물론 그런 경우에도 그 논의들은 실험적인 수준에서 실증적인 증거들에 의해 반복적으로 뒷받침되어야 합니다. 만약 어느 한 곳에서라도 문제가 발생되면 그러한 논의들은 재검토되고 수정되어야 할 것입니다. 이 글에서 살펴본 내용 역시 그러한 검증 과정에 열려 있습니다.

구형찬, 「멍청한 이성」, 『종교문화연구』 19호, 2012.
대니얼 데닛, 김한영 옮김, 『주문을 깨다』, 동녘사이언스, 2010.
이창익, 「인지종교학과 숨은그림찾기」, 『종교문화비평』 14호, 2008.
장대익, 「종교는 스펜드럴인가?: 종교, 인지, 그리고 진화」, 『종교문화비평』 14호, 2008.
정진홍, 「신의 고향은 어디인가?」, 『정직한 인식과 열린 상상력』, 청년사, 2010.

더
읽어볼 만한
글

* 이 글은 다음 논문을 개정하고 축약한 것이다.
  이창익, 「신 관념의 인지적 구조: 마음 읽기의 한계선」,
  『종교문화비평』 21, 종교문화비평학회, 2012.

왜 우리는
유일신을
상상하는가?

이창익

현재 우리가 생각하는 일반적인 종교의 모델이 되는 것은 유일신론입니다.
우리에게 신의 유무나 신의 숫자는 종교를 판별하는 중요한 잣대처럼
작용합니다. 이 글에서 저는 인지종교학과 종교사의 맥락에서
유일신론이 어떠한 독특성을 드러내는지를 살펴보려 합니다.
인간은 항상 보이는 것 너머에 존재하는 보이지 않는 것의
존재를 가정합니다. 저는 보이지 않는 것을 읽어내고자 하는
인간의 심리적 성향이 어떻게 신에 대한 상상력으로 자연스럽게
이어지는지를 보여주려 합니다. 아울러 모든 신들이 하나로 압축될
때 발생하는 '유일신 현상'의 독특성을 살펴보려 합니다.

마음 읽기

인간은 보이는 세계와 보이지 않는 세계를 동시적으로 경험하며 살아갑니다. 이렇게 가시적 세계 너머에 존재하는 것으로 여겨지는 비가시적 세계가 어떻게 구성되는지를 보여주는 것이 이 글에서 제가 논의할 주된 내용입니다. 우리는 상대방의 마음을 결코 볼 수 없지만, 그럼에도 불구하고 인간이라면 누구나 마음을 지니고 있다고 믿습니다. 우리는 항상 직관, 기억, 느낌, 정서, 상상력 등을 동원하여 상대방의 마음을 읽기 위해 노력합니다. 마음을 읽고자 한다는 것은 타인의 마음이 나와 다르다는 것을 인정하는 것이고, 세상이 수많은 상이한 마음들에 의해 움직인다는 것을 전제하는 것입니다. 마음은 물질에 영향을 미치는 비물질적인 실체라고 생각되며, 따라서 우리는 은연중에 물질에 영향을 미치는 비물질적인 것의 인과력을 믿고 있습니다.

우리는 이렇게 보이지 않는 마음을 읽을 수 있을 때 비로소 세상의 많은 일들이 투명해질 거라고 생각합니다. 그러나 온갖 수단을 동원하여 타인의 마음을 읽고자 한다 하더라도, 서로 다른 마음들이 유리처럼 투명하게 읽히지는 않습니다. 삶의 많은 문제와 고민은 바로 이러한 불투명한 마음의 존재에서 비롯합니다. 우리는 자기의 마음을 들키지 않고 상대방의 마음을 읽기 위해 노력합니다. 그리고 자기의 마음을 잘 감추면서 타인의 마음을 투명하게 읽는 기술이 생존에 많은 도움이 된다는 것을 압니다. 사실상 인간의 세계는 마음 읽기의 전쟁터와도 같습니다. 상대방의 마음을 전혀 읽지 못하는 자는 사회적 부적응 상태에 빠질 것이고, 자기의 마음을 모두 들켜버린 인간은 마치 자신의 피부가 투명한 유리로 되어 있는 것과도 같은 불안감에 빠져들 것입니다. 그런데 자연

우리에게 종교란 무엇인가

스럽게 인간은 모든 사람의 서로 다른 마음을 한눈에 꿰뚫어보는 존재, 즉 초자연적인 신적 존재를 가정합니다. 이러한 존재는 보이지 않는 마음의 세계를 관통하는 존재이며, 마음의 장벽을 넘어서는 비물질적인 존재입니다.

일상 세계를 지배하는 마음 읽기로 인해서 자연스럽게 인간들은 모든 상이한 마음을 독해할 수 있는 신적 존재를 상상하게 됩니다. 모든 인간의 마음은 이러한 신적 존재가 지닌 '절대적인 마음'의 부분집합일 뿐입니다. 신의 마음은 모든 인간의 개별적인 마음들의 총합보다 큰 것이기 때문입니다. 이러한 논리에 따르면 신의 마음만 읽을 수 있다면 인간의 마음을 읽는다는 것은 전혀 어렵지 않습니다. 신 관념은 이러한 '절대적인 마음'에 대한 가정에서 비롯합니다. 저는 마음 읽기의 관점에서 애니미즘animism과 의인주의anthropomorphism뿐만 아니라 유일신론의 종교사적 의미를 이야기하려 합니다. 보이지 않는 마음을 믿는다는 것과 보이지 않는 신을 믿는다는 것은 상당히 비슷한 구조와 작동 원리를 지니고 있습니다.

모든 사물이 살아 있어 마음이나 영혼을 지니고 있을 뿐만 아니라, 비물질적 영혼이 물질적인 사건에 영향을 미친다고 가정하는 데서 인간의 마음은 가장 큰 인지적인 안락함을 느낍니다. 그래서 인간은 그리 어렵지 않게 사물과의 대화에 빠져들게 되며, 사물이 인격을 지니고 있다고 믿기까지 합니다. 우리는 이러한 현상을 '애

애니미즘과 의인주의

니미즘'이라고 부릅니다.

심리학에서 애니미즘은 사물이나 사건에 생명을 부여하는 특정한 지각 방식을 가리킵니다. 인류학자인 스튜어트 거스리Stewart Guthrie는 애니미즘이 보편적인 지각 방식일 뿐만 아니라 생존에 도움이 되는 지각의 전략이라고 말합니다. 많은 경우에 우리는 감각의 자연성, 중립성, 순수성에 대한 온갖 가정들로 이루어진 '감각의 신화'를 믿습니다. 그러나 거스리는 인간의 감각이나 지각은 결코 순수하거나 중립적이지 않다고 말합니다. 그에 따르면 모든 지각은 해석이고, 해석은 가장 중요한 가능성들에 주목하는 것이며, 가장 중요한 가능성은 대상을 인간과 비슷하게 지각하는 것입니다. 해석은 여러 가지 가능성들 가운데 취사선택하는 것이므로 항상 일종의 도박일 수 있습니다. 그러므로 생존을 위해서 인간은 가장 위험이 적고 보답이 큰 해석을 지향합니다. 일차적으로 인간에게 가장 보상이 큰 해석 방식은 모든 대상을 살아 있는 것으로 지각하는 것입니다. 이것이 바로 거스리가 말하는 애니미즘입니다. 왜냐하면 생명을 지니고 있는 것들이야말로 인간에게 죽음이나 이익을 초래할 수 있는 가장 위험한, 또는 가장 유익한 존재이기 때문입니다.

자연 세계 속에서 살아간다면 인간에게 가장 위험한 존재는 야수들일 것입니다. 그러나 인간은 사회적 존재로서 대부분의 삶을 인공적인 세계 속에서 영위합니다. 그러므로 사회적 존재인 인간에게 가장 위험하면서도 유익한 존재는 자신과 사회적 상호작용을 지속하는 다른 인간들입니다. 살아가면서 인간에게 가장 중요한 것은 항상 다른 인간들이기 때문에, 인간과 인간 사이에서 일

우리에게 종교란 무엇인가

어나는 갈등과 융합이야말로 인간을 절망에 빠뜨리기도 하고 구원하기도 합니다. 인간의 마음은 끊임없이 다른 인간의 사회적 지위를 탐지하여 그가 자기에게 어느 정도 도움이 되는 존재인지를 파악하고자 합니다. 또한 인간의 마음은 다른 사람이 자기와의 약속과 신의를 지킬 수 있는 도덕적인 존재인지를 시험하고자 할 뿐만 아니라, 그가 사기꾼인지 아니면 동료인지를 파악하고자 합니다. 요컨대 사회적인 존재로서 인간은 다른 행위자들의 마음에 대한 더 많은 정보를 얻고자 할 뿐만 아니라 협력할 수 있는 행위자가 누구인지를 파악하고자 합니다.

그러므로 인간은 모호한 사물을 먼저 '인간처럼' 인식하는 자연스러운 인지 체계를 지니고 있습니다. 자연스럽게 인간은 멀리 보이는 하얀 천을 인간의 형상으로 지각하거나, 바람에 흔들리는 창문을 인간 행위의 효과로 인지합니다. 이것이 바로 스튜어트 거스리가 이야기하는 '의인주의'입니다. 애니미즘이 모든 사물을 일단 살아 있는 것으로 가정하는 지각 방식이라면, 의인주의는 모든 사물을 일단 인간처럼 인지하는 지각 방식을 가리킵니다. 이처럼 인간의 지각은 생존과 관련된 관심사에 의해 오염되어 있기 때문에 특정한 방식으로 편향되어 있습니다. 감각은 사물을 투명하게 받아들이는 거울이 아닙니다. 감각과 해석은 동시적인 것이기 때문입니다. 종교적인 경험 역시 그러합니다. 우리는 종교적인 경험이나 감정이 직접적인 것이라고 믿는 경우가 많지만, 오히려 종교적인 경험은 이미 이론과 관념에 의해 물들어 있는 '해석된 경험'일 수밖에 없습니다. 거스리는 순수하고 직접적이고 매개되지 않은 종교적인 경험의 가능성을 부정합니다.

특히 거스리는 종교란 항상 모든 것을 의인화한다고 주장합니다. 그에게 종교는 의인주의와 다름없는 것입니다. 물론 인간의 일상적이고 비종교적인 지각 역시 의인주의의 지배를 받습니다. 그러나 일상적인 지각은 우연적이고 단발적인 의인화를 수행합니다. 이와 다르게 종교는 세상의 모든 것을 의인화하고자 하는 지각의 충동 속에서 발생합니다. 종교는 인간의 모델로 모든 것을 파악하고, 모든 사건과 사물을 인간의 모델로 환원하는 '체계적인 의인주의'를 지향하기 때문입니다. 거스리의 종교 이론에 따르면 종교는 '극대화된 의인주의'의 산물일 뿐만 아니라 이렇게 의인화된 실체를 종교의 중심 자리에 들여놓습니다. 그렇기 때문에 거스리에게는 신 관념 역시 그러한 체계적인 의인화의 산물일 수밖에 없습니다. 그러나 거스리의 의인주의는 신이 인간과 비슷한 형상을 하고 있다는 것을 의미하지 않습니다. 오히려 그는 인간이 세계의 모든 것을 인간의 모델로 정밀하게 조사하는 과정에서 만들어지는 것이 신 관념이라고 말합니다. 인간은 세계의 모든 사물과 사건이 배후에 존재하는 보이지 않는 행위자의 작품이라고 가정합니다. 그러므로 일차적으로 모든 사물이나 사건은 비가시적인 행위자의 마음이 낳은 결과물로 인지됩니다. 사물과 사건을 통해서 드러나는 파편적인 마음들의 총합 속에서 인간은 하나의 '인격'을 지닌 비가시적이고 초자연적인 행위자를 가정하게 됩니다. 인간은 정보에 허덕이는 존재입니다. 그래서 모든 사건이나 사물은 항상 누군가의 메시지로 인지됩니다. 사건이나 사물을 통해 메시지를 보내는, 결코 그 존재를 눈으로 확인할 수 없는 비인간적인 존재가 바로 신인 것입니다.

우리에게 종교란 무엇인가

거스리에게 종교는 외부 세계의 모든 사건이나 사물 안에서 '인간'을 보는 것입니다. 인간에게 문제가 되는 것은 항상 다른 인간이나 다른 생명체입니다. 생명이란 다른 생명을 먹음으로써 유지되는 것이기 때문에, 다른 생명체는 '나'의 생명을 앗아갈 수 있는 잠재적인 적수일 수밖에 없습니다. 그러므로 인간의 마음은 모호한 사물이나 사건에게 일단 먼저 '생명력'을 부여하고, 그런 연후에 찬찬히 그 사물을 정밀하게 조사하는 경향성을 지닙니다. 예컨대 곰을 바위로 오인하는 것보다는 바위를 곰으로 오인하는 것이 생존을 위해서 더 나은 것이기 때문에, 애니미즘은 가장 좋은 지각적인 생존 전략이 됩니다. 애니미즘뿐만 아니라 의인주의 같은 인간 지각의 작동 방식은 진화의 과정 속에서 자연스럽게 형성된 인간의 생존 전략인 것입니다.

거스리에 의하면 자연은 예측하기 힘든 많은 것들을 감추고 있기 때문에, 속는 셈치고 불투명한 모든 존재를 일단 살아 있다고 가정하는 것이 생존에 도움이 됩니다. 나의 생명에 가장 위협적인 것은 항상 다른 생명체이기 때문입니다. 인간이든 동물이든 항상 먹을 수 있는 것이 주변에 있는지, 나를 해칠 만한 위험 요소가 근처에 있는지를 주시합니다. 민감하게 작동하는 인간 마음의 이러한 속성을 가장 잘 이용하는 것이 바로 공포 영화입니다. 공포 영화의 등장인물은 작은 소리나 희미한 불빛이나 모호한 사물에 대해 비정상적으로 민감하게 반응합니다. 주변에 존재하는 모든 사물이, 모든 인간이, 모든 사건이 나의 생명을 위협할 수도 있는 의심스러운 것이 됩니다. 거스리의 종교 이론의 주인공은 이처럼 민감한 감수성을 지닌 공포 영화의 주인공입니다. 일단 모든 것을 살

신
관념의
탄생

곰을 바위로 인식하는 것보다 바위를 곰으로 인식하는 것이 생존을 위해 더 낫기 때문에 애니미즘은 가장 좋은 지각적인 생존 전략이 된다.

인마의 행위나 형상으로 의심해야만 주인공이 살아남을 수 있기 때문입니다. 신 관념도 이처럼 모든 사물이나 사건이 나의 감각을 자극하게 될 때 형성됩니다.

그러나 거스리의 주장이 새로운 것은 아닙니다. 거스리의 새로운 종교 이론은 애니미즘과 의인주의라는 개념을 인지적인 관점에서 재해석한 결과물일 따름입니다. 흔히 종교적인 의인주의는 신에게 인간의 형상을 부과하는 것이라고 이해됩니다. 그러나 거스리는 이러한 현상을 '인간중심주의'라고 부르면서 의인주의와는 구별 짓습니다. 왜냐하면 의인주의는 신을 인간과 비슷한 것으로 보는 것이 아니기 때문입니다. 오히려 세계의 사물과 사건에 인격을 부여할 때 가정되는 배후의 모호한 실체에 대한 의식이 바로 신 관념을 만들어냅니다. 신은 인간 모습을 한 존재라기보다는 다양한 방식으로 인간과 상징적 상호작용을 할 수 있는 존재, 즉 인간처럼 행동하는 보이지 않는 행위자인 것입니다.

종교적인 혹은 신화적인 세계 속에서는 동물과 식물이 말을 하고, 심지어는 무생물조차도 인간의 언어를 이해합니다. 이렇게 모

우리에게 종교란 무엇인가

든 것이 생명력으로 꿈틀거리며 인격을 지니고 있을 뿐만 아니라, 심지어는 인간의 언어를 이해하기조차 하는 세계가 바로 종교적인 세계입니다. 종교적인 세계에서는 죽은 사람조차도 계속해서 인격과 언어를 지닌 채 인간에게 말을 겁니다. 어떤 종교적인 세계에서는 모든 사물이 각자 개별적이고 고유한 마음을 지니고 있는 것으로 인식됩니다. 그러나 예컨대 유일신론의 경우에서처럼 모든 사물이나 사건이 하나의 유일한 마음을 반영하고 있는 것으로 생각되기도 합니다. 심지어는 인간들의 서로 다른 마음들조차도 유일한 하나의 마음의 파편적이고 불완전한 반영으로 이해됩니다. 이때 신은 마음을 이해하고 예측하는 '완전한 마음'을 지니고 있는 것으로 간주됩니다. 이렇게 신은 보통 '보이는 몸'이 아니라 '보이지 않는 마음'으로 존재합니다.

거스리에게 신 개념은 적은 인지적 투자를 통해서 엄청난 설명적, 실제적 보답을 얻을 수 있는 효율적인 개념입니다. 애니미즘이나 의인주의는 상대적으로 적은 개념적 투자를 통해서 세상의 많은 일들을 통합적으로 이해할 수 있는 설명 모델입니다. 갑자기 닫히는 문, 창문을 두드리는 소리, 사라진 물건, 숲에서 비치는 불빛, 이 모든 다양한 현상들 배후에 인간이 놓여 있다고 가정하는 것은 매우 적은 전제로 매우 많은 것을 설명할 수 있게 합니다. 어떤 사건이 벌어졌을 때 먼저 우리는 그 사건의 배후에 인간이 놓여 있다고 가정합니다. 그러나 그 사건의 배후에 인간이 놓여 있음을 입증할 수 없을 때, 바로 그때 신 개념이 만들어집니다. 신은 실패한 의인주의나 확인할 수 없는 의인주의의 소산이기 때문입니다. 그러므로 인지적 관점에서 볼 때 신과 인간의 거리는 무척 가깝습

에드워드 버넷 타일러
Edward Burnett Tylor
(1832~1917)
그는 '최소한도의 종교 정의'를
제시하기 위해 애니미즘 이론
을 내세웠다.

니다. 그래서 거스리는 서구에서처럼 신과 인간의 거리가 지나치게 멀어진 현상은 변칙적인 신 개념 때문이라고 말합니다. 그는 서구에서조차도 '신의 타자성'이라는 관념은 자연스럽고 원시적이고 보편적인 것이 아니라고 말합니다.

　19세기 후반에 인류학자인 에드워드 버넷 타일러는 종교를 설명하기 위한 '최소한도의 종교 정의'를 제시하기 위해서 애니미즘 이론을 내세웁니다. 타일러는 애니미즘을 특정한 신체 및 물질에 의존하는 '영혼'에 대한 믿음과, 특정한 신체나 물질로부터 독립하여 존재하는 '정령'에 대한 믿음으로 구분하여 설명합니다. 인간은 꿈이나 죽음 등의 경험으로부터 개별적인 영혼의 존재를 유추하고, 이러한 영혼 개념을 비인간적인 세계로 확장하며, 마침내는 물질로부터 독립적으로 존재하는 정령 개념을 발전시킵니다. 타일러에 의하면 바로 이러한 영혼과 정령 개념이 신 관념의 씨앗이 되어 나중에는 다신론과 유일신론으로 발전하게 됩니다. 이처럼 타일러는 물질적 조건으로부터 점진적으로 해방되는 다양한 영혼 관념들로부터 차츰 신 관념이 생성되었다고 주장합니다. 타일러가 그리는 원시문화에서 인간과 사물은 모두 '물질과 비물질의 공존'이 낳은 현상으로 인식됩니다. 영혼, 정령, 생명, 마음은 보이지 않는 비물질입니다. 그리고 이러한 비물질적인 것들이 이루는 독립적인 세계가 바로 신 개념의 초석이 되는 것입니다. 신은 물질세계를 지배하는 비물질적인 것의 총합을 지향합니다. 신은 영혼의 총합, 정령의 총합, 생명의 총합, 마음의 총합인 것입니다. 그러므로 우리는 보이는 사물 너머에 존재하는 보이지 않는 것들이 일정한 내적 법칙을 확보하면서 체계적으로 구조화된 것이 신들의 세계였다고 생각할 수

우리에게 종교란 무엇인가

있습니다.

우리는 많은 종교들이 의인주의로부터 벗어나기 위해 얼마나 노력했는지 알고 있습니다. 그러나 그리스도교 신학에서처럼 신을 의인주의로부터 해방시키려 하면 할수록, 탈의인화된 신은 점점 더 이해할 수 없는 존재로 변하게 됩니다. 신의 초월성이 증대할 때, 신이 포괄하는 영역이 넓어질 때, 신의 능력이 '모순의 공존'이나 '대립의 일치'를 껴안는 비현실성의 방향을 지향할 때, 신 존재 증명의 경우에서처럼 신이 현실의 영역에서 논리의 영역으로 이동할 때, 그러한 탈의인주의적 신 관념은 기억하고 전달하고 학습하기 어려워집니다. 따라서 이때 신의 존재를 정당화하기 위한 더 많은 논리적 장치, 더 많은 신학, 더 견고한 공동체가 요구됩니다.

그러나 그 대신에 탈의인주의는 다른 것을 얻습니다. 비논리적인 신은 더 많은 일상사에 비논리적으로 관여하게 되고, 더 많은 기적에 참여하게 되며, 더 많은 현실적인 맥락에서 논리의 구멍을 메우기 위해 동원됩니다. 신이라는 종교적인 술어가 세상의 모든 빈틈을 메울 수 있게 되는 것입니다. 전지全知, 전능全能, 편재遍在, 지고지선至高至善 등으로 수식되는 신은 모든 일에 책임이 있는 신, 심지어는 인간의 마음조차도 책임져야 하는 신이 됩니다. 우리는 유일신이라는 관념이 모든 신들의 통합 과정에서 나온 산물, 즉 신의 총합 개념이라는 가정을 무시할 수 없습니다. 그러므로 유일신은 '신들의 질서'를 통합적인 하나의 덩어리로 만드는 장치라고 할 수

유일신론의 환영

있습니다. 보통 신화는 신들의 갈등과 쟁투로 얼룩져 있습니다. 즉 신들이 논리적으로 하나로 통합되어 있지 않은 것입니다. 그러므로 신화는 하나로 정리될 수 없는 신성에 대한 이야기로서 이야기 구조 안에서 논리적 갈등을 봉합하는 형태를 취합니다. 그러나 유일신 종교에서는 신화가 불필요합니다. 왜냐하면 모든 신화가 신이라는 하나의 상징 속에 용해되어 있기 때문입니다. 이제 유일신은 신들의 응축으로서 자기 자신 안에 스스로를 붕괴시킬 수 있는 폭약을 내장하게 됩니다. 유일신은 하나의 신 안에 용해되어 있는 모든 비논리와 모든 갈등을 하나의 상징적 논리 구조 안에서 해결해야 하기에, 견고한 신학이나 단단한 공동체 없이는 존속하기 힘들기 때문입니다. 지나치게 비대해진 신으로 인해 모든 의례와 신화는 '신의 신비' 속으로 흡수됩니다.

유일신론에서 보이는 것처럼 신과 인간의 거리가 극단적으로 멀어지게 될 때, 그래서 신이 '절대 타자'로 취급될 때, 우리는 도저히 이해할 수 없고 형언할 수도 없는 신을 만나게 됩니다. 이렇게 탈인격화되고 탈언어화된 신의 마음을 우리는 결코 이해할 수 없습니다. 이러한 신이 바로 마음 읽기의 한계선에 놓인 신입니다. 거스리의 입장에서 볼 때 의인주의로부터 일탈한다는 것은 그만큼 해당 종교나 신의 접근성이 떨어진다는 것을 의미합니다. 우리가 기성종교라고 부르는 종교는 보통 어느 정도의 조직화를 거치게 되면 자연스럽게 해당 종교의 중심을 보호하기 위한 방어막을 짓게 됩니다. 이러한 방어막에 의해서 종교는 더 많은 비밀을 지니게 되고 점점 더 자연스럽지 못한 방식으로 구조화됩니다. 중심에 이르는 접근의 통로가 제한되고, 기억해야 할 규칙이 많아지고, 종교인이 되기 위해서는 일정한 입문식을 치러야 하고, 의례라는 명목으로 수행해야 할 종교적 행위들이 점점 경직되거나 더 많은 시간과 노력을 요구하게 되고, 종교를 지지하는 책을 더 많이 써야 하고, 또 그 책을 자주 읽고 암기해야 하는 상황이 벌어지는 것입니다. 신 역시도 점차 상징적이 되거나 이해하기 어려운 난이도 높은 존재로 승격됩니다. 이러한 종교는 학습하기 힘든 고비용의 종교입니다.

그러나 신학적으로는 사색과 반성을 통해서 의인주의적인 신 관념을 거부하더라도, 종교인들은 신속한 판단이 요구되는 직관적인 사유의 차원에서는 의인주의적인 신 관념을 무의식적으로 수용하게 됩니다. 다시 말해서 신학적으로는 해당 종교가 승인하는 탈의인화된 신 관념을 지지하더라도, 비신학적인 차원에서는 자기도 모르게 의인화된 신 관념에 젖어들게 되는 것입니다. 인간의 마음은 의인주의적으로 편향된 인지 구조를 지니고 있기 때문입니다. 그러므로 유일신론의 신자는 보통 두 가지 상이한 종류의 신 관념을 동시에 지니고 있습니다. 심리학자인 저스틴 배럿Justin L. Barrett이 말하는 '신학적 올바름Theological Correctness, T. C.'이 의미하는 바가 그렇습니다. 배럿에 의하면 반성적인 차원에서는 신 관념이 신학적 교리와 유사한 형태를 띠게 되지만, 세속적인 행동의 차원에서는 의인주의 같은 보다 직관적인 신 관념이 두드러지게 됩니다. 예컨대 그리스도교인들은 신학적인 차원에서는 신이 비물리적이고 형태도 없고 시간과 공간을 초월한 존재라고 주장하지만, 기도나 이야기 속에서는 물리적이고 형태를 지니고 있고 시간과 공간에 의해 제약받는 신의 존재를 드러냅니다. 그러므로 교리적이고 신학적인 차원에서는 신이 탈의인화되어 있을지라도, 신자들의 실제 생활을 지배하는 신은 여전히 의인주의적일 수밖에 없습니다. 이것은 인간의 인지적 편향성, 나아가 인지적 관점에서 본 인간의 종교적 편향성 때문입니다.

논리와 이론에 의해 무장된 고도로 추상화된 신 관념이 비록 '신학적 올바름'을 지니고는 있을지라도, 사회적, 정치적, 경제적 강제 조건이 사라질 때 이러한 신 관념은 전파의 과정에서 쉽게 누락되거나 기억의 과정에서 탈락되기 쉽습니다. 인간의 지각은 의인주의적으로 제약되어 있기 때문에, 탈의인화된 신 관념은 인간 지각 안에 자연스럽게 스며들지 못합니다. 그래서 그러한 신 관념은 고도의 사변과 추상뿐 아니라 반복적인 교리 학습과 빈번한 의례 수행을 요구하게 됩니다. 따라서 과도하게 비직관적인 신 관념이나, 지나치게 많은 정보를 담고 있는 복잡한 신 관념은 구전적이거나 자연적인 전파의 상황에 놓이게 될 때 '기억의 집'에 수용되지 못하고 탈락하거나, 아니면 더 자연스러운 직관적인 신 관념으로 윤색되거나 대체되는 경우가 많습니다. 우리는 공식 종교와 민중 종교의 신 관념이 왜 달라질 수밖에 없는지를 이러한 맥락에서 다시 생각해볼 수 있습니다. 예컨대 폴 틸리히Paul Tillich나 토마스 아퀴나스Thomas Aquinas를 읽어야만, 혹은 고도의 종교적 수련을 통해서 신을 체험해야만, 혹은 성서의 모든 구절을 막힘없이 이해해야만 비로소 그리스도교의 신을 조금이나마 이해할 수 있다는 주장을 하게 될 때, 그리스도교는 자연스러운 기억의 회로를 일탈하는 위험 부담을 감수하게 됩니다. 그러므로 '신학적 올바름'만을 일방적으로 주장할 경우, 해당 종교의 사회적, 문화적, 경제적, 정치적 유지

우리에게 종교란 무엇인가

비용은 점점 높아지게 되며, 기억과 전달을 위해 지불하는 종교적인 비용 역시 급증하게 됩니다. 이때 종교를 수호하기 위한 종교적인 폭력 역시 빈번해질 수밖에 없습니다.

저비용의 종교와 고비용의 종교

우리는 종교사를 통해서 어떻게 종교가 저비용의 종교에서 고비용의 종교로 넘어가는지를 관찰할 수 있습니다. 저비용의 종교는 별다른 추가 비용 없이 쉽게 종교 생활을 영위할 수 있는 종교이며, 적은 희생으로 많은 것을 얻을 수 있는 종교입니다. 저비용의 종교는 기억하기 쉽고 전달하기 쉬우며 별다른 학습의 메커니즘을 요구하지 않습니다. 이에 반하여 고비용의 종교는 종교를 위해서 인생을 바쳐야 할 정도로 많은 비용을 지출할 것과, 신자의 전 존재를 종교에 투신할 것을 요구합니다. 고비용의 종교는 인간의 총체적인 헌신을 주장합니다. 유일신론의 경우, 우리는 인간의 신 관념이 마음의 지향성에 반하여 인간으로부터 점점 멀어지는 신을 추구했다는 사실을 기억할 필요가 있습니다. 왜 인간과 닮은 신은 종교적인 우상파괴의 대상이 되기 쉬울까요? 왜 인간은 신의 얼굴을 지우고자 할까요? '그려지는 신'과 '결코 그려지지 않는 신'은 서로 다른 신이지 동일한 신이 아닙니다. 얼굴이 사라지는 신은 그만큼 종교 안에서 신의 비중이 커지고 있다는 것을 의미합니다. 이러한 신은 신성의 영역에만 관여하는 신이 아니라, 온갖 세속의 영역에도 개입하는 신이며, 종교에만 갇히지 않는 신이자 성스러움의 본래적인 의미인 '분리'의 규칙을 지키지 않고 성과 속의 경계선을 넘어서는 위반적인 신입니다. 신 스스로가 위반과 일탈을 통해 자신을 정의하기 때문에 이러한 신은 정치신학의 신이 됩니다.

또 하나 주목할 점은 문자를 사용하는 신일수록, 즉 종교에서 말이 차지하는 비중이 커질수록, 신이 이미지보다는 언어 뒤로 숨는 경향이 강해진다는 점입니다. 유일신은 보통 종교의 미디어가 의례에서 언어로 이동할 때 생겨납니다. 이것이 바로 종교에서 정전正典, canon의 존재가 의미하는 바이기도 합니다. 정전은 유일신을 만들거나 아니면 적어도 유일신의 등가물을 만들어냅니다. 성스러운 텍스트는 문자 그대로의 전달을 요구합니다. 원래 베다가 기록되지 않았던 것은 브라만들이 기록보다는 기억을 신뢰했기 때문입니다. 왜냐하면 기억은 어느 정도의 심리학적 규칙성에 의해서 일관성을 통제하는 것이 가능하지만, 기록은 자의적인 해석을 조장할 수 있기 때문입니다. 그래서 기록이란 기억의 제도화라고 할 수 있습니다. 그리고 기록되는 순간부터 종교는 해석의 대상이 됩니다. 기억의 메커니즘에서 인간은 정보를 실어 나르는 미디어에 불과한 존재이지만, 기록의 메커니즘에서 인간은 해석자가 됩니다. 그러므로 정전은 텍스트와 독자 사이에 항상 해석자를 개입시키며, 해석자는 종교 안에 정치학과 도덕성을 들여옵니다. 정전의 해석자는 다른 자의적인 해석에 저항하는 '단단한 문자'를 만들어내는 자이기 때문입니다. 그리고 해석자는 해석의 자의성을 통제함으로써 기억을 인위적인 방향으로 편향시킵니다. 이렇게 하여 해석자는 망각된 진리를 우리에게 일깨워주는 자가 됩니다.

얀 아스만은 고대사의 어떤 단계에서 다신론에서 유일신론으로의 전환, 컬트의 종교에서 책의 종교로의 전환, 문화적으로 특수한

120

종교에서 세계종교로의 전환이 일어났다고 이야기합니다. 그는 독일의 종교학자인 테오 순더마이어Theo Sundermeier의 용어를 차용하여, 이러한 변화를 일차종교에서 이차종교로의 전환이라고 표현합니다. 일차종교는 단일한 문화, 사회, 언어 속에서 수백 년 혹은 수천 년 동안 진화해온 종교이며, 예컨대 이집트, 바빌로니아, 그리스, 로마의 종교가 이러한 일차종교에 속합니다. 이차종교는 일차종교의 토대 위에 세워지지만 계시에 의존함으로써, 일차종교를 이방 종교, 우상숭배, 미신이라고 비난하며, 보통 유일신론의 형태를 띱니다. 이차종교는 일차종교와는 달리 문화, 역사, 언어의 경계선에 갇히지 않으며, 이러한 이유로 인해서 정치적인 성격을 띱니다. 일차종교가 성聖과 속俗의 엄격한 분리를 통해서 유지된다면, 이차종교는 성이 속을 지배하는 형태를 취합니다. 아스만에 의하면 이차종교는 이전에는 존재하지 않았던 '진리와 거짓의 이분법'에 의해 종교들을 구분합니다. 그는 이차종교를 '반反종교'라고 부르는데, 이것은 이차종교가 일차종교를 부정할 뿐만 아니라, 종교 자체의 자연적인 토대를 붕괴시키기 때문입니다. 나아가 아스만은 오늘날 우리가 이차종교와는 또 다른 삼차종교의 상황에 놓여 있지만, 그럼에도 불구하고 여전히 이차종교를 종교의 패러다임으로 삼고 있다고 주장합니다.

얀 아스만
Jan Assmann (1938~)
그는 순더마이어의 용어를 빌린 '일차종교에서 이차종교로의 전환'을 통해 종교사적 전환의 양상을 설명했다.

　칼 야스퍼스는 '축의 시대axial age'라는 표현을 통해서 일차종교에서 이차종교로의 전환이 '초월성으로의 돌파구'를 마련했다고 이야기합니다. 야스퍼스는 기원전 800년에서 기원전 200년 사이에 일어난 정신적인 변화 과정을 관찰함으로써 대략 기원전 500년 즈음에서 우리가 '역사의 축'을 발견할 수 있다고 말합니다. 야

스퍼스는 이때 비로소 오늘날 우리가 알고 있는 그러한 인간이 등장하게 되었다고 말합니다. 한편 얀 아스만은 '모세의 구별Mosaic distinction'이라는 표현을 통해서 유일신론적 전환의 가장 중요한 특징이 '참과 거짓의 구별'이라고 주장합니다. 이차종교는 진짜 신과 가짜 신, 진짜 교리와 가짜 교리, 지식과 무지, 신앙과 불신앙의 구별에 의해 유지되는 종교라는 것입니다. 그러므로 유일신론적 전환은 이전의 종교들에게는 낯선 '진리의 개념'을 종교에 적용합니다. 우리는 유일신론에 의해서 진행되었던 '신들의 통합 과정'이 포함과 배제라는 상당히 복잡한 메커니즘에 의해서 가동되었다는 것을 짐작할 수 있습니다. 그럼에도 불구하고 유일신론에서 신 개념은 점차 신들의 총합이 아니라 모든 존재의 총합을 지향하게 됩니다.

얀 아스만은 유일신론의 정신사적 의미를 다음과 같이 정리합니다. 첫째, 일차종교에서 이차종교로의 전환은 아스만이 '경전적 전환scriptural turn'이라고 부르는 현상, 즉 '의례의 종교'에서 '책의 종교'로의 전환을 가져옵니다. 종교의 매체가 근본적인 변화를 맞이하게 되는 것입니다. 일차종교에서는 의례와 내재성이 강조되지만, 이차종교에서는 글쓰기와 초월성이 중시됩니다. 아스만은 이차종교 안에 그리스도교, 이슬람교, 유대교뿐만 아니라 불교, 자이나교, 시크교를 포함시킵니다. 이차종교에서는 성스러움이 세상 밖으로 탈주하게 되고, 종교가 철저히 문자를 의식하게 되고, 종교의 탈관능화가 이루어지면서 이미지와 시각적 요소가 악마화되며, 의례의 연극성이 해체되어 의례는 경전의 보조물로 전락합니다. 이때 정전화된 경전이 종교 안팎의 모든 것을 대체하고 흡수하게 되며, 사람들은 정전을 통해 세계를 탈출하게 됩니다. 그리고 정전에 의해서 신의 근본적인 타자성은 점점 증폭되며, 이로 인해서 신은 점점 더 '신앙의 모호한 대상'으로 변해갑니다. 프리드리히 키틀러Friedrich A. Kittler는 이렇게 말합니다. "문화적인 테크놀로지가 없다면……, 우리는 존재하는 것 이외에 다른 어떤 것이 있다는 것을 결코 알지 못할 것이다. 하늘은 그저 하늘일 것이고, 땅은 땅일 것이고, 소위 인간은 그저 남자와 여자일 것이다. 그러나 성스러움의 계시는 지식을, 혹은 좀 더 정확히 말하자면 인공지능artificial intelligence을 결과한다." 이처럼 키틀러는 글쓰기가 인간의 머릿속에 새로운 종류의 계시를 들여놓았다고 말합니다. 이러한 계시는 자연적인 것이 아니라 보이지 않는 것을 믿게 하고 알게 하는 '인공지능'입니다. 우리는 종교학사를 통해서 자연종교와 계시종교의 대립에 대해서 숱하게 듣습니다. 그러나 대립을 더 명확한 것으로 만들고자 한다면, 계시종교를 다시 '인공종교'라는 표현으로 번역해볼 필요가 있습니다.

둘째, 일차종교는 이차종교의 '지하실'로 흡수되어 이차종교의 보이지 않는 종교, 혹은 이차종교의 무의식적 종교가 됩니다. 이차종교는 자기가 거부하고 부정했던 일차종교를 계속해서 지하실에 저장한 채, '성층화된 종교성' 혹은 '이중화된 종교성'을 보유하게 됩니다. 셋째, 이차종교가 발명한 참과 거짓의 이분법은 신자의 내면까지도 둘로 분할하게 됩니다. 또한 이차종교는 일차종교와 대립 관계를 형성함으로써 '참된 종교'라는 의식뿐만 아니라, 과학이나 예술이나 정치와 구별되는 '종교만의 영역'을 만들어냅니다. 이때부터 믿음이 강조되고 참과 거짓의 구분이 중요해지면서, 신자의 내면이 종교의 놀이터가 되기 시작합니다. 아스만에 의하면 이 차종교는 마음과 영혼의 역사에 새로운 돌파구를 마련해주었습니다. '내면의 자기'가 종교의 중심지가 된 것입니다. 넷째, 참과 거짓은 단지 인지적 차원의 문제가 아니라 도덕적 의미를 함유하게 되며, 이로 인해서 죄^{sin}의 개념이 종교의 중심 요소로 등장하게 됩니다. 이러한 죄의 개념과 죄의식은 이차종교의 중요한 발명품입니다.

신의 파괴, 혹은 무신론

종교에서는 몸이 없는 죽은 자의 영혼이 출몰하고, 빙의 현상에서 보듯이 다른 몸에 침투하는 영혼이 등장하고, 엑스터시 현상에서 보는 것처럼 몸을 떠나는 마음의 존재가 그려지기도 합니다. 세계 안에서 벌어지는 무수한 사건들 속에서 우리가 항상 생물학적 몸을 확인할 수 있는 행위자만을 만나는 것은 아닙니다. 설명되지 않는 세계의 빈틈을 메우기 위해서는 수많은 보이지 않는 존재들, 즉 믿음과 의도와 욕망을 지닌 마음만의 존재들이 불가피하게 요청됩니다. 무수한 종교적인 개념들은 그렇게 만들어집니다. 그러나 신은 보통 인간의 제한된 심리학적 능력을 초월하는 존재로 그려집니다. 신은 인간들이 읽지 못하는 타인의 마음을 꿰뚫어보는 존재, 즉 '마음 읽기의 달인'입니다. 신은 인간들이 지닌 서로 다른 마음의 차이가 붕괴되는 지점에서 등장하며, 따라서 서로 다른 모든 마음들이 모순 없이 공존하는 지점에서 나타납니다. 신은 모든 마음을 이해하고 알고 있고 읽을 수 있고 볼 수 있는 총체적인 마음의 자리를 점유합니다. 보이지 않는 모든 마음을 통찰할 수 있는

우리에게 종교란 무엇인가

존재는 도덕적인 판관의 자격을 갖춘 존재일 뿐만 아니라, 모든 것을 아는 전지한 존재이기도 합니다.

세계의 모든 인간, 사물, 사건 속에서 인간은 '마음'을 읽어냅니다. 이러한 무수한 마음들에 모두 접근할 수 있는 자, 즉 모든 마음에 전면적인 접근권을 가진 자를 우리는 신이라고 부릅니다. 시공간을 초월하여 모든 마음을 꿰뚫어보는 신이라는 개념을 통해서 사회적인 도덕성, 사후세계에서의 도덕적 보상과 처벌 등의 개념이 가능해집니다. 그러므로 모든 인간의 마음에 대한 신의 정보력에는 잡음이 없습니다. 신은 정보를 해석하는 능동적인 마음을 지닌 자가 아닙니다. 인간과 신 사이에서 일어나는 것은 커뮤니케이션이 아니라 일방적으로 흐르는 정보의 흐름입니다. 인간들의 모든 마음의 모든 정보가 신의 마음속으로 흘러들어갑니다. 그러나 인간은 이러한 커뮤니케이션 속에서 신의 마음을 짐작하지도 못하고 알 수도 없습니다. 신에게 인간의 마음은 투명한 정보이지만, 인간에게 신의 마음은 부재하는 마음, 마음 너머의 마음, 혹은 비非마음입니다. 모든 마음을 읽을 수 있는 신은 사실 '마음이 없는 존재'라고 할 수 있습니다. 그러므로 극도로 비대해진 이러한 신은 마음을 읽어내는 기계장치와도 같은 존재, 즉 '마음 기계'로 전락합니다. 그래서 얀 아스만은 이러한 유일신론의 신 관념을 '신의 파괴'라는 관점에서 묘사합니다. 유일신론의 신은 사실은 '파괴된 신'입니다.

저스틴 배럿은 무신론이 특별한 조건하에서 등장하는 예외적인 것이기 때문에, 상대적으로 부자연스럽고 매우 드문 형태의 세계관이라고 주장합니다. 왜냐하면 무신론은 인간의 인지적 편향성을 거스르는 힘겨운 사유의 노동을 요구하기 때문입니다. 그래서 그는 "산업혁명 이전에는 무신론이 거의 존재하지 않았다."고 말하면서, 도시화, 산업혁명과 산업혁명 이후의 경제 형태, 고등교육과 여가 시간을 가능하게 하는 충분한 부의 축적, 과학과 테크놀로지의 현저한 발전 등이 무신론을 가능하게 하는 사회적 특성이라고 말합니다. 예컨대 도시화는 다양한 사람들과 세계관들이 밀접하게 접촉하는 계기를 만들었으며, 이로 인해서 사물과 사건에 대한 수많은 대안적인 해석 체계들이 등장하였습니다. 이것은 우리가 사건과 사물을 점점 덜 직관적으로 해석하게 되었다는 것, 그리고 종교적인 해석이 다른 해석들과 경쟁적인 관계에 놓이게 되었다는 것을 의미합니다. 또한 도시화는 일상 세계의 대부분의 일들이 인간에 의해 설계되고 인간에 의해 통제되는 그러한 세계를 만들어냅니다. 그러므로 배럿은 초자연적인 행위자를 포착하기 힘든 도시화된 세계에서 무신론이 번성한다고 주장합니다. 특히 공교육의 확대로 인해서 사람들은 직관적이고 자연적인 지식보다는 학습에 의한 인공적인 지식에 더 많이 의존하게 됩니다. 그래서 배럿은 산업화, 도시화, 공교육이 무신론의 확산과 연관되며, 무신론은 인지적으로는 부자연스러울 뿐만 아니라 많은 인지적 비용이 소요되는 세계관이라고 주장합니다. 유신론보다는 무신론이 더 많은 논리와 학습, 더 많은 책과 노력을 요구한다는 것입니다.

프로이트Sigmund Freud는 죽기 바로 전에 유일신론라는 이상한 종교 형태를 설명하기 위해서 억압된 '모세 살해의 기억'이 유일신론의 원동력이었다고 주장하는 글을 쓰게 됩니다. 그만큼 그에게 유일신론은 병리적 과정으로 설명하지 않고서는 이해하기 힘든 종

우리에게 종교란 무엇인가

교현상이었습니다. 이와 반대로 현재 우리에게 유일신론은 지나치게 익숙한 종교현상이며, 심지어는 종교 개념과 종교 정의의 가장 중요한 모델입니다. 그러나 우리가 생각하는 것 이상으로 유일신론은 낯선 현상입니다. 왜냐하면 유일신론은 신이라는 '마음의 기계'에게 일방적으로 그리고 무차별적으로 자기의 마음을 읽히고 있는 수동적인 인간을 전제하기 때문입니다. 이제 인간은 더 이상 신과 대화할 수도 없고, 신의 마음을 읽을 수도, 읽을 필요도 없습니다.

얀 아스만, 변학수 옮김, 『이집트인 모세: 서구 유일신교에 새겨진 이집트의 기억』, 그린비, 2010.
지크문트 프로이트, 이윤기 옮김, 『종교의 기원』, 열린책들, 2004.
카렌 암스트롱, 배국원·유지황 옮김, 『신의 역사』 1, 2권, 동연, 1999.

**더
읽어볼 만한
글**

왜
창조 – 진화
논쟁은
계속되는가?

신재식

종교와 과학은 서로 갈등 관계인가?

하나를 선택한다면 다른 하나를 포기할 수밖에 없는 양자택일의 관계인가?

진화론을 대하는 기독교의 태도는 창조–진화 논쟁으로 알려진 사건처럼 하나뿐인 것인가?

창조–진화 논쟁의 역사와 논점을 살펴보면 그렇지 않습니다.

기독교 신앙 전통에는 진화론에 대한 다양한 입장이 있으며,

신학적 창조론에도 다양한 입장이 있습니다.

종교와 과학은 생명 세계를 살아가는 인간의 다양한 활동 가운데서

특정 활동을 가리키는 이름으로, 세계에 대한 일종의 지도 같은 것입니다.

진화론에 마주하면서

이야기 하나.

"다음 학기 수업을 듣지 않겠습니다."
"왜? 무슨 까닭이죠?"
"다음 학기에 진화론을 배우는데, 진화론 강의를 듣는 것은 포르노를 보는 것처럼 느껴집니다. 저는 그럴 수 없습니다."

이야기 둘.

"교수님, 잠시 이야기 좀 나눌 수 있을까요? 종교에 관한 건데요."
"물론이죠. 이리 와 앉아요."
"저는 시골에서 자랐는데, 의사가 되려고 이 대학으로 왔어요. 그런데 제가 듣는 과학 수업이 걱정돼요. 아버지는 제가 신앙을 잃게 될 것이라고 확신하고 계셔요. 제가 어떻게 해야 하죠?"

둘 다 생물학 개론을 듣던 학생입니다. 야외 생물학자가 되고자 했던 첫 학생은 진화론이 그리스도교 신앙과 갈등을 일으킨다고 생각했습니다. 그는 결국 전공을 바꿨습니다. 두 번째 학생은 생물학 공부를 계속하고, 의과대학원을 마치고 의사가 되었습니다. 그녀는 진화론과 신앙이 함께하는 길을 찾았습니다. 미국 대학에서 생물학을 가르치는 마르티네즈 휴렛Martinez Hewlett 교수가 경험한 이야기입니다.

찰스 다윈이 1859년에 『종의 기원』을 발표했으니, 진화론의 역

우리에게 종교란 무엇인가

사는 벌써 150년이 더 지났습니다. 하지만 진화론은 그리스도교에, 특히 개신교에는 여전히 껄끄러운 대상이며 골치 아픈 문제를 제기합니다. 진화론에 대한 그리스도교의 태도는 다양합니다. 진화론이 아예 존재하지 않았던 것처럼 무시하기도 하고, 링 위에서 함께 싸우기도 하고, 소화시켜 자신의 것으로 만들려 하기도 합니다. 분명한 것은 진화론을 향한 그리스도교 대부분의 시선이 과거나 지금이나 썩 편한 것은 아니라는 사실입니다.

찰스 다윈
Charles Darwin (1809~1882)

지금도 상당수의 그리스도인들은 이 두 학생이 마주했던 것과 똑같은 고민을 하고 있습니다. 창조론이 맞는가, 진화론이 맞는가? 양자택일의 문제인가? 아니면 둘이 함께할 수는 없는가? 그런저런 고민이 개인적인 차원에서 특정 견해를 선택하면서 해결되기도 하지만, 서로 다른 입장을 가진 집단 사이에서 논쟁으로 전개되기도 합니다. 그리스도교 신앙과 과학은 상충하기에 종교적 세계관과 과학적 세계관은 공존할 수 없다고 생각하는 미국 보수 그리스도인들은 이 논쟁과 관련된 현상을 '문화 전쟁'이라고 부르기도 합니다. 창조-진화 논쟁은 이런 역사적 산물입니다. 창조-진화 논쟁의 본질은 그리스도교 신앙과 진화론, 넓게는 종교와 과학에 대한 서로 다른 견해들을 다투는 것입니다. 그리고 그 핵심적인 입장의 차이는 진화론의 수용 여부입니다. 그렇다면 창조-진화 논쟁은 왜 발생했으며, 어떻게 진행되고 있을까요? 여기에 참여하는 당사자는 누구이며, 무엇을 주장할까요?

먼저, 왜 그리스도인들은 다른 종교인들보다 진화론에 유난히

1859년에 출간된 『종의 기원』의 표지

민감한 반응을 보일까요? 원래 사람들은 자신의 세계관을 가지고 세상을 체계적으로 통합해서 설명하고, 그렇게 살아가려고 합니다. 그리스도인도 자신의 신앙에 입각해서 모든 것을 이해하고 설명했는데, 진화론이 이런 신앙적 세계관에 충격을 주기 때문입니다. 둘 사이에 파열음을 낸 충돌의 시작은 진화론의 명제 때문입니다. 물질은 영원부터 존재해왔으며, 지구는 수십억 년 전에 탄생했고, 생물은 무생물적 조건에서 진화했으며, 모든 생물은 간단한 형태에서 복잡한 형태로 진화했고, 인간도 동물로부터 진화했다, 이것입니다.

이런 진화론의 명제와 자연선택의 메커니즘이 결합하면, 진화 과정은 초자연적인 힘이 개입하지 않는 상태에서 발생한다는 것을 함축하지요. 달리 말해, 진화론은 생명현상이 궁극적으로 물리적이고 화학적인 힘과 그 상호작용만으로도 충분히 잘 설명된다는 것입니다. 이렇게 보면 진화론이 자연주의적 또는 유물론적 주장을 함축하는 것으로 이해될 수 있습니다.

이런 자연주의적 세계관은 다윈 시대의 사람들이 지닌 가장 기본적인 신념에 도전하는 것이었습니다. 이 신념 중 대표적인 것이 세계의 불변성, 지적인 창조주가 계획한design 대로 창조한 세계에서의 인간의 독특한 위상입니다. 그런데 이런 신념을 들여다보면 그 뿌리에 그리스도교의 가르침이 있습니다. 진화론의 등장은 결과적으로 이런 신념들을 뒷받침했던 기존의 성서와 신, 인간 이해와는 전혀 다른 새로운 이해를 강요하는 듯합니다.

이렇게 당시의 상식적 관념을 흔들고, 지배 종교인 그리스도교의 신념과 권위에 도전하고, 인간의 자존심과 자긍심을 무시하니,

우리에게 종교란 무엇인가

그 행로가 순탄할 수는 없었습니다. 그리스도교 가르침의 뿌리까지 뽑으려고 드니 교회가 잠잠할 리도 없습니다. 이후 전개되는 창조-진화 논쟁의 씨앗은 『종의 기원』의 출판에서부터 배태하고 있었습니다.

그리스도교는 여전히 다윈과 진화론을 향해 곱지 않은 시선을 보내고 있습니다. 특히 보수적인 개신교는 진화론과의 논쟁 한복판에 뛰어들어 적의에 찬 눈길을 보냅니다. 이런 탓에 창조-진화 논쟁에서 그리스도교 측 당사자는 보수적인 개신교가 주류를 이룬다고 할 수 있습니다. 물론 창조-진화 논쟁에 이들만 관여하는 것은 아닙니다. 이 논쟁에는 진화론을 수용한 입장까지 포함해서 다양한 견해를 지닌 그리스도인들이 참여합니다. 뿐만 아니라 일부 그리스도인이 진화론의 오류라고 주장하는 상황에서 생물학을 비롯한 자연과학자들이 이들을 반박합니다. 그렇다면 현재 창조-진화 논쟁에 참여하는 참가자들의 면면부터 살펴볼까요?

창조-진화 논쟁의 역사적 맥락

미국은 건국 초기부터 스스로 '새로운 예루살렘'이라고 생각했던, 원래부터 청교도 정신이 지배하는 종교적인 나라였습니다. 그런데 19세기 말과 20세기 초 산업화와 세속화 등의 급격한 변화를 겪으면서 미국의 백인 주류 그리스도교는 교회와 사회에서 주도권을 상실할 위기에 봉착합니다. 이때 보수 그리스도인들 일부는 이런 위기의 원인으로 두 가지를 지목합니다. 교회 안에서는 '성서비평학'으로 대변되는 새로운 자유주의 신학이 그 하나고, 교회 밖에서

는 공산주의와 나치즘 등을 나오게 한 온갖 악의 원인인 '진화론'
이 그 둘입니다. 보수 그리스도인들은 내부적으로 교회에서 자유
주의 신학을 추방하고, 외부적으로는 미국 사회에서 진화론을 척
결하는 반反진화론 운동을 벌이게 됩니다.

이렇게 진화론에 반대하면서 문자주의적 성서 해석을 고수하
는 창조론 흐름은 1920년대 미국 근본주의자들의 출현으로 더욱
강화됩니다. 20세기 초기에 반진화론자들이 미국의 대중에게 호
소력을 가진 것은 그들 대다수가 미국의 그리스도교적 유산을 열
정적으로 강조했기 때문입니다. 그렇지만 1925년 스코프스 재판
Scopes trial을 거치면서, 창조론자들의 반진화론 운동은 대중에 대한
영향력을 상당 부분 잃게 됩니다. 이 과정에서 교단의 주도권을 상
실한 보수주의 목회자들과 신학자들은 교단을 분립하고, 그로써
교단을 초월한 근본주의 운동이 태동하게 됩니다. 반면 주도권을
잡은 자유주의 신학은 학계와 지식인들 사이에서 확고한 위치를
차지하게 됩니다. 이후 1930~40년대 진화론에 반대하는 근본주의
자들이 반진화론 연합체를 구성하기 위해 다양한 시도를 했지만,
각자의 신학적·교리적 주장을 지나치게 강조하면서 서로 다른 분
파로 나뉘어 결국 실패합니다.

근본주의자들이 중심이 된 반진화론 운동은 한동안의 침체기
를 지나, 1960년대 이후 '과학적 창조론'이라는 운동으로 다시 구
체화됩니다. 이 운동의 시발점은 1960년대에 시작한 '창조과학' 또
는 '과학적 창조론'입니다. 오늘날의 창조과학운동은 위트콤John C.
Whitcomb, Jr.과 모리스Henry M. Morris가 1961년에 『창세기홍수The Genesis
Flood: The Biblical Record and its Scientific Implications』를 출간하면서 본격적으

존 스코프스(왼쪽)는 공립학교에서 진화론을 가르치지 못하도록 한 테네시 주
법률을 어기고 학교에서 진화에 대해 가르쳤다는 이유로 기소되었다. 이 재판
은 원숭이 재판(Monkey Trial)이라 부르기도 한다. 양측 모두 거물급 변호사
가 동원되었는데, 원고 측 변호인은 민주당의 윌리엄 브라이언이었고, 피고 측
은 미국시민자유연합의 클레이언스 대로우였다(두 번째 사진의 왼쪽이 대로
우, 오른쪽이 브라이언).

이 재판은 라디오로 중계되어 미국 전역에 전파되었다. 당시의 신문 기사 "우
리 학교에서는 과학을 가르치고 있는가?"와 만평 "유죄: 진화, 말하지도 말고
듣지도 말고 보지도 말라"에서 보듯이 이 재판은 미국 사회 내에서 큰 반향을
불러일으켰다. 이 재판에서 스코프스는 패했지만, 이후 다른 주에서도 이와 유
사한 소송이 잇달아 발생하면서 각 주에서 진화론 교육을 금지한 반진화론 법
안이 정교분리를 위반한다는 위헌성이 부각되었다.

로 나타납니다. 이들은 이 책에서 1920~30년대 활동했던 제7안식일 재림파 출신 지질학자인 프라이스Geroge M. Price의 주장을 거의 그대로 수용합니다. 성서무오설에 대한 신념을 근간으로, 문자적으로 6일간 이루어진 세계의 최근 창조, 열역학 제2법칙의 발단이 된 인류의 타락, 일 년 안에 지질학적 지층이 형성된 전 세계적인 대홍수를 주장합니다. 이후 창조과학운동은 '창조과학연구소Institute for Creation Research'를 중심으로 진행되는데, 이 연구소는 창조과학에 관련된 서적을 지속적으로 출판하고 그 책들이 여러 나라 언어로 번역되면서 미국 이외의 지역으로 전파됩니다.

1970년대 들어 창조과학운동은 공립학교 과학 시간에 동일한 시간을 할애해서 창조론과 진화론을 가르쳐야 한다는 전략을 사용합니다. 이 전략은 1980년대 들어 얼마간의 성과를 이뤄냅니다. 즉, 남부의 몇 개 주에서 공립학교에서 창조과학을 가르칠 것을 명령하는 법률이 제정된 것이지요. 하지만 '동등교육법'이라고 불리는 이 법률의 제정은 과학 수업시간에 진화론과 창조론을 함께 가르쳐야 한다는 내용을 담고 있어, 사회적으로 큰 반향을 불러일으켰으며, 뒤를 이은 법적 투쟁은 언론의 광범위한 주목을 받게 됩니다. 창조과학을 지지하는 창조론자들과, 자연과학자와 신학자와 목회자 등이 참여한 재판을 통해 창조-진화 논쟁은 다시 재현됩니다. 결국 1982년 미국연방판사는 창조과학을 공립학교에서 가르치도록 한 아칸소 주법이 교회와 국가를 분리하는 헌법에 위배된다고 판결합니다. 5년 후 연방대법원은 루이지애나 주 사건을 통해서, 창조과학이 과학적 목적이 아닌 종교적 목적에 사용된다고 판결을 내립니다.

우리에게 종교란 무엇인가

이후에도 창조과학운동은 개개의 학교와 교육위원을 통해 자신들의 의사를 관철시키려는 방법을 시도합니다. 창조과학운동은 1980~90년대에 미국을 휩쓴 근본주의 부흥에 상당한 영향을 미쳤으며, 1990년대 중반에 이르러 미국 남부뿐만 아니라 중부와 동부와 서부에서도 창조-진화 논쟁이 발생하는 데 중요한 역할을 합니다. 이 운동의 주장은 지금도 여전히 보수적인 그리스도인들뿐만 아니라, 상당수의 미국인들이 지니고 있는 기본적인 종교적 신념과 밀접한 관련을 갖고 있습니다.

창조-진화 논쟁의 다양한 입장

창조-진화 논쟁과 관련하여 뚜렷이 구별되는 입장으로, '젊은 지구 창조론', '오랜 지구 창조론', '지적 설계 창조론', '진화론적 유신론', '유물론적 진화론' 등이 있습니다. 각자의 입장을 보다 분명하게 드러내기 위해, 창조-진화 논쟁 구도에서 서로 위치를 자리매김해볼까 합니다. 창조와 진화를 양쪽 끝으로 해서 연결하는 선을 상정한 다음 각각의 위치를 부여하면 다음 쪽의 표처럼 나타낼 수 있습니다.

가장 우측의 유물론적 진화론을 제외하고, 나머지 세 입장은 모두 그리스도교 창조론의 범주에 포함된다고 할 수 있습니다. 진화론적 유신론은 진화론을 수용하며, 나머지 젊은 지구 창조론, 오랜 지구 창조론, 지적 설계 창조론은 진화론을 거부합니다. 젊은 지구 창조론이 가장 보수적인 입장이며, 오랜 지구 창조론은 성서 구절을 해석하는 다른 입장들 몇 가지가 포함되어 있습니다. 지적

창조(Creation)			진화(Evolution)
젊은 지구 창조론	오랜 지구 창조론	진화론적 유신론	유물론적 진화론

갭 창조론(Gap Creationism)

날–세대 창조론(Day–Age Creationism)

점진적 창조론(Progressive Creationism)

진화론적 창조론(Evolutionary Creationism)

유신론적 진화론(Theisitic Evolutionism)

지적설계 창조론(Intelligent Design Creationism)

설계 창조론은 1990년대 이후 등장한 새로운 창조론 운동으로, 구성원 대다수는 오랜 지구 창조론자들이며 소수의 젊은 지구 창조론이 참여하고 있습니다. 그렇다면 이들은 언제 등장했을까요? 최근 등장한 지적 설계 창조론을 제외하고는, 진화론적 유신론이나 오랜 지구 창조론과 젊은 지구 창조론 모두 다윈 진화론 이후에 바로 나타났으니 거의 200년의 역사를 가지고 있습니다.

이렇게 볼 때, 현재 창조–진화 논쟁이라는 링에는 세 진영의 선수들이 올라와 있다고 할 수 있습니다. (1) 진화론을 부정하는 '젊은 지구 창조론'과 '오랜 지구 창조론', '지적 설계 창조론'이 한 팀이며, (2) 진화론을 수용하는 '진화론적 유신론'이 또 다른 팀이며, (3) '유물론적 진화론'이 마지막 한 팀입니다. 세 번째 팀은 진영이 다른 두 팀을 동시에 상대하는 상황입니다. 물론 상대에 따라 서로 다른 전략을 사용하면서 비판하고 있습니다. 일반적으로 알려진 창조–진화 논쟁은 '창조과학'으로 알려진 (1)번 창조론 팀과 리처드 도킨스^{Richard Dawkins} 같은 유물론적 진화생물학자가 포함된 (3)번 팀 사이의 논전입니다. 하지만 창조–진화 논쟁의 핵심은 진화론을 거부하는 창조론에 대한 진화론적 유신론이나 유물론적 진화론자의 논쟁입니다. 물론 진화론적 유신론과 유물론적 진화론은 종교에 대한 입장이 다르지만요.

이들의 입장 차를 다루기 전에, 창조-진화 논쟁에 적극적으로 관련된 사람과 이 논쟁이 그리스도교 담론에서 점하는 위상부터 언급할까 합니다. 이 논쟁이 창조론과 진화론을 다루는 까닭에, 당연히 신학자나 진화생물학자라고 생각하실지 모르겠습니다. 실상은 그렇지 않습니다. 이 논쟁에 관련된 사람들을 보면, 적극적으로 참여하는 사람은 신학자나 자연과학자가 아니라 보수적인 신앙을 지닌 평범한 그리스도인들입니다. 그것도 주류 교단이나 교회와 관련된 사람들이 아니라, 창조과학 관련 기관이나 단체들이 주로 관계하고 있습니다. 반면 유물론적 진화론의 입장에서 창조론을 비판하는 사람들은 거의 전문 자연과학자입니다. 물론 대부분의 과학자들은 창조-진화 논쟁 자체에 끼어드는 것을 꺼려합니다. 이들은 논쟁 자체가 논쟁거리도 아니라는 입장이며, 양쪽의 토론이 메이저리그 야구선수와 아마추어 야구선수가 함께 경기하는 것처럼 적절치 않다고 생각하기 때문입니다. 다만 자연과학자들은 창조론자들의 주장과 시도가 교육 현장에서 과학 교육을 왜곡하기 때문에 책임감을 느끼고 참여하곤 합니다.

그리스도교 신학 담론 안에서 창조-진화 논쟁이 다른 신학 주제보다 더 중요한 것이라고 말하기는 어렵습니다. 굳이 말하자면 창조론이나 신神론 정도가 일차적으로 관련된 신학적 주제입니다. 그리고 이 논쟁에 주로 관련이 있는 미국과 한국의 보수주의 개신교 등 일부입니다. 물론 과학적 창조론을 주장하는 사람들이 호주나 영국 등 보수적 그리스도교가 자리 잡은 곳에서 최근 들어 비교적 활발한 활동을 하고 있지만, 세계 그리스도교나 그리스도교 신학 전체 지형에서 보면 국지적인 문제일 뿐입니다. 이 논쟁이 원래부터 철저하게 미국 그리스도교의 역사적 경험과 관련되어 있기 때문입니다. 그럼에도 불구하고 창조-진화 논쟁이 한국 교회에 많은 영향을 미치고 있는 까닭은, 미국 교회의 직접 영향권 아래 있는 한국 교회에 미국의 논쟁이 그대로 직수입되어 반복되고 있기 때문입니다.

창조-진화 논쟁에서 반진화론의 입장

흔히 '창조론'이라고 알려진 반진화론적 창조론은 크게 셋으로 나눌 수 있습니다. '젊은 지구 창조론Young Earth Creationism'과 '오랜 지구 창조론Old Earth Creationism', '지적 설계 창조론Intelligent Design Creationism'이 그것입니다. 이 셋의 차이와 전개는 창조-진화 논쟁과 밀접한 관련을 갖고 있기 때문에 하나씩 간략히 살펴보겠습니다.

젊은 지구 창조론

그리스도교 창조론에서 가장 근본주의적인 흐름이 이것으로, 일반적으로 '과학적 창조론'과 동일시됩니다. '젊은 지구'라는 이름은 이 세계가 지난 수천 년 또는 1만 년 안에 창조되었다는 주장에서 비롯됩니다. 먼저 이들은 성서의 모든 글자가 신의 영감에 따라 기록되었다는 '축자영감설逐字靈感說'과, 성서에는 전혀 오류가 없다는 '성서무오설聖書無誤說'에서 출발합니다. 성서의 내용을 역사

우리에게 종교란 무엇인가

적이며 과학적인 사건의 기록으로 받아들입니다. 따라서 창세기 1~11장을 역사적이라기보다는 은유적이거나 신화적인 것으로 취급하고 해석하는 것에 대해서 반대합니다. 이 주장의 핵심은 지구는 1만 년 이내인 최근에 6일 간의 창조를 통해서 현재와 같은 모습으로 탄생했다는 것입니다.

둘째로 과학과 관련해서 성서와 '참된' 과학은 모순되지 않는다고 주장합니다. 성서가 지구의 역사에 대해 과학적으로 검증 가능한 가정들을 제공하며, 모든 과학적 자료와 성서에 기록된 사건은 완전히 일치한다고 단언합니다. 이들은 자신들의 주장을 뒷받침하고 진화론을 반박하는 과학적 증거가 엄청나게 많다고도 합니다. 지구의 나이를 아주 짧게 계산하는 이들은 천체물리학, 지질학, 생물학 등 대폭발과 진화를 근간으로 하는 현대 과학을 당연히 거부하는 대신 홍수지질학을 주장합니다. 이들의 저작이나 인터넷 홈페이지는 주로 지구의 나이가 아주 짧다는 것을 뒷받침한다며 선택된 과학적 증거(?)들을 제시하는 것과, 진화론을 과학적으로 반박한다며 예외 사례를 제시하는 데 집중되어 있습니다. 젊은 지구 창조론은 미국 창조론 운동에서 오랫동안 주도적인 역할을 했지만, 최근에는 지적 설계 창조론 진영에 주도권을 넘겨주게 됩니다.

우리나라에서 창조과학운동을 주도하고 있는 한국창조과학회는 거의 젊은 지구 창조론 진영입니다. 창조론 운동의 주류가 지적 설계 창조론으로 넘어간 미국과 달리, 아직도 한국창조과학회에서는 젊은 지구 창조론을 주장하는 1세대가 한국 창조론운동을 주도하고 있습니다. 하지만 머지않아 미국의 경우처럼 지적 설계 창조론으로 그 주도권이 넘어갈 것으로 예상됩니다.

오랜 지구 창조론

오랜 지구 창조론은 젊은 지구 창조론과 달리 지구의 오랜 역사를 인정합니다. 그 뿌리는 19세기까지 거슬러 올라갑니다. 19세기는 지구의 나이가 6,000년이라는 생각이 새로운 과학 지식에 의해 점차 도전을 받던 시기였습니다. 지질학 등이 발견한 새로운 과학적 사실로 인해 성서에 대한 문자적 해석을 무조건 고수할 수만은 없었습니다. 이 시기에 영국과 미국의 보수적인 그리스도교 지질학자들이 창세기의 설명과 새로운 과학적 견해를 접목시키면서 나온 것이 바로 오랜 지구 창조론입니다. 그러므로 오랜 지구 창조론의 핵심은 창조가 훨씬 더 긴 시간에 걸쳐 이루어졌다는 것을 어떻게 설명하느냐에 있습니다. 이에 대해서 크게 세 가지 설명을 들 수 있습니다.

(1) 간격 창조론
창세기 1장 1절과 1장 2절 사이에 오랜 시간 간격gap이 존재한다.
(2) 날-시대 창조론
창세기의 날day은 지질학적으로 오랜 시간age을 의미한다.
(3) 점진적progressive 창조론
창세기의 날과 날 사이에 오랜 지질학적 시간이 존재한다.

이렇게 오랜 지구 창조론은 성서 해석에서 다소 유연한 태도를 갖고, 진화론을 제외한 현대 과학의 여러 분야의 업적을 그대로 수용한다는 점에서 젊은 지구 창조론과 다릅니다. 하지만 이들 주장의 핵심은, 오랜 기간 동안 신의 예정된 계획에 따라 진화라는 절차 없이 신의 초자연적인 '직접' 개입에 의해 우주와 생명이 창조되었다는 것입니다. 즉 우주와 생명의 역사가 아주 오래되기는 했지만, 새로운 종이 진화 과정을 통해서 탄생했다는 것은 받아들이지 않습니다. 최근에 들어서는 오랜 지구 창조론자의 상당수가 지적 설계 창조론 진영에서 적극적으로 활동하고 있습니다.

지적 설계 창조론

창조-진화 논쟁에서 창조론의 다른 한 축을 지탱하는 것이 지적 설계 창조론입니다. 지적 설계 창조론이 창조론 운동의 주류로 변신한 것은 1987년 이후입니다. 당시 미국 대법원은 '창조과학' 교육을 요구하는 것이 위헌은 아니지만 진화론 대신 가르치는 것은 종교적인 이유가 아닐 때만 허용된다는 판결을 내렸습니다. 이 판결에 대응하여 창조론 진영은 '창조'와 '창조론자'라는 단어를 '지적 설계'와 '설계 지지자'로 바꾸면서 '지적 설계론'이 하나의 과학이라고 주장하게 됩니다. '지적 설계론'은 1990년대에 들어서야 비로소 관심을 받게 됩니다.

지적 설계 창조론은 창조-진화 논쟁의 본질이 과학적 증거의 문제가 아니라, 유신론과 무신론이라는 상충된 세계관의 문제라고 주장하면서, 보다 정교한 형태의 과학적 창조론을 제시합니다. 이것은 그동안 창조론 진영에서 젊은 지구 창조론과 오랜 지구 창조론이 창조의 시기와 방법에 대한 내부적 논쟁에 지나치게 소모전을 벌였다는 반성을 토대로 나타난 새로운 창조론 운동입니다. 지적 설계 창조론의 요지는 사물의 자연적 질서에 어떤 개입이 있었다는 내용을 주류 과학에 포함시켜 학문적 지위를 얻고자 하는

데 있습니다.

필립 존슨Phillip E. Johnson, 마이클 비히Michael J. Behe, 윌리엄 뎀스키 William A. Dembski가 지적 설계 삼총사로서 핵심적인 역할을 합니다. 존슨은 진화론을 유물론이라며 형이상학적 측면에서 비판하고, 비히는 점진적 진화론의 예외 사례를 제시하는 것으로, 뎀스키는 설계를 규명하는 이론적인 틀을 다지는 것으로 대응합니다. 창조-진화 논쟁과 관련하여 이들의 핵심적인 주장은 이렇습니다. 자연 주의에 근거한 과학은, 특히 다윈주의 진화론은 과학적으로도 오류이며, 자연 세계는 고도의 지성을 지닌 지적 존재에 의해 '설계' 되었으며, 그 설계의 증거는 '경험적' 모델에 의해서 과학적으로 증명된다는 것입니다. 다윈주의에 대한 비판, 자연주의에 대한 비판, 설계를 검증할 수 있는 과학적 기준 제시, 이것이 지적 설계의 구성 요소입니다.

물론 이들 지적 설계 창조론 삼총사의 주장을 주류 과학자들은 하나하나 반박합니다. 1990년대 이후 창조-진화 논쟁은, 특히 법정 싸움은 이들 지적 설계 창조론과 전문 진화론자와 진화론을 수용한 신학적 입장과의 논쟁입니다.

창조-진화 논쟁에서 진화론의 입장

창조-진화 논쟁의 한 축을 지키고 있는 것이 유물론적 입장에 있는 리처드 도킨스와 같은 진화론자들입니다. 최근 들어 무신론 운동까지 이끌고 있는 도킨스 같은 사람들은 종교 자체에 대해 비판적인 견해를 가지고 있는데, 그 주 대상은 보수적인 개신교나 창조과학 등입니다. 이들은 생명에 대한 설명은 철저하게 자연주의적으로, 즉 유물론적으로 설명할 수 있다고 주장합니다. 이들은 과학적 창조론이나 지적 설계 창조론이 주장하는 내용은 과학적 관점에서 설명될 수 없는 오류이며 거짓이라고 반박합니다. 이들은 생명현상을 철저하게 자연주의적 입장에서, 때로는 생물학적 환원론의 입장에서 설명하면서, 종교적인 설명이 들어설 여지를 주지 않고 있습니다.

창조-진화 논쟁에서 진화론을 비롯한 현대 과학을 그대로 수용하지만 유물론적 진화론과는 다른 입장으로 '진화론적 유신론'이 있습니다. 이들도 진화론을 수용하면서 창조-진화 논쟁에서 보수주의 창조론을 비판합니다. 진화론적 유신론은 생명에 대한 진화론적 설명이 유효하며, 생명은 진화론이 기술하는 오랜 역사적 과정을 거쳤다는 것을 받아들입니다. 과학적 창조론이나 지적 설계 창조론이 진화론의 문제점이나 오류라고 주장하는 것들은 전문 과학자들 사이에서는 별로 설득력이 없는 것으로 받아들여지고 있습니다. 진화론적 유신론은 현대 진화론의 논의를 비판적으로 주목하고 검토하고 있지만, 진화론 자체는 과학적으로 탄탄한 이론이라는 점을 인정합니다. 그렇지만 진화론적 유신론은 비록 생명이 진화의 역사를 경험했다는 입장이긴 해도, 그 과정은 무의식적이고 맹목적인 자연적인 힘의 결과가 아니며, 신이 진화의 전 과정을 주관했다고 생각합니다.

창조-진화 논쟁의 맥락에서 보면, 진화론적 유신론은 진화론을 수용한다는 점에서 유물론적 진화론과 일치하며, 생명의 과정을 설명하는 데 신을 도입한다는 측면에서 창조론과 관점을 공유합니다. 즉 진화론적 유신론은 진화론과 결합된 유물론적 자연주

리처드 도킨스
Richard Dawkins (1941~)

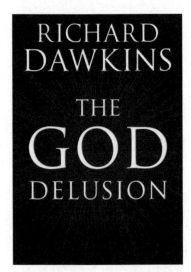

도킨스와 그의 2006년 저서 *The God Delu-sion*(한국어판 제목은 「만들어진 신」). "신이라는 망상"이라는 원제가 말해주듯이, 그는 과학적 논증을 통해 신은 존재하지 않는다는 무신론을 펼치면서, 종교에 대해 문제를 제기하고 있다. 그는 로버트 피시그의 말을 인용하며 종교에 대해 다음과 같이 말한다. "누군가 망상에 시달리면 정신이상이라고 한다. 다수가 망상에 시달리면 종교라고 한다." 그리고 종교가 없는 우리 세상을 상상해보라고 외친다. 그러한 세계는 자살 폭탄 테러범도 없고, 9·11 테러도 없고, 십자군도 없고, 마녀사냥도 없을 것이라는 것이다.

의를 배제하면서, 진화와 유신론적 세계관을 결합한 것이지요. 결국 진화론적 유신론에서 '진화는 신이 생명을 창조할 때 사용하는 하나의 방법'입니다.

이렇듯 진화론적 유신론에서 창조와 진화의 문제는 필연적으로 둘 중 하나만을 선택해야 하는 양자택일의 문제가 아닙니다. 신앙과 진화, 또는 종교와 과학은 기본적으로 배타적이거나 모순되지 않는다는 것입니다. 그럼에도 이 논쟁의 양극단에 있는 창조과학과 유물론적 진화론자들이 창조와 진화를 문제를 양자택일로 몰고 갔을 뿐이라고 판단합니다.

창조를 창조과학 유형의 '특별 창조론'과 동일시하고, 진화를 '과학 개념'에 제한하지 않고 '무신론적 자연주의'나 '형이상학적 자연주의'라는 세계관을 포함한 것으로 이해하는 것이지요. 이 결과 창조-진화 논쟁을 단순히 '창조론적 유신론'과 '진화론적 무신론' 사이의 선택의 문제로 끌고 가서 일반인에게 양자택일을 강요하고 있는 겁니다.

그리스도교 역사에서는 진화론이 등장하기 이전부터 신의 세계 창조와 생명의 현상에 대해 진화론적 관점과 상충되지 않는 설명들이 있었습니다. 그리스도교의 창조론은 '최초의 창조'와 '계속 창조', '궁극적 창조'를 함께 설명합니다. '최초의 창조'는 창세기에 나오는 처음 창조이며, '계속 창조'는 그 이후 생명 세계가 성령의 돌봄 속에서 지속적으로 새로워

겨간다는 것이며, '궁극적인 창조'는 예수의 재림에 이루어질 '새 하늘과 새 땅'의 시작을 의미합니다. 이렇게 볼 때 창조과학 진영이 말하는 창조는 신학적 창조론의 극히 일부분에 한정되어 있습니다. 또한 생명현상이 역사적·자연적 과정에서 지속적으로 변해가면서 마지막에 완성에 이른다는 종말론적 관점은 초대교회부터 교회 안에 있었던 생각들입니다. 따라서 진화론을 수용하는 입장은 과학 이론으로서 진화론과 진화라는 개념이 그리스도교 신앙 내용을 적절하게 설명하는 데 도움이 된다고 주장하는 것입니다.

창조-진화 논쟁을 넘어서서

창조-진화 논쟁은 미국의 문화적 상황에서 발생한 역사적 결과물입니다. 그런데 이런 비슷한 일이 한국에서도 일어납니다. 보수적 신앙 성향을 가진 일부 개신교인들은 거의 미국에 버금가게 활발한 창조과학운동을 하고 있습니다. 한국의 창조과학운동은 미국에서 유학하고 들어온 이공계 교수들에 의해 1980년대 초부터 카이스트와 서울대를 중심으로 퍼졌습니다.

이들은 최근 '교과서진화론개정추진위원회'라는 단체를 통해 고등학교 과학 교과서에서 진화론과 관련된 내용을 삭제하여 교과서를 변경하라는 청원서를 제출했습니다. 언뜻 보기에는 진화론의 과학적 증거에 초점을 맞춘, 순수하게 과학적 문제로 보입니다. 그렇지만 실제로는 종교적 측면을 감추고 과학적 측면을 통해 문제를 공론화하고 있습니다. 수면 아래서 작동하는 '신앙적 측면'을 보면 종교가 정치뿐만 아니라 교육에까지 영향력을 행사하려는 시도입니다. 하지만 다종교 사회인 한국에서 '진화와 창조'라는 개신교적 논쟁으로 확산시키기는 쉽지 않을 것입니다. 우리는 이 문제를 보면서 두 가지를 생각해보아야 할 것입니다.

첫째, 종교와 과학은 창조-진화 논쟁에서 보는 것처럼 양자택일의 관계일까요? 진화론적 유신론은 이 둘의 조화를 모색하고 있지만, 대부분의 창조-진화 논쟁 참여자들인 창조론 진영이나 유물론적 진화론은 창조와 진화 이 둘을 양자택일의 관계로 간주하는 듯 보입니다. 이렇게 창조와 진화가 양자택일의 관계라면 하나를 택하면 다른 하나는 저절로 폐기됩니다. 이런 까닭인지, 과학적 창조론이나 지적 설계 창조론을 주장하는 사람들의 주 관심사는 진화론의 오류나 예외 사례 찾기입니다. 이들은 진화론이 오류로 드러나면 창조론이 저절로 맞는 것으로 증명된다고 생각하는 듯합니다. 그렇지만 전문가들이 보기에 그런 비판은 효과적이지도 적절하지도 않습니다. 왜냐하면 진화론이 맞느냐 아니냐의 문제와, 창조론이 맞느냐 아니냐는 문제는 별개이기 때문입니다. 설령 진화론이 잘못된 이론으로 드러난다 해도, 이로 인해 창조과학이나 지적 설계 창조론이 주장하는 자신들의 '과학'이 저절로 사실이라고 증명되는 것은 결코 아닙니다.

전형적인 양자택일의 오류입니다. A와 B, 이렇게 두 입장만 있기 때문에 A가 그르면 당연히 B가 옳아야 한다고 잘못 가정하는 것입니다. 여기에서 오류는, A가 틀렸다고 해서 B가 저절로 옳다고 입증되는 것은 아니라는 것이지요. A 주장과 관계없이, B 주장은 여전히 맞느냐 틀리냐가 별도로 검증되어야 합니다. 또한 A와 B가 모두 그르고, C라는 제3의 대안이 옳을 수도 있습니다. 이처럼

우리에게 종교란 무엇인가

진화론이 맞느냐 틀리냐와 관계없이 창조과학이나 지적 설계론이 과학이라면, 독자적으로 생명현상에 대해 과학적으로 증명하고 설명해야 할 것입니다.

둘째, 이 논쟁을 어떻게 보아야 할까요? 과학적 창조론 운동은 과학혁명과 역사비평학의 등장이라는 새로운 도전에 직면했던 그리스도교가 보수적으로 선택한 대안 중의 하나이며, 이것이 오늘날까지 확대재생산된 것이라고 평가됩니다. 특히 근대에 들어와서 과학이 문화와 지식 체계를 결정하는 주도권을 지니게 된 상황에서, 상대적으로 영향력이 약화된 것을 인식하고 있는 그리스도교가 과학에 대해 갖는 비판적 태도는, 그것의 적실성 여부를 떠나서, 상당한 호응을 얻을 수 있는 계기가 된 것으로 보입니다. 그리스도인들의 창조론 환영과 창조-진화 논쟁에 대한 관심에는 이런 요소도 관련되어 있습니다. 그렇지만 이들의 태도를 자연과학의 도전 앞에서 신앙의 정당화를 추구하려는 순수한 신앙적 열정으로 이해한다고 해도, 그것이 과연 적절한 최선의 대안인지에 대해서는 의문이 듭니다. 그리스도교 신앙을 과학적으로 논의할 수 있다는 신념 자체가 바로 일종의 과학주의에 함몰된 결과처럼 보이기 때문입니다. 과학주의를 넘어서서 종교와 과학이 함께하는 새로운 틀을 모색하는 것이 앞으로 풀어야 할 과제일 듯합니다.

더
읽어볼 만한
글

신재식, 『예수와 다윈의 동행』, 사이언스북스, 2013.

신재식·김윤성·장대익, 『종교전쟁』, 사이언스북스, 2009.

우종학, 『무신론 기자, 크리스천 과학자에게 따지다』, IVP(한국기독학생회출판부), 2009.

존 브록만 편, 리처드 도킨스 외, 김명주 옮김, 『왜 종교는 과학이 되려 하는가』, 바다출판
사, 2012.

존 호트, 신재식 옮김, 『신과 진화에 관한 101가지 질문』, 지성사, 2004.

테드 피터스·마르티네즈 휼릿, 천사무엘·김정형 옮김, 『하나님과 진화를 동시에 믿을 수
있는가』, 동연, 2015.

* 이 글은 다음 논문을 개정하고 축약한 것이다.
  이창익, 「종교와 미디어 테크놀로지: 마음의 물질적 조건에
  관한 시론」, 『종교문화연구』 17, 한신대학교 종교와문화연구소,
  2011.

미디어 테크놀로지는 종교를 어떻게 변화시킬까?

이창익

현재 우리가 알고 있는 대부분의 종교는 문자 시대의 산물입니다.
문자가 그저 외부에 존재하는 종교를 기록하여 전달하는
역할만을 수행하는 것은 아닙니다. 문자는 문자에 적합한 종교를
만들어내며 '문자의 종교성'이라고 부를 만한 것을 통해
종교의 전체 지형을 변화시킵니다.
많은 경우에 우리는 독서를 통해 종교를 배웠습니다.
그러나 근래에 우리는 문자의 시대가 끝나고 있다는
소리를 종종 듣게 됩니다.
이제 우리는 책보다는 사진이나 영화를 통해
더 많은 정보를 얻고 있는 것 같습니다.
문자에서 그림으로 문화의 중심 권력이
이동하고 있다면, 앞으로 문자 중심적인 종교는
어떤 운명을 맞게 될까요?
그림의 시대에 종교는 과연 살아남을 수 있을까요?

문자 종교와 그림 종교

마르틴 하이데거는 근대 세계의 가장 중요한 특징을 묘사하기 위해 '세계 그림world picture'이라는 표현을 사용합니다. 이것은 세계가 그림을 통해서만 이해할 수 있는 것이 되었다는 것을 의미합니다. 이제 그림 속에 들어가지 않고서는, 그림 안에서 자기 자리를 발견하지 않고서는 우리가 세계를 이해할 수 없게 되었다는 것입니다. 우리는 그림의 시대를 살고 있습니다. 이제 인간은 세계뿐만 아니라 모든 것을 그림으로 만들어서 정복합니다. 그러므로 그림이 되지 못한 것, 혹은 그림이 될 수 없는 것은 비존재로 추락합니다. 역으로 과거에는 존재하지 않는 것으로 여겨졌던 것이라 할지라도, 그림이 되는 순간 그것은 자신의 비존재를 극복하게 됩니다.

우리는 이제 문자를 장식하기 위한 삽화로서 책 귀퉁이에 그림을 그려 넣는 것이 아니라, 그림을 수식하고 장식하기 위해서 문자라는 자막을 덧붙입니다. 문학작품을 대본으로 삼는 영화작품은 문자를 그림으로 번역하는 것이 아니라, 문자가 내밀하게 환기하던 비가시적 그림만을 문학으로부터 뽑아낼 뿐입니다. 영화는 그림을 감추고 있던 모든 문자의 표피를 절개하여 그림을 적출한 연후에, 마치 영혼이 빠져나간 시체를 처리하듯 그렇게 공허해진 문자 껍데기를 도서관에 매장합니다. 도서관은 마치 박제된 문자의 묘지처럼 보입니다.

오늘날 문자는 그림의 주석으로서만 연명하고 있는 것 같습니다. 이제 문자는 그림 없이는 홀로서기를 할 수 없을 만큼 허약한 모습을 보여주고 있습니다. 문자는 자신의 빈틈이 보일 때마다 문서 안에서 어김없이 그림을 요청합니다. 독자도 그림을 수반하는 문자에만 안락함을 느낍니다. 그런데 문서 안에 그림이 등장하는

우리에게 종교란 무엇인가

순간 이제 모든 문자는 '그림의 각주'로 전락합니다. 그림이 '문자의 각주'였던 시절은 사라지고 없습니다. 그림에 기생하는 문자는 아직 그림이 되지 않은 '미래의 그림'일 뿐인 것만 같습니다. 우리는 모든 문자가 그림이 되기를 기다리고 있는 시대를 살아가고 있습니다.

문자의 시대가 종말을 고하고 이제 그림의 시대가 도래했다는 주장이 곳곳에서 들립니다. 체코 출신의 미디어 철학자인 빌렘 플루서는 선형적으로 행과 열로 배치되는 문자가 역사를 만들어냈으며, 역사란 일차원적 선분에서 탄생한 것이라고 말한 바 있습니다. 그는 문자의 시대 이전에 원초적인 의미에서 그림의 시대가 있었다고 말합니다. 그런데 글쓰기는 사물과 그림을 해체하여 가느다란 역사적인 선분으로 변형시킵니다. 글쓰기가 우리의 내면과 사물에 가하는 압력, 이것이 바로 역사를 만들어냅니다. 그리고 이러한 압력은 어떤 식으로든 사물을 뒤틀리게 하고, 인간을 직선적인 시간 안에 가느다랗게 압착시킵니다. 이와 다르게 그림은 사물 주변을 빙빙 돌며 배회하는 원형적인 사유를 만들어냅니다. 이러한 사유의 원형성圓形性이 바로 신화와 주술의 사유 방식입니다. 신화는 이미지의 둘레를 휘감아 도는 언어입니다. 우리가 신화를 텍스트가 아니라 이미지에 대한 주석으로 읽어야 하는 것도 이 때문입니다.

그런데 플루서에 의하면 근대는 '그림의 회귀'에 의해 특징지어지며, 그림이 역사를 소거하게 만드는 동력은 근대 미디어 테크놀로지에서 비롯합니다. 그러나 선사의 그림과 근대의 그림은 다릅니다. 왜냐하면 선사의 그림은 사물로부터 온 것이지만, 근대의 그

마르틴 하이데거
Martin Heidegger (1889∼1976)
그는 '세계 그림'이라는 표현으로 근대 세계의 특징을 묘사했다. 이는 그림을 통해서만 세계를 이해할 수 있게 되었다는 것을 의미한다.

빌렘 플루서
Vilém Flusser (1920∼1991)
그는 근대는 '그림의 회귀'로 특징지어지며, 그림은 근대 미디어 테크놀로지에 의해 역사를 소거한다고 말한다.

림은 텍스트가 이미지로 번역되면서 생겨난 것이기 때문입니다. 그래서 과거의 그림과는 달리 오늘날의 그림은 '개념으로부터 만들어진 그림'이라고 할 수 있습니다. 근대 미디어 기계는 닥치는 대로 텍스트를 집어삼킨 연후에 이것을 이미지로 변형시켜서 토해냅니다. 그러므로 이제 우리의 그림은 '이미지가 된 사물'이 아니라 '이미지가 된 말'에 가까운 그런 것입니다. 어쩌면 이러한 이유 때문에 여전히 우리는 텍스트 없이는 이미지를 이해하지 못하고, 텍스트로 번역할 수 없는 이미지를 만나는 것을 두려워합니다. 텍스트의 부재는 신화의 시작이기 때문입니다. 우리는 말 없는 신화, 이미지로서의 신화를 두려워합니다.

그림의 역습이라고 묘사되는 이러한 정황은 이제 우리에게 지나치게 익숙한 것이 돼버렸습니다. 이미 우리는 텍스트가 아니라 이미지를 통해서 사물을 훨씬 더 잘 이해합니다. 그래서 우리는 대학의 중앙을 차지하고 있는 도서관 안에 저장된 저 많은 책들이 점점 시대적 적합성을 상실하고 있다는 '때늦은 위기의식'에 젖어 있습니다. 이미 우리의 도서관은 그림으로 번역되는 과정 안에 들어가 있다고 할 수 있습니다. 예컨대 플루서는 사진을 분석하는 글에서 사진은 최초의 '역사-이후'의 이미지라고 말합니다. 사진은 사건을 장면으로 응결시킨 연후에, 이렇게 응결된 시간을 다시 역사 속에 투여하여, 역사의 흐름을 저지하는 역할을 수행합니다. 사진은 역사로 만들어진 비역사입니다. 그래서 결국 플루서는 사진속에서 탈역사의 가능성을 꿈꿉니다. 우리는 사진 한 장을 들고 시간을 역주행합니다. 그러나 이러한 역류가 이제 우리를 둘러싼 모든 그림 안에서 벌어지고 있습니다. 이미 우리는 인터넷의 가상

공간을 통해서 거대한 '사진의 우주'를 구축하고 있습니다. 사진의 세계는 이미 현실 세계의 죽음조차도 빨아들이고 있습니다. 인터넷의 공간에는 죽음이 없습니다. 그러므로 우리는 미디어가 지니는 죽음의 소거 현상에 주목해야 합니다. 플루서는 역사가 이미지로 증류되어 소멸하는 과정을 이처럼 담담하게 묘사합니다.

인공 영혼

미디어 테크놀로지는 마음의 존재 양태, 즉 마음의 모습에 대한 상상력을 변화시킵니다. 어떤 미디어 테크놀로지가 당대를 지배하는가에 따라 '마음의 모델'이 달라집니다. 문자가 당대의 지배적인 미디어로 기능할 때, 마음은 잉크의 검은 글자로 조금씩 물들어가는 백지의 모습으로 상상됩니다. 그러나 영화가 등장하면서부터 마음은 외부의 이미지를 촬영하여 저장하고 재생하는 카메라의 모습으로 상상되었습니다. 중요한 것은 마음을 어떻게 상상하느냐에 따라서 인간이 상상하는 방식 자체가 달라진다는 것입니다. 그림의 시대를 살아가는 인간은 사물을 문자가 아니라 그림으로 기억할 것이기 때문입니다.

그렇다면 이러한 변화가 종교에 어떤 영향을 미치게 될까요? 적어도 근대 종교에서 가장 중요한 것은 영혼, 마음, 정신의 문제입니다. 현재 우리의 영혼, 정신, 마음은 20세기 이후 아날로그 미디어와 디지털 미디어의 산물입니다. 그렇다면 근대 종교도 근대 미디어가 낳은 똑같은 종류의 마음에 기반하고 있을까요? 보통 종교는 최신의 미디어 테크놀로지를 이용하는 데서 매우 취약한 모습을 보입니다. 비유하자면 종교는 석기시대의 도구를 가지고 철기시대를 살아가는 기묘한 존재 양식을 취하는 경우가 많습니다. 근대 미디어 테크놀로지에 대한 분석을 통해서 드러나는 종교의 모습도 별반 다르지 않습니다. 현재 대부분의 종교는 '그림의 상상력'을 지닌 인간에게 '문자의 상상력'을 해답으로 제시하는 퇴행 현상을 보여주고 있습니다. 그러나 이것이 근대 종교의 문제만은 아닌 것 같습니다.

빌렘 플루서는 "인간의 커뮤니케이션은 인위적인 과정이다."라고 말합니다. 이것은 커뮤니케이션 현상이 자연과학의 대상이기보다 오히려 인간의 부자연스러운 측면을 연구하는 학문과 관계된다는 것을 의미합니다. 죽음에 직면한 채 고독과 무의미에 벌벌 떠는 인간은 커뮤니케이션에 의해서 죽음을 극복합니다. 플루서는 근대 미디어가 어떻게 인간에게 자유의 공간을 선사할 수 있을 것인가의 문제에 관심을 갖고 있습니다. 외로움을 극복하기 위해서 우리는 끊임없이 사람을 만나서 커피를 마시며 수다를 떨고, 컴퓨터 앞에 앉아서 채팅을 하고, 가상공간에 홈페이지를 만들어서 사람들을 유인합니다. 스마트폰의 수많은 앱은 다양한 방식으로 이루어지는 서로 다른 커뮤니케이션들의 집합체라고 할 수 있습니다. 페이스북이나 트위터도 커뮤니케이션을 향한 욕망의 산물입니다. 우리는 그렇게 커뮤니케이션 속에서 죽음을 회피합니다. 결국 인간은 관계에 목말라 하는, 그리고 부자연스러운 방식으로 관계하는 이상한 동물입니다. 그러므로 근대 미디어는 바로 이러한 인간의 이상한 측면을 무한히 확대합니다. 실제로 인간 몸의 해부도는 인간이 다른 존재, 그리고 다른 사물과 관계를 맺기 위해 존재

　우리에게 종교란 무엇인가

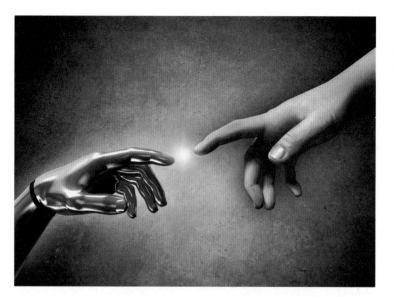

신체 감각이 인간의 자연적인 관계를 위한 것이라면, 미디어 테크놀로지는 인공적인 관계를 위한 일종의 인공 감각을 제공해준다.

하는 동물임을 보여줍니다. 눈, 귀, 코, 입 등의 모든 감각기관뿐만 아니라 생식기관도 역시 관계를 위해 존재하는 것들입니다. 그러나 신체 감각이 인간의 자연적인 관계를 위한 것이라면, 미디어 테크놀로지는 인공적인 관계를 위한 일종의 인공 감각을 제공해줍니다.

　주목할 점은 마셜 매클루언이 이야기하듯 미디어는 인간 신체의 확장물이라는 것, 즉 미디어는 인간의 인공 신체라는 점입니다. 매클루언에 의하면 인간은 몸으로 하던 모든 것을 대신 수행할 수 있는 인공적인 확장물을 발전시켰습니다. 무기의 진화는 이빨과 주먹에서 시작하여 핵폭탄으로 끝을 맺습니다. 옷과 집은 체온을 조절하는 인간의 생물학적 메커니즘의 확장물입니다. 인간은 의자 덕분에 더 이상 땅에 쭈그려 앉지 않아도 됩니다. 전동 공구, 안경, 텔레비전, 전화, 책 등은 모두 인간 신체의 물질적 확장입니다. 마찬가지로 화폐는 노동을 확장하고 저장하는 수단입니다. 수송 수

마셜 매클루언
Marshall McLuhan (1911~1980)

후고 뮌스터베르크
Hugo Münsterberg
(1863~1916)

단도 발과 등의 확장물입니다. 그러므로 모든 인공적이고 물질적인 것은 인간이 한때는 자신의 몸으로 하던 것의 확장물이라고 할 수 있습니다.

카메라가 눈의 확장이자 시각의 대체물인 것처럼, 녹음기가 귀의 확장이자 청각의 대체물인 것처럼, 인간은 감각뿐만 아니라 인간 내부의 모든 것을 외재화하는 경향성을 지니고 있습니다. 이러한 주장은 마음의 외재화 현상에 대해서도 그대로 적용할 수 있습니다. 예컨대 심리학자인 후고 뮌스터베르크는 인간 내부의 신경학적 자료의 흐름을 외재화시킨 결과물이 바로 영화라고 주장합니다. 영화의 클로즈업은 '주목'이라고 하는 우리의 정신 현상을 객관화시킨 것입니다. 연극은 장면 전체를 보여주지만, 영화는 주인공의 심리적인 상태를 따라가면서 화면을 보여줍니다. 영화에서는 기억이 플래시백을 통해서 구현되고, 심지어 상상력조차도 스크린에 그대로 투영됩니다. 또한 영화적 몽타주는 무의식의 연상 작용을 본래적인 속도로 보여줍니다. 언어는 무의식적 연상 작용의 리듬을 따라가지 못합니다. 왜냐하면 언어로 묘사된 것을 읽는 것은 이미지를 지각하는 것보다 훨씬 오랜 시간이 필요한 작업이기 때문입니다. 뮌스터베르크에 따르면 영화는 문학의 힘을 초월합니다. 왜냐하면 문학의 불가능성을 가능성으로 전환시키는 것이 바로 영화이기 때문입니다.

그래서 프리드리히 키틀러는 "영화는 중앙 신경체계의 무의식적 과정을 폭로하기 위해 일상 현실의 조건 아래에서 수행되는 심리학적 실험이다."라고 말합니다. 영화는 인간의 무의식과 영혼을 스크린에 투영시키는 '무의식의 물질화'인 셈입니다. 영화는 문학

우리에게 종교란 무엇인가

으로부터 그림을 흡수했던 것처럼, 인간의 영혼을 빨아들여서 셀룰로이드 필름 위에 저장합니다. 그래서 영화는 안드레이 타르코프스키Andrei Tarkovsky가 말하듯 시간의 저장을 가능하게 했을 뿐만 아니라 영혼의 저장과 전달을 실현시켰다고 할 수 있습니다. 또한 미디어가 어느 정도 안정화의 단계에 접어들면 미디어는 자신에 대한 '메타-미디어'가 됩니다. 그래서 오늘날 영화는 더 이상 현실을 촬영하는 것이 아니라 영화들이 형성하는 영화의 세계를 촬영한다고 말할 수도 있습니다. 이것은 책이 더 이상 현실에 대해서 글을 쓰지 않는 현상, 그래서 오직 책이 책에 대해서만 글을 쓰는 현상과 동일합니다.

프리드리히 키틀러
Friedrich Kittler (1943~2011)

종교도 마찬가지입니다. 보이지 않는 세계를 전달하는 미디어로서 종교는 어느 순간부터 종교에 대해서만 이야기하게 됩니다. 종교가 종교를 설명하고 해석하는 '메타-종교'로 전환되면서, 종교가 '종교의 각주'로 전락하는 것입니다. 키틀러는 "영화가 영혼을 살해한다."고 말합니다. 왜냐하면 영화는 인간을 위한 '영혼의 외부 저장장치'이기 때문입니다. 이제 인간은 굳이 영혼을 몸 안에 지닐 이유도 없고, 영혼을 만들기 위해 노력할 필요도 없습니다. 영혼은 언제든지 외부 저장장치로부터 학습이나 모방을 통해 주입할 수 있는 것이 되며, 언제든지 낡은 영혼은 새로운 영혼으로 교체할 수 있기 때문입니다. 그러므로 이렇게 몸에서 증발하는 영혼에 대한 향수의 결정체가 바로 근대 종교의 또 다른 모습일 것입니다. 근대인은 영혼의 부재에 허덕이면서, 헛되이 종교라는 잘못된 장소에서 자신의 영혼을 찾습니다. 이제 우리는 종교가 아니라 영화에서 자신의 영혼을 찾아야 합니다. 근대인이 잃어버린 영혼들이 축적되어 있는 또 다른 초월적 세계가 바로 영화입니다.

꿈의 소멸

이제 인간은 더 이상 내적 성찰을 통해 영혼을 탐구하지 않습니다. 근대인은 영화를 보면서 자신의 망막에 맺히는 신경학적으로 순수한 영혼의 재료를 얻습니다. 이렇게 외부에서 주입되는 강력한 시각적 환영들이 몸속에 스며들어 범람하면서, 점차 인간의 몸은 타자의 영혼으로 들끓게 됩니다. 영화는 영혼의 집입니다. 영혼의 내용을 조작하는 영화의 기술만을 따로 떼어낼 수 있다면, 우리는 그러한 기술이 '영혼의 움직임'을 표상하고 있다는 사실을 알게 됩니다. 그러므로 '영화 이론'은 '영혼 이론'과 동의어가 됩니다. 키틀러는 이러한 현상을 두고 "무의식적 메커니즘이 인간에게 작별을 고한 다음, 죽은 영혼의 도플갱어로서 영화 스튜디오에 거주하게 된다."고 말합니다. 이 말은 영혼이 인간을 떠나 영화 안에 존재하게 되었다는 것을 의미합니다. 19세기에는 문학과 도서관을 통해 인간이 꿈을 꾸었지만, 20세기 들어와서 인간이 꾸는 모든 꿈은 영화 안에 실재하게 됩니다. 영화가 인간의 모든 꿈을 흡수하여 스크린에 투사했던 것입니다. 문학은 말과 꿈의 혼합물입니다. 그러나 문학작품을 읽는 독자의 내면에 잠재되어 있던 내적 영화관은 머지않아 영화로 물질화됩니다. 인간의 꿈이 내면의 동굴에서 나와 영화가 되었던 것입니다. 영화는 '꿈의 물질화'를 실현시킨 꿈으로 가득 찬 인공 영혼입니다.

모든 시지각 내용물을 카메라 렌즈를 통해서 저장할 때, 세계를

스크린을 통해서만 바라볼 때, 인간은 몸을 망각
하게 됩니다. 데이비드 크로넨버그David Cronenberg의
영화 〈비디오드롬Videodrome〉(1983)이 지속적으로 언
급하듯 텔레비전 스크린은 이미 인간 눈의 망막이
되어버렸습니다. 인간 지각의 절반 이상은 이미 미
디어 테크놀로지의 산물이며, 인간 지식의 대부분
은 미디어 테크놀로지로부터 학습된 것입니다. 우
리는 미디어 없이는 보지도 듣지도 말하지도 못합
니다. 어느 신경학자가 말하듯이 근대 미디어가 등
장한 이후에, 죽어가는 사람들은 언제부턴가 자신
들의 과거를 저속 촬영된 사진처럼 시각화하기 시
작합니다. 죽기 바로 전에 자신의 인생을 사진이나

영화처럼 시각화하여 회고하기 시작했던 것입니다. 이것은 인간의
영혼이 서서히 기계화되고 있다는 것을 보여줍니다. 이처럼 미디어
는 경험의 내용뿐만 아니라 경험의 방식 자체를 달라지게 합니다.

필름은 이미 죽어 사라진 과거의 시간을 불멸의 이미지로 저장
합니다. 이제 인간은 시시각각 자신의 과거를 영화 필름처럼 돌리
면서 서서히 죽어갑니다. 인간은 자신의 인생을 한 롤의 필름처럼,
한 편의 영화처럼 인식합니다. 영화가 끝나면 모두 죽습니다. 사진
이나 영화에 담긴 이미지는 죽은 시간의 기록일 뿐입니다. 우리는
과거의 사진을 들여다보면서 죽은 시간을 추도합니다. 이처럼 필
름은 죽은 영혼을 저장하여 불멸적인 것으로 만듭니다. 영화는 셀
룰로이드로 된 영혼의 묘지 같은 것입니다. 영화는 인공적인 사후
세계일 뿐만 아니라, 모든 인간 영혼이 거주해야 할 인공 천국이자

인공 지옥이 됩니다. 영화 안에서 죽음은 이처럼 가시화되고 물질화되고 외재화됩니다. 따라서 영화 안에 담긴다는 것은 인공 영혼이 되어 자신의 죽음을 극복한다는 것을 의미합니다. 그러므로 미디어 테크놀로지는 인간의 신체를 확장하여 인간을 초인적인 존재로 만들지만, 역으로 인간의 몸을 빈 공간으로 만들어버립니다. 미디어가 몸의 끝, 즉 몸의 소멸을 가져오는 것입니다. 물론 빌렘 플루서는 몸의 끝에서 우리의 몸은 다른 몸, 즉 자유의 몸이 될 것이라고 말합니다. 그는 모든 자질구레한 감각 작용을 기계에게 맡긴 채 오락과 자유를 만끽하는 새로운 인간을 기다리자고 말합니다.

현재 우리의 종교는 여전히 언어 중심적입니다. 문제는 우리가 살고 있는 시대는 탈언어적이라는 데 있습니다. 탈언어의 시대에서 '언어의 종교'는 어떤 운명을 겪을까요? 이런 점에서 근대 종교는 상당히 시대착오적인 면모를 자주 노출시킵니다. 앞에서 언급한 그림의 시대에 적합한 '그림의 종교'는 현재의 종교 안에는 없습니다. 플루서의 표현을 따르자면, 근대 미디어 테크놀로지는 '텍스트로서의 종교'를 집어삼켜서 새로운 종교, 즉 '이미지로서의 종교'를 토해낼 것입니다. 그러나 우리가 주변에서 보는 종교는 여전히 경전을 중심으로 하여 편제되어 있는 낡은 모습을 보여주고 있습니다. 여전히 사람들은 경전을 낭만주의 문학작품처럼 읽고 있습니다. 근대 종교는 경전이라는 문학작품을 모델로 하여 구성된 상상의 종교처럼 보입니다. 근대 종교를 지탱하는 것은 문자적인 교리보다는 상상의 이야기인 것처럼 보입니다. 그렇다면 이제 종교는 어떻게 될까요? 낡음의 고대성이 자아내는 향수만으로는 종교가 그리 오래 지속하지 못할 것입니다.

우리에게 종교란 무엇인가

발터 벤야민은 복제 가능성의 시대에서의 예술작품을 이야기하면서, 카메라가 클로즈업을 통해서 미시적인 세계를 우리에게 드러내주었으며, 진부한 것 안에 깃들인 낯선 것을 발견할 수 있게 해주었다고 말합니다. 그는 카메라에 말을 거는 자연은 눈에 보이는 자연이 아닌 '또 다른 자연'일 것이라고 말합니다. 마치 의사의 메스가 인간 신체의 내부를 열어 보이듯, 카메라는 의식의 피부를 찢어 그 안에 감추어진 무의식의 공간을 노출시킵니다. 우리는 인간의 몸과 사물이 만나는 미세한 방식을 관찰하지 못합니다. 그러나 카메라는 의식이 놓치는 이러한 몸의 빈틈을 급습합니다. 카메라는 의식이 언어화하지 못한 몸의 공간을 비춥니다. 카메라는 '의식의 잡음'을 포착하여 우리에게 전달해주는 미디어라고 이야기할 수 있습니다. 이러한 맥락에서 우리는 지크문트 프로이트를 떠올릴 필요가 있습니다. 프로이트는 의식의 질서 안에 들어오지 못한 채 상징으로 부유하는 그러한 '꿈의 잡음'을 무의식의 범주 안에 담아 재해석합니다. 그래서 발터 벤야민은 정신분석학을 통해서 본능적인 무의식을 발견한 것처럼 카메라를 통해서 우리가 '시각적 무의식'을 발견하게 되었다고 말합니다. 이처럼 영화는 한편으로는 '의식의 확장'을 초래하고, 다른 한편으로는 의식과 무의식이 뒤섞인 새로운 '인공 세계'를 창조합니다.

미디어 테크놀로지는 인간의 몸에서 감각을 꺼내어 기계화한 것일 뿐만 아니라, 몸 안에 내재한 감각이 포착하지 못했던 무의식의 잡음까지도 붙잡아내는 '감각의 기계'이기도 합니다. 인간은 이제 카메라가 보여주는 무의식을 각성 상태에서 대면하게 됩니다. 잠들지 않고서도 꿈을 꾸게 된 것이며, 의식의 세계뿐만 아니라 무의식의 세계까지도 보고 들어야 하는 상황에 처하게 된 것입니다. 이것은 꿈의 외재화이기에 결국 '꿈의 끝'이자 '꿈의 소멸'입니다. 이제 우리는 100년 전에 살던 사람들처럼 꿈을 꾸지 않습니다. 그런 꿈은 이제 사라지고 없습니다.

종교의 공간 그리고 죽음의 공간

프리드리히 키틀러는 『축음기, 영화, 타이프라이터Gramophone, Film, Typewriter』(1999)에서 책이라는 종합적인 미디어가 어떻게 해서 축음기, 영화, 타이프라이터라는 삼위일체적인 아날로그 미디어로 대체되었는지를 상세히 추적합니다. 나아가 그는 튜링 머신Turing machine이라는 '보편 기계'에 의해 등장하게 된 디지털 미디어가 어떻게 아날로그 미디어들의 상호 번역을 가능하게 했는지를 이야기합니다. 영화가 인간 무의식의 물질화를 가능하게 했다면, 컴퓨터는 인간의 의식 자체를 물질화합니다. 인간의 사유 과정을 슬로 모션으로 분석하여 기계화함으로써, 이제 인간은 사유조차도 컴퓨터에게 점진적으로 양도하게 된 것입니다. 이제 컴퓨터가 인간 대신에 학문을 하는 기이한 현상이 벌어지기 시작한 것입니다. 이때 학문의 입지는 점점 좁아지게 되며 아직 디지털화되지 않은 영역만이 학문의 대상이 됩니다.

우리는 인문학의 위기로 표방되는 일체의 학문적 위기가 컴퓨터의 등장에 따른 지식의 물질화 현상에서 기인하는 것이라는 점을 고려해야 합니다. 앨런 튜링Alan M. Turing이 애초에 의도했듯이 컴퓨터는 지식인의 소멸을 위한 장치였기 때문입니다. 지식인이 독점하던 대부분의 지식은 이제 인터넷 미디어에 의해 디지털화되고 있습니다. 이때 학문은 아직 디지털화되지 않은 잉여의 영역만을 점유하거나, 아니면 디지털화된 지식의 관리자로서만 존재하게 됩니다. 그러므로 학문은 필연적으로 디지털화에 저항하는 최후의 보루로서 신비주의에 몰입하거나, 아니면 지식을 다루는 전문 기술자로 전락하게 됩니다.

종교는 '신으로부터의 뉴스'를 전하는 하나의 미디어로서 존재한다고 말할 수 있습니다. 아날로그 미디어를 지배하는 것은 예측할 수 없는 시간입니다. 그러나 디지털 미디어와 사이버네틱스의 등장은 예측된 미래를 가능하게 합니다. 미래는 원래 종교의 영역에 속한 것이었습니다. 미래를 알기 위해서 인간은 신탁이나 점복과 같은 수많은 미래 예측의 기술에 의존했습니다. 그러나 총합적인 기계로서의 튜링 머신과 콜로서스Colossus의 등장으로 이제 미래가 계산 가능한 기계적인 영역으로 점차 들어오게 됩니다. 이런 식으로 근대 미디어는 비가시적 영역에 놓여 있던 미래를 현재 속으로 끌어왔던 것입니다. 이러한 '신탁의 기계화'는 필연적으로 미래라는 관념 자체를 변화시킵니다. 종말론에서 볼 수 있듯이 종교는 미래에 대한 비전을 통해서 성장합니다. 그러므로 미래의 디지털화는 종교의 영역을 침식할 수밖에 없습니다. 미래라는 먹이가 사라질 때 종교는 어떻게 존속할 수 있을까요?

축음기의 발명으로 인해서 역사상 최초로 인간은 '소리의 불멸성'을 확보하게 됩니다. 소리는 시간처럼 덧없는 것입니다. 소리를 저장하고 재생시키는 축음기는 인간에게 과거의 소리를 들려주는 장치입니다. 이미 사라져버린 과거가 영원히 현재 속으로 회귀

하는 것이 비로소 가능해진 것입니다. 만약 인간이 2천여 년 전에 축음기를 발명하여 예수의 목소리를 저장할 수 있었다면, 기독교라는 종교가 현재에도 존속할 수 있었을까요? 또한 축음기의 발명은 굳이 문자로 변환시키지 않고서도 소리를 저장하는 일을 가능하게 했습니다. 문학을 통해 여과된 목소리가 아니라 날것 그대로의 목소리를 저장하는 일이 가능해진 것입니다. 그리고 축음기는 말을 저장하는 기계일 뿐만 아니라 '말하는 기계'이기도 했습니다. 특히 축음기는 음악을 저장하여 재생하는 기계로서 활용될 운명에 놓여 있었습니다. 그것은 축음기가 언어뿐만 아니라 비언어적 잡음까지도 기록하는 장치이기 때문에 가능한 것이었습니다.

그리고 타이프라이터로 인해서 인간은 점점 더 빨리 더 많은 말을 생산하게 되었습니다. 미국에서 타이프라이터의 시제품을 대중화시킨 것은 무기제조업체인 '레밍턴Remington'이라는 회사였으며, 이 회사의 재봉틀 생산 부서의 담당자가 타이프라이터의 대중적 생산의 임무를 맡게 되었다고 합니다. 이를 두고서 키틀러는 여자들이 이제 재봉틀 대신에 타이프라이터를 사용하게 됨으로써 비로소 글쓰기 영역의 탈성별화가 가능하게 되었다고 말합니다. 또한 그는 무기제조업체에서 생산된 타이프라이터가 이제 운명적으로 '말의 탄환이 장전된 기관총'이 되거나, '말의 피륙을 짓는 언어 재봉틀'이 되었다고 말합니다.

영화와 축음기처럼 시각 자료와 청각 자료를 저장하는 미디어가 등장함으로써, 사람들은 이제 더 이상 문자의 행간 속에서 시각적이고 청각적인 의미를 해독해내기 위해 안달할 필요가 없게 되었습니다. 축음기와 영화가 인간의 기억을 상당 부분 대신하게

우리에게 종교란 무엇인가

된 것입니다. 또한 문자 역시 이미지와 소리로부터 분리된 자율적인 영역을 구축하게 되었습니다. 이전에는 단지 글쓰기를 통해서만 죽은 자가 산 자의 기억 속에 남아 있을 수 있었지만, 이제 축음기와 영화와 사진기의 등장은 인간을 불멸의 존재로 만들 수 있는 또 다른 형식을 가능하게 했습니다. 과거에 사체를 사진으로 찍어 간직하거나, 죽어가는 자의 마지막 말을 녹음하려는 이상한 열풍이 불었던 것도 이 때문일 것입니다. 키틀러에 의하면 죽음의 공간을 결정하는 것은 당대의 미디어 테크놀로지이기 때문입니다. 인간의 신체는 묘지에 매장되지만, 인간의 영혼은 미디어에 매장되는 것이나 마찬가지입니다. 전화 케이블에 의해 산 자와 죽은 자가 연결된다는 과학 소설SF의 등장이나, 녹음된 소리 속에 초자연적인 소리가 녹음되어 있다는 주장도 비슷한 맥락에서 이해할 수 있습니다. "미디어는 이미 항상 다른 세계로의 도주 장치이다."라고 말할 수 있습니다. 이처럼 미디어가 만드는 풍경은 불멸의 존재들의 영원한 안식처로 존재하게 됩니다.

영혼의 종언 그리고 종교의 종언

헤겔Georg Wilhelm Friedrich Hegel은 손으로 글을 쓰는 행위를 통해 '개별성'이 외재화되어 나타난다고 말합니다. 손으로 쓰는 글자들의 선형적인 흐름은 우리의 일관된 개별성을 만들어냅니다. 그러나 우리는 필사와 인쇄의 물질적 차이에 주목해야 합니다. 인쇄된 책은 필사본과는 다른 종류의 의식을 만들어내기 때문입니다. 각각의 미디어는 서로 다른 편향성과 메시지를 만들어냅니다. 미디어가 달라질 때 우리가 전달받는 메시지 역시 달라질 수밖에 없습니다. 우리는 흔히 '책'이라는 개념이 포함하는 두루마리본, 필사본, 인쇄본 등이 갖는 물질적 차이를 놓치는 경우가 많습니다. 그러나 어떤 종류의 책이 만들어지고 읽히느냐에 따라서 전혀 다른 메시지가 만들어집니다. 필사본 시대의 경전과 인쇄본 시대의 경전은 전혀 다른 담론 효과를 창출합니다. 인쇄본의 출현 이후에 강조되는 텍스트의 원작자, 독창성, 개별성, 정신 같은 개념의 출현이 중요한 것도 이러한 맥락 때문입니다.

미디어는 몸과 마음의 훈련 프로그램입니다. 어떤 미디어를 사용하느냐에 따라서 몸과 마음이 다른 형태의 의식과 감수성을 지니게 될 것이기 때문입니다. 고전주의와 낭만주의 문학이 지배하던 1800년대 전후의 독일에서는 '글로 쓴 문자'보다 '구술적인 말'을 더 중시하는 분위기가 형성되었습니다. 왜냐하면 아이의 언어 교육이 주로 어머니에 의해 이루어졌기 때문에, 아이의 언어는 철저하게 '어머니의 입'에서 흘러나오는 구술적인 소리에 의해 프로그래밍되었던 것입니다. 이때 독서와 쓰기 능력은 구술적인 원초적인 발음에 근거하여 획득되었습니다. '어머니의 입'은 아이에게 언어가 전달되는 일차적인 미디어였던 것입니다.

1800년대 전후에 정보를 처리하고 저장하기 위한 유일한 통로는 바로 글쓰기였습니다. 이때 소리나 광경 같은 언어 외적인 자료는 먼저 문자 속으로 압착됨으로써만 저장될 수 있었고, 해석학적으로 프로그래밍된 독자들의 눈과 귀에 의존함으로써만 의미를 획득할 수 있었습니다. 그러므로 구텐베르크적 세계 속에서 독서는 인쇄본이 야기하는 '언어적 환각'을 경험하게 하는 일종의 문학

우리에게 종교란 무엇인가

적 훈련이었습니다. 독서를 통해서 언어적 기호들이 소리와 이미지로 대체됨으로써 생겨나는 '언어적 환각'의 새로운 세계가 만들어진 것입니다. 문학이 시대의 중심적인 미디어로 등장했던 것도 이러한 맥락 속에서 가능했습니다. 물론 우리가 관심을 가져야 하는 것은 문학이라는 강력한 문자 미디어의 지배 속에서 종교가 '독서'라는 환각 기계를 어떻게 활용했는가의 문제일 것입니다. 사실 시대에 가장 적합한 커뮤니케이션 방식을 선택하여 종교적 정보를 실어 나르지 못할 때 해당 종교는 사멸과 도태의 위기에 처하게 됩니다. 그러므로 최소의 인지적 노력으로 최대의 종교적 의미 효과를 생산해낼 수 있는 '독서'라는 미디어 장치를 종교가 간과했을 리는 없습니다.

소리와 시간-이미지를 저장할 수 있게 했던 에디슨의 발명품인 포노그래프와 키네마토스코프는 비문자적인 자료 처리를 가능하게 함으로써 글쓰기에 의한 미디어의 독점을 깨뜨렸습니다. 문학의 독점적인 지위도 이때부터 서서히 흔들리기 시작했습니다. 1874년에 레밍턴에 의해 타이프라이터가 상업적으로 판매되기 시작하면서, 이때부터 문자는 타이프라이터라는 새로운 미디어 테크놀로지의 폐쇄회로 안에 갇히게 됩니다. 문자와 문학이 누리던 과거의 독점적인 권력이 이제 근대 미디어 가운데 하나인 타이프라이터의 형태로 축소된 것입니다.

타이프라이터, 포노그래프, 영화의 등장은 문자와 소리와 이미지를 처리하고 저장하기에 적합한 특화된 미디어들의 탄생을 가져왔습니다. 소리, 문자, 이미지에 따라서 각각 자료와 정보를 처리하는 방식이 분화되었고, 이로 인해서 문자와 책과 문학을 중심으로

요하네스 구텐베르크
Johannes Gutenberg
(1397~1468)

토머스 에디슨
Thomas Edison (1847~1931)

앨런 튜링
Alan Turing (1912~1954)

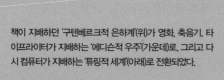

책이 지배하던 '구텐베르크적 은하계'(위)가 영화, 축음기, 타이프라이터가 지배하는 '에디슨적 우주'(가운데)로, 그리고 다시 컴퓨터가 지배하는 '튜링적 세계'(아래)로 전환되었다.

하여 체계화된 '구텐베르크적 은하계'가 몰락의 길을 걷게 된 것입니다. 이제 소리와 이미지가 더 이상 문자로 번역되어 저장될 필요도 없었고, 문자로부터 소리와 이미지를 환기하는 '해석학적 독서'가 중심적인 미디어로 기능할 수도 없었습니다. 빛과 음파의 형태로 물리적인 효과를 저장하는 새로운 테크놀로지에 의해서 글쓰기의 헤게모니가 붕괴되었던 것입니다.

제2차 세계대전을 거치면서 앨런 튜링에 의해 탄생의 서곡을 알린 컴퓨터는 이전의 분화된 커뮤니케이션 채널을 통합함으로써 기존의 모든 미디어를 끝장내는 '절대적인 미디어'이자 '보편적인 미디어'로서의 역할을 수행했습니다. 그러므로 책이 지배하던 '구텐베르크적 은하계'가 영화와 축음기와 타이프라이터가 지배하는 '에디슨적 우주'로 전환되고, 이것이 다시 컴퓨터가 지배하는 '튜링적 세계'로 재편되는 과정을 서술함으로써, 이러한 변화가 종교에 어떤 영향을 미쳤는지를 추적하는 것은 종교사의 서술을 위해서도 중요한 주제일 수밖에 없습니다.

키틀러는 디지털화를 통해서 미디어의 차이가 제거될 때, 이러한 미디어의 융합이 미디어라는 관념 자체를 지워버릴 것이라고 예측합니다. 이러한 세계는 몸과 미디어의 경계선이 사라진 세계일 것이며, 이때 인간은 '몸의 끝'에 도달하게 될 것입니다. 어디까지가 몸이고 어디부터 미디어인지 식별하기 힘든 상황이 도래한다는 것입니다. 이것은 '몸의 종언'일 뿐만 아니라 '영혼과 마음의 종언'이기도 하고, 나아가 '인간의 종언'이기도 합니다. 그렇다면 이러한 인간의 종언이 종교에 어떤 영향을 미칠까요? 종교는 자기의 정보를 저장하고 전달하고 계산하기 위해서 당대의 미디어 테크놀로지를 이용할 수밖에 없으며, 역으로 이러한 미디어 테크놀로지는 그 시대의 독특한 영혼과 마음을 구조화함으로써 종교 경험의 가능성을 제한할 것입니다. 그러나 이제 우리는 마음과 영혼을 기계 안에 저장한 채 텅 빈 몸으로 살아가고 있습니다. 인간과 기계가 몸과 영혼을 나누어 갖는 현상, 그래서 둘의 결합 없이는 인간이 존재할 수도 없는 현상이 이제 눈앞에서 펼쳐지고 있는 것입니다.

더 읽어볼 만한 글

빌렘 플루서, 김현진 옮김, 『그림의 혁명』, 커뮤니케이션북스, 2004.
빌렘 플루서, 윤종석 옮김, 『글쓰기에 미래는 있는가』, 엑스북스, 2015.
빌렘 플루서, 윤종석 옮김, 『사진의 철학을 위하여』, 커뮤니케이션북스, 1999.
프리드리히 키틀러, 윤원화 옮김, 『광학적 미디어: 1999년 베를린 강의』, 현실문화, 2011.

우리에게 종교란 무엇인가

사이버 의례,
새로운
종교적 실험인가?

우혜란

 사이버 공간은 이미 현대인들에게 중요한 사회적
교류의 장이 되었을 뿐 아니라 종교적 욕구와 감성이
표출되는 공간으로 자리 잡았습니다. 그럼에도 사이버
공간에서 행해지는 다양한 종교적 실천 행위들은
물리적 장소와 직접적인 육체의 개입을 결여하고
있다는 이유로 그 진정성이나 효과를 여전히 의심받고
있습니다. 과연 사이버 의례는 지상의 의례를 단순히
모방하고 있으며 그를 보완하는 역할에 그치고
있을까요? 아니면 뉴미디어 시대의 새로운 종교적
실험으로 우리들의 종교적 체험과 상상력에 새로운
지평을 열어줄 잠재력을 갖고 있는 걸까요?

사이버 공간과 종교

한국인터넷진흥원의 「2015년 인터넷이용실태조사」에 의하면 한국의 인터넷 이용자는 만 3세 이상 인구의 85.1%인 4194만 명이며, 주 평균 인터넷 이용 시간은 13.6시간이고, 인터넷을 이용하는 주된 장소는 가정(92.7%)이나, 스마트폰 보급의 확대(전체 가구 중 82.5%)로 인터넷 이용자의 86.4%가 스마트폰 등의 무선단말기로 인터넷을 이용하고 있어, 유선인터넷 접속률은 작년보다 낮아진 반면, 장소에 구분 없이 인터넷을 사용하는 비율은 대폭 높아졌다고 합니다. 이렇듯 인터넷은 현재 우리의 삶에서 떼려야 뗄 수 없을 만큼 중요한 정보통신 매체가 되었습니다. 사이버 공간에서 우리는 일상생활이나 직업에 필요한 업무들을 처리하고, 새로운 정보와 지식을 교환하고, 다양한 사람들과 소통하며, 사이버 커뮤니티의 일원이 되어 자신의 사고방식이나 행동 양식에 동조하는 사람들과 친교를 나누기도 합니다. 따라서 사이버 공간은 현대인들이 외부 세계와 관계 맺고, 더 나아가 자신을 계발, 표현, 재발견할 수 있는 주요한 공간으로 발전했습니다.

이러한 새로운 체험의 공간으로 등장한 사이버 공간에서 종교적 욕구와 감성이 표출되는 현상은 이상한 일이 아닐 것입니다. 한국의 경우를 보더라도 인터넷 사이트에는 이미 수많은 종교 관련 커뮤니티를 비롯하여 전자/사이버/인터넷교회, 사이버법당, 사이버교당, 사이버추모관 등이 개설되어 운영되고 있음을 볼 때 '종교'가 인터넷이라는 새로운 미디어 환경을 만나 새롭게 변화 혹은 진화하고 있음을 알 수 있습니다.

그러나 '인터넷과 종교'라는 주제와 관련하여 기존의 연구를 보면 철학적 혹은 인식론적 논의를 제외하고는 대부분 기성종교나 해당 종교 신자들의 인터넷 이용 실태나 온라인 조직(종교커뮤니티, 종교동호회 등)에 관심이 집중되어 있습니다. 무엇보다 사이버스페이스에서 행해지고 있는 보다 개인적이고 광범위한 종교적 실천행위들(예배/예불, 기도, 명상, 성지순례, 고인 추모 등)이 논의되지 않음으로써 인터넷 이용자들의 다양한 종교적 욕구와 체험은 조명받지 못하고 있습니다.

따라서 이 글은 종교적 의례나 실천 행위가 인터넷이라는 새로운 미디어 환경을 만나 어떻게 변화 혹은 변용되고 있으며 이와 관련하여 종교 체험은 어떻게 재조명되어야 하는가 하는 문제의식으로부터 출발하고 있습니다.

사실 '사이버 의례'나 '사이버 순례'와 같은 용어는 많은 독자들에게 매우 의아하게 들릴 것입니다. 왜냐면 실질적으로 우리의 육체가 개입될 수 없는 사이버 공간에서 물리적 신체 그리고 구체적인 장소/시간을 전제로 하는 종교적 의례 행위가 어떻게 가능한지, 고행이나 육체적 수고를 동반하는 순례의 경우 종교적 혹은 구원사적 의미가 부여된 물리적 장소인 성지로의 여행이 사이버 공간에서 어떻게 실현될 수 있는지, 인터넷을 매개로 한 종교적 체험이 과연 진짜인지 등 여러 질문들이 꼬리에 꼬리를 물고 이어지기 때문입니다. 그렇다면 흔히 가상공간이라고 불리는 사이버스페이스는 현실 세계에 존재하지 않는다고 해서 과연 허구이며, 이곳에서의 경험 또한 거짓 내지 환상인가 되물을 필요가 있겠습니다.

사이버 순례— 'Labyrinth' (미로)

사이버스페이스와 종교적 체험에 대한 논의에 앞서, 서구 학자들 사이에서 성공한 사이버 순례의 예로 평가받고 있는 프로그램 하나를 소개하고자 합니다.

사이트를 열면 아무렇게나 벗어놓은 신발들 사진 위에 다음과 같은 문구가 보인다. "신발을 벗으시고 미로를 시작하려면 이곳을 클릭하십시오." 클릭을 하면 곧 어두운 성당 내부를 배경으로 11개의 둥근 점이 그려진 기하학적 도형이 나타난다. 첫 출발점을 클릭하면, 움직이는 발자국과 함께 "1. 내면으로의 여행—진행하려면 이곳을 클릭하시오."라는 문구가 나타난다. 다시 클릭하면 단조롭고 몽환적인 음악이 흐르고, 침착하고도 확신에 찬 여성의 목소리가 들린다.

> "당신은 여행을 하고 있습니다.
> 빛 즉 하느님을 향한 여행입니다.
> 미로(labyrinth)의 중심을 향한 여행,
> 하느님을 향한 여행, 받고 다시 주는 여행입니다.
> 기대를 갖고 발걸음을 옮기십시오.
> 당신이 여행을 하는 동안,
> 무엇을 보고 듣고 생각하는지 성찰해보십시오.
>
> ......
>
> 눈을 크게 뜨고 당신의 감각을 이용하십시오.

176

이것은 감각이 결여된 여행이 아닙니다.

깊게 숨을 쉬고 긴장을 푸십시오. 급할 것 없습니다.

이 순간을 즐기십시오.

다른 사람들을 의식하십시오.

우리는 함께 여행하고 있습니다.

하느님에게 나아가는 것에 집중하십시오.

미로의 중앙을 향해 가면서 자신의 죄를 고백하고,

하느님과의 관계를 방해한 것들을 버리십시오.

당신 자신의 이미지나 (투사된) 영상을 버려야

하느님과 진실로 함께할 수 있습니다.

사람들이 당신이 무엇이 되어야 한다거나,

당신에게 거는 기대,

그들의 생각들을 잊어버리십시오.

당신은 여행하면서 자신의 가면을 벗고 껍질들을 벗기고,

벗어버림으로서 성장하십시오.

당신의 내면을 하느님과의 만남에 준비하십시오."*

위의 내용은 'Labyrinth미로'라는 영적 여행을 위한 쌍방향 온라인 프로그램의 도입 부분을 기술한 것입니다. 그러나 온라인 미로는 처음부터 인터넷 콘텐츠로 개발된 것이 아니라, 런던의 대안적 기독교 그룹들이 프로젝트팀을 구성하여 밀레니엄 축하 행사의 하나로 2000년 3월 런던 세인트폴 성당에 일주일 동안 미로를 설

---

* http://www.labyrinth.org.uk/textpage1.html을 필자가 한국어로 번역함.

치한 것으로부터 출발했습니다. 미로는 중세 성당의 바닥에서 종종 발견되는 도형으로 밖에서 신자들이 이 도형 안으로 들어와 복잡하게 연결된 라인 위를 따라 걸으면서 중심에 도달하고, 다시 밖으로 나오는 과정을 거치면서 기도와 자기 성찰의 시간을 가지도록 고안된 것입니다. 전형적인 것이 프랑스 북부에 위치한 샤르트르 대성당의 미로이며, 최근에는 많은 순례객들이 오직 미로 위를 걷고자 이 성당을 방문한다고 합니다. 세인트폴 성당에 설치되었던 미로도 샤르트르 대성당 미로의 패턴을 토대로 한 것이며, 위에서 소개한 온라인 프로그램은 세인트폴 성당에 설치된 미로가 대중들에게 높은 호응을 얻자 이것을 다시 사이버 공간에 재구축한 것입니다. 이 인터넷 콘텐츠는 초기에는 청소년 선교를 주 사업으로 하는 한 영국 개신교 단체 홈페이지에서에서 제공되었으나, 현재 이 콘텐츠만을 위한 독자적인 사이트(http://www.labyrinth.org.uk)가 운영되면서 그 사용자층을 기독교인에 국한하지 않고 주류 교회로부터 멀어졌거나 대안적 영성을 찾는 영적 구도자들로 그 범위를 넓히고 있습니다.

　온라인 미로는 11단계로 진행되며 이는 다시 크게 세 부분—(1) 내면으로의 여행(놓음 혹은 버림), (2) 미로의 중심(하느님에 집중), (3) 밖으로의 여행(삶에서 하느님의 구현)—으로 나뉩니다. 무엇보다 온라인 미로가 일상적이지 않은 성스러운 공간이라는 것은 해당 사이트에서 이 프로그램을 실행하기 전, 방문자에게 신발을 벗을 것을 요구하는 것으로 암시되고 있으며, 이 영적 여행의 정점이라고 할 수 있는 6번째 단계가 진행되는 미로의 중심부는 특히 신이 거주하는 성스러운 공간으로 강조되고 있습니다.

　　　　　　　　　　　우리에게 종교란 무엇인가

영국 런던의 세인트폴 대성당/ 프랑스의 샤르트르 대성당
샤르트르 대성당의 미로

6번째의 단계('성스러운 공간')를 클릭하면 동일한 단조롭고 몽환적인 음악이 흐르면서 빵과 포도주의 사진이 보이고 영적 가이드인 여성의 목소리가 들린다.

"이곳은 성스러운 공간입니다.
　하느님이 이곳에 계십니다. 당신을 환영합니다.
　편하게 머무십시오.
　당신 자신이 되십시오.
　진짜가 되십시오. (Be real.)
　서두르지 마세요.
　하느님이 당신을 사랑하게 하십시오. 알게 하십시오.
　치유하게 하십시오.
　당신에게 말하게 하십시오.
　하느님으로부터 받으십시오.
　하느님과 소통하십시오.
　하느님을 드십시오."**

성찬을 상징하는 화면 속 빵과 포도주의 사진을 클릭하면 그 때마다 양이 줄어들고 결국 빈 쟁반과 잔이 남게 된다.

　위의 온라인 미로와 성당에서 행해지는 미로 걷기를 비교하면, 우선 이 둘은 모두 가톨릭 전통에 토대를 두고 종교적 체험의 수

** 　http://www.labyrinth.org.uk/textpage6.html을 필자가 한국어로 번역함.

　우리에게 종교란 무엇인가

단으로 도형 즉 미로를 이용하고 있으며 일상적인 공간과는 구분
되는 성스러운 공간/장소를 상정하고 있다는 공통점을 보입니다.
또한 이 둘은 저명한 인류학자 방주네프^{Arnold van Gennep}가 제시한
바와 같이 (통과)의례의 3단계, 즉 '분리→전이→통합'에 상응하는
'버림(정화)→받음(신과의 합일)→돌아옴(재탄생)'의 진행 단계를 밟
음으로써 구조적 유사성을 보이고 있습니다.

그러나 온라인 미로에서는 참가자가 모든 단계를 임의로 무제
한 반복할 수 있을 뿐 아니라, 그 과정 또한 (정해진 규칙에 따라) 순
차적일 필요 없이 원한다면 특정 단계로 곧바로 들어갈 수도 있고,
또 전 단계로 되돌아갈 수도 있기에 시공의 제한이 극복되고 자의
적 선택이 언제나 허용된다는 점에서 성당에서의 미로 걷기나 일
반적인 성지순례와 차별됩니다. 또한 온라인 미로는 철저히 혼자
서 행하는 것이기에 다른 참가자들과 경험을 공유할 수 없습니다.
이는 인류학자 터너^{Victor Witter Turner}가 주장하듯 일반적인 성지순례
에서 흔히 순례자들 사이에 사회적 위계가 사라지고 평등한 공동
체(관계) 즉 '코뮤니타스'가 형성되는 것과는 커다란 차이를 보입니
다. 따라서 온라인 미로는 기존의 종교 전통을 토대로 이로부터 의
례적 구조와 종교적 요소들을 차용하는 동시에 첨단 인터넷 기술
을 결합함으로써 동시대인들이 선호하는 보다 유연하고 개인적인
종교적 체험이 가능한 새로운 의례를 구축하고 있다고 할 수 있습
니다. 이런 의미에서 해당 사이트에서는 온라인 미로를 12세기 의
례를 21세기를 위해서 재구성한 것으로, 고대와 (탈)현대의 융합으
로 설명하고 있습니다.

또한 위의 사이트는 사용자가 긴장을 풀고 자신을 성찰할 수 있는 공간을 온라인 미로가 창조하고 있다고 기술합니다. 그렇다면 인터넷 사용자들은 어떻게 사이버 공간을 인지하고 구체적으로 경험할 수 있는지 궁금해집니다. 이런 맥락에서 어떤 학자는 인간은 수동적이지만 않고 적극적으로, 즉 공간에서의 이동을 통해 공간을 인지한다고 합니다. 이 학자는 공간적 경험은 3가지 양상을 가진다고 말하는데, (1) 시각적·청각적 경험을 바탕으로 공간을 지각하고, (2) 공간에서의 이동을 통해 공간에서 자신의 존재를 인지하고, (3) 공간에 있는 대상과의 상호작용을 통해 구체적인 행위를 경험한다는 것입니다. 이런 의미에서 (1) 온라인 미로는 시각적·청각적 자극을 제공함은 물론이고, (2) 여행(이동)이 핵심 주제가 됨으로써 단계별 이동이 중심 행위가 되고, 모든 단계에 들어가기 전에 움직이는 발자국을 보여주며, 특정 단계(7단계)에서는 공간 자체가 빠르게 이동함으로써 참가자가 여행(이동) 중임을 부각시키고 있으며, (3) 각 단계에서 스크린에 나타나는 도형/그림/사진에 대한 참가자의 다양한 반응─클릭, 선을 그음, 삭제/백스페이스키를 누름 등─을 유도함으로써 공간 속 대상과의 상호작용도 할 수 있기에, 온라인 미로는 충분히 공간적 경험을 가능케 하는 프로그램이라고 평가할 수 있습니다.

더불어 온라인 미로의 첫 단계에서 나오는 "눈을 크게 뜨고 당신의 감각을 이용하십시오. 이것은 감각이 결여된 여행이 아닙니다."라는 멘트는 사이버스페이스의 중요한 성격 한 가지를 시사하고 있습니다. 즉 사이버 공간은 인터넷과 이를 뒷받침해주는 첨단 정보통신기술에 의해 인공적으로 만들어진 공간이지만, 결코 죽은 공간이 아니며 참가자가 이곳에 몰두하는 동안 여러 감각이 활성화되어 이 공간을 사실적으로 인지함으로써 이곳에서 얻는 체험도 매우 구체적이라는 것입니다. 따라서 사이버스페이스에서 비록 우리의 육체 자체는 배제되고 있으나 우리의 (육체적) 감각은 활성화되기에 사이버스페이스가 육체성을 결여하고 있다는 주장은 무리가 있습니다. 여기서 미디어 이론의 선구자라고 하는 매클루언의 익살스런 표현 "미디어는 마사지다."를 상기할 필요가 있겠습니다. 매클루언은 각 매체가 서로 상이한 방식으로 인간의 감각기관을 '마사지'함으로써 새로운 매체의 등장은 감각의 비율(감각 사이의 배합 비율)과 지각 패턴의 변화를 인간에게 가져온다고 주장합니다. 이런 맥락에서 그는 매체 혹은 매체 기술을 '감각의 확장', '몸의 확장', '인간의 확장'이라고 말합니다.

앞에서 살펴본 온라인 미로가 내면 공간으로의 영적 여행을 위한 프로그램으로 고안된 것이라면, 인터넷에서 '사이버 순례'라는 이름으로 일반적으로 접할 수 있는 것은 전통 종교의 유명 성지에 대한 사진이나 영상을 보여주고 해당 성지와 인근 지역에 대한 정보를 텍스트 형식으로 올려둔 사이트들입니다. 그러나 미디어 기술이 발전함에 따라 일부 사이트들은 특정 성지와 그 방문객들의 모습을 고화질 실시간 동영상으로 전송하거나, 인터넷 방문자가 해당 성지의 내부와 외부를 자유롭게 이동하며 다양한 각도와 크기로 둘러보게 함으로써 해당 장소와의 보다 적극적인 상호작용을 가능하게 하고 있습니다. 이러한 사례는 순례를 중요한 종교 전통으로 상정하고 있는 가톨릭, 유대교, 이슬람 관련 사이트에서 집중적으로 관찰됩니다.

이렇듯 시뮬레이션이나 3차원 그래픽과 같은 첨단 컴퓨터 기술의 등장으로 사이버스페이스는 실제 세계에 보다 유사한 공간적, 시간적 체험을 제공할 수 있게 되었으며, 잘 만들어진 사이버스페이스는 현실보다 더 현실 같은 느낌을 주기도 합니다. 따라서 사이버스페이스는 허구이면서 동시에 실재이며, 존재하지 않으면서 실은 존재하는 새로운 리얼리티를 만들어낸다고 할 수 있습니다. 이런 의미에서 프랑스의 사회학자이며 철학자인 보드리야르Jean Bau-drillard는 '하이퍼리얼리티hyperreality'라는 용어로 정보화 사회의 특징을 부각시키고 있습니다. '하이퍼리얼리티'란 매체의 영향력이 커짐과 동시에 우리의 의식이 실재와 실재의 모사를 구분할 수 없게 되었음을 말하는데, 보드리야르는 이로써 실재와 가상의 경계가 사라지고, 모사되거나 재현된 실재가 오히려 실재를 대체하게 되었다고 주장합니다. 사실 우리는 실재가 재현되었을 때 이것을 더 실재로 인식하기도 합니다. 예를 들어, 여행지에서 정신없이 둘러본 풍광을, 집에 돌아온 후 당시 찍었던 사진이나 동영상을 보면서, 아니면 TV 여행 프로그램의 촬영 영상을 보면서 "아~ 내가 정말 저곳에 있었지. 저렇게 멋있는 곳이었나?" 하면서 진정한 감동을 느끼기도 하고, 요즘 젊은이들처럼 매순간 특이한 광경이나 자신의 새로운 모습을 스마트폰으로 찍어 자신의 블로그나 트위터에 올림으로써 그 순간을 확인하고 타인에게 확인받기를 원하기도 합니다. 이렇듯 가상의, 재현된, 복제된 실재는 실제 세계에서의 경험을 지속적으로 불러일으킴으로써 가상현실과 물리적 현실은 분리된 것이 아니라 서로 밀접하게 상호작용하고 있다고 할 수 있습니다. 이러한 과정을 통해 사이버스페이스는 단순한 가상의 현실이 아니

우리에게 종교란 무엇인가

라 실재 그 자체로 작동하고 있다고 해도 과언이 아닐 것입니다.

온라인 종교에 대한 재평가

새로운 미디어가 인간에게 가져온 감각적, 경험적, 인식적 차원의 변화에 대해서 학자들은 다양한 평가를 내리고 있으며, 이는 온라인 종교에 대해서도 마찬가지입니다. 어떤 학자는 사이버 순례를 예로 들어, 온라인 종교는 전통적인 성스러움의 인식으로부터 우리를 단절시킨다고 우려합니다. 즉 전통적으로 성스러움이 사회적으로 그리고 (구체적) 장소에서 구현되는 것으로 인식되었다면, 온라인 종교에서는 성스러움이 (과학)기술을 통해 접근되고, 공간 속에서 개인의 의식에 의해 구성되는 것으로 인식됨으로써, 장소 안에서 상호작용하는 육체가 사라지고 그 대신 오직 (사이버) 공간과 인지하는 자아만이 성스럽게 되는 결과를 가져온다는 것입니다. 이에 반해 다른 학자는 이성과 육체를 중심으로 실재와 경험을 이해하려는 기존의 시각을 비판하며, 바로 이러한 시각이 인터넷도 오프라인 종교에 상응하는 진정하고 의미 있는 그리고 획기적인 종교적 경험을 매개할 수 있다는 가능성을 인정하기 어렵게 만든다고 주장합니다. 더불어 이 학자는 온라인 순례의 경우 물리적 육체의 부재가 흔히 지적되나, 이 또한 기독교 역사에서 생소한 것이 아니라고 언급합니다. 즉 먼 타국 성지로의 순례가 용이하지 않았고 또 여행이 누구에게나 허용되지 않았던 중세 유럽에서 특정 성지를 재현하여 이를 성소 내지 순례 장소로 구축하거나, 관상觀 想을 통하여 해당 성지를 상상함으로써 일종의 정신적 순례 내지 가상 순례를 행한 역사적 사례들이 있기에, 사이버 순례 또한 이 연장선상에서 이해할 수 있다는 것입니다.

여기서 우리에게 남은 질문은 사이버 순례가 (현재보다) 진보된 미디어 정보통신기술의 도움으로 역사적 성지를 사이버 공간에 완벽히 재현하고 방문자가 자신의 모든 감각기관을 동원하여 재현된 장소와 충분히 상호작용할 수 있다면 과연 지상의 순례를 대체할 수 있는가입니다. 사실 이러한 질문은 사이버 의례는 단지 지상의 의례를 모방하고 있을 뿐이며, 육체를 통한 경험만이 진정성을 담보받음으로써 사회적·종교적으로 비준되고 이에 상응하는 혜택·효과를 받을 수 있다는 오래된 인식에 기반하고 있습니다. 비록 사이버 의례가 지상의 의례(경험)를 모델로 삼거나 이를 반영한다고 해도, 또 발전된 미디어 기술로 해당 장소의 물리적 환경을 완전하게 재현한다고 해도, 실재와 재현된 실재가 동일하지 않음

우리에게 종교란 무엇인가

은 자명합니다. 따라서 실재 그리고 재현된 실재와의 상호작용을 통해 일어나는 종교 경험 또한 동일하지 않다는 논리가 성립됩니다. 그러나 여기서 재현된 실재가 덜 실제적(현실적)이며, 이를 기반으로 하는 종교 경험은 허구이고 진정성을 결여한다는 주장은 타당성이 없습니다. 왜냐면 동시대인들은 실재와 재현된 실재의 경계가 와해된 시대에 살고 있으며, 무엇보다 종교 경험 그 자체는 재현의 대상이 아니기 때문입니다.

　그렇다고 사이버 의례가 자동적으로 모든 사용자들에게 진정한 종교 경험을 가능케 한다는 말은 아닙니다. 사이버 순례의 예를 보더라도 해당 사이트의 기술적·구성적 완성도, 독창성 등에 따라, 그리고 사이트 방문객들의 동기·이유—단순한 호기심으로, 성지순례를 하기 전 이에 대한 정보를 수집하고 심리적으로 준비하기 위해, (여러 이유에서) 실천에 옮길 수 없는 성지순례에 대한 일종의 대안으로 등—에 따라 방문객들의 경험도 다양할 것이기 때문입니다. 무엇보다 앞에서 다루었던 온라인 미로와 같이 물리적인 성지가 아닌 내면 공간으로의 영적 여행을 위해 고안된 사이버 순례의 경우 방문객들은 전혀 새로운 경험과 맞닥뜨리게 됩니다. 이런 맥락에서 사이버 의례는 새로운 차원의 의례의 탄생을 의미한다고 할 수 있습니다. 이는 인터넷이라는 새로운 미디어를 통해 종교 경험 자체도 새롭게 구성·확장되고 있음을 시사합니다. 이와 더불어 일상의 공간에 자리 잡고 있는 컴퓨터에서 사용자가 특정 온라인 의례 프로그램을 클릭함과 동시에 비일상적 즉 성스러운 공간과 대면하게 된다는 점은 뉴미디어 시대에 사는 동시대인들에게 일상과 비일상이 자주 중첩되며, 그 전환 또한 매우 즉발적이고 신속함을 의미합니다.

사이버 의례
—종교적 체험과 상상력의 확장?

사이버 종교나 사이버 의례에 대한 학자들의 다양한 평가에도 불구하고 분명한 것은 디지털 시대라는 새로운 미디어 환경 속에서 우리의 종교적 감각과 경험도 새롭게 일깨워지고 있으며, 이는 현실과 가상현실의 경계가 불분명해진 동시대의 현실에서 자연스런 현상일 것입니다. 구체적인 (성스러운) 장소와 시간 그리고 육체의 직접적 개입이 결여된 온라인 종교의례는 매우 새롭고 실험적으로 보일 수도 있습니다. 그러나 앞서 소개한 온라인 미로의 예를 보더라도 사이버 의례는 기존의 종교 전통과 종교 경험을 기저로 하고 있다는 점에서 전혀 새로운 창작물이라고 볼 수는 없을 것입니다. 그러나 동시에 최신 미디어 기술과 결합함으로써 이전의 의례에서는 볼 수 없었던 새로운 차원의 의례를 제시함으로써 우리들의 체험과 종교적 상상력에 새로운 지평을 열고 있다는 점에서 충분히 새로운 종교현상이라고 할 수 있을 것입니다. 물론 사이버 의례는 아직 초기 단계에 있으며 온라인 미로와 같은 성공적인 콘텐츠는 그리 많지 않습니다. 그러나 하루가 다르게 진화하고 있는 디지털 세계에서 우리가 전대미문의 종교적 실험을 경험하는 날은 그리 멀지 않을 수도 있습니다. 단, 오감을 열고 이러한 실험에 우리의 마음을 연다면 말입니다.

우리에게 종교란 무엇인가

마셜 매클루언·쿠엔틴 피오르,김진홍 옮김, 『미디어는 마사지다』, 커뮤니케이션북스, 2001.

박창호, 『사이버공간의 사회학』, 정림사, 2001.

우혜란, 「사이버 순례에 대한 논의—온라인 '미로'와 '가상 하지'를 중심으로」, 『종교문화연구』 제19호, 2012.

팀 조단, 사이버문화연구소 옮김, 『사이버 파워』, 현실문화연구, 2002.

더
읽어볼 만한
글

http://www.vatican.va/various/basiliche/san_giovanni/vr_tour/index-it.html

http://www.cyberfaith.com/weblinks/landjesuswalked2.html

http://fatimatvworldwide.twww.tv/video.php?lang=EN#video_epg.php?nav=2&lang=EN

http://www.channel4.com/programmes/the-hajj-the-greatest-trip-on-earth/4od

http://www.virtualjerusalem.com/kotelcam.php

http://www2.uic.edu/stud_orgs/religion/hindu/pujaroom.html

http://eternalfountain.ning.com/

http://www.zoroastrianism.cc/index.html

더
찾아볼 만한
사이트

종교문화의
상품화,
어디까지 왔나?

우혜란

우리는 모든 것이 상품이 되는, 즉 매매의 대상이 되는 시대에
살고 있습니다. 여기서 종교는 예외일까요? 사실 종교 전통은
이미 한국 사회에서 하나의 중요한 문화 자원으로 관광산업을
위해 적극적으로 '개발'되고 있으며, 일부 단체는 한국의
수련문화를 재포장하여 국외로 수출까지 하고 있습니다.
종교전통이 후기 자본주의의 큰 물살 속에서 급속히 상품화되면서
그 문화적 맥락으로부터 분리되고 파편화될 때 한국의
종교문화는 과연 자신의 '전통'을 지켜나갈 수 있을까요?

종교문화의 상품화란?

2011년 2월 아이폰에서 'Confession: A Roman Catholic App고해성사 로마 가톨릭 앱'이 유료로 출시되면서 미디어의 집중적인 관심을 받은 적이 있습니다. 이 제품은 미국의 한 작은 회사(Little i Apps)가 몇몇 가톨릭 성직자들의 도움을 받아 개발한 최초의 가톨릭 관련 아이폰 어플리케이션으로, 이를 통해 이용자는 자신이 십계명을 잘 지키고 있는지 점검하고 더 나아가 자신이 지은 죄를 회개할 기회를 갖게 된다고 합니다. 이 앱은 아이튠스iTunes에서 2.19달러에 구입할 수 있으며 고해성사를 할 때마다 매번 요금이 부과된다고 합니다. 로마 교황청이 그사이 이 앱에 대해 반대 의견을 내놓았음에도 불구하고, 현재까지 이 앱은 내용이 업그레이드되면서 '라이프스타일 어플'로서 높은 인기를 누리고 있습니다. 이 앱은 한 사업체가 개발하고, 천주교 신자뿐 아니라 누구라도 구매할 수 있으며, 가톨릭 전통의 한 특정 부분만이 취사선택되어 콘텐츠화되었다는 점에서 '종교문화의 상품화'라는 동시대의 흐름을 잘 보여주는 사례라고 할 수 있습니다.

종교를 포함하여 모든 것이 상품이 되는 시대에 우리는 살고 있습니다. 여기서 상품이란 인간의 노동에 의해서 생산된 물품이나 서비스로, 생산자의 직접적 사용이 아닌 시장에서 이것들에게 부여되는 금전적 가치 때문에 생산되는 품목을 말합니다. 따라서 상품의 중요성은 그 교환가치에 있으며, 이는 상품으로부터 이윤이 창출된다는 말입니다. 물론 상품은 인간의 기본적인 욕구를 충족시키는 사용가치를 지니나, 자본주의 체제에서는 교환가치가 사용가치보다 지배적입니다. 이런 맥락에서 '상품화'를 언급하는데, 이는 비교적 새로운 용어로, 마르크스Karl Marx가 말한 자본주의 발전

양식을 이해하는 데 하나의 기본적인 시각을 함축하고 있습니다. 마르크스 경제학에서 상품화는 관계의 변형을 의미하는데, 이는 전에는 경제적 이윤 추구와는 거리가 먼 관계들이 상업적 관계, 교환의 관계, 매매의 관계로 변형됨을 말합니다. 이런 맥락에서 상품화는 이전에는 경제적 맥락에서 고려되지 않았던 것들 그리고 시장 영역 밖에서 이루어지던 관계나 노동—예를 들어, 성, 친밀함, 교육, 간호, 요리 등등—이 재화가 되어 경제적 가치가 부여되고 있음을 말합니다. 이러한 현상은 시장(거래) 영역의 확대를 의미하며, 특히 신자유주의 체제에서는 인간관계를 비롯하여 모든 것이 상품화 내지 교환의 대상이 됨으로써 상품화의 범위가 무한대로 확장되고 있습니다. 신자유주의 경제체

아이폰 어플리케이션 '고해성사: 로마 가톨릭 앱'

제에서는 자본의 축적이나 증식이 더 이상 공산품의 생산이나 소비가 아닌 무형의 서비스와 문화의 상품화를 주축으로 하고 있다는 것입니다. 이로써 자본주의는 문화적 자본주의로의 마지막 변신을 시도하고 있다고 할 수 있습니다.

이러한 변화는 사실상 경제와 문화의 경계가 사라지고 있음을 의미하며, '문화산업'이라는 용어가 이를 대변해줍니다. 문화산업은 전 세계적으로 1990년대 이후 급격히 성장하였고 고용 창출이나 국민총생산에서도 큰 몫을 담당하고 있습니다. 문화산업의 중요성은 '경제 대통령', '일 잘하는 실용정부'라는 핵심 구호를 내걸고 당선된 이명박 대통령의 2008년 2월 25일 취임식 연설에서도

확인할 수 있습니다. 이 대통령은 "이제는 문화도 자원"이라며 "콘텐츠 산업의 경쟁력을 높여 문화강국의 기반을 다져야" 한다고 말하면서 이를 위해 "산업적 차원의 문화발전"에 투자를 증대할 것이며 "대한민국을 문화브랜드"로 만들어 "세계 5대 문화산업 강국"으로 거듭나겠다는 포부를 밝혔던 것입니다.

'문화산업'이란 무형의 문화적 성격을 지닌 콘텐츠를 창조, 생산, 상업화하는 모든 산업을 일컬으며 이 콘텐츠는 일반적으로 저작권에 의해 보호되며 상품이나 서비스의 형태를 갖게 됩니다. 따라서 문화산업은 콘텐츠에 가치를 부여하는 산업으로서 지식 집중 산업이며 고부가가치 산업이라고 평가됩니다. '문화상품'이란 이러한 문화산업의 생산품을 말하며, 일반적으로 유형의 '문화물품'과 무형의 '문화서비스'로 구분됩니다. 물론 이 둘이 언제나 명확히 구분되는 것은 아니지만, 일반적으로 전자는 아이디어, 상징, 삶의 방식 등을 전달하는 소비재를, 후자는 문화적 욕구나 흥미를 만족시키는 것을 목적으로 하는 활동들을 말합니다. 따라서 '문화의 상품화'란 문화의 구성 요소들이 상품, 즉 매매의 대상이 되는 유형·무형의 재화로 변화됨을 의미합니다. 특히 문화상품이 일반 상품과 구분되는 것은 이들 대부분이 '체험 상품'이라는 점입니다. 또한 문화상품이 고부가가치 상품으로 환영받는 것은 이들 상품의 가치가 사용가치가 아닌 상징적 가치에 의해서 결정되기 때문에 생산에 실질적으로 투자되는 비용보다 훨씬 높은 가격으로 판매될 수 있기 때문입니다. 유사한 맥락에서 근래에는 일반 소비재에 불구하나 특정 라이프스타일과의 연계성을 강조하며 부차적으로 문화적·상징적 가치가 부여되는 소위 '문화융화상품'이

우리에게 종교란 무엇인가

각광받고 있으며, 스마트폰이나 아이패드와 같은 첨단 모바일 통신기기가 그 예가 될 것입니다.

그렇다면 한국의 경우 어떻게 종교 전통 내지 종교문화가 이익 창출을 위한 문화산업에 흡수되고 상품화되고 있는지 구체적인 사례들을 중심으로 알아보고자 합니다. 2000년 이후 대부분의 지방자치단체들은 지역 축제를 개최하고 지역의 특징을 살린 관광상품을 개발하면서 다양한 종류의 문화관광사업을 추진해왔습니다. 이렇게 지자체들이 문화상품 개발에 전력투구하고 있는 것은 현재 한국의 지방자치제도가 가지고 있는 재정적 열악성과 밀접한 관계가 있습니다. 즉, 이미 고착된 지역 불균형 상태에서 김영삼 정권이 들어서고 90년대 지방자치제도가 가동됨으로써 중앙정부로부터의 재정 지원이 제한되는 한편, 대다수의 지역 경제가 'IMF 위기'에 무방비로 노출되어 공동화되었다는 것입니다. 이런 상황에서 대다수의 지자체들이 외지의 자본 유치를 위한 발전 전략을 선택할 수밖에 없었으나 이 또한 몇몇 지역에 제한될 수밖에 없었기에, 결국 지방자치단체들은 자신들의 지역을 하나의 매력적인 상품으로 가꾸어 파는 소위 '장소 마케팅'으로 외지 자본을 유치하는 데 주력하게 되었습니다. 또한 여기에는 노무현 참여정부의 대표적인 지역 개발 정책인 '신활력사업'도 한몫을 했습니다. 신활력사업이란 지역이 주체가 되어 발전 기반을 마련한다는 기본 취지에서 하드웨어 위주 사업을 소프트웨어 위주 사업으로 전환하여

지방 자치단체의 종교문화 관광사업

지역의 자립적 혁신 역량을 강화하고 이를 바탕으로 1차, 2차, 3차 산업의 융복합화를 추진하려는 사업입니다. 노무현 정권을 시작으로 정부는 문화관광사업을 고부가가치 사업으로 평가하여 국가발전의 성장 동력으로 육성하고자 하였기에 (종교)문화자원에 대한 국가의 제반 활용에 매우 큰 관심을 기울였습니다. 이런 맥락에서 지자체의 문화사업은 지방분권화라는 이름 하에 지역 경제를 시장의 원리에 맡겨버린 신자유주의적 지역 정책이 낳은 결과라고 할 수 있습니다.

종교문화와 관련하여 지방자치단체들이 먼저 눈을 돌린 것은 명상 산업으로, 이와 관련하여 일련의 대규모 복합문화단지 조성이 추진되었습니다. 경상북도와 문경시는 2004년 대규모 '명상웰빙타운'을 2008년도에 완성한다는 기획을 발표하면서 "최근 웰빙 마인드를 우리 정신문화인 명상과 연계해 새로운 여가문화인 명상문화 사업으로 집중 육성하겠다."는 취지를 밝히고, 문경을 명상문화의 메카로 조성할 것이라고 밝힌 바 있습니다. 이 사업은 주5일 근무제 등으로 달라진 여가 패턴 및 관광 패턴에 대응하는 체험형 문화관광단지라고 합니다. 이 단지는 '명상문화체험센터', '명상자연치유센터', '명상문화 콘텐츠 종합개발원', '명상테마 죽림온천' 등을 포함하고 있습니다. '명상문화체험센터'에서는 요가, 참선, 태극권, 선무도 등 각종 명상수련과 함께 명상음악, 명상춤, 전통무예 등이 공연되고, '명상자연치유센터'에서는 명상요법, 한의학적 요법, 향기요법, 경락요법, 침 등의 종합적인 치료가 행해지며, '명상문화 콘텐츠 종합개발원'은 지역 전통문화 자원을 이용한 명상문화 웰빙 상품을 개발하고 세계명상문화축제를 기획한다고

우리에게 종교란 무엇인가

합니다.

경주시 또한 2004년 '명상문화산업단지'의 조성을 검토하고 있다고 밝힌 바 있습니다. 이 사업은 동국대학교의 기획안으로 불교문화의 전통을 근간으로 하는 세계적인 명상문화단지의 설립을 목적으로 경주의 전통문화를 살리면서 타 지역과 차별화된 관광산업으로 웰빙과 명상을 결합시킨 명상센터의 건립을 주요 내용으로 하고 있습니다. 이 명상센터에는 선, 명상 등을 통한 정신 치료를 위한 치유센터와 온천, 삼림욕장 등이 구비되어 복합문화단지로서 기능할 것이라고 합니다. 이 기획을 구상한 동국대 박종희 교수는 이 명상단지가 조성되면 "경주는 불교문화 전통과 어우러진, 세계적인 명상수련의 고장 세도나Sedona에 버금가는 명상 도시로 거듭날 수 있을 것"이라고 말했습니다.

전라남도의 영암군도 월출산 자락에 '기 문화 콘텐츠 센터'의 건립을 추진하였습니다. 영암군은 기氣 산업을 위해 일찌감치 월출산을 이용한 기의 상품화, 기 문화 콘텐츠 구축 등 기를 상품화할 수 있는 프로젝트를 추진해왔다고 합니다. 이 단지는 '기 과학 연구소', '기 체험관', '기 수련관', '전시관', '교육관', '상품관' 등을 갖추게 된다고 합니다. '기 체험관'에서는 초감각 체험, 기 체험, 경락 체험과 같은 프로그램이 운영되고, '기 수련관'에서는 전통무예, 단전호흡, 기체조, 명상수련 등이 행해진다고 합니다. 영암군은 이를 위해 고유 브랜드인 '氣@Yeong-am'을 개발하여 브랜드 이미지 상표와 의장 등록을 이미 마쳤다고 발표했습니다.

지자체의 이러한 복합문화단지 사업은 현 한국 사회에서 수련·명상 저변 인구의 확대, 웰빙과 대체의학에 대한 높은 관심 속에서

(잠재적) 소비자의 욕구를 충족·자극하여 이익을 창출하고자 기획된 것입니다. 이와 동시에 이러한 문화단지는 종교(문화)에 대한 현대인들의 개인적이고, 체험 위주인 소비적 접근방식과 취향을 반영하고 있습니다. 다시 말해, 소개한 복합문화단지는 방문객들이 명상·수련법이나 대체의학과 관련하여 되도록 다양한 상품들을 접하고 이를 체험할 수 있도록 구축된 공간이며 이와 동시에 휴식과 (공연 등을 통한) 엔터테인먼트가 제공되면서 방문객들이 체험과 소비를 극대화할 수 있도록 기획된 문화 공간이라는 것입니다.

그러나 현재 이러한 대규모의 복합명상단지 추진 사업은 대부분—월출산 '氣찬랜드'가 친환경 웰빙관광단지로 2008년 (재)개장된 것을 제외하고—표류 중에 있으며, 그 주된 이유는 지자체의 무리한 사업 계획으로 재원 확보가 여의치 않았으며 사업의 수익성 또한 확실하지 않았기 때문입니다. 이와는 별도로 일부 지자체는 지역의 민속신앙 혹은 민속 문화를 개발하여 이를 지역 관광사업과 연계하고자 했습니다. 제주시의 '사리봉공원'(토속신앙 테마공원) 관광화 사업, 경남 하동군의 청학동 '삼성궁 문화마을' 조성 사업, 전남 함평군의 '장승 공원화 사업'이 그 예입니다. 그러나 지자체의 향토민속문화 개발 사업 또한 함평군의 사업('나산 솟대장승공원')을 제외하고는 실현되지 않았는데 그 이유는 무엇보다 개신교 단체들이 이에 대하여 강한 반대 운동을 전개하였기 때문입니다. 같은 맥락에서 지역의 민속 문화를 앞세운 울산 '처용문화제', 강릉 '단오제', 진안 '마이산 신령제' 등도 개신교와 지속적인 갈등을 낳고 있습니다.

우리에게 종교란 무엇인가

정부나 지자체, 아니면 이 둘이 공동으로 자금을 출원하고 특정 제도종교가 이에 직간접적으로 관여하는 종교문화 관광사업의 경우 보다 첨예한 종교 간의 갈등이 유발되는 것을 관찰할 수 있습니다. 그 대표적인 예가 템플스테이 사업과 '대구 팔공산 역사문화공원' 조성 사업으로 이들 사업과 관련하여 (지방)정부, 불교, 개신교는 서로 다른 이해관계를 노출시키고 있습니다. 템플스테이 사업의 경우, 불교계에 이 사업을 제안하고 재정적으로 후원한 정부는 이 사업이 'OECD가 선정한 세계의 성공적인 5대 문화관광상품'이라고 홍보하면서 어떤 관광상품보다 국가브랜드 가치를 높이고 또한 많은 외국인 관광객을 유치할 수 있기에 경제성장에 기여한다는 입장을 표명하면서 이 사업을 종교적인 관점으로 문제 삼는 것을 경계하고 있습니다. 이에 반해 개신교계는 정교분리 원칙을 내세우며 국가 예산이 특정 종교의 포교 활동에 지원되는 종교 편향 국가정책을 저지한다는 뜻을 표명하였습니다. 불교계는 이러한 개신교의 비난에 대응하는 전략으로 '민족문화 수호'라는 담론을 앞세우며 이 사업을 불교계의 사업이 아닌 한국의 훌륭한 관광자원이자 문화상품으로 인식할 것을 촉구합니다. 한편 '대구 팔공산 역사문화공원' 조성 사업은 대구·경북 지역의 다양한 문화를 관광자원화한다는 '3대문화권 선도사업'의 일환으로 국비와 시비로 추진될 예정이었습니다. 이 사업은 동화사 국제관광선원과 초조대장경 역사문화공원의 조성을 포함하고 있었는데, 개신교 단체들이 이를 근거로 이 사업이 다름 아닌 불교테마공원 조성 사업이며 이는 특정 종교에 대한 편향적 지원이라고 거세게 항의하면서 결국 사업은 백지화되었습니다.

**종교문화
자원을
둘러싼
상이한
이해관계**

사실 정부와 많은 지자체에서 경쟁적으로 불교 관련 문화관광 사업—경상북도 경산시의 '삼성현(원효, 설총, 일연) 역사문화공원' 사업과 '갓바위 축제', 경상남도의 남방불교와 장유화상을 주제로 한 '가야문화유산 관광코스' 개발 사업, 경상남도가 추진한 팔만대장경을 주제로 한 '2011 대장경 천년 세계문화축전' 사업, 전라남도 영광군의 '백제불교초전지 성역' 사업—을 기획, 유치하면서 불교계와 개신교계 사이에 종교적 그리고 경제적 이해관계가 서로 첨예하게 대립되었다고 할 수 있습니다. 다시 말해, 다종교 상황 즉 종교 시장에서 여러 종교 집단 간의 경쟁이 치열한 상황에서 정부와 지자체가 불교 관련 전통문화를 양질의 관광자원으로 평가하고 그 상품화를 위해 집중적으로 공적 자금을 투입하면서 불교 측에는 자신들의 문화 자본을 형성할 수 있는 좋은 기회가 제공되었습니다. 반면 이런 과정에서 배제된 타 제도종교의 반발은 그리 어렵지 않게 예측할 수 있는 것입니다.

　한편 천주교와 개신교 측도 근래에 지자체와 공조하여 자신들의 종교문화 자원을 적극적으로 개발하여 지역의 관광사업과 연계하려는 시도를 하고 있습니다. 가톨릭의 경우에는 강원도 횡성군과 천주교 원주교구가 공동 추진하는 풍수원 성당을 중심으로 한 '유현문화관광지' 조성 사업, 그리고 전라남도 목포시와 천주교 광주대교구가 공동 추진하는 옛 가톨릭 병원 터에 '가톨릭 성지'를 조성하는 사업이 있습니다. 개신교의 경우, 광주광역시가 추진하는 호남신학대 일대에 '개화기 역사문화마을'을 조성하는 사업, 전라남도 여수시가 추진하는 '손양원 목사 기념공원' 조성 사업, 경상북도 영천시가 추진하는 자천교회 일대에 '기독교 역사공

　　　　　　　　　　　우리에게 종교란 무엇인가

간'을 조성하는 사업이 있습니다. 그러나 가톨릭과 개신교와 같이 한국에서 역사가 비교적 짧은 종교가 과연 자신들이 가지고 있는 제한된 문화 자원을 토대로 국내외의 일반 관광객들에게 매력적인 문화관광상품을 제공할 수 있을지는 아직 미지수라고 할 수 있겠습니다.

이렇듯 종교문화의 상품화는 무엇보다 관광산업과 매우 밀접한 관계를 가지고 있습니다. 관광산업은 관광객들에게 교통, 숙박, 오락거리와 같은 인프라만 제공하는 것이 아니라 특정 장소에서의 체험 자체를 상품화하고 있기에 '장소 마케팅'이 매우 중요한 역할을 합니다. 다시 말해, 해당 (관광)장소를 다른 일상적인 것과 구분하여 그 특별함을 부각시켜야만 그 상품성이 획득된다는 것입니다. 이런 맥락에서 앞에서 소개한 지자체의 명상복합단지 사업은 해당 지역의 물리적 조건을 재정비하는 작업뿐 아니라, 투자를 끌어들이고 관광시장의 요구에 맞추기 위해서 해당 지역의 (종교)문화적 유산을 재해석, 재구성하여 장소의 의미를 (재)창출하는 과정을 포함하게 됩니다. 이런 의미에서 주킨Sharon Zukin이라는 학자는 '장소의 상징적 경제symbolic economy of place'라는 개념을 사용하여 장소의 생산과 상징의 생산이 동시에 진행되고 있음을 강조한 바 있습니다.

주인 없는 종교 자원— 기수련 문화

그렇다고 지자체, 정부 그리고 제도종교(불교, 기독교)만이 종교문화 자원을 사업적 이익을 위해 상품화하고 있는 것은 아닙니다. 오히려 다양한 개별 종교 아이템을 개발하여 이를 고객과 일대일로 거래하는 현상은 비제도화된 종교 영역에서 더욱 더 활발하게 진행되고 있습니다. 비제도화된 종교 영역이란 제도종교와는 독립적으로 종교적 서비스가 제공되는 영역으로, 이 범주에는 (제도종교와 같이 신앙공동체나 위계화된 권위 체계가 결여된) 다양한 형태의 수련/명상 단체들이 포함됩니다. 한국 사회에서는 90년대 들어 소위 '기 신드롬'이 확산된 이후 한국 고유의 전통적인 수련법—선도仙道 혹은 단학丹學—에 바탕을 두었다는 기수련 단체들(단월드, 수선재, 도화재 등)과 서구의 대안적 심리치료요법에 영향을 받은 명상 단체들(마음수련, 동사섭 등)이 등장하고 빠른 성장을 보이면서 일부는 기업화하는 경향을 보입니다. 이들 기업형 수련/명상 단체들의 특징은 국내외에 많은 지사를 두고 자신들의 명상상품을 적극적으로 판매하고 있다는 것입니다. 한국의 기수련 문화가 수익 창출을 위해 지자체는 물론이고 수련/명상 단체들에 의해서 집중적으로 공략되는 것은 기수련 혹은 수련도교가 한국의 경우 제도화되지 않고 주로 개인적 차원에서 그 전통의 맥이 유지되었기에 일종의 '주인 없는 문화 자원'으로 쉬운 상품화의 대상이 되기 때문입니다.

특히 전통적 단학을 현대화하였다는 단월드는 한국 최대의 명상기업으로 성장하면서 자신들의 명상상품을 일찍이 고부가 문화상품으로 인식하여 이를 통한 이윤 추구를 당연시하고 있습니다. 이런 맥락에서 단월드(전 단학선원)의 설립자인 이승헌은 첫 수련

202

센터가 설립된 이후 단월드는 종교가 아니라 사업체라는 것을 누누이 강조해왔습니다. 여기서 "종교가 아니다."라는 발언은 단월드가 기성종교와의 충돌을 피하면서 (종교적 소속과 관계없이) 보다 넓은 고객층을 확보하기 위한 하나의 전략이라고 할 수 있습니다. 단월드는 표준화된 프로그램을 제공하고 있으며 모든 프로그램에는 가격이 책정되어 있습니다. 프로그램은 우선 일반회원과 평생회원을 위한 과정으로 나누어지며, 해당 과정을 위한 가입비를 지불한 후 특별 프로그램들이 부가되면서 별도의 수련비가 요구됩니다. 그밖에 지도자 과정인 '마스터 힐러' 과정은 단월드의 지도자를 양성하는 6개월 과정으로 평생회원 과정을 마친 사람들이 밟는 고등 단계로 이 과정에는 미국 단월드의 중심인 세도나로의 명상여행이 포함되며, 전 과정을 마치기 위해서는 높은 비용이 요구됩니다. 이와 동시에 단월드는 특정 프로그램만을 단품으로 제공하기도 합니다. 그중 하나가 '뇌교육'(전 '뇌호흡')으로 교육 대상자의 연령층과 구체적인 목적(두뇌 개발, 영재 육성, 학습효과 증진 등)에 따라 세분화되어 고객에게 맞춤화된 프로그램을 제공하고 있습니다. 근래에 단월드는 (초기에 제공하였던) 통괄적인 수련 프로그램보다는 다양한 종류의 단품 판매에 중점을 두고 있는데, 이러한 현상은 자본주의의 생산양식이 포드주의의 소품목 대량생산에서 후기 포드주의의 다품목 소량생산으로 변화한 것과도 유사합니다. 이는 보다 많은 소비를 자극하여 보다 큰 수익을 창출하려는 시도라고 할 수 있겠습니다.

특히 단월드가 주목을 끄는 것은 자신들의 명상상품을 고부가 문화상품으로 해외에 성공적으로 판매하고 있으며, 더 나아가 자

미국 애리조나 주 세도나의 벨 록(Bell Rock)에서 명상 중인 사람

신들의 막강한 자본력을 동원하여 해외의 자연자원을 적극적으로 개발하여 이를 자신들의 명상여행상품으로 재포장하여 판매하고 있다는 것입니다. 그 일차 대상은 미국 애리조나 주 북부에 위치한 세도나로 이곳에 단월드의 세계 본부인 '세도나 일지명상센터' (혹은 'Sedona Mago Retreat')가 위치하고 있습니다. 단월드는 세도나를 새로운 정신문명 시대를 열어갈 '세계 영성의 중심지'로, 그리고 세도나 일지명상센터는 '지구 평화운동의 중심지'로 기술하면서 이곳의 특별함을 강조하고 있습니다. 사실 세도나는 백인들이 신대륙을 정복하기 전 인디언들의 성지로 알려졌고, 이 지역의 땅에 강한 에너지가 뿜어 나온다는 볼텍스가 흩어져 있고 이러한 지점에서 정신의 진화와 치유가 이루어지고 영적 힘의 근원과 만날 수 있다고 소개되었습니다. 그러면서 수많은 뉴에이지 추종자 내지 영적 구도자들이 찾아오게 되어 뉴에이지의 영적 메카라고 불리는 지역입니다. 단월드는 세도나 시내에서 좀 떨어진 코코니노 국유림 안에 위치한 광활한 대지(160에이커: 약 20만 평)를 새롭게 조성하여—단군상을 세우고, 단군호수를 인공적으로 조성하는 만드는 등—이곳을 '마고 가든Mago Garden'이라고 명명하고 있습니다. 단월드는 이곳에서 미국인들에게 다양한 명상 프로그램을 제공할 뿐 아니라 한국인들에게는 산하 조직인 '명상여행사'를 통해 세도나를 "지구 최대의 에너지 마당이며 빛의 도시"로 홍보하면서 세도나 명상여행상품을 판매하고 있습니다.

소비재로서 종교의 앞날은?

끝으로 우리가 주목할 것은 종교 전통이 하나의 중요한 문화 자원으로 관광산업에 이용되든, 수련/명상상품으로 재포장되든, 매매와 소비의 대상으로 재탄생하기 위해서는 필연적으로 파편화 과정을 걷게 된다는 점입니다. 다시 말해서 상품화의 타깃이 된 특정 종교 전통은 그 역사적, 문화적 맥락으로부터 분리되고 잘게 쪼개져 소비자들에게 제공되면서 효과만이 강조되는 '뿌리 없는' 종교 상품으로 전락하기 쉽다는 것입니다. 더구나 스마트폰과 같이 마음만 먹으면 해당 어플리케이션을 즉시 구매하여 원하는 종교적 서비스를 이용할 수 있는 최첨단 통신기기의 등장은 종교의 상품화를 보다 촉진시키고 있습니다. 실제로 한국의 전통종교(불교, 개신교, 천주교)가 그동안 많은 앱을 개발하여 이를 (아직은) 무료로 제공하고 있다면, 단월드와 같은 명상 단체들과 일부 신종교(원불교)는 이미 적지 않은 명상/수행 관련 앱을 유료로 출시하였습니다. 과연 한국의 전통종교가 종교문화의 자원화, 종교 서비스의 상품화라는 후기 자본주의의 큰 물살 속에서 어떻게 자신의 '전통'을 지켜나갈지 계속 지켜볼 필요가 있을 것입니다.

더 읽어볼 만한 글

김규호·임배근, 「문화유산 관광자원화와 문화경제적 가치추정—황룡사 복원을 중심으로」, 『문화산업연구』 제9권 제1호, 2009.

제러미 리프킨, 이희재 옮김, 『소유의 종말』, 민음사, 2001.

조지 리처, 김종덕 옮김, 『맥도날드 그리고 맥도날드화』, 시유시, 2003.

한국종교문화연구소, 『신자유주의 사회의 종교를 묻는다』, 청년사, 2011.

우리에게 종교란 무엇인가

성스러운 바다를 향한 채식주의자의 몸짓

박상언

인터넷에서 맛집을 검색하면 주로 소개되는 곳이 고깃집일 만큼
경제적인 여유가 생기면서 고기를 즐기는 사람이 우리 사회에 정말 많아졌습니다.
그런데 오늘날 건강을 이유로 채식을 하는 사람들도 그에 못지않게 점차 늘고 있습니다.
육식을 즐겼던 서구인에게 많이 나타나는 질병들이 어느덧 우리 사회에서도
심각한 문제로 부각되고 있기 때문입니다.
분명히 채식을 하는 사람들에게 건강은 그 행위의 중요한 이유가 됩니다.
하지만 하나의 신념으로서 채식을 주장하는 사람, 곧 채식주의자에게는
채식 행위가 건강 이상의 의미를 담고 있음에 주목해야 합니다.
도대체 채식주의에는 어떤 신념이 담겨 있고,
채식주의자가 동경하는 세상은 무엇일까요?
그 생각의 가닥을 따라가면, 종교적 행위와 채식주의의 행위 사이에는
일종의 접경지대가 형성되고 있음이 드러납니다.
이제 채식주의자의 마음을 한번 들여다볼까요?

인간이란 그가 먹는 것이다

루트비히 포이어바흐Ludwig Feuerbach는 『자연과학과 혁명Die Naturwis-senschaft und die Revolution』에서 인간은 그가 먹는 것으로 규정된다고 보았습니다. 인간을 물질적인 존재로 규정하려는 그의 본래 의도와는 다르게, 그의 말은 종종 먹는 행위로 인간의 종류를 구분하는 데 이용되곤 합니다. 예를 들면, 무엇을 먹는가에 따라 인간을 잡식 부류와 채식 부류로 나누고, 그런 먹기 행위에서 나름의 의미를 찾아보려는 것입니다.

최근에 우리 사회에서도 먹는 것에 대한 관심이 부쩍 높아졌습니다. 건강과 다이어트에 좋은 음식을 소개하거나 맛있는 음식점을 소개하는 방송 프로그램이 자주 방영됩니다. 그런데 몇 해 전에 특정한 음식 때문에 곤욕을 치른 유명 연예인들이 있었습니다. 가수 이효리 씨와 아이유 씨입니다. 이효리 씨는 한우 홍보대사로 활동한 직후에 채식주의를 선언한 일로 사람들의 입방아에 올랐습니다. 한우 소비를 권장하는 모델로 활동하다가 어떻게 모델 계약이 끝나자마자 채식주의자로 전향할 수 있느냐는 것입니다. 반면에 아이유 씨는 한 방송국 프로그램에서 소의 생간을 먹은 일로 많은 사람들의 입에 오르내렸습니다. 개인적으로 고기를 좋아한다고 해도 어떻게 많은 사람들이 보는 지상파 방송에서 날고기를 먹으며 맛있는 표정을 지을 수 있는지 끔찍하다는 비난이 그에게 쏟아졌습니다.

두 사람에 대한 비판에는 여러 이유가 있겠지만, 논란의 핵심에는 동물의 '고기 혹은 사체'가 있습니다. 얼마 전까지 한우 홍보모델을 한 연예인이 채식주의를 선언한 일은 한우협회나 축산업자들에게는 뭔가 앞뒤가 맞지 않는 행동으로 비쳤을 뿐만 아니라 광고 효과의 감소가 걱정되었을 것입니다. 반면에 공영방송에서 유명 연예인이 동물의 생간을 먹는 장면을 기획해서 방영했다는 점은 동물의 권리를 주장하는 동물보호 단체나 채식주의 단체의 눈에는 잔인한 인간의 행태로 보였을 것입니다. 육식을 즐기는 사람에게 고기는 그저 미각이나 영양을 만족시켜주는 음식일 뿐이지만, 채식을 주장하는 사람에게 고기는 사람에 의해 죽임을 당한 동물의 사체로 인식됩니다.

일반적으로 우리는 다른 사람이 무엇을 어떻게 먹고 입는지에 대해 특별히 관심을 두며 살지 않습니다. 또한 조지 오웰George Orwell의 『1984Nineteen Eighty-Four』에 등장하는 빅브라더와 같은 존재에게 우리 자신의 일거수일투족을 감시당하고 싶지도 않습니다. 그렇다면, 삶은 참으로 피곤해질 테지요. 그런데도 우리는 왜 그 유명 연예인들이 먹는 것에 대해 그렇게 많은 이야기들을 쏟아내는 것일까요? 단순히 그들이 사이버 공간과 언론매체에 쉽게 노출되는 연예인이기 때문일까요?

조금 먼 길로 돌아가면서 그 물음에 대한 답을 찾아보려고 합니다. 동일한 먹을거리에 대해서 사람마다 다른 태도를 취하는 이유를 살펴보면 그 연예인들에게 쏟아지는 비난의 진원지에 좀 더 가까이 다가설 수 있지 않을까 해서입니다. 아마도 음식을 구별해서 보려는 태도가 선명하게 드러나는 곳은 종교적 제의의 공간이 아닌가 싶습니다. 이 동물이 아닌 저 동물, 혹은 이 식물이 아닌 저 식물로 제물을 신에게 바쳐야 한다는 관념은 인류의 보편적인 현상입니다. 신은 인간과 다르기에 신이 좋아하는 음식도 다를 것이라는 생각이지요. 아마도 신에게 제물을 바치기 시작하면서 음식은 단순한 인간의 몸을 유지하는 영양소 이상의 의미를 지니게 되었을 것입니다. 그들은 특정한 동물이나 식물을 제물로 선별했고, 특정한 격식에 따라 동물을 도살하거나 식물을 조리해서 신에게 바쳤습니다. 이처럼 구별의 작업을 통해 평범한 음식은 흔한 먹을거리에서 성스러운 신의 제물로 전환되는 것입니다. 그리고 사제와 같은 특별한 사람만이 접할 수 있는 금기 대상의 속성을 띠게 되는 것이죠.

음식을 구별하는 태도는 신과 인간의 차이를 드러내는 데에서만 나타나는 것은 아닙니다. 아랍인과 중국인, 영국인과 인도인은 각기 돼지고기와 소고기의 선호도에서 상반된 태도를 보입니다. 음식으로 집단 간의 차이를 선명히 드러내 보이는 경우지요. 그 이유를 설명하는 데는 여러 이론이 있습니다만, 대표적으로 인류학자 마빈 해리스^{Marvin Harris}와 메리 더글라스^{Mary Douglas}의 입장을 살펴보겠습니다. 문화유물론의 관점에 서 있는 해리스는, 인간은 보편적으로 동물의 고기를 선호한다는 전제에서 출발합니다. 인간은 대체로 고기가 영양학적 가치가 높은 식품임을 알고 있다는 것이죠. 문제는 특정한 동물 고기에 대한 선호와 기피를 어떻게 이해할 것인가입니다. 그는, 특정한 동물의 고기를 기피하는 태도는 집단이 처한 환경에서 효율적으로 먹을거리를 생산하고 관리하기 위해서라고 주장합니다. 예를 들어, 아랍인이 처한 환경에서 돼지는 사육하기가 어렵고 고기로 활용해서 얻는 이익보다 손실이 더 크기에 기피의 대상이 되며, 마찬가지로 인도인이 처한 환경에서 소는 고기로 활용해서 얻는 이익보다 소의 우유나 똥을 활용해서 얻는 이익이 더 크기에 소를 죽이지 않으려는 태도가 형성된다는 것

우리에게 종교란 무엇인가

입니다. 그리고 해리스는 이러한 실용적인 요인이 그 집단들에게 자연스럽게 수용되도록 종교적 의미로 감싸여져 있다고 봅니다.

　메리 더글라스는 해리스와는 다른 견해를 보입니다. 그는 음식을 한 집단의 의미 체계를 구성하는 상징체계로 보고 접근합니다. 예를 들면, 유대교의 신명기와 레위기에는 먹을 수 있는 동물과 먹어서는 안 되는 동물을 규정하는 내용이 나옵니다. 그 이유는 간단합니다. 먹을 수 있는 동물은 정결하고 먹어서는 안 되는 동물은 불결한 것이기 때문이라는 것이지요. 그런데 더글라스에 따르면, 그러한 종교적 규율은 어떤 동물이 위생학적으로 깨끗하거나 더럽다는 것을 의미하지 않습니다. 거기에는 그 집단의 질서 체계를 형성하고 유지하기 위한 동기가 작용하고 있다는 것입니다. 유대인들은 자신들의 사회 체계를 성스러움의 세계에 일치시키고자 노력했고, 그 종교적 열망이 구체적으로 드러나는 하나가 음식이었던 것입니다. 신이 정해준 엄격한 기준에 부합할 때 그 음식은 정결한 것으로, 부합하지 않으면 부정한 것으로 규정되는 것이지요.

　주목할 점은, 음식은 먹는 행위와의 관련 속에서만 그 의미가 선명하게 드러난다는 사실입니다. 그 음식이 인간이 근접할 수 없는 신성한 음식이든, 규범에 따라 먹거나 먹을 수 없는 음식이든 간에, 음식의 의미는 인간의 먹는 행위와 관련해서만 형성됩니다. 그래서 음식의 의미를 이해하기 위해서는 그와 관련된 인간의 몸, 혹은 몸짓에도 관심을 기울여야 합니다. 음식이 의미를 지닌다는 것, 혹은 음식에서 어떤 의미를 발견할 수 있다는 것은 음식을 둘러싼 인간의 문화적 행위가 작용하고 있음을 의미하는 것이죠.

　이렇게 보면, 채식주의자의 먹는 행위에도 문화적 의미가 담겨 있다고 볼 수 있습니다. 오늘날에 채식주의의 범위는 넓습니다. 웰빙의 바람 속에서 건강을 위해 채식을 하는 사람에서부터 생명의 평등권이나 생태계 위기의 해결을 위해 채식을 하는 사람에 이르기까지 다양합니다. 그리고 채식주의자들의 성향도 고기는 먹지 않지만 유제품, 달걀, 생선 중에 어느 하나는 먹는 사람에서 젓갈조차 먹지 않는 완전한 채식을 실천하는 사람에 이르기까지 다양합니다. 그러나 그 다양성에도 불구하고 채식주의로 분류되는 채식 행위에는 일종의 공통점이 있는데, 곧 비인간 동물에 대한 이타적인 관심과 배려입니다. 이 글에서는 하나의 이념으로서 '채식주의'가 형성된 맥락을 살펴봄으로써 그 윤리정치적인, 그리고 종교적인 성격을 살펴보려고 합니다. 이는 채식주의가 오늘날 우리 사회가 직면한 생태계 위기와 죽임과 죽음의 문화에 던지는 조언이 무엇인지, 또한 그들이 몸짓으로 가리키는 의미의 강줄기 어디쯤에서 '성스러움'의 바다와 만날 가능성은 없는지 생각해보고 싶은 바람 때문입니다.

채식주의와 먹기의 정치학

사람들은 동물의 고기를 먹는 것일까요? 아니면 동물의 사체를 먹는 것일까요? 사실 '동물의 사체'와 '동물 고기'는 모두 죽은 동물을 지칭합니다. 하지만 "고기가 맛있어."와 "동물 사체가 맛있어."라는 표현에서 느낄 수 있듯이 둘의 어감 차이는 큽니다. 당연히 우리 사회에서는 "고기가 맛있어."라는 표현이 자연스럽지요. 사람들은 고기를 먹는 것은 자연스럽고 당연하다고 생각합니다. 인간

우리에게 종교란 무엇인가

은 잡식동물이고, 고기는 영양학적 가치가 높은 음식이라는 과학적 사실을 당연하게 여기기 때문이지요.

그런데 '고기'는 그저 고기일 뿐일까요? 힘을 쓰려면 고기를 먹어야 한다는 소리를 자주 듣게 됩니다. 학창 시절에 제 중학교 선생님 한 분은 고기를 먹어야 힘이 난다면서 고기를 먹을 형편이 못 되면 쇠고기의 기름 덩어리로 국이라도 끓여달라고 어머니를 조르라고 말씀하신 적이 있습니다. 운동선수들이 고기를 즐기는 것을 보면, 고기와 힘은 밀접한 관계가 있어 보입니다. 비폭력(아힘사)의 진리를 실천했던 모한다스 간디도 그렇게 생각한 적이 있습니다. 간디가 육식을 한 동기에는 영국의 식민 통치라는 정치적 요인이 있었는데요, 영국인은 고기를 먹어서 골격이 크고 힘이 세기 때문에 채식으로 나약해진 인도인을 지배하는 것이라는 중학교 친구의 말에 그만 넘어가고 말았던 것이죠. 자신들도 고기를 먹고 영국인처럼 강해져서 나라의 독립을 이루어야 한다는 소박한 생각이 오랜 전통의 규범을 깨뜨리게 했습니다.

간디가 잘못 생각한 것만은 아닙니다. 당시 서구 사회의 대중에게는 고기는 건강식의 필수 식품이고, 고기에 담긴 고단백질의 섭취는 정력의 기초라는 믿음이 퍼져 있었습니다. 당시 과학자들은 고기의 영양학적 가치를 과학의 언어로 치장해서 그러한 믿음을 보증해주었습니다. 200여 년 전이나 지금이나 과학의 언어는 일반 대중에게 마법과도 같은 힘을 발휘하는 것 같습니다. "표고버섯이 몸에 좋다는데."라는 말보다는 "표고버섯에는 레티난이라는 성분이 들어 있어 혈압 강하의 효능이 있다는데."라는 말이 더욱 사람들의 신뢰를 얻는 것이죠. 전문가가 아니고서야 레티난이 무엇인

헨리 솔트
Henry S, Salt (1851~1939)

지 알 턱이 없겠지만, 대중은 그 전문가가 사용하는 과학 용어를 쉽게 받아들이는 경향이 많습니다. 18세기 유럽에서 동물의 살을 단백질이라는 추상적 언어로 치환해서 대중이 자연스럽게 육식을 할 수 있는 분위기를 형성한 대표적인 인물은 독일의 화학자 리비히Baron Justus von Liebig였습니다. 그는 신체 활동으로 상실된 근육은 좀 더 많은 단백질, 곧 고기 섭취를 통해 보충해야 한다고 강조했습니다. 고기의 효능에 대한 과학의 보증과 함께 필요한 것은 고기의 대량 소비를 이루게 하는 생산과 유통의 합리적인 체계였습니다. 사육과 도축의 근대화, 대규모 목초지의 확보, 고기의 신선도를 장기간 유지할 수 있는 냉동 기구, 증기 동력을 이용한 운송 수단, 장거리 이동을 가능케 한 철도의 발달, 통조림의 발명과 같은 근대적 산업화와 과학기술의 출현으로 서구 사회는 비로소 고기의 대량 생산과 대량 소비의 시대로 진입할 수 있었던 것입니다.

그렇다면 간디가 바라보았던 서구의 식민 지배자가 먹는 고기는 단순한 고기가 아니라, 동물의 살로 나타난 서구 근대문명과 제국주의의 현현이었는지 모릅니다. 그러나 고기 뒤에 숨겨진 근대문명의 파괴적이고 지배 지향적인 힘을 직시하기에는 아직 그의 나이와 경험은 부족했습니다. 역설적이게도 그가 근대문명으로 무장한 제국주의의 허상과 자기의 종교문화 전통의 정수를 깨닫는 계기는 법률 공부를 위해 머물렀던 식민제국의 본토인 영국에서 마련되었습니다. 간디가 영국으로 유학을 떠날 때 그의 어머니는 아들에게 간곡하게 말했습니다. 술, 고기, 여자를 가까이하지 말라는 약속을 해달라고 말입니다. 간디는 자기 어머니와 한 약속을 지키기 위해서 무던히도 애를 썼습니다. 특히 육식이 권장되던 무렵의

　　　　　　　　　우리에게 종교란 무엇인가

영국 사회에서 식민지 원주민으로서 채식을 한다는 것은 참으로 어려운 일이었죠.

마하트마 간디
Mohandas K. Gandhi
(1869~1948)

그런데 음식으로 고생하던 그에게 삶의 활력을 불어 넣어준 사건이 일어났습니다. 집주인의 소개로 근처에 채식 식당이 있다는 사실을 알게 된 것이죠. 어느 날 간디는 한 채식 식당 앞에서 발걸음을 멈추었습니다. 그의 눈길이 식당 출입구에 진열된 한 책자에 닿았고, 그는 1실링을 주고 그것을 구입했습니다. 바로 헨리 솔트의 『채식주의를 위한 변명Plea for Vegetarianism』이었습니다. 이때부터 간디는 당대의 채식과 관련된 여러 저서를 읽고, 채식 식당을 드나들며 채식주의자들과 교류하게 됩니다. 간디에게 이 사건이 지닌 의미는 채식 요리로 배를 실컷 채울 수 있게 됐다는 데 있지 않습니다. 이제까지 간디는 자신의 종교적 관습과 어머니와의 약속 때문에 억지로 채식을 준수해왔습니다. 그런데 영국의 채식주의 운동을 통해 그는 도덕성과 정치성의 결합 가능성을 채식에서 발견했고, 바로 그러한 채식의 의미를 확인함으로써 자율적인 채식주의자가 되었다는 데 보다 중요한 의미가 있는 것이죠.

당시에 영국의 채식주의는 급진적인 사회 개혁 운동의 한 축을 이루고 있었습니다. 19세기 영국 채식주의의 이념 형성에 영향을 준 대표적인 인물로는 퍼시 셸리Percy Bysshe Shelley, 존 프랭크 뉴턴 John Frank Newton, 존 오스왈드John Oswald, 조지프 릿슨Joseph Ritson 등을 꼽을 수 있습니다. 이들은 인도를 포함한 여러 민족의 고대신화, 그리스도교의 성서 그리고 역사 기록물 등을 검토하면서 채식주의의 의미를 파악하고자 했습니다. 이들의 공통된 주장은 인간이 육식을 하면서 순수한 자연의 본성을 상실했다는 점입니다.

에스파냐 오르데스 지역의 한 마을에 이탈리아 화가가 그려 놓은 '채식주의를 위한 변명'을 주제로 한 벽화

　존 뉴턴은 창세기의 아담과 이브의 이야기를 일종의 우화로 바라보면서, 그 이야기에 나오는 선악을 알게 하는 나무와 생명나무는 각기 동물과 채소를 상징한다고 말합니다. 선악과를 먹은 치명적인 대가는 '죽음'인데, 뉴턴은 그 우화에서 감추어진 죽음의 양상을 '질병'과 '조기 사망'으로 해석합니다. 낙원에서 인간은 자신들의 '해부학적 신체 구조'에 적합한 음식, 곧 풀과 과일을 먹고 건강하게 오래 살았는데, 자신들에게 맞지 않는 동물을 먹음으로써 병에 걸리고 일찍 죽는 형벌을 치르게 되었다는 것이죠. 이러한 해석이 그리스도교 신학의 맥락에서 보면, 아주 근거가 없지는 않습니다. 창세기를 꼼꼼히 살펴보면, 에덴동산에서 대홍수의 시기까지는 육식을 하지 않았음을 알 수 있기 때문이지요. 심지어 동물조차 풀을 먹은 것으로 되어 있으니까요.

우리에게 종교란 무엇인가

뉴턴과 퍼시 셸리, 릿슨은 프로메테우스의 신화에서도 창세기와 동일한 주제를 발견합니다. 이번에는 퍼시 셸리의 입을 통해 그 점을 살펴보기로 하겠습니다. 왜냐하면 그의 생각은 우리에게 친숙한 메리 울스턴크래프트 셸리Mary Wollstonecraft Shelley의 소설 『프랑켄슈타인 혹은 근대적 프로메테우스Frankenstein, or the Modern Prometheus』에서도 느낄 수 있기 때문이죠. 부부 사이인 메리 셸리와 퍼시 셸리는 함께 채식 생활을 하며 글을 통해서 사회의 모순을 비판하고 개혁을 주장했던 행동하는 지식인들이었습니다.

퍼시 셸리에 따르면, 프로메테우스는 육식을 함으로써 순수한 본성에서 멀어진 인간 종의 상징입니다. 단순히 고기를 먹는 것과 인간의 타락을 연결하는 셸리의 생각이 지나치게 보일 수 있습니다. 그런데 셸리 부부를 비롯한 그의 동료 채식주의자들은 불로 동물의 살을 익혀 먹는 행위에서 인간의 폭력성과 이기적인 욕망을 발견했습니다. 고기를 얻으려고 동물을 죽이고, 그 죽임의 목적이 생존을 위한 것이기보다는 인간의 미각을 충족시키기 위한 것이라는 점에서 순수한 인간의 본성에 어긋난다고 본 것입니다. 더군다나 고기를 대량으로 소비하기 위해서는 더 넓은 목초지와 목장이 필요한데, 이를 위해서 인간의 거주지와 동물의 서식지는 점점 잠식당했습니다. 또한 효율성과 생산성을 강조하는 근대적인 축산과 도축의 생산 체계에서 동물은 따뜻한 온기를 지닌 생명체로서가 아니라 차가운 물건으로서 가혹하게 다루어졌지요. 그러므로 식탁에 오른 고기에서 그들이 인간의 폭력성과 욕망을 좇는 타락한 인간의 군상과 탄식하는 피조물의 모습을 엿보았던 것은 자연스러운 일인지도 모릅니다. 나아가 퍼시 셸리는 인간이 먹는 고기

잭 피어스(Jack Pierce)가 분장을 맡고 보리스 칼로프(Boris Karloff)가 제작한 프랑켄슈타인 피조물의 홍보용 사진

음식에 담긴 정치경제적인 착취의 구조를 발견했습니다. 그는 한 끼의 고기 섭취에 1에이커의 풀이 소비되는데, 이는 한 가정의 생계 유지에 필요한 곡물 분량의 10배에 해당된다고 주장합니다. 부자들의 미각을 위해 농민과 노동자들은 궁핍과 가난에 몰리게 되는 경제 구조가 형성되고 있다고 비판했던 것이지요.

그들의 눈에 비친 문명의 인간은 자신의 욕망을 채우기 위해 자신보다 약한 모든 존재들, 곧 동물, 아동, 여성, 노동자, 식민지 원주민, 땅, 나무 등으로 그 대상을 무한히 확장해 가면서 지배와 착취, 제거와 병합의 행태를 취하는 존재입니다. 퍼시 셸리와 그의 동료 채식주의자들은 '육식=타락=인간의 폭력성'의 연쇄 고리를 차단할 수 있는 해결책은 '채식=회복=인간의 자애'라는 의미망을 구축하는 데 있다고 생각했습니다. 곧 폭력이 내재된 육식의 습관에서 벗어날 때, 처음부터 인간이 폭력에 물들지 않도록 만들 때 진정한 사회 개혁을 달성할 수 있다고 보았던 것이죠. 그리고 그 목표를 위해서는 폭력himsa이 약화된 날음식, 곧 자연적인 음식을 먹으면서 폭력에 대한 도덕적 감수성을 길러야 한다고 보았습니다. 당시의 채식주의자들에게 이상적인 식사는 뿌리와 채소, 과일로 이루어진 단순한 식사였습니다. '날것'과 '조리한 것', '자연'과 '인공적인 것'을 구별함으로써, 채식주의는 상실한 인간의 본성을 회복하고, 자연과 사회에 가해지는 인간의 파괴적 본능을 제거하고자 했던 것이죠.

218

이러한 점에서 영국 채식주의자들의 저항 방식에는 먹기의 정치학이라는 특징이 나타납니다. 메리 셸리는 『프랑켄슈타인 혹은 근대적 프로메테우스』에서 그 점을 생생히 그려내고 있습니다. 소설 속의 피조물은 자신을 창조한 빅터 프랑켄슈타인에게 자신의 음식과 인간의 음식은 다르다고 지적하면서 이렇게 말합니다. "식욕을 채우려고 양이나 새끼 염소를 잡아먹는 일은 없소. 내 음식으로는 도토리와 딸기면 충분하오." 피조물이 내던진 이 말은 식욕을 채우려고 고기를 먹는 오염된 인간 문명에 대한 일종의 '거리두기', 혹은 '차이를 통한 저항의 방식'입니다. 그의 몸을 이루는 혈관과 살은 도살장에 남겨진 초식동물의 잔해들이었기에 뿌리와 과일, 풀을 먹으려는 초식동물로서 그가 고기 먹기를 거부하는 것은 그의 자연스러운 본능이었던 것이지요.

도덕적 감수성과 영혼의 정화

19세기 영국의 채식주의자들에게 육식은 단순히 먹는 행위가 아니었습니다. 그들은 채식을 통해서 동물 살해로 드러난 인간의 폭력적 성향을 약화시키고, 궁극적으로 폭력과 착취의 세상에서 벗어나 모든 생명체들이 자연 안에서 협력하며 공생할 수 있는 세상이 되기를 꿈꾸었습니다. 퍼시 셸리는 채식을 "진리, 아름다움, 단순함 그리고 약속된 유익함을 지닌" "순수한 체계"라고 강조하면서 채소와 과일을 먹음으로써 인간의 순수한 본성을 회복할 때 희망적인 미래가 도래한다고 말했습니다. 그의 아내 메리 셸리도 피조물의 입을 통해 그 낙원을 그려내고 있지요. 그는 빅터 프랑켄슈타인에게 자기의 동반자와 함께 남아메리카의 광야로 가서, 자연적인 상태로 자연적인 음식을 먹으며 살 거라고 말합니다. 그리고 그렇게 사는 삶이 "평화롭고 인간적인" 것이라고 강조합니다. 피조물의 말에는 화려한 근대 문명의 도시에서 포도주와 육식을 즐기는 인간 사회의 불평등과 착취 속에서 살기보다는, 자연 상태에서 자연이 주는 음식을 먹으며 뭇 생명체와 공존의 삶을 살아가는 게 좀 더 인간 본연의 모습에 가깝다는 문명 비판의 목소리가 담겨 있습니다.

이쯤에서 채식주의자들이 어떻게 단순한 먹는 것에서 정치경제적, 생태적 착취의 구조를 감지하게 되는지를 살펴보아야 합니다. 저는 타자와의 공감에서 그 실마리를 찾고자 합니다. 어느 날 프란츠 카프카Franz Kafka는 수족관의 물고기를 물끄러미 바라보면서 이렇게 말합니다. "이제야 비로소 네 평화로운 모습을 볼 수 있겠구나. 더는 너를 먹지 않을 거야." 그의 말에는 동물의 실존을 망각한 채 살았던 자기 자신에 대한 수치심이 담겨 있습니다. 분명히 자기 눈앞에 있어왔지만, 망각에 갇힌 존재는 그 존재의 의미를 얻지 못합니다. 시인 김춘수는 「꽃」에서 그 이름을 불러줌으로써 그저 사물의 몸짓에 지나지 않았던 꽃이 의미를 지닌 존재로 다가왔음을 노래했습니다. 카프카도 그러한 마음으로 수족관의 물고기를 바라보았던 것은 아닐까요? 카프카는 동물을 포함한 타자에 대한 사회적 기대와 의무를 거의 망각한 채 살아가는 자신에게서 부끄러움을 느꼈고, 곧 채식주의자로 개종하게 되었다고 합니다. 발터 벤야민은 카프카의 동물에 대한 윤리적 특성을 '도덕적 감수성'이라는 말로 표현했지요.

카프카가 수족관의 물고기를 보면서 느꼈던 감정을 문학가의 감상으로 치부할 수 있습니다. 그런데 반드시 그렇게 단정하기 어렵다는 사실을 동물행동학자 마크 베코프Marc Bekoff의 사례에서 발견하게 됩니다. 그는 『동물의 감정The Emotional Lives of Animals』에서 박사과정 때에 겪은 자신의 경험담을 소개하고 있습니다. 어느 날 그는 자신이 스피도라는 이름을 붙여준 연구용 고양이를 실험을 위해 죽여야만 했습니다. 그는 마지막으로 스피도와 외출을 하려고 우리에서 꺼내면서 그의 눈을 바라보았습니다. 그 순간에 그는 애원하듯이 간절하게 자신을 쳐다보는 고양이의 눈길에 심장이 터질 것만 같았다고 합니다. 고양이를 죽인 후에는 커다란 슬픔과 참담함을 느꼈고, 더 이상 다른 존재에게 고통을 주고 죽이기까지 하는 연구는 하고 싶지 않았다고 고백합니다. 아마 이러한 경험이 그를 동물의 감정을 연구하는 인지동물행동학자로 이끌었는지도 모릅니다. 그리고 과학자로서 학문적 성취를 위해서는 윤리와 동정심, 곧 동물에 대한 도덕적 감수성이 수반되어야 한다는 생각에 이르게 했을 것입니다.

19세기 유럽 사회에서 형성된 육식의 급격한 증가는 동물을 망각한 결과일 수 있습니다. 그 망각의 심연은 인간이 자연에서 멀어지면 멀어질수록 깊어지지요. 당시에 유럽 사회에서는 동물과 인간의 공간적 분리가 이루어지고, 수송 수단으로서 최후까지 인간 곁에 머물렀던 말조차 도시 밖으로 밀려나면서, 인간이 자연에서 동물과 접촉할 기회가 급격히 줄어들었습니다. 또한 도축장은 사람들의 시선이 닿지 않는 도시 외곽으로 옮겨져서 동물이 어떤 과정으로 죽임을 당하는지 알기 어렵게 되었습니다. 그저 목장에서 유유자적하게 풀을 뜯는 가축의 모습을 먼발치에서 목가적으로 바라볼 수 있을 뿐이지요. 그 가축들은 어느 은밀한 곳에서 도축과 포장의 분업화와 합리화를 통해 깔끔한 음식 재료로 눈앞에 나타납니다. 목장의 그 가축과 음식 재료로서 살덩어리는 전혀 연관이 없는 것처럼 보이는 것이지요.

채식주의자의 도덕적 감수성은, 정육점에 깔끔히 포장된 살로, 혹은 양념된 고기 음식을 취한 그 추상적인 형태에서 지워진 생명의 흔적을 찾으려는 마음이라고 볼 수 있습니다. 19세기 영국의 채식주의는 탄식하는 자연의 소리를 경청하고 그 고통에 공감하는 마음을 강조했습니다. 오스왈드는 자연의 언어는 울부짖음으로 표현되는 "비수사학의 수사학"이라고 말했습니다. 그리고 원초적인 자연의 상태를 회복하기 위해서는 탄식하는 자연의 소리에 귀를 기울이고, 신에게서 모든 생명체의 관리를 위탁받은 듯이 생명체를 다루는 인간중심주의의 태도에서 벗어나야 한다고 주장했지요. 심지어 퍼시 셸리는 순수한 자연 상태에서 동물은 질병의 고통을 겪지 않고 자연스럽게 삶을 마치지만, 타락한 인간의 손길이 닿은 가축들은 질병과 궁핍, 범죄로 신음한다고 지적합니다.

이제 우리는 19세기 영국의 채식주의에 담긴 마음이 어떠했는지 짐작할 수 있습니다. 채소, 과일, 견과류, 빵 등으로 이루어진 그들의 간소한 식사에는 뭇 생명체에 대한 관심과 배려, 그리고 궁극적으로는 인간의 순수성을 회복하려는 바람이 담겨 있습니다. 이러한 마음은 간디에게서 더욱 분명히 드러납니다. 그는 "미각을 만족시킬 목적으로 음식을 먹는 일은 폭력이다."라고 말하면서, 순결한 섭생에서 깨달음은 시작된다고 강조합니다. 물론 채식으로

우리에게 종교란 무엇인가

완전한 비폭력의 진리를 실천할 수는 없습니다. 간디는 한 알의 알 곡에도 생명이 있기에 채식주의 식사를 하더라도 인간이 폭력에 서 완전히 벗어나지는 못한다고 생각했지요. 인간은 단지 채식을 통해 비폭력의 진리를 실천하고자 애쓸 뿐이라는 것입니다. 19세 기 채식주의자와 간디에게서 살필 수 있는 생각은, 채식을 지향하

성스러운 바다를 향한 채식주의자의 몸짓

는 태도는 자기 욕망을 절제하려는 하나의 노력이며, 자기 욕망의 절제는 자기를 비워 자기 안으로 타자를 끌어들일 수 있는 공간을 마련해준다는 것입니다. 그것은 또한 세속에 물든 영혼을 정화하는 것인지 모릅니다. 여기에서 채식주의가 세속의 이념이면서도 종교적 세계와 맞닿는 이유를 헤아려볼 수 있지 않나 싶습니다.

더 읽어볼 만한 글

마크 베코프, 김미옥 옮김, 『동물의 감정』, 시그마북스, 2008.

조너선 샤프란 포어, 송은주 옮김, 『동물을 먹는다는 것에 대하여』, 민음사, 2011.

존 쿳시, 전세재 옮김, 『동물로 산다는 것』, 평사리, 2006.

캐럴 J. 아담스, 류현 옮김, 『프랑켄슈타인은 고기를 먹지 않았다: 페미니즘-채식주의 비판 이론과 육식의 성정치』, 도서출판 미토, 2003.

한국종교문화연구소, 『종교와 동물 그리고 윤리적 성찰』, 모시는사람들, 2014.

인간 이외의
동물을
보는
종교의 시선은?

유기쁨

오늘날 인간 이외의 동물은 반려동물을 제외하고는 우리 눈에 잘 띄지 않습니다.
게다가 많은 사람들은 세계가 마치 인간들만으로 이루어진 듯 상상하면서 다른 동물의 존재와 안녕을
그다지 고려하지 않지요. 그런데 현대세계에서 '동물'은 사라지는 동시에 실은 '새로운' 방식으로
등장하고 있습니다. 즉 지구 상에서 인간 이외의 살아 있는 동물들이 차지하는 자리는 점점 줄어들고 있지만,
인간의 목적을 위해 일방적으로 이용되는 동물의 수는 점점 더 많아지고 있으며,
그 이용 범위가 엄청나게 광범위해질 뿐 아니라 내용도 잔혹해지고 있는 것입니다. 눈에 띄지 않을 뿐이지요.
그렇다면 인간은 어떠한 명분으로 다른 동물들을 이용할 수 있는 것인지, 인간과 다른 동물들의 바람직한
관계는 어떠해야 하는지 등의 물음이 생겨납니다. 많은 종교들은 세계 속에서 인간의 바람직한 자리를
설정하고 그에 따른 실천을 제시해왔기에, 종교들에서 이 문제에 대한 어떠한 대답을 들을 수 있을 것인지
궁금해집니다. 과연 인간 이외의 동물을 바라보는 종교의 시선에서 우리는 무엇을 발견할 수 있을까요?

'동물' 이야기나 하자고?

갑자기 왜 동물 이야기를 꺼내십니까? 우리의 머리는 이미 인간과 관련된 문제들만으로도 가득 차 있다고요. 인간 사회에서만도 해결하지 못한 문제들이 쌓여 있고, 도움을 요청하는 사람들의 손길도 끊이지 않아요. 그런데 왜 속 편하게 동물 이야기나 하자고 하나요? 인간의 문제를 먼저 해결하고 나서 동물에게 관심을 돌려야 하지 않나요?

와글와글 떠오르는 물음을 잠시 밀어두고서, 지금은 우선 가장 먼저 떠오르는 동물 이야기를 해봅시다. 2010년 말부터 2011년까지 구제역이라는 가축 전염병이 전국적으로 돌았습니다. 정부에서는 질병 확산의 우려 때문에 발병 지역의 가축들뿐 아니라 근처 지역의 건강한 가축들까지 도살하기로 결정했습니다. 사람들은 그 소식을 들으면서도 대부분 그저 그런가 보다 했습니다. 그런데 산 채로 구덩이에 밀어 넣어지면서 울부짖는 돼지들의 아비규환 같은 모습이 담긴 동영상이(한 동물보호 단체에서 몰래 촬영하고 종교계 환경 단체들을 통해 확산된 영상입니다.) 널리 유포되면서, 그렇게 끔찍한 일이 벌어지고 있다는 사실이 사람들의 관심을 끌게 되었습니다. 이때 전국에서 구제역으로 살처분된 소, 돼지 등의 가축이 모두 346만 마리가 넘었다고 합니다. 포클레인에 밀려서 산 채로 크고 깊은 구덩이에 떨어지는 돼지들의 절규를 보면서, 많은 사람들은 고통과 함께 죄의식을 느꼈던 것 같습니다. 죽어간 가축들의 혼을 위로하고 남아 있는 인간들(가축의 '소유자'들)을 위로한다는 명목으로 여러 종교 단체들과 지자체 주도로 각종 축혼제와 위령제, 기도회가 열렸고, 소와 돼지들을 위해 분향소를 설치하는 단체도 있었습니다.

우리에게 종교란 무엇인가

그런데 이렇게 끔찍한 기억을 채 지우기도 전에, 정부에서는 사료 값 급등으로 수지가 맞지 않는 농가 수익을 높이기 위해서, 2012년 1월 9일부터 "농가 소득에 도움이 되지 않는 2, 3등급 소를 낳거나 체형이 작은 암소" 40만 마리를 도태시키겠다는 발표를 했습니다. 무엇을 위해 이 동물들은 이렇게 죽어야 하는 것일까요? 과연 인간에게 그렇게 많은 동물들의 목숨을 빼앗을 권리가 있을까요?

〈마당을 나온 암탉〉이라는 애니메이션을 아시나요? '잎싹'이라는 암탉이 '알 낳는 공장' 같은 사육 시스템에서 탈출하여 자유를 누리면서 겪는 여러 이야기를 그린 애니메이션입니다. 어른 아이 할 것 없이 많은 사람들이 이 영화를 보면서 울고 웃고 했지만, 정작 대한민국의 현실 속 암탉들이 '잎싹'과 같이 자유를 누리는 행운을 찾기란 거의 불가능한 것 같습니다. 한 시민 단체의 조사에 따르면, 6242만 마리에 이르는 국내 산란계(달걀을 얻기 위한 닭)의 99%는 날개를 펼 수도 없을 만큼 비좁은 배터리 케이지(공장식으로 층층이 닭을 밀집 사육하는 철제 우리)에서 사육되다가 2년 만에 도축된다고 합니다. 자연 상태에서는 20년을 살 수 있는데 말이지요.

그런데 동물은 어디 있어? —커튼 뒤에 가려진 현실

어린 아들이 잠들기 전에 옛날이야기를 해주다가 토닥거리면서 "다른 사람들을 사랑하고 동물들을 사랑하는 사람이 되거라." 하고 말해주었습니다. 그놈이 "응, 알았어." 하더니 잠시 후 "그런데 동물은 어디 있어?" 합니다. 주위에 동물이 없는데 어떻게 동물을 사랑할 수 있느냐는 거지요. 사실 우리 사회에서 사람들이 직접 살아 있는 동물을 대면할 기회는 점점 줄어들고 있습니다.

그런데 다른 한편으로 인간의 목적을 위해 동물을 일방적으로 이용하는 관계는 점점 더 광범위해지고 또 철저해지고 있습니다. 현대인의 생활의 상당히 많은 부분은 동물들의 '희생'을 통해 이루어지고 있다고 해도 과언이 아닙니다. 위에서 언급한 '공장식 축산업'은 인간의 이익을 위해 가장 대규모로 동물을 희생시키는 제도라고 할 만합니다. 미국의 경우에 매년 1억 마리가 넘는 포유류와 5백억 마리에 가까운 가금류가 공장식 축산 시스템 속에서 식용으로 도살된다고 합니다. 국내의 사정은 어떨까요? 자료에 따르면, 한 가정(4인 기준)의 식탁을 위해 한 해 약 64마리의 동물이 죽는다고 합니다. 해마다 우리나라에서는 대략 닭 7억2528만 마리, 돼지 1463만 마리, 소 75만 마리 등을 포함해서 가축 8억1550만 마리가 도축된다고 하네요. 하지만 이들이 어떻게 죽는지는 잘 알려져 있지 않습니다.

동물을 이용한 각종 실험과 연구도, 19세기 초반에 중요한 과학적 행위로 등장한 이래 광범위하게 수행되어왔습니다. 그런데 우리의 예상과는 달리, 동물을 이용한 실험은 의학이나 신약 개발 등을 위해 반드시 필요한 실험에만 한정되기보다는, 인간의 지적 호기심을 충족시키기 위한 목적으로 수행된 경우도 많았던 것 같습

우리에게 종교란 무엇인가

니다. 두드러진 사례를 몇 가지 들어보면, 위스콘신 대학교에서는 실명이 신경세포를 변형시키는지를 알아보기 위해서 갓 태어난 새끼고양이 14마리를 실험 대상으로 삼아 고양이들이 눈을 채 뜨기도 전에 눈을 꿰매서 봉합했다가 수개월 뒤에 뇌세포를 검사하는 실험을 하였으며, 캘리포니아 대학교 버클리 캠퍼스에서는 호르몬을 이용하여 암캐를 수캐로, 수캐를 암캐로 전환시키려는 연구가 10년 동안 진행되었다고 합니다. 또한 영국에서는 새끼 비글의 털을 깎은 후 석유를 적신 붕대를 온몸에 감은 뒤 불을 붙이거나, 갓 태어난 햄스터 새끼들의 왼쪽 눈을 도려낸 후 어미들에게 돌려보내는 실험이 진행된 사례가 있습니다. 군사적인 목적을 위해 동물을 사용하기도 했습니다. 가령 미국 브룩 공군기지의 연구자들은 쥐를 얼음이 얼기 직전의 온도에 8시간 노출시킨 후 신경가스에 다시 노출시켰다가 전기 충격을 피하게 하는 행동 연구에 억지로 투입했던 사례가 알려져 있습니다. 나아가 의복, 화장품 등 인간을 위한 신제품이 개발될 때마다 안정성을 시험하기 위한 동물실험도 엄청난 규모로 이루어져왔는데, 가령 신제품 마스카라를 토끼의 눈에 삼천 회 이상 발라서 토끼가 실명에 이르게 한다거나, 실험동물을 옴짝달싹할 수 없는 상자 속에 가두고 먹이도 주지 않은 채 가혹한 실험을 진행해서 죽음에 이르게 한 사례들이 종종 보고되고 있습니다.

이와 같은 동물실험에서 이용되는 동물의 수를 제대로 파악하는 것은 쉽지 않습니다. 2012년의 자료에 따르면, 전 세계에서 매년 대략 5억 마리가 이용되고 있다고 추정됩니다. 실험이 끝난 후에 동물들은 대체로 폐기 처분됩니다. 즉 동물들의 목을 부러뜨리거나 질식시키거나 얼리거나 동맥을 절단하거나 약물을 투여하여 죽입니다.

그러나 이 모든 일은 커튼 뒤에서 일어나는 일입니다. 우리 앞에는 소비하기에 용이한 상품만이 놓일 뿐입니다. 동물실험을 거쳐 안전하다는 각종 화장품, 식품, 약물들이 깨끗한 플라스틱 용기에 담겨 우리 앞에 놓입니다. 고기를 먹을 때 우리는 '맛있는 고기'의 역사를 청결한 마트에서 주방까지만 상상합니다. 그 이전에 공장식 축사의 모습이나 한때 그 고깃덩어리가 살아 있는 동물이었다는 사실은 체계적으로 은폐되고, 사람들은 이를 의도적으로 망각합니다. 오늘날 우리는 매끈하게 차려진 상품에만 관심을 가지고, 커튼 뒤에서 어떠한 일이 벌어지는지에 대해서는 무관심합니다. 어쩌면 애써 관심을 닫는지도 모릅니다. 일단 알게 되고 관심을 가지게 되면 불쾌해지고 불편해지기 때문입니다. 그러니 커튼 뒤의 모든 일은 '금기의 영역'입니다.

그런데 간혹 그러한 금기를 일부러 위반하는 일이 일어나는데요, 레이디 가가Lady Gaga라는 가수를 알고 계신가요? 그녀는 어떤 중요한 시상식에 참여할 때 머리에서 발끝까지 날고기로 만든 드레스, 모자, 신발을 갖춰 입고 등장했습니다. 레이디 가가 자신의 의도가 눈에 띄기 위해서였든, 동성애자 이슈를 널리 퍼뜨리기 위한 것이었든, 혹은 역설적으로 동물 복지에 대한 관심을 불러일으키기 위한 것이었든, 붉은 날고기를 몸에 걸친 그녀의 모습은 많은 사람들에게 충격을 주었고 혐오감까지 불러일으켰습니다. 사실 사람들이 즐겨 먹는 '육질 좋은 고기'는 따지고 보면 동물 사체의 일부이지만, 접시에 놓인 잘 구워진 고기를 보고 동물의 사체를 떠

우리에게 종교란 무엇인가

올리는 사람은 없을 것입니다. 그런데 날고기를 맨 몸에 걸친 그녀의 모습은 지금 '드레스'의 역할을 하는 그 고기가 한때는 살아 있던 동물의 시체라는 사실을 역설적으로 느끼게 했지요. 그래서 사람들은 충격과 혐오를 동시에 느꼈던 것입니다.

뿐만 아닙니다. 레이디 가가의 날고기 드레스는 인간적인 것과 동물적인 것 사이에 견고하게 그어져 있던 암묵적인 경계를 휘저어놓았습니다. '문화'를 상징하는 의복 대신 본능과 동물성을 상징하는 날고기를 걸친 모습은 인간과 동물과의 경계조차 흔들어버립니다. 그리고 결국 인간도 잘 차려입은 의복과 얇은 피부 밑으로는 저러한 고깃덩어리로 이루어져 있다는 메시지를 무의식적으로 전달합니다.

MTV 비디오 뮤직 어워즈에 날고기를 두른 채 등장한 레이디 가가

그러한 드라마틱한 연출은 제쳐놓더라도, 어쩌다 커튼 뒤에서 벌어지는 '불편한 현실'이 일반에게 드러나는 일이 있습니다. 앞서 언급한 구제역 살처분처럼 문제가 너무 커져서 도저히 가릴 수 없어 대중의 눈에 들어오는 경우도 있지만, 보통 동물권리 옹호자들이나 단체들은 일부러 커튼을 열어젖혀서 될 수 있으면 대중들이 커튼 뒤에서 일어나는 일을 목격할 수 있게 하려고 애씁니다.

동물과 인간의 존재론적 경계에 대한 상상

커튼을 열어젖히려는 일부 사람들의 노력에도 불구하고, 오늘날 대량 생산과 대량 소비를 특징으로 하는 자본주의 사회에 살아가면서 인간이 아닌 다른 동물들의 현실을 상상하려면, 우리는 일부러 애써 노력해야만 합니다. 왜냐하면 언제부터인가 우리는 지구 상에서 다른 생명체들을 외면하고 인간들만의 고립된 게토를 상정하여 살고 있기 때문입니다.

지구 상에는 수많은 생명체들이 있고, 그 가운데 수많은 동물들이 있습니다. 인간은 그 일부에 지나지 않습니다. 엄밀히 말해서 '인간과 동물'이라는 관용적인 표현은 사실상 성립하지 않습니다. 제대로 말하려면 인간과 '비인간 동물'이라고 해야겠지요. 그렇지만 오늘날 인간은 다른 동물들과는 차별적인 존재로, 나아가 연관성이 없는 존재로 스스로를 상상하곤 합니다. 그러나 과연 인간의 능력과 특성은 독보적인 것일까요, 아니면 동물과의 연속선상에서 가장 최근에 등장한 것일까요?

17세기의 철학자이며 근대 철학의 아버지로 일컬어지는 데카르트René Descartes는 동물도 생각할 수 있다는 믿음이야말로 인간이 어린 시절부터 간직해온 편견이라고 비판하였고, 동물을 자연이 만들어낸 자동기계인형automata에 비유했습니다. 동물을 자동기계인형으로 보는 시각은 인간이 동물을 조작할 가능성을 열어주고, 동물을 일종의 재화로서 처분하는 것을 정당화해줍니다. 데카르트의 철학은 오늘날 많은 부분에서 비판을 받고 있지만, 현대 문명과 이를 뒷받침하는 근대 과학이 작동하는 곳곳에서 데카르트의 전제들은 여전히 살아 숨 쉬고 있습니다. 사실 동물들에게 고통을 주고 살해할 때, 그들을 살아서 고통을 느끼고 지각하는 생명체라

우리에게 종교란 무엇인가

기보다는 태엽을 감으면 돌아가는 정교한 자동기계인형이라고 상상하는 편이 가해자인 인간에게는 훨씬 더 편안하게 받아들여질 것입니다. '동물'에 비해 인간은 이성이 있고, 합리적으로 사유할 수 있으며, 고통을 느낄 수 있는, 하등동물들과는 질적으로 분리된 독보적인 존재라는 거지요. 실제로 동물실험 연구에 종사하는 많은 사람들은 동물을 마치 고통을 못 느끼는 일종의 자동기계인형처럼 여기거나 혹은 일회용 연구 기기로 간주하면서 스스로의 행동을 정당화하기도 합니다.

그런데 다른 한편, 19세기 중반에 다윈은 인간이 동물로부터 진화해왔다고 설득력 있게 주장함으로써 인간과 다른 동물의 관계 문제를 재설정합니다. 인간과 비인간 동물 사이에는 차이가 물론 존재하지만 그것은 정도의 차이에 불과하며, 그 관계는 기본적으로 단절이 아니라 연속적인 것으로 상상됩니다. 다윈은 세심한 관찰을 통해서 수많은 비인간 동물들도 일반적인 개념과 어느 정도의 이성적인 능력, 기본적인 도덕적 감각 그리고 복잡한 감성을 지니고 있다고 주장하였습니다.

특히 1960년대 후반부터 인간에게만 있고 다른 동물들에는 없는, 그래서 인간을 독보적인 존재로 만들어준다고 여겨져왔던 여러 가지 특성들, 예컨대 이성, 감정, 도구 사용, 언어, 문화 같은 것들이 동물에게도 존재한다는 연구 결과들이 알려지게 되었습니다. 1994년에 하버드 대학의 리처드 랭햄Richard Wrangham이 편집한 『침팬지 문화Chimpanzee Cultures』라는 책은 이미 전문가들 사이에서는 침팬지 집단을 설명하기 위해 '문화'라는 용어가 광범위하게 사용되고 있다는 사실을 보여줍니다.

그런데 만약 감정을 느끼고, 생각하고, 도구를 사용하고, 언어로 소통하고, 문화를 지니는 것이 인간만의 전유물이 아니라면, 인간의 고유한 정체성은 어디에 있는 것일까요? 인간이 인간의 이익을 위해 다른 동물들을 이용하는 일을 정당화해주었던 인간의 독보적 위치에 대한 전제가 흔들리고 있습니다. 이제 우리는 인간과 다른 동물 사이의 관계를 어떻게 설정해야 하는 것일까요?

상상을 뒷받침하는 종교: 예수는 고기를 먹었을까?

찰스 고어Charles Gore 주교가 런던 동물원을 방문한 적이 있었습니다. 그는 성공회 주교였지만 당시의 성직자로서는 파격적으로 진화론까지도 어느 정도 수용했던 사람이었습니다. 그런데 그는 동물원에 수용된 침팬지를 보고 나서 역설적인 어조로 침팬지를 조롱했다고 합니다. 요즘 말투로 옮기면 이렇게 되겠군요. "신이 저렇게 괴물 같은 존재를 창조했다니, 도저히 믿을 수 없군. 내가 무신론자가 될 지경이야." 고어 주교는 침팬지가 인간과는 전혀 다르다고 생각했습니다. 즉 전혀 다른 뿌리에서 생겨난 것이라고 여겼습니다. 고어 주교가 생각할 때, 인간은 신의 형상을 따라서 특별하게 창조된, 다른 동물들과는 존재론적으로 분리된 피조물이기 때문입니다.

시곗바늘을 좀 더 돌려서, 최근 있었던 일을 살펴봅시다. 몇 년 전 미국의 한 방송사에서는 그리스도교 신앙과 인간이 아닌 동물의 권리를 놓고 흥미로운 논쟁이 벌어졌습니다. 미국의 가장 큰 동물권운동 단체 가운데 하나인 '동물의 윤리적 대우를 위한 사람

우리에게 종교란 무엇인가

들의 모임PETA'에 소속된 열렬한 종교적 채식주의자인 브루스 프리드리히Bruce Gregory Friedrich와 그 문제에 회의적인 입장을 가진 웨슬리 스미스Wesley J. Smith란 사람이 서로 논쟁을 벌였는데요, 갖가지 흥미로운 논점들 가운데서 제 눈에 띄었던 것은 프리드리히가 "예수는 채식주의자였다."라는 대단히 과격한(?) 주장을 확신에 찬 어조로 했다는 점입니다. 그는 미국에서 해마다 식품산업을 위해 엄청난 수의 동물이 살해되고 있다면서, "예수도 채식주의자였으니 햄버거나 스테이크를 먹지 말자."고 주장합니다.

침팬지를 보고 괴물 같다고 조롱하는 주교에서부터 예수는 채식주의자였다는 명제에 매달리는 종교적 채식주의자에 이르기까지, 그리스도교 전통은 극과 극의 윤리적 입장을 위한 근거로 사용되고 있습니다. 그렇다면 이 두 사람 가운데 누가 그리스도교라는 종교의 입장을 '올바로' 대변하고 있는 것일까요? 아니면 둘 다 틀렸고 그리스도교의 제3의 입장이 존재하는 것일까요?

이러한 질문은 대답하기가 곤란합니다. 왜냐하면 물음 자체가 종교—이 경우는 기독교를—를 고정된 어떤 실체로 상상하고 있기 때문입니다. 우리는 흔히 종교가 사람들의 삶의 방식에, 그리고 특정 사안에 대한 태도에 영향을 미친다고 가정합니다. 그런데 그러한 가정을 좀 더 섬세하게 짚어볼 필요가 있습니다. 물론 종교는 사람들의 삶에 지대한 영향을 미칩니다. 그러나 고정된 '종교'라는 것이 그렇게 영향을 미치는 것이 아니라, 사람들이 저마다 '종교적 진리'라고 상상한 것(다시 말해서 그렇게 선택한 것)이 그렇게 지대한 영향을 미치는 힘의 원천이 됩니다. 그리하여 사람들이 어떤 윤리적 선택에 맞닥뜨렸을 때, 동일한 이름의 종교가 정반대의 입장을 뒷받침하는 근거로 사용되는 경우가 종종 일어나는 것입니다.

돼지도 천국에 갈 수 있을까?

오늘날 사회가 돌아가는 모습을 보면서 한 친구가 말했습니다. "요즘 같아선 나는 인간과 동물의 차이를 잘 모르겠어." 이 말은 사실 인간과 다른 동물이 별 차이가 없다는 뜻이 아니라, 오히려 인간과 인간 이외의 동물은 엄연히 다르다는 생각을 전제로 하고 있습니다. 다만 오늘날 사람들이 진정 '인간답게' 살아가고 있지 않다는 이야기지요.

본능에 끌려 사는 다른 동물과 인간을 구별하고, 사람들을 '동물성'에서 한 단계 더 높은 '인간'의 영역으로 끌어올리려는 경향이 언제부터 나타났는지 그 시기를 정확히 짚어내기는 어렵습니다. 다만 분명한 것은 오늘날 사회에서 상당히 큰 세력을 형성하고 있는 소위 '아브라함 종교 전통'의 신자들은 저마다의 신앙을 바탕으로 그러한 '인간중심적인' 세계관을 공유하고 있다는 사실입니다.

상당수 그리스도교인들과 유대교인들은 신이 인간과 동물을 각각 다르게 창조했고, 신이 인간에게 다른 동물을 지배할 수 있는 권리를 주었으며, 피조물 가운데 인간만이 영혼을 가지고 있다고 믿습니다. 특히, 인간은 신의 형상대로 만들어졌기에 다른 동물들보다 우월하고 특별하다고 믿는 신자들은 비인간 동물들의 복지나 권리에 무관심한 경향이 있었습니다. 예컨대 1846년에서 1878년까지 재위했던 교황 비오 9세^{Pio IX}는 생체 해부를 반대했던 애나

킹스포드^{Anna Kingsford}에게 "마담, 인류는 동물에 대해 어떠한 의무도 없습니다."라고 이야기하면서 로마에서 동물보호협회의 설립을 반대했던 것으로 유명합니다. 19세기 후반 저명한 예수회 신학자인 조지프 리커비^{Joseph Rickaby}는 동물이 물건이나 마찬가지이며, 인간은 인간의 필요에 따라 동물들을 아낌없이 사용할 수 있는 권리를 가진다고 주장하였습니다. "우리에겐 목석에 대해서와 마찬가지로 하등동물에 대해서도 박애의 의무가 없고, 어떠한 종류의 의무도 지지 않는다."는 것입니다. 그리고 신이 자신의 모습으로 창조한 인간에게 동물을 관리하도록 맡겼으니, 인간이 다른 모든 동물들보다 더 중요하며, 식량과 의복을 마련하기 위해 동물을 이용하는 것은 정당하다는 주장은 오늘날에도 주류 그리스도교의 공식적인 입장입니다.

그리스도교의 이러한 인간중심적 경향은 진보적인 신학 윤리를 주창한 사람들에게서도 나타납니다. 흑인에 대한 인종차별주의를 반대한 진보적 신학자인 제임스 콘^{James Cone}은 "인종차별주의를 지지하는 목사는 인간이 아니라 동물"이라고 표현하면서, 우리는 동물이기를 거부해야 한다고 주장합니다. 이때 그는 인간들 사이에서 일어나는 차별(인종차별주의)을 거부하면서, 이를 위해 무심코 동물을 비하하는 종차별적 비유를 사용하였습니다. 실제로 비인간 동물들에 관한 그리스도교의 논의는 최근까지도 주로 윤리적 인간중심주의에 사로잡혀 있었습니다. 즉 인간 종의 구성원들만이 기본적인 윤리적 고려의 대상이 되었던 것입니다. 물론 이유가 없는 것은 아닙니다. 오늘날 많은 이들은 우리가 살아가는 사회가 인간의 존엄성과 가치를 존중하는 진정으로 '인간중심적인' 사회가 아니며 인간보다 자본을, 이윤을 중시하는 사회라고 보고 있습니다. 그러니 진정한 인간다움을 실현하고 인간의 복지와 인권을 보편적으로 실현하는 일이 눈앞의 과제로 부각되는 것이지요.

그런데 최근 일부 신자들을 중심으로, 윤리적 배려의 범위를 다른 동물에게까지 확장해야 한다는 주장이 높아지고 있습니다. 그들은 비인간 동물에 대한 그러한 태도의 근거로, 인간 외의 동물들 역시 신에 의해 창조되었으며 노아의 홍수 이후 신은 인간뿐 아니라 동물까지도 언약의 대상으로 삼았다는 창세기의 내용과, 안식일의 계명을 동물에게까지 적용한 신명기의 구절, 동물을 포함한 모든 피조물이 고통 속에서 구원을 고대한다는 로마서의 구절 등 성서의 여러 구절을 예로 듭니다. 심지어 비인간 동물들은, 신이 끊임없이 훈육해야 하는 죄 많은 인간들과는 대조적으로 신의 통치 아래 살아가는 올바른 질서의 사례로 여겨지기도 합니다. 비록 인간중심적인 편향이 그리스도교의 공식적 선언을 계속해서 지배하고 있지만, 신자들로 하여금 비인간 동물들을 좀 더 섬세하고 열린 마음으로 대하도록 고무할 수 있는 광대한 잠재력도 남아 있는 것입니다.

아브라함 종교 전통으로 분류되는 이슬람의 경우에, 우리는 쿠란에서 다른 동물들이 인간에게 종속되며 특별한 경우에 인간이 사용하도록 정해져 있다는 구절들을 찾아볼 수 있습니다. 전통적인 금식월(라마단)이 끝날 무렵 이슬람 지역을 방문한 사람들은 마을 곳곳에서 이루어지는 공개적인 동물 도살 모습을 보고 깜짝 놀라곤 합니다. 주로 희생제의를 위해, 때로는 잔치를 위해, 혹은 가난한 자들에게 분배할 고기를 마련하기 위해 이루어지는 공개적이

238

고 의례적인 동물 도살 관습은 인간이 알라의 대리인으로서 특별한 경우에 인간 이외의 다른 동물들의 목숨을 빼앗을 수 있다는 기본적 믿음을 보여줍니다.

그러나 인간이 다른 동물들을 마구잡이로 취급하고 죽여도 되는 것은 아닙니다. 이슬람에는 인간의 오만함을 견제할 수 있는 중요한 전통이 존재합니다. 알라가 피조물을 창조했기 때문에, 피조물에는 인간의 사용가치를 넘어선 본래적 가치가 있다는 것입니다. 또한 선지자 무함마드는 "알라의 피조물에게 친절한 자는 자신에게 친절한 것"이라고 말했을 뿐 아니라, 다른 동물에 대한 선행이나 악행을 인간에 대한 선행이나 악행에 비유하기도 했습니다. 비록 이슬람 교리에서 인간이 살아 있는 피조물 가운데 가장 중요하게 여겨지는 것은 사실이지만, 다른 동물에 대한 윤리적 감수성도 찾아볼 수 있는 것입니다.

이렇게 간략히만 살펴보더라도, 아브라함 전통에 속하는 종교들에는 종차별적이고 인간중심적인 목소리와 함께 이에 대한 보완적 장치가 존재하고 있는 것을 알 수 있습니다. 오늘날 동물과 관련한 기본적인 윤리적 문제는 우리가 인간 이외의 동물들을 어떻게 대우할 것인가 하는 점인데, 이에 대해 동물 친화적(배려적)으로 접근할 수 있는 근거를 찾아볼 수 있는 것입니다.

지금까지는 제도화된 종교들이 현실적인 동물 문제, 곧 동물실험이나 동물 복지, 동물권 문제에 대해 큰 관심을 나타내지 않았던 것이 사실입니다. 그러나 비인간 동물들이 인간의 목적을 위해 대규모로 이용되는 현대사회에서, 이와 관련된 물음은 점점 더 많아질 것입니다. "돼지들을 저렇게 산 채로 파묻어도 되는 거예요?", "저 돼지에겐 영혼이 없나요?", "저 돼지는 천국에 갈 수 있을까요?" 한 어린아이가 눈물 젖은 목소리로 묻는다고 상상해봅시다. 그러한 물음에 대해, 앞서 언급한 예수회 신학자 조지프 리커비라면 단호히 "돼지에겐 영혼이 없어! 돼지는 천국에 못 가!"라고 대답했을지 모르겠습니다만, 오늘날 아브라함 종교 전통의 성직자들은 무어라 대답할까요? 이제 새롭게 제기되는 물음에 인간중심적 시각을 넘어서 더 깊이 확장된 대답이 요청되는 시점입니다.

우리에게 종교란 무엇인가

동물에 대해 우호적이라고 알려진 종교 전통의 상황은 어떠할까요? 살아 있는 모든 생명체에 대한 아힘사(비폭력, 불살생)의 덕목으로 잘 알려진 힌두교와 불교를 살펴봅시다. 인도 거리를 자유롭게 어슬렁거리는 성스러운 소들을 본 여행자들은 인도의 힌두교 전통에서는 상대적으로 비인간 동물들의 자유와 권리가 존중된다는 인상을 받게 됩니다. 그렇지만 힌두교 사회에서 동물들의 현실은 훨씬 더 복잡합니다. 물론 인간은 인간 이외의 동물들과 연결되어 있다고 상상됩니다. 그렇지만 그 관계는 평등하지 않으며, 일종의 위계를 나타냅니다. 영원한 법에 의해서 모든 인간은 전생의 업에 걸맞은 지위로 태어나기 때문입니다. 도덕적으로 행동한 자들은 더 높은 사회 계층으로 환생하고, 악업을 지은 자들은 천민의 자궁 속으로 태어난다고 상상됩니다. 인간 이외의 동물로 태어나는 것은 더욱 나쁜 경우입니다. 즉 인간 이외의 동물들은 어떠한 인간보다도 상대적으로 열등한 존재들로 여겨집니다. 인간은 다른 동물들보다 윤회의 고리에서 상위에 있기 때문입니다.

인간 이외의 동물들에 대한 이와 같은 암묵적인 비하에도 불구하고, 힌두 전통에서는 다른 동물들에 대한 배려와 섬세한 감수성이 엿보이기도 합니다. 인간이 비록 더 높은 지위에 있다고 해도, 인간은 모든 생명체에게 특별한 의무를 지고 있습니다. 경전들에서는 인간 이외의 동물들을 자기 자식과 똑같이 대해주라는 명령을 볼 수 있습니다. 또한 『리그 베다』와 『아타르바 베다』에서는 세상이 인간만이 아니라 뭇 생명을 위해서 창조된 것이라는 관념이 나타납니다. 나아가 후대에 성립한 『바가바드기타』에는 현명한 사람은 브라만과 소, 코끼리, 개, 천민을 모두 평등하게 바라본다는 구절이 등장합니다. 모든 존재 속에는 개별적 존재의 '참나'인 아트만이 있으며, 동물을 해치는 것은 우주와 모든 생명의 근원인 브라흐만을 해치는 것과 마찬가지라는 것이지요. 게다가 힌두교의 주요 신격들은 동물과 연관되는 경우가 많습니다. 가령 힌두교의 3대 신 가운데 하나인 비슈누는 여러 가지 다른 모습으로, 곧 인간의 모습뿐 아니라 물고기, 거북이, 멧돼지 등 동물의 모습으로 세상에 나타난다고 합니다. 또한 라마는 원숭이와, 크리슈나는 소와 관련됩니다. 쉬바의 첫째 아들로서 지혜와 부를 주는 코끼리 머리를 가진 가네쉬와 모든 악한 세력을 막아주는 원숭이 형상의 신인 하누만이 숭배되기도 하지요. 이러한 것들을 근거로 삼아서 오늘날 많은 힌두교인들은 인간이든 비인간 동물이든 모든 생명은 동등한 가치를 지니며 존재할 권리를 지닌다고 주장하기도 합니다.

이처럼 힌두교에서 인간과 다른 동물 사이의 관계는 한마디로 이야기하기 어려운데요, 이와 관련해서 특히 동물 희생제의 문제를 생각해볼 만합니다. 고대 인도에서는 동물을 제물로 바치는 희생제의의 오랜 전통이 있었습니다. 이러한 전통은 기원전 6세기경에 자이나교도들과 불교도들로부터 잔인하고 비윤리적이라는 이유에서 비판을 받았고, 이후 기원전 2세기~기원후 2세기경에 편찬된 『마누법전』에서는 인간 이외 동물에 대한 복합적인 태도가 나타납니다. 즉 한편으로는 "고기가 어떻게 얻어졌는지를 생각하고, 짐승을 붙잡아놓은 모습과 살생하는 장면을 생각하여, 모든 고기 먹기를 피해야 한다."거나, "이 세상에서 이유 없이 짐승을 죽인 자는 죽어서 죽은 짐승의 털만큼 수없이 태어나고 또 태어난다." 등과 같이 함부로 동물에게 고통을 가하거나 동물을 해쳐서

우리에게 종교란 무엇인가

는 안 된다는 명령이 나타납니다. 그러나 다른 한편으로 제사를 위한 동물 살생은 예외적으로 허용됩니다. 제사에서 죽이는 것은 죽이는 것이 아니기 때문이라는 것입니다. 이후 많은 시간이 흐르면서, 오늘날의 힌두교에서 동물 희생제의의 전통은 상당히 축소되었습니다. 그리고 자연 속에 거주하는 다른 존재들에게 폭력을 행사해서는 안 된다는 아힘사에 대한 강조가 힌두 전통의 핵심적인 특징으로 부각되었습니다. 그렇지만 아직도 인도 일부 지역에서는 동물을 제물로 바치는 희생제의의 풍습이 남아 있습니다.

그렇다면 불교의 경우엔 어떠할까요? 사람들은 불교가 뭇 생명에 대해 친절하고 동정적인 시각을 가지고 있다고 생각하지만, 또 많은 불교 신자들은 그렇게 믿고 있지만, 불교 전통에서 인간 이외 동물들이 차지하는 자리 역시 간단하게 이야기할 수 있는 문제가 아닙니다. 불교적인 사유 방식에서 인간과 다른 동물들과의 연속성이 가정되며, 뭇 생명에 대한 연민이 특징적으로 나타나는 것은 분명한 사실입니다. 그렇지만 동시에 불교 전통에서도 인간 종의 구성원들에 비해서 다른 동물들의 존재, 입지, 능력에 대해 부정적인 관점을 찾아볼 수 있습니다. 힌두교와 마찬가지로 인간 이외의 동물은 인간보다 낮은 영역에 위치하며, 이렇게 낮은 등급으로 태어난 것은 과거에 바람직한 행동을 하지 못한 직접적인 결과로 여겨집니다. 반면 인간 종의 구성원은 불교의 기본적 패러다임에서 우선시됩니다.

그러나 불교 전통에는 인간 이외의 동물에 관한 이러한 부정적 관점들을 상쇄할 만큼 중요한 계율이 존재합니다. 어떠한 생명 형태도 죽이는 것을 금하는 불살생의 계율이 그것입니다. 초기 불교 경전에 속하는 『자애경』에는 "어머니가 오직 하나뿐인 자식을 자신의 목숨보다 소중하게 보호하듯이 모든 살아 있는 것에 대해 한량없는 자비를 베풀어야 한다."는 구절이 실려 있으며, 『법구경』에는 "모든 생명은 폭력을 두려워하고 삶을 지극히 사랑하니, 이를 깊이 알아서 죄 없는 생명을 함부로 죽이지도 말고 죽이게 하지도 말라."는 구절이 나옵니다. 그리고 모든 불교도에게 보편적인 것은 아니지만, 불교의 중요한 이상 가운데 하나로 채식이 권장됩니다. 나아가 『보성론寶性論』에서는 모든 살아 있는 존재가 붓다의 가장 고귀하고 완전한 깨달음을 얻을 수 있는 가능성인 여래장如來藏을 품고 있기 때문에, 비록 지금은 바깥 번뇌에 의해 가려져서 그 본질을 드러낼 수 없지만 이를 일깨우고 키우기만 하면 모두가 성불할 수 있다는 관념이 나타납니다. 『대승열반경』에도 "모든 중생은 비록 모든 종류의 번뇌 속에 있다고 해도 본래 더럽혀지지 않고 나와 하등의 차이도 없는 특성으로 가득 차 있는 여래장을 갖고 있다."는 구절이 있습니다. 이처럼 모든 중생에게 여래장이 있다는 말은 결국에는 인간이 아닌 동물까지도 붓다가 될 가능성이 있는 존엄한 존재라는 주장으로 확장될 수 있습니다. 또한 모든 존재가 구원받을 때까지 열반에 들어가는 것을 미룬 보살 서원은 모든 생명의 가치에 대한 깊은 윤리적 헌신을 보여줍니다.

사실 비인간 동물은 나무보다 인간과 더 가까운 존재이지만, 오늘날 우리에게 동물은 나무보다 더한 미지의 존재입니다. 특히 도시에 사는 현대인들에게 인간 이외의 동물은 몇 가지 예외를 제외하고는 동물원에나 가야 볼 수 있는, 일상과 분리된 존재들입니다.

한편으로 도시화가 진행되고 인간 이외의 동물들과 직접적인 접촉이 사라지면서, 그들 가운데 일부를 인간화하거나 상상 속에서 의인화하는 경향이 나타났습니다. 점점 더 많은 사람들이 '반려동물'을 가족 구성원으로 받아들이고 있으며, 인간의 옷을 입은 동물이 가축들을 부리는 애니메이션도 종종 볼 수 있습니다. 그러나 이러한 현상이 비인간 동물에 대한 관계 개선을 의미하는 것은 아닙니다. 반려동물을 제외한 동물들, 곧 야생동물들과 공장식으로 사육되는 동물들, 실험동물들, 각종 인간의 오락을 위해 사용되는 동물들과 우리 인간 사이에는 엄청난 간극이 존재하는 듯합니다.

그러나 이제는 어떠한 방식으로든 닫힌 커튼을 열고, 인간만의 게토에서 한 걸음 걸어 나와서 동물을 우리의 인식 지평 속으로 다시 끌어와야 합니다. 인간 이외의 동물과의 관계를 다시 진지하게 생각하고, 동물에게 어떻게 대해야 할지 대답해야 할 것입니다.

종교의 경우도 예외는 아닙니다. 앞에서 살펴보았듯이 한 종교 전통 안에서도 인간과 동물과의 관계에 대해 다양한 해석 가능성이 공존하고 있다는 사실을 염두에 둔다면, 특정 종교의 시각이 본질적으로 비인간 동물에 대해 우호적이냐 아니냐, 그 종교가 동물의 권리를 인정하느냐 아니냐 등의 질문을 던지는 것은 큰 의미가 없습니다. 그보다는 사람들이 해당 종교 전통 안에서 어떠한 경

게토를 넘어서

우에 무엇을 근거로 동물 친화적 담론을, 혹은 인간중심적 담론을 끌어내는지에 주목해야 할 것입니다.

분명한 것은, 인간과 다른 동물과의 기본적인 연결을 부정하는 인간중심적 시각은 오히려 인간만으로 구성된 좁은 상상의 게토 속에 우리를 가둔다는 점입니다. 그러니 이제는 그러한 게토에서 벗어나는 것이 어떨까요? 인간의 권리, 인간의 복지, 인간의 구원에만 관심을 가지는 '빈곤한 세계관'으로는 인간과 다른 동물과의 연결이라는 세계의 현실을 제대로 반영하지 못할뿐더러, 그러한 관계 속에서 생겨나는 현대사회의 각종 문제에 제대로 대처하지 못할 것이고, 결국 그토록 관심하던 인류의 안녕과 복지, 나아가 생존에도 부정적 영향을 미치게 될 것이기 때문입니다.

종교의 오래된 이야기와 지금 여기서 살아가는 우리의 이야기가 만나서 어떠한 새로운 이야기가 펼쳐질지 궁금합니다. 살아 있다는 것 자체가 위대하며 때로는 떨리고 두려운 사건이라고 생각합니다. 살아 있는 존재들에 대해 좀 더 세심한 감수성을 가지고 새로운 이야기를 만들어나갈 수 있기를 기대해봅니다.

더 읽어볼 만한 글

김진석, 『동물의 권리와 복지』, 건국대학교출판부, 2005.
마크 베코프, 김미옥 옮김, 『동물의 감정』, 시그마북스, 2008.
리처드 W. 불리엣, 임옥희 옮김, 『사육과 육식』, 알마, 2008.
조너선 사프란 포어, 송은주 옮김, 『동물을 먹는다는 것에 대하여』, 민음사, 2011.
존 쿳시, 전세재 옮김, 『동물로 산다는 것』, 평사리, 2006.
피터 싱어 편, 노승영 옮김, 『동물과 인간이 공존해야 하는 합당한 이유들』, 시대의창, 2012.

종교적 신념에 따른 수혈 거부, 어떻게 보아야 하나?

박상언

종교적 믿음을 지키기 위해 자신이나 가족의 목숨이 위태로워지더라도 수혈을 거부하는 사람들이 있습니다.

수혈을 거부하는 종교인의 경우는 의학 자체를 부인하거나 의학적 치료를 거부하는 것이 아닙니다.

단지 피와 관련된 종교적 신념 때문에 의학적 치료 차원의 수혈을 거부하는 것이지요.

그렇지만 자식의 목숨이 경각에 달렸는데 치료에 반드시 필요한 수혈을 거부하는 부모의 행위는

이해되기 어려운 부분이 많습니다. 도대체 왜 그들은 수혈을 거부하는 것일까요? 이에 더 나아가,

아무리 그들의 행위가 이해하기 어렵다 해도, 그 행위를 "믿음이냐, 아니면 생명이냐?" 하는 식의

이분법적인 시각하에 일방적으로 판단해버려도 괜찮을까요?

일상의 눈으로 볼 때는 이해하기 힘들지만, 그들의 행동을 제대로 이해하기 위해서는 성과 속,

상징과 실재, 믿음과 이성이 중첩되는 공간에, 혹은 서로 영향을 주고받는 그 한가운데서

살아가는 종교인의 마음을 전제할 필요가 있습니다. 이런 전제가 필요한 단적인

예가 지금 우리가 생각해보려는, 피와 관련된 종교적 행위일 것입니다.

피는 생명현상의 기본이기에, 많은 종교에서 피는 중요한 고려 대상이 되어왔지요.

이제 종교적 신념에 따라 수혈을 거부하는 그들의 논리를 한번 살펴볼까요?

피,
그 실재와
상징 사이

몇 년 전에 우리나라의 언론매체들이 앞 다투어 어느 부모를 매정한 사람으로 몰아쳤던 사건이 있었습니다. '종교적 신념 탓'으로 수혈을 거부해 한 달 남짓 된 어린 자식을 죽게 했다는 사건이었습니다. 그 부모가 속한 종교 단체가 입방아에 오르내렸고, 그들의 '광신적'인 신앙을 우려하는 목소리가 높았지요. '광신적인 신념 때문에 자식을 버린 매정한 부모'라는 소재는 선정적이고 자극적인 기사를 좇는 언론매체의 구미를 당기게 마련입니다. 그래서 언론매체를 수동적으로 소비하는 대중은 실제 무슨 일이 일어났는지를 알기가 무척 어렵고, 그러한 피상적인 보도 내용에 쉽게 동조하기도 합니다.

사실, 일상의 눈으로 종교현상을 이해하기는 어렵습니다. 큰 이유는 실재와 상징의 두 축을 오가며 자신의 내용을 빚어내는 종교언어의 속성 때문입니다. 예를 들어, 하늘이라는 물리적 실재를 종교는 부인하지 않습니다. 그건 엄연히 눈에 보이는 사실이니까요. 그런데 종교는 그 하늘에 특별한 의미를 부여하면서 종교적 내용으로 승화시키기도 합니다. 예를 들어, 그리스도교인이 자주 고백하는 "하늘에 계신 우리 아버지"라는 기도문에서 언급되는 '하늘'은 눈에 보이는 실재이기보다는 거룩함과 초월성을 가리키는 상징으로 이해되어야 할 것입니다. 그렇지 않다면 그리스도교의 신은 물리적 공간에 한정된 유한한 존재일 수밖에 없을 테니까요. 그러므로 그 하늘을 순수함, 초월성, 무한함의 은유적 표현으로서 이해하는 것이 그 기도문의 뜻을 좀 더 잘 헤아릴 수 있게 합니다.

그런데 여기서 좀 더 고민할 부분은, 물리적 실재로서의 하늘에 대한 경험입니다. 빛, 비, 바람의 조화를 부리는 하늘은, 때로는 따사로운 햇빛과 적당한 물 그리고 선선한 바람을 내주어 뭇 생명을 일으키는 자애로운 존재이고, 때로는 물을 거둬들인 채 이글거리는 빛만 내비추거나 거센 비바람을 몰아쳐 생명을 되찾아가는 냉정한 존재이기도 합니다. 그처럼 하늘은 인간의 힘으로는 어쩔 도리가 없고 인간을 순응하게 만드는 초월적 존재나 힘, 신비로운 대상으로 경험됩니다. 그러한 경험 안에서 하늘은 속된 인간의 접근을 허용하지 않는, 오직 거룩하고 신비로운 영역으로 표상되는 것입니다. 이처럼 종교의 언어로 담아내는 하늘은 물리적 실재와 관념적 상징 사이에서 다양한 내용을 품게 되는 것이지요.

실재와 상징 사이를 오가는 종교 언어의 특성은 수혈 거부의 현상에서도 분명히 드러납니다. 수혈을 거부하는 대표적인 종교는 '여호와의증인'으로 알려져 있습니다. 여호와의증인은 19세기 후반에 미국에서 시작된 그리스도교 계열의 종교로서 그리스도의 재림과 천년왕국적인 역사관을 강조합니다. 여기서 이 종단의 교리를 세세히 다룰 필요는 없습니다. 우리의 관심은 몸속에 흐르는 물리적인 '피'가 그 종교에서 어떻게 경험되었고, 그렇게 경험된 내용을 통해서 그들이 말하려는 내용은 무엇인가에 있습니다.

여호와의증인은 그리스도교 경전인 성서에 근거해서 수혈을 거부합니다. 여호와의증인이 구약성서에서 전거로 제시하는 구절들의 핵심은, 피는 생명이므로 어떤 형태로든 먹어서는 안 된다는 것입니다(창세기 9장 4절, 레위기 3장 17절과 17장 10~11절, 14절, 신명기 12장 16절과 23절). 그리고 신약성서에서 전거로 제시하는 구절들의 핵심은 그리스도교인도 피를 멀리하라는 규율을 따른다는 점과 그리스도의 신성한 피만이 인간의 죄를 대속하고 생명을 구할 수 있다는 점입니다(사도행전 15장 19~20절과 29절, 에베소서 1장 7절).

경전의 가르침에 따른 여호와의증인의 수혈 거부를 경전에 대한 문자주의적 해석 태도에서 찾으려는 입장이 있습니다. 그리스도교의 성서는 오랜 역사적 과정을 거치면서 다양한 정치사회적, 종교문화적 배경을 지닌 여러 저자 혹은 공동체에 의해 기록되고 편집되었습니다. 그러므로 이러한 경전 형성의 특성을 무시한 채 그 기록을 문자 그대로 따르는 시대착오적인 해석 방법이 현대 의학의 치료 기술 중 하나인 수혈을 거부하게 만들었다는 것이지요. 이러한 주장은 일면 타당하지만, 반드시 그런 것만은 아닙니다. 그 이유는 두 가지입니다. 하나는 경전에 대한 어떤 해석의 입장도 하나의 해석학적 방법일 수 있다는 것입니다. 중요한 것은, 그 종교가 그러한 해석을 택하게 된 동기 혹은 배경입니다. 다른 하나는 문자주의적 해석의 태도를 지적하는 것만으로는 경전에서 언급되는 "피를 멀리하라."는 명령이 왜 '수혈의 거부'로 이해되고 경험되는지에 대한 설명이 충분히 제시되지 않기 때문입니다.

이렇게 보면 여호와의증인이 수혈을 거부하는 이유를 문자주의적 경전 해석의 탓으로 바라보는 시각에는 오히려 석연치 않은 구석이 있습니다. 곧 '문자주의=비이성적 태도=반(反)의(과)학적인 수혈 거부'라는 등식이 성립되면, 여호와의증인이라는 종단은 상식이 통용되지 않는 기이한 집단으로 인식될 가능성이 큽니다. 이러한 관점은, 처음 만난 청춘 남녀가 상대방의 인상착의만 보고 상대에 대한 좋고 싫음을 결정하는 어리석은 태도와 비슷합니다. 서로에 대해서 좀 더 많은 이야기를 나눈 뒤에 상대에 대한 판단을 내려도 늦지는 않습니다. 이제 여호와의증인이 수혈 금지의 전거로 제시하는 성서의 기록을 보면서 좀 더 이야기를 나눠볼까요? 레위기의 두 곳에 한정해서 말해보겠습니다.

> **"이것은 너희 대대로, 너희가 사는 모든 곳에서 한정 없는 때까지 이르는 법규이다. 너희는 어떤 기름이나 어떤 피도 결코 먹어서는 안 된다."**(레위기 3장 17절)

> **"누구든지 이스라엘 집의 사람이나 너희 가운데 외국인으로 거주하는 외국인 거주자가 어떤 피든지 먹으면, 내가 반드시 그 피를 먹는 영혼에게로 내 얼굴을 향하여 그를 그 백성 가운데서 끊어버릴 것이다. 육체의 영혼은 그 피에 있기 때문이다. 나는 너희가 너희 영혼을 위하여 속죄를 하도록 그것을 제단 위에 두었다. 피가 그 안에 있는 영혼으로 속죄를 하기 때문이다."**(레위기 17장 10~11절)

경전의 구절은 여호와의증인이 사용하는 『신세계역 성경』에서 인용했습니다. 한국 개신교에서 많이 사용하는 『성경전서』(표준새번역본)의 동일한 구절에서는 영혼이 '생명'으로 표기되어 있습니다. 곧 피는 생명이기에 먹어서는 안 된다는 뜻이 되는데, 이는 여호와의증인의 주장을 뒷받침해줍니다. 그런데 피의 섭취를 금하는 맥락에 주목할 필요가 있습니다. 레위기 3장 17절은 '화목제'를 언급하는 내용의 일부이고, 7장 10~11절은 '속죄제'의 내용에 포함되어 있습니다. 화목제는 신에게 제물을 바치는 감사의 의례이면서 그 희생 동물을 함께 나눠 먹는 사귐의 의례입니다. 반면에 속죄제는 신으로부터 죄를 용서받는 의례입니다.

여기서 피의 섭취란 피를 빼지 않은 채 동물의 고기를 먹는 것을 의미합니다. 그리고 피의 섭취에 대한 금지는 종교의례의 맥락에서 제시되고 있습니다. 그렇다면 그러한 종교의례에서 피의 섭취를 금지하는 동기를 파악할 필요가 있겠지요. 그리스도교 경전을 연구하는 학자들은 대체로 레위기의 저자를 제사장 집단으로 봅니다. 그들은 오늘날의 목사, 신부, 승려와 같은 종교 전문가에 해당되지만, 당시 그들이 사회에서 차지하는 역할과 권위는 지금의 경우와는 매우 달랐습니다. 종교의 영향력이 히브리 공동체 전반에 미치고 있었기 때문이지요. 그렇다면 화목제와 속죄제에서 피의 섭취를 금하는 제사장 공동체의 의도는 무엇일까요?

여러 의견이 있지만, 여기서는 두 가지 견해를 소개하겠습니다. 하나는 종교제의에 기초해서 제사장의 권력을 형성하려는 의도가 피와 관련된 종교 규범을 형성했다는 입장입니다. 당시에 동물의 도살은 아무 곳에서나 행할 수가 없었습니다. 먹을 고기를 얻기 위해서건 신에게 제물을 바치기 위해서건 동물의 도살은 성스러운 제단 앞에서만 이루어졌습니다. 물론 후대에 이러한 규정은 완화되었지만 말입니다. 피와 생명을 동일하게 생각했기 때문에 성스러운 장소에서 도살하도록 했는지, 아니면 그 반대로 제사장 계급이 동물 도축에 영향력을 발휘하기 위해 피의 신성함을 주장했는지는 판단하기 어렵지만, 어느 쪽이든 제사장의 권위를 강화시키는 결과를 낳았을 것입니다. 하지만 제사장 권위의 강화가 단순히 부정적인 의미로만 읽혀질 필요는 없습니다. 왜냐하면 일부 학자들은 동물 도살의 통제가 무분별한 동물 살해의 남용을 막는 효과를 낳았다고 주장하기도 하니까요.

다른 하나는, 종교의례에서 사용되는 피의 성질과 기능은 고대 근동의 다른 민족들과 히브리 공동체를 구별하는 중요한 문화 지표로서 작용했다는 입장입니다. 히브리 공동체에서 피는 생명과 동일시되며, 생명의 주권은 신에게 있습니다. 그래서 동물을 죽인 후에 그 피를 제단에 붓는 행위에는 신에게 생명을 돌린다는 상징적 의미가 담겨 있는 것이지요. 이렇게 신에게 바쳐진 피에는 신성한 힘이 깃들어 있다고 믿어졌습니다. 곧 그 피는 종교적이고 도덕적으로 오염된 것을 씻어내어 성스럽게 만든다는 것이지요. 이러한 종교적 믿음은 그리스도교에서 죄인을 구원하는 그리스도의 '보혈의 피'라는 믿음으로 이어지기도 합니다.

지금까지 살펴보았듯이, 히브리의 종교 공동체에서 피는 생명현상과 관련된 물리적인 것으로만 인식되지 않습니다. 히브리 공동체에서 피는 제사장의 권위와 관련된 종교-정치적인 관계와 동물과 인간의 관계가 형성되는 자리이며, 오염을 깨끗이 씻어내어 정결하게 만드는 신의 권능이 작용하는 매체이기도 합니다. 그러므로 피는 여러 의미들로 둘러싸여 있고, 그것은 일종의 상징체계로서 독특한 히브리인의 종교문화를 형성하고 있는 것입니다. 수혈을 거부하는 여호와의증인의 태도도 다르지 않을 것입니다. 그들의 수혈 거부를 현대 의학의 관점과 대립하는 행위로 바라보는 접근보다는, 그들의 종교적 믿음의 자리에서 피가 어떤 의미로 둘러싸여 있는지를 살펴보는 것이 바람직합니다.

혈액,
순수와
오염의
경계에서

1628년, 윌리엄 하비William Harvey는 『동물의 심장과 혈액의 운동에 관한 해부학적 연구Exercitatio Anatomica de Motu Cordis et Sanguinis in Animalibus』를 통해 혈액순환론을 주장했습니다. 그 이후로 수혈을 통해 병을 고치려는 서양 의학의 열정은 불꽃을 태웠습니다. 여기에 기발한 상상력이 발휘되기도 했습니다. 자크 르 고프Jacques Le Goff가 편집한 『고통받는 몸의 역사Les Maladies ont une histoire』에는 이와 관련된 재미있는 이야기가 나옵니다. 예를 들면, 남자와 여자의 피를 바꾼다면, 퀘이커교도와 가톨릭 주교의 피를 바꾼다면, 혹은 왕당 귀족과 청교도의 피를 바꾼다면 어떻게 되는지에 관한 궁금증이 수혈에 대한 관심을 촉발시켰다고 합니다. 동물의 피를 사람에게 주입했던 적도 있었는데, 1828년에 이르러서야 수혈에는 사람의 피만을 사용해야 한다는 사실을 발견했습니다. 지금의 상식에 견주면 상상할 수 없을 만큼 피에 대해서 무지했던 것이지요.

치료 방법으로 수혈이 확산된 계기는 불행히도 전쟁이었습니다. 수많은 군인들이 피를 흘리며 생사의 기로에 서 있는 상황에서 수혈 치료는 적극적으로 시도되었습니다. 주고받는 사람의 혈액이 맞지 않아 생길 수 있는 용혈현상이 환자의 생명을 위험에 빠뜨릴 수 있는데도 말입니다. 그러나 수혈적합검사와 항혈액응고제의 발전으로 수혈은 의학적 치료에서 점차 중요한 위치를 차지하게 되었습니다. 1936년에는 최초의 혈액은행이 미국에서 설립되기에 이르렀습니다. 필요 없을 때는 피를 맡겼다가 필요할 때 찾아서 쓰는 은행의 원리가 도입된 것이지요. 두말할 것도 없이 혈액은행은 전쟁에서 긴요하게 활용되었습니다. 한꺼번에 많은 부상자가 발생하는 전장에서 필요한 대량의 혈액을 공급하는 중요한 역할을 수행

우리에게 종교란 무엇인가

치료 방법으로 수혈이 확산된 계기는 전쟁이었다. 전장의 군인을 상대로 한 임상실험을 거치면서 수혈 관련 지식과 기술이 발전되었고 수혈은 점차 안정성도 확보하게 되었다.

했으니까요. 그러고 보면, 전쟁에서 수혈은 단순히 군인의 생명을 구하는 의학적 의미만이 아니라 군사력의 유지라는 군사전략적인 의미도 담겨 있습니다. 어쨌든 제2차 세계대전에서 혈액은행의 효용성은 입증되었고 이후에 의학의 영역에서 중요한 위치를 차지하게 되었습니다. 과장해서 말하자면 수혈 치료는 전장의 군인을 상대로 한 임상실험을 거치면서 관련 지식과 기술이 발전되었고, 점차 안정성도 확보하게 되었다고 볼 수 있지요.

여호와의증인의 수혈 금지에 대한 태도는 이러한 배경에서 형성됩니다. 종단 설립 즉시 수혈 금지에 관한 입장이 정립되었던 것은 아니었지요. 수혈의 치료 방법이 의료계에 널리 확산되면서 수혈과 관련된 종단의 입장도 몇 차례의 과정을 거쳐서 정립되었던 것입니다. 변화하는 사회 환경에 대한 종교의 적응인 셈이지요. 일상의 시선으로 보면, 수혈의 치료 방법에는 이웃의 생명을 위해 자신의 피를 제공하고, 반대로 필요하면 이웃의 피를 받는 상호 협력,

혹은 교환의 논리가 담겨 있습니다. 여호와의증인이 이러한 상호 협력의 도덕적 가치를 모를 리는 없겠지요.

여기서 여호와의증인이 피를 바라보는 시선에 주목할 필요가 있습니다. 앞에서 언급했듯이 여호와의증인에게 피는 생명과 같은 것으로 신성한 것입니다. 신성한 생명으로서의 피를 바라보는 시선은 종교적 믿음의 맥락에서 조성되고 있습니다. 그런데 유대-그리스도교의 전통에서 그 신성한 피가 더러운 것으로 간주되는 경우가 있습니다. 피가 그 원래의 장소, 곧 몸에서 벗어날 때 불결한 물질로 전환되는 것이지요. 예를 들어, 의례의 절차를 밟지 않고 죽은 동물에서 나온 피, 폭력으로 생긴 사람의 피, 그리고 여성의 생리혈 등은 본래의 장소에서 벗어났기에 불결한 것으로 인식되는 것입니다. 이러한 피와 접촉한 사람과 물건은 불결하게 되고 특별한 의례를 통해 정화되어야 합니다. 두말할 것도 없이, 여기서 더럽혀짐은 실제적인 오염과 종교적인 오염을 모두 의미하지만, 후자에 강조점이 있습니다.

이러한 인식은 여호와의증인이 피를 이해하는 방식에서도 잘 드러납니다. 타인의 몸에서 벗어난 피는 오염의 위험성을 지니고 있다고 보는 것이지요. 눈여겨볼 점은, 여호와의증인은 정결함에 관한 종교적 신념을 뒷받침하기 위해서 의학 지식을 동원하고 있다는 사실입니다. 여호와의증인은 수혈을 거부하는 세속적인 이유로서 혈액을 통한 감염의 위험성과 면역력의 약화 등을 강력히 주장합니다. 에이즈를 비롯해서 간염, 매독 등과 같은 질병에 감염될 수 있고, 수혈을 받은 환자의 면역력이 약화되어 치료의 효능이 떨어질뿐더러 환자를 위험한 상태에 빠지게 할 수 있다는 의학적 견

우리에게 종교란 무엇인가

해들을 소개하고 있습니다.

　이러한 주장의 근거가 전혀 없지는 않습니다. 2012년 3월 25일자 인터넷판 〈시사저널〉의 기사를 보면, 지난 5년간 B형 간염에 오염된 최대 5천5백 봉지 분량의 혈액이 일반인에게 수혈되었을 것으로 추정된다고 합니다. 또한 2009년에 대한적십자사가 의뢰한 조사보고서에 의하면, 기존 검사 장비로 실시한 B형 간염 검사에서 음성반응을 보인 헌혈 혈액 가운데 0.016%가 새로운 검사 장비에 의해서는 양성반응을 보였답니다. 헌혈로 수집된 혈액의 안정성이 의심되는 결과인 셈이지요. 이러한 수치가 수혈 치료를 부인할 만큼 크지 않다고 반박할 수는 있습니다. 수술에 필요한 혈액을 보충해줌으로써 수술로 환자의 질병을 치료하고 생명을 건지는 일이 더욱 효과적이라는 주장은 효율성의 관점에서 보면 맞는 말입니다.

　그러나 그러한 실용적인 관점이 피를 생명을 유지하는 물질 이상의 것으로 바라보는 여호와의증인에게 큰 설득력을 얻기는 어렵습니다. 실용이나 효율의 세속적 가치보다는 존재의 근본을 규정하는 믿음의 가치가 이 종교 공동체에게는 중요하기 때문입니다. 문화인류학자인 클리포드 기어츠Clifford James Geertz는 종교를 상징체계로 제시하고, 이러한 상징체계가 세계관과 에토스를 제공한다고 말했습니다. 세계관은 세상을 바라보는 하나의 관점이고, 에토스는 그러한 세계관에 따라 살려는 도덕적 정서를 말합니다. 이러한 인식과 실천의 틀에서 사람은 자기 존재의 의미를 느끼며 혼란스러운 세상에 질서를 부여하여 안정된 인식 체계를 형성합니다. 종교인만이 그러한 것은 아닙니다. 무종교인이든 종교인이든 누구나 알게 모르게 어떤 관점으로 세상을 접하게 됩니다. 그 관점의 차이가 사람들 사이에서 갈등과 분쟁을 일으키기도 하지만 말입니다.

여호와의증인에게 피는 하나의 상징물로서 작용하고 있음이 명백합니다. 수혈을 거부하는 그들의 태도에는 피에 담긴 신의 가르침을 읽고 따르려는 종교적 동기가 담겨 있습니다. 특히 그들은 동물과 인간의 몸 안에 있어야 할 피가 그 밖으로 흘러나오게 되는 상황이 자신들이 믿는 종교적 관념에 부합하지 않는 현상에 주목합니다. 몸 밖으로 나오는 피는 폭력과 죽임에 의해 생겨난 것이니까요. 그래서 그들은 어느 한 생명체에게 폭력을 가해 피를 흘리게 하는 행위는 신에 대한 불순종과 반항으로 간주합니다. 피, 곧 생명은 신에게 속한 것으로 보기 때문이지요. 또한 그렇게 해서 몸 밖으로 흐르는 피는 그것이 접촉하는 모든 것을 더럽히는 오염물로서 간주되는 것입니다. 이처럼 피는 순수와 오염의 경계에서 진자운동을 벌이며 그 신앙공동체의 구성원에게 믿음과 도덕의 잣대를 들이댑니다. 그릇된 길에서 벗어나 신이 가르쳐준 옳은 길로 가라고 말입니다.

진리냐 생명이냐, 그 선택의 기로에서

성서에 "나는 길이요 진리요 생명이니 내가 너희를 자유롭게 하리라."는 말이 있습니다. 진리를 따르는 삶이 참다운 삶이고 모든 구속에서 자유로울 수 있다는 뜻으로 저는 이해합니다. 그런데 수혈 거부의 문제에 관해서는 진리냐 생명이냐의 선택 문제로 몰아가는 경우가 많습니다. 앞에서 사례로 들었던 수혈 방식의 수술을

우리에게 종교란 무엇인가

거부한 부모의 경우도 마찬가지입니다. 언론이 이 사건을 바라보는 관점은, "종교적 신념-아기 생명권 충돌 재점화"라는 기사 제목에 잘 담겨 있습니다. 그리고 기사의 내용도 법원이 병원 측에 손을 들어주어 아이의 수혈을 허용하는 판결을 내렸음에도 부모가 종교적 이유로 판결의 부당성을 주장하며 뜻을 굽히지 않았다며, 부모의 종교적 신념을 탓하는 기조를 띠고 있습니다.

　여기서 곰곰이 생각할 점이 있습니다. 과연 진리와 생명이 단순히 이분법적인 선택의 문제인지, 그리고 양자는 이율배반적인지를 말입니다. 이를 위해서 앞의 사례를 좀 더 자세히 살펴보겠습니다. 태어난 지 한 달 정도 된 아이는 선천성 심장질환을 앓고 있었습니다. 아이의 부모는 출산 전에 이미 그 사실을 알고 있었습니다. 부모는 아이를 진료한 병원으로부터 아이가 건강하게 6~7개월을 자라준다면 무수혈 수술을 받을 수 있다는 말을 들었다고 합니다. 하지만 아이의 건강 상태가 좋지 않자 병원에서는 수혈 방식의 수술이 필요하다는 입장을 밝혔습니다. 그러나 부모의 반대에 부닥치자 해당 병원은 법원에 '진료업무방해금지등 가처분' 소송을 제기해서 승소하게 된 것입니다.

　법원의 판단은 세 부분에 초점을 두고 있습니다. 첫째는 친권의 조건입니다. 치료 당사자가 한 달 정도의 신생아이기에 부모에게는 친권이 있습니다. 그런데 법원은 부모의 친권을 인정하지 않았습니다. 곧 "자녀의 생명·신체의 유지, 발전에 부합하는 것이 아니라면" 그 친권의 행사는 존중될 수 없다는 판단에서였습니다. 둘째는 의학적 판단입니다. 법원은 무수혈 방식의 수술을 할 경우에 회복 가능성이 5% 정도인 반면에, 수혈 방식의 수술의 경우에는

30~50%에 이른다는 의학적 판단을 인정하고 있습니다. 그러므로 회복 가능성이 현저히 떨어지는 무수혈 방식의 수술을 주장하는 부모의 주장은 자녀의 권리에 반하며, 따라서 그들의 친권은 존중될 수 없다는 것이지요. 셋째는 생명권의 존중입니다. 법원은 생명권이 "인간의 생존본능과 존재목적에 바탕을 둔 선험적이고 자연법적인 권리"이고 모든 기본권의 전제로 기능하는 기본권 질서의 핵심적인 가치를 담고 있어 다른 기본권보다 우선되어야 함을 밝혔습니다.

법원의 판단을 보면, 이 사건은 부모의 종교적 신념과 의학적 치료 간의 대립에서 빚어진 것처럼 보입니다. 그런데 이 사례에서 분명히 확인할 부분이 있습니다. 법원의 관심사는 아이의 권리에 맞춰졌다는 점입니다. 법원은 2009년 대법원 판결에 근거해서 '환자의 자기결정권'과 '진료 행위에 대한 동의'를 판결문에서 인정했지요. 곧 의료인은 의학적 판단만으로 환자에게 진료를 강제할 수 없습니다. 의료인은 진료 행위에 대한 충분한 정보를 환자에게 제공하고, 환자가 스스로 진료를 선택할 수 있도록 해서 그 동의를 구해야 하는 것이지요. 이 사건의 경우에 문제가 된 것은 환자가 의사 결정의 능력이 없는 아이였다는 점입니다. 그래서 법원은 인간의 생존 본능에 비추어 그 아이도 살려는 의지를 지녔고, 현재의 의학적 수준에서는 수혈 치료가 그 의지를 만족시킬 가능성을 더 많이 지니고 있다고 보았던 것입니다.

'종교적 신념이냐, 생명이냐' 하는 선택의 문제로 수혈 거부의 태도를 바라보면, 이 문제는 지극히 개인적인 수준에 머물고 맙니다. 그 결과 그러한 개인의 종교성이 문제라는 식의 언술이 형성되

우리에게 종교란 무엇인가

기 쉽지요. 그런데 그 논의의 범위를 넓혀서 종교와 의학이 상호작용하는 문화 현상의 수준에서 그 문제를 바라보면, 다른 측면이 보이게 됩니다. 곧 종교와 의학 혹은 과학은 칼로 무를 자르듯이 명확하게 구분된 각각의 경계 안에서 조용히 자신의 왕국을 내려다보지 않는다는 사실입니다. 양자는 소리 없이 서로의 영토를 바라보며 보이지 않게 영향을 주고받고 있지요. 이러한 점은 미국에서 여호와의증인이 수혈을 거부하며 걸어온 발자취에 잘 드러나 있습니다.

조지프 러더포드
Joseph F. Rutherford
(1869~1942)
여호와의증인 2대 지도자. 피에 관한 종단의 공식적인 견해는 그의 저서 『창조』를 통해서 알려졌다.

피에 관한 여호와의증인의 공식적인 견해는 1927년에 처음 알려졌습니다. 종단의 발행지인 〈워치타워Watch Tower〉와 2대 지도자였던 조지프 러더포드의 저서인 『창조Creation』(1927)를 통해서입니다. 그 주된 내용은 피를 음식으로 사용하지 말라는 구약성서의 금지와 관련된 것이었습니다. 이때까지만 해도 경전이 금지하는 피와 수혈의 관계는 인식되지 않았지요. 수혈 금지에 관한 종단의 공식적인 입장은 1945년에 처음으로 등장합니다. 제2차 세계대전 기간에 수혈 치료 방법이 치료 현장에 널리 확산되었기 때문으로 보입니다. 여호와의증인은 수혈을 피의 금지와 연결하기 위해서 당시의 의학 지식을 활용했습니다. 곧 음식은 여러 화학적 변화 과정을 거쳐 피가 되며, 이러한 피는 인간의 몸에 영양을 공급하는 주요 물질이라는 당시 의사들의 견해에 관심을 기울인 것이지요. 자연히 수혈은 금지의 대상으로 규정될 수밖에 없었습니다. 영양분의 공급이라는 점에서 보면, 피를 먹는 것과 관을 통해 피를 몸에 주입하는 것에는 별다른 차이가 없는 것으로 보였기 때문이지요.

그러나 수혈이 여호와의증인과 사회의 관심을 끌게 된 계기는

1951년에 발생한 한 사건이었습니다. 적혈구 결핍증에 걸린 7살짜리 딸을 둔 부모가 병원의 수혈 치료를 거부하는 일이 일어났습니다. 지역 보건당국은 그 부모가 전문지식이 없다는 이유로 법원 명령을 받아 강제로 딸을 데려가버렸습니다. 당연히 부모는 소송을 제기했지요. 그러나 일리노이 주법원은 부모의 종교적 신념 때문에 그 자녀를 위험에 처하게 해서는 안 된다는 판결을 내렸습니다.

이 사건 이후로 수혈을 거부하는 여호와의증인을 향해 좋지 않은 시선이 몰린 것은 당연하지요. 종단의 지도부는 이러한 사회적 시선에 대해 내부의 입장을 정리할 필요를 느꼈습니다. 특히 1961년에는 수혈 금지의 종단 규정을 위반한 회원들을 제명하면서 종단은 피에 관한 엄격한 규정을 강조하게 됩니다. 일부 의사는 자신의 피로 자기 몸에 피를 수혈하는 기술을 고안함으로써 여호와의증인의 반대를 완화하려고 했지만, 종단의 지도부는 짧은 시간이라도 피를 저장했다가 사용하는 방식이라면 자가 수혈의 치료도 허용할 수 없다는 입장을 밝혔습니다. 마치 세속적 의학과는 수혈에 관한 한 한치도 물러설 수 없다는 듯이 말입니다.

여호와의증인의 이러한 태도는 많은 비판을 야기했음이 분명합니다. 하지만 의학계 일부에서는 이러한 반대 의견을 존중하려는 움직임도 형성되기 시작했지요. 일부 의사들은 여호와의증인이 받아들일 만한 치료법을 개발하는 데 관심을 기울였습니다. 또한 치료를 받는 과정에서 어쩔 수 없이 종교적 신념을 위반하게 된 여호와의증인 신자가 입은 심리적 상처에도 세심한 주의를 기울이게 되었지요. 이러한 관심의 결과로 1970년대에는 수혈 없이도 심장 수술과 기타 외과 수술을 할 수 있는 의료 기술이 발전하기에 이릅니다. 또한 미국의사협회와 여호와의증인은 '수혈을 원치 않는 다.'는 '사전지시서advance directive'를 작성한 신자에게는 어떤 경우에 도 강제로 수혈을 하지 않는다는 협정을 맺었지요.

현재 우리나라에도 무수혈 수술을 실시하는 병원이 점차 늘고 있습니다. 이러한 현상은 일차적으로는 수혈에 관한 여호와의증인 의 강경한 태도를 의학계가 수용하고 있는 것으로 해석될 수 있습 니다. 그런데 그 겉껍질을 한 꺼풀 걷어내면 종교와 의학의 상호 교 류를 통해 새로운 치유의 문화가 형성되고 있음이 드러납니다. 곧 수혈 논란은 의사와 환자의 일방적인 관계가 상호 협력의 동등한 관계로 전환되는 자극제가 되었고, 수혈에 의지하지 않는 새로운 치료법의 개발에 의학계가 관심을 기울이는 계기가 되기도 했던 것이지요.

수혈을 거부하는 종교의 답답함을 탓하는 목소리는 여전히 크 게 들려옵니다. 종교는 의학이나 과학의 객관적이고 합리적인 이 성과는 거리가 멀다는 전제하에 종교의 주장, 특히 규모가 작은 종 교의 주장에 크게 신경을 쓰지 않는 태도도 많이 발견됩니다. 그 런데 생명과 관련해서, 그리고 인간의 몸과 마음의 치유와 관련해 서는 이러한 반대 측의 주장에 관심을 기울일 필요가 있습니다. 몸의 질병을 치료했지만, 치료받은 환자가 그로 인해 더 이상 삶 의 의미를 느끼지 못한다면, 그 치료가 무슨 소용이 있을까요? 또 한 합리성과 효율성을 앞세워 질병 치료에만 관심을 기울이고, 정 작 병에 걸린 인간 자체를 무시하는 상황이 의료 현장에서 벌어진 다면 어떻겠습니까? 현재의 의학 수준에서 의사 결정 능력이 없는 환자의 경우에는 수혈의 문제가 쉽게 풀릴 것 같지 않습니다. 하지만 중요한 것은 '진리냐, 생명이냐'는 식의 이분법적인 선택을 강요하고, 또 그러한 시선으로 수혈을 거부하는 사람들을 바라보는 사회 분위기에서 벗어나야 한다는 점입니다. 진리를 좇으면서도 생명을 포기하지 않으려는 그들의 노력이 이미 하나의 선택으로 만족하는 우리들의 노력보다는 훨씬 크고 힘이 많이 들기 때문이지요. 얼른 그들의 힘겨운 삶을 해결할 수 있는 치료법이 많이 개발되었으면 좋겠습니다.

더 읽어볼 만한 글

신정호, 『인간과 행동』, 연세대학교출판부, 1997.

에릭 J. 카셀, 강신익 옮김, 『고통받는 환자와 인간에게서 멀어진 의사를 위하여』, 코기토, 2002.

윤용복, 「여호와의증인」, 『한국종교 교단연구 3』, 한국학중앙연구원, 2007.

정진홍, 『열림과 닫힘: 인문학적 상상을 통한 종교문화 읽기』, 산처럼, 2006.

9 · 11 이후의
종교

장석만

 현대사를 9·11 이전과 이후로 나누어 살펴야
한다는 주장이 나올 정도로 9·11이 준 충격은
현대사회의 여러 가지 측면에 커다란 영향을 끼치고
있습니다. 현재 우리의 삶에 작용하고 있는
9·11의 파급력을 검토하기 위해 다음과 같은
문제를 묻는 일이 필요할 것입니다.
9·11 사건에 내재되어 있는 종교적 문제는 무엇인가?
9·11 이후, 종교를 보는 관점에서 강조된 측면이 무엇인가?
9·11 사건으로 야기된 종교적 문제를
어떻게 평가하고, 극복할 수 있는가?

9·11 사건

9·11 사건은 2001년 9월 11일, 오사마 빈 라덴Osama bin Laden의 알 카에다Al-Qaeda 집단이 미국 국내 항공기 4대를 납치하여 벌인 자살 공격으로 미국 역사상 최초로 본토가 공격당한 사건을 가리킵니다. 이 공격으로, 뉴욕 세계무역센터의 쌍둥이 건물이 붕괴되었으며, 미국의 수도 워싱턴 D.C.의 국방부 건물인 펜타곤이 공격을 받아 모두 3,000명 정도의 사망자가 발생하였습니다. 알카에다의 지도자 오사마 빈 라덴은 미국을 공격한 이유로 이슬람의 성지가 있는 사우디아라비아에 미군이 주둔하고 있는 것 등 몇 가지를 들었지만, 가장 결정적인 것은 미국이 팔레스타인 문제에서 이스라엘을 일방적으로 편들고 있다는 것이었습니다. 따라서 9·11 사건을 제대로 이해하기 위해서는 팔레스타인 문제가 발생한 맥락을 알 필요가 있습니다.

팔레스타인의 문제

이스라엘은 수천 년 동안 핍박받으면서 흩어져 살던 유대인들이 나치의 끔찍한 홀로코스트에서 살아남아 만든 나라입니다. 19세기 후반, 반反유대주의의 탄압에 시달리던 유대인들은 자신의 아이덴티티를 지키기 위해 이스라엘의 땅에 유대인의 나라를 만들자는 '시오니즘' 운동을 전개하고, 20세기 초부터 점차 팔레스타인 지역으로 이주하여 살게 됩니다.

제2차 세계대전이 끝나고 유대인 이주민이 급증하자, 당시 팔레스타인 지역을 통치하고 있던 영국은 지역을 분할하여 각각 유대인과 팔레스타인 인의 국가 설립을 추진합니다. 그리하여 1948년

우리에게 종교란 무엇인가

영국의 위임통치가 끝나자 국제연합^{UN}의 결의안을 거쳐 곧바로 유대인 국가인 이스라엘이 팔레스타인 지역에 탄생하게 됩니다. 당시 영국, 미국, 프랑스 등의 강대국이 좌지우지하던 국제연합은 이스라엘에 유리하게 팔레스타인 지역을 분할하였는데, 이로 인해 이스라엘 영토로 정해진 곳에 살던 팔레스타인 인들은 졸지에 조상 대대로 살던 지역에서 쫓겨나게 되었습니다. 이때부터 팔레스타인의 원한과 분노가 쌓이게 되는 것입니다.

이스라엘은 자기에게 유리하게 마련된 유엔의 결의안을 수락한 반면, 팔레스타인 사람들과 그들을 지지하는 아랍의 국가들은 단호하게 거부합니다. 그 결과 1948년 이스라엘이 국가 수립을 선포하자마자, 이에 분노한 여러 아랍 국가들이 단합하여 이스라엘을 공격함으로써 제1차 중동전쟁이 벌어지게 됩니다. 전쟁의 결과는 이스라엘의 커다란 승리로 끝나게 되어, 이스라엘은 팔레스타인 인의 영토까지 점령하게 되었고, 팔레스타인 인의 국가는 만들어지지 못하게 됩니다. 그 이후에도 이스라엘과 아랍 국가들 사이의 전쟁은 계속되어, 1956년 2차 중동전쟁, 1967년 3차 중동전쟁, 그리고 1973년에 4차 중동전쟁이 벌어집니다. 그 이후에 국가 사이의 전쟁은 일어나지 않았지만, 이스라엘과 팔레스타인 무장단체와의 국지적인 충돌은 계속되고 있습니다. 그동안 평화를 위한 노력이 없었던 것은 아닙니다. 특히 1988년 팔레스타인해방기구^{PLO}가 이스라엘을 국가로 인정하고, 가자 지구와 요르단 강 서안 지구를 영토로 하는 팔레스타인 국가의 성립을 선언했지만, 이스라엘이 자국의 안보를 구실로 이를 거부하면서 평화를 이룰 기회가 사라져버렸습니다. 이스라엘은 점령한 영토를 내놓지 않고, 여기에 유대인 이주 정책을 펴면서 장벽을 세워 팔레스타인 사람들의 거주 지역과 철저하게 분리하고 있습니다. 이에 반발하여 팔레스타인해 방기구보다 더 강경한 무장단체 하마스가 득세하게 되었고, 이스라엘과는 타협 없는 대결 양상이 벌어지게 되어 지금껏 팔레스타인 지역은 무력 갈등이 끊이지 않는 지구의 화약고가 되어 있습니다. 유대인의 역사가 차별과 핍박으로 점철되어왔으며, 이것이 나치의 홀로코스트에서 극명하게 드러났다는 점에서 볼 때, 사실 이스라엘은 피억압자의 삶을 어느 나라보다도 잘 이해할 수 있는 배경을 가지고 있습니다. 하지만 이제는 자위自衛를 구실로 이스라엘이 억압자의 위치에 서서 팔레스타인 사람들을 억누르고 있습니다. 참으로 기가 막힌 상황이라고 아니할 수 없습니다.

서구의 유대-기독교와 중동 이슬람의 대결

이처럼 이스라엘과 팔레스타인 사이에 시작된 갈등은 60년 넘게 진행되는 동안 서구 강대국과 중동 국가의 갈등으로 확산되었습니다. 미국, 영국, 프랑스, 독일 등의 서구 국가가 노골적으로 이스라엘을 지원하는 정책을 펴왔기 때문입니다. 이와 같은 서구의 친親이스라엘 정책은 현실적이고 물질적인 이해관계의 맥락 속에서 만들어진 것이지만, 이슬람에 대한 서구의 오래된 편견과도 깊은 관련을 맺고 있습니다. 아랍 국가들 역시 서구의 친이스라엘 편향을 비난하면서 유대-기독교와 이슬람의 대결을 강조하였습니다. 이런 대결 양상은 특히 1989년의 동유럽 혁명과 1991년의 소련 붕괴 이후에 더욱 두드러지는데, 서구에 가장 위협적이었던 공산주의가

우리에게 종교란 무엇인가

에드워드 사이드
Edward W. Said (1935~2003)
『오리엔탈리즘』의 1978년 초
판본 표지에는 장 레옹 제롬
(Jean-Léon Gérôme)의 19세
기 오리엔탈 풍 그림 〈뱀 부리
는 사람〉이 전면에 깔려 있다.

몰락한 후에 그 자리를 차지한 것이 바로 이슬람 세력이라고 간주
되었기 때문입니다.

물론 유럽이 이슬람에 대해 위협을 느끼고 적대적으로 생각한
것이 최근의 일은 아닙니다. 십자군 전쟁에서 이미 그런 점을 찾아
볼 수 있으니 말입니다. 유럽은 늘 이슬람에 대한 부정적인 이미지
를 통해 자신의 아이덴티티를 만들어왔습니다. 유럽의 '우리'는 이
슬람의 '그들'이라는 거울에 비춰 만들어낸 것입니다. 에드워드 사
이드가 『오리엔탈리즘Orientalism』(1978)이라는 책에서 드러낸 것이 수
세기 동안 서구가 이슬람과 아랍 문화에 대해 지니고 있던 이 편견
의 체제였습니다.

이와 같은 서구적 아이덴티티의 뿌리에 자리하고 있는 오리엔
탈리즘의 기제에 불을 댕긴 것이 바로 중동의 석유를 둘러싼 서구
의 욕심이라고 할 수 있습니다. 중동의 석유를 값싸고 안정적으로
확보하여 자기들의 자본주의 시스템을 유지하려는 이기적인 욕구

말입니다. 그러려면 자기들의 입맛에 맞게 무조건 석유를 넘겨줄 수 있는 정권을 세우는 것이 중요하겠지요. 그런 속셈의 서구 국가에게는 아랍 민족주의도 끔찍하겠고, 이슬람 원리주의자도 재앙임이 틀림없습니다. 그래서 서구의 관점에서는 자신의 요구를 수용하여 서구의 이익을 보장해주는 한편, 기층 민중의 목소리를 묵살할 수 있는 중동의 독재 정권이 이상적이었던 것입니다. 중동 지방이 '세계의 화약고'가 되자, 서구의 강대국들은 이스라엘과 중동의 독재 정권에 번갈아가며 비싼 무기를 팔아서 많은 돈을 벌었습니다. 석유뿐만 아니라, 무기 판매의 측면에서도 서구의 나라들은 중동의 갈등을 통해 이래저래 큰 이득을 본 셈입니다. 하지만 그동안 서구와 타협하며 자국 민중을 탄압해온 이런 정권들이 2010년 12월 이후, 이른바 '아랍의 봄'이라는 혁명의 물결에 휩쓸려서 북아프리카와 중동에서 무너지기 시작했습니다. 또한 이스라엘 내부에서도 팔레스타인 문제에 관한 정부의 일방적 자세를 비판하고 변화를 요구하는 목소리가 높아지고 있으며, 미국과 유럽의 적지 않은 유대인들도 이런 입장을 지지하고 있습니다. 이처럼 9·11 이후에 전개되고 있는 상황은 이슬람 지역과 이스라엘뿐만 아니라 전 세계에 걸쳐 커다란 논란과 갈등을 불러일으키고 있습니다.

우리에게 종교란 무엇인가

9·11 공격으로 미국의 심장부라고 할 만한 뉴욕과 워싱턴이 공격당하자, 부시 정권과 미국인들은 극심한 충격에 빠졌습니다. 1941년 12월 일제의 진주만 공격이 미국 본토에서 멀리 떨어진 하와이 섬을 대상으로 했던 반면에, 9·11 공격은 미국 중심부에서 일어났으며, 매스컴으로 누구나 볼 수 있도록 실시간 중계되었기에 그 충격은 더욱 컸습니다. 9·11 공격에 대해 강경 보수의 부시 정권이 어떻게 대응할 것인가를 짐작하는 것은 어려운 일이 아니었을 겁니다. 하지만 부시 정권이 보복을 다짐하며 어떤 명분을 내걸었는지 살펴보는 것이 필요합니다. 조지 부시George W. Bush는 9·11 직후 행한 의회 연설에서 미국이 공격받은 이유를 다음과 같이 말했습니다. 9·11을 저지른 테러리스트들은 미국이 누리고 있는 종교의 자유, 언론의 자유, 결사 및 집회의 자유를 증오하며, 그 때문에 미국을 공격했다고요. 그리고 부시는 지금 걸려 있는 문제가 미국의 자유만이 아니며, 이 싸움은 전 세계, 그리고 문명의 가치를 지키기 위한 싸움이라는 것, 진보와 다양성, 관용, 자유를 신봉하는 이들이 함께하는 싸움이라고 역설합니다. 게다가 부시는 이렇게 강조하는군요. 문명 세계는 미국 편이며, 자유와 두려움, 정의와 잔인함은 언제나 전쟁 중이고, 그 점에 대해 신은 어정쩡한 태도를 취하지 않는다고 말입니다. 그래서 부시는 거리낌 없이 "우리 편에 서지 않는 자는 테러리스트 편이다."라고 그야말로 윽박지르는 발언을 뱉습니다. 부시처럼 양자택일을 강요하는 태도는 미국뿐만 아니라, 9·11 이후의 서구 및 세계 전역에 강력한 영향을 미치고 있습니다. '우리'와 '그들'의 적대적 관계, 문명과 야만의 명백한 투쟁, 그리고 유대-기독교와 이슬람의 대결이라는 이분법이 상식과

9·11 공격에 대한 미국의 대응

도 같이 횡행하고 있습니다. 그래서 무죄인 '우리'(서구와 그 동맹자)가 기독교 문명과 자유를 수호하기 위해 '야만적' 테러리스트, 무슬림 극렬분자에게 '정당한' 전쟁을 선포하는 것이라고 말입니다.

그래서 미국과 그 동맹국은 조금도 망설임 없이 2001년 10월 알카에다 세력을 소탕한다는 명분으로 아프가니스탄 전쟁을 일으켰으며, 2003년 3월에는 부시가 규정한 악의 축 가운데 하나인 이라크의 사담 후세인Saddam Hussein 정권이 대량살상무기WMD: Weapons of Mass Destruction를 가지고 있다는 구실로 이라크를 침공하였습니다. 국제법을 간단하게 무시하면서 제멋대로 행동한 미국에 대해 유엔은 어떻게 했을까요? 미국이 이라크를 침공하자, 코피 아난Kofi Annan 당시 유엔 사무총장은 "오늘은 국제 사회의 슬픈 날"이라고 한마디 했을 뿐이군요. 미국은 온갖 첨단 무기를 동원하여 아프가니스탄과 이라크에 그야말로 무차별 폭격을 해댔고, 그로 인해 살상된 무고한 인명에 대해서도 아무런 도덕적 책임감을 느끼지 않았습니다. 왜냐하면 "우리는 너희들이 누릴 '자유'를 위해, 그리고 테러를 응징하기 위해 이렇게 '의로운' 전쟁을 벌이고 있다."는 사명감으로 충만해 있었기 때문입니다. 두 전쟁의 작전명에 모두 '자유'라는 이름이 붙어 있는 것도 결코 우연이라고 볼 수 없습니다. 그리고 겉으로는 이슬람과의 싸움이 아니라 알카에다로 대표되는 일부 무슬림 테러리스트와의 싸움이라고 둘러댔지만, 십자군 전쟁을 언급한 부시의 속내에서 드러났듯이 이슬람과의 싸움이라는 생각이 짙게 깔려 있습니다. 이슬람을 기독교로 개종시키지는 못할지언정, 최소한 서구의 체제와 타협할 수 있는 이슬람으로 탈바꿈시키려는 것이 서구의 국가 및 주류 매스컴의 솔직한 희망 사항입니다.

우리에게 종교란 무엇인가

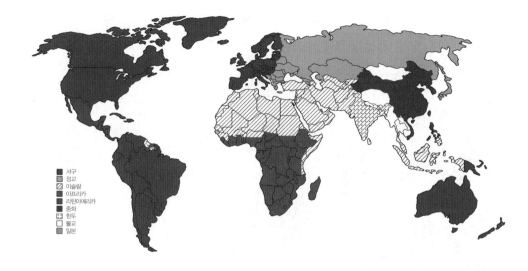

헌팅턴이 그의 책 『문명의 충돌』에서 그려내고 있는 9개의 문명 지도

새뮤얼 헌팅턴
Samuel Huntington (1927~2008)

지도 범례:
- 서구
- 정교
- 이슬람
- 아프리카
- 라틴아메리카
- 중화
- 힌두
- 불교
- 일본

그리고 9·11 이전에 이미 그런 소망을 지니면서 이슬람의 위협을 경계해야 한다고 주장하여 유명하게 된 이가 바로 당시 하버드대학 교수였던 새뮤얼 헌팅턴입니다. 그는 1993년 〈포린 어페어즈 Foreign Affairs〉에 "The Clash of Civilizations?"라는 제목의 논문을 발표했고, 1996년에 『문명의 충돌The Clash of Civilizations and the Remaking of World Order』이라는 책을 출간했습니다. 그의 주장은 앵글로 색슨 백인WASP: White Anglo-Saxon Protestant 남성이라는 지배층 논리에 바탕을 두고 유럽 문명과 이슬람 문명과의 대립을 함축하고 있어서, 보복을 다짐하는 부시 집단에게는 자신을 정당화할 수 있는 좋은 구실이 되었습니다. 서구인의 자의식 저변에 자리 잡고 있는 오리엔탈리즘을 자극하여 스스로를 선동할 수 있도록 만들기 때문이죠. 전 세계와 문명 전체를 지킨다는 사명감으로 무장하게 하여, 거리낌 없이 '적'을 무찌를 수 있게 만드는 것입니다.

다음의 만화에서 이런 태도를 떠올린다면 지나친 것일까요?

빌 워터슨(Bill Watterson)
의 『캘빈과 홉스(Calvin and
Hobbes)』 46쪽

❶ 인간의 관습을 넘어선 보편적 도덕 법칙이 과연 있는 것인가?
이를 알아내기 위해 나는 다음과 같은 테스트를 고안하였다!

❷ 지금부터 30초 이내에 내가 하려는 일이 잘못이라는 신호가 오
지 않으면, 나는 이 물풍선을 수지 더킨스에게 던질 것이다.

❸ 나를 멈추게 하는 것은 우주의 힘에 있다! 30초 안에 어떤 물리
적인 우연한 일이라도 벌어진다면 나는 기꺼이 하지 말라는 신
호로 받아들이겠다.

우리에게 종교란 무엇인가

❹ 준비, 시작!

❺ 5초 남았다. 아직 아무 일도 일어나지 않았어!

❻ 자, 시간이 다 되었어. 이제 증명이 된 것이야. 도덕 법칙이란 존재하지 않아!

❼ 도대체 어째서 우주는 일을 저지르고 난 다음에야 신호를 준단 말인가?

캘빈Calvin은 소문난 악동입니다. 집에서도, 학교에서도 말썽만 일으킵니다. 학교 짝꿍이 수지 더킨스Susie Derkins라는 여자아이인데, 캘빈이 수지를 좋아하고 있는 것 같습니다. 하지만 캘빈이 그 감정을 표현하는 방법은 수지를 화내게 만드는 것입니다. 마치 어렸을 적, 마음에 드는 같은 반의 여자 친구가 고무줄놀이 할 때 고무줄을 끊으며 심술부리는 것과 비슷한 심정이겠지요. 캘빈은 고무풍선에 물을 가득 넣고, 그걸 수지에게 던지려고 합니다. 그런데 아무래도 켕기는 것이 있는 모양입니다. 그래서 그 켕기는 마음을 없애는 방법을 찾습니다. 30초 이내에 무슨 특별한 신호를 받게 되면 계획을 취소하고, 그렇지 않으면 계획대로 하겠다는 것입니다. 특별한 신호를 받는다면 그것은 하지 말라는 우주적 명령이며, 특별한 신호가 없다면 그건 해도 된다는 우주의 섭리라는 것입니다. 30초 동안 아무 신호도 나타나지 않자, 캘빈은 우주적 힘에 의해 인가를 받았다는 자신감에 충만하여 계획을 감행합니다. 이렇게 되면 아무도 말릴 사람이 없습니다. 여기서 아프가니스탄 전쟁과 이라크 전쟁을 일으킨 부시가 생각나는 건 어쩔 수 없습니다. 캘빈처럼 뒤늦게 후회할 때는 이미 아무 소용이 없습니다. 그 대가를 치르고 교훈을 얻는 수밖에 할 수 있는 일이 없습니다. 그런 반성을 거쳐야 비로소 자기가 빠져 있었던 동어반복적인 폐쇄 회로에서 벗어날 수 있으니까요. 그러지 못한다면 다음의 만화에 나오는 '어깨' 모Moe와 같이 될 수밖에 없겠지요.

『캘빈과 홉스』 235쪽

야, 얼간아. 너 이따 쉬는 시간에 죽을 줄 알아!

모, 너 참 안됐다. 이렇게 하는 게, 네가 사람들과 관계 맺는 방식이라면, 네 성격에 심각한 문제가 있는 거야.

퍽!

또다시…… 아마 그놈은 머리통이 똥으로 가득 차 있는 것으로는 세계적으로 유명할 거야.

9·11 직후에 미국 매스컴에서는 "어째서 우리를 이토록 증오하

우리에게 종교란 무엇인가

는가?"라는 질문이 제기되었습니다. 드디어 미국이 증오받고 있다는 사실을 절감한 것이지요. 이때가 바로 여태까지의 자신을 전면적으로 성찰할 수 있는 좋은 기회였습니다. 하지만 곧 보복하는 것에 몰두하여 그 기회를 잃어버렸습니다. 입바른 소리를 하는 의견은 '비애국적'이라는 이유로 주류 매스컴에서 봉쇄되었습니다. 하지만 원인을 제대로 파악하지 못하면, 그다음 조치는 잘못 꿴 단추일 수밖에 없습니다. 예를 들어, 인디언에게 역마차가 습격당하는 장면을 생각해보겠습니다. 미국 서부영화의 첫 부분에 많이 등장하는 장면입니다. 이어지는 대부분의 이야기는 백인이 도발한 인디언을 응징하고 '우리' 편의 정의를 확인하는 것입니다. 하지만 실제의 역사는 역마차 습격에서 시작하지 않습니다. 이른바 백인 프런티어들이 원주민인 인디언에게 가한 폭력의 행위가 출발입니다. 먼저 도발한 쪽이 백인 프런티어인 것입니다. 하지만 서부영화는 절대로 처음의 도발 행위로부터 시작하지 않습니다. 이렇게 되면 영화를 만드는 자나 영화를 보는 자는 모두 '같은 편'으로서 영화를 통해 자신의 정당성을 확인할 뿐입니다. 여기서 나쁜 놈은 언제나 나쁜 놈이고, 살아남을 수 있는 자는 백인의 기독교로 개종한 인디언뿐입니다. 백인 프런티어와 인디언의 대결 양상은 인디언이 멸종될 때까지 언제나 반복됩니다. 그리고 인디언이 멸종되는 지경에 이르면 백인 프런티어는 비로소 얼굴에 긴장이 없어지고 선량한 표정을 짓게 됩니다. 서부영화의 대표 배우 존 웨인이 누가보더라도 호감을 살 만하게 착한 얼굴을 하고 있는 것은 인디언을 거의 멸종시켜버린 프런티어의 여유가 배어 있기 때문입니다, 하지만 9·11의 미국에서는 이런 여유를 찾아보기 어렵습니다. 적, 무슬

림이 멸종은커녕 더욱 번성하고 있고 미국의 심장 안에도 자리 잡고 있기 때문입니다. 백인 프런티어와 인디언의 대결은 이제 기독교와 이슬람의 대결이라는 주제로 탈바꿈하여 반복되고 있습니다.

중동에서 자신이 어떤 짓을 자행하고 있는지 까맣게 잊어버린 채, 집권 집단은 한 방 맞은 것에 분노하며, 철저한 복수를 다짐합니다. 게다가 '악의 축' 운운하며 복수에 거대한 우주적인 의미를 부여해 마지않습니다. 9·11 공격을 감행한 비행기 납치범들이 남긴 메모 쪽지에서 이슬람 신앙의 흔적을 발견한 부시는 서구 문명을 지키기 위해 무슬림 테러리스트에 가담한 자는 물론이고, 그에 동조하는 사상까지 영원히 추적하여 엄단하겠다고 국민에게 약속합니다. 이에 맞서 오사마 빈 라덴 역시 알라의 뜻에 거슬리는 서구 국가에 끝없는 응징을 맹세합니다. 이제 양쪽 편은 분명히 나누어져서 커다란 두 덩어리가 서로 상대방을 절멸시킬 때까지 싸우는 일만 남게 되었습니다. 한쪽 덩어리를 대표하던 오사마 빈 라덴이 2011년 3월 사살되었지만, 선과 악의 우주적 싸움은 한없이 계속될 것입니다. 왜냐하면 서로를 악의 세력이라고 비난하며 진행되는 싸움은 한쪽 지도자가 없어졌다고 끝나는 적이 없으며, 어느 한쪽이 아니라, 양쪽이 다 없어지고 세상이 끝나야 그치게 되는 종말론적인 것이기 때문입니다.

이른바 '진짜' 신과 '가짜' 신이 맞붙어 어느 한쪽이 제거될 때까지 싸우는 경천동지驚天動地의 우주적 싸움이 계속되는 경우, 어쩔 수 없이 양쪽의 시스템 전반이 경직되는 양상을 보이게 됩니다. 막강한 적이 면전에서 '날뛰고' 있는 상황에서 모든 에너지가 그 적을 파괴하는 데 사용되기 때문입니다. 그럴 경우에 먼저 일어나는 일은 시스템의 여러 가지 출입구가 유연성을 잃어버리고, 폐쇄적으로 바뀌는 것입니다. 시스템의 출입구는 열리고 닫히라고 마련된 것이지만, 일방적으로 봉쇄되는 방향으로만 강화되는 것입니다. 그 결과 개인의 문, 사회의 문 그리고 국가의 문이 모두 엄격하게 통제되는 상황에 처하게 됩니다. 그래서 개인이 지니고 있는 위의 문과 아래 문에도 단속령이 내려집니다. 스스로 입술을 막아 말을 자체 검열하고, 아랫도리 구멍에도 통제가 한층 심해집니다. 내면의 억압이 심해져서 정신이 분열되기도 하고, 정신적인 변비便秘로 우울증이 생기기도 합니다. 모두가 몸과 마음에 제대로 순환이 이루어지지 않기 때문입니다. 사회의 문에 대한 통제는 사람들의 말과 글을 감시하고, 정당한 절차 없이 개인의 신체를 구속하며, 성욕 배출에 간섭이 강화되는 것으로 나타납니다. 위기 상황을 빌미로 언론 자유를 옥죈다거나 학문의 자유에 족쇄를 채우는 것, 그리고 종종 낙태를 금지하며, 동성애 및 트랜스젠더 등의 성적性的 소수자를 탄압하곤 하는 것이지요. 또한 국가의 문에 해당하는 국경 경비를 엄격히 하고, 이민 자격을 보다 강화하여 이른바 '불순분자'가 입국하여 국가의 순수성을 오염시키는 일이 없도록 감시의 눈을 부라리게 됩니다. 이것이 바로 9·11 이후 '자유의 천국' 미국에서 고스란히 일어난 상황입니다.

세 가지 출입구를 봉쇄하기

타자에 대한 적대적 태도

부시 정권의 핵심 인물로서 당시 법무부 장관이었던 존 애시크로프트John Ashcroft는 "9·11에서 우리가 배운 점은 생각할 수 없던 것을 이제 생각할 수 있게 된 것이다."라고 주장했습니다. 미국 본토는 다른 지역과는 달리 이른바 테러리즘으로부터 안전한 곳이라고 여겼는데, 그렇지 않게 되었다는 말이겠지요. 그의 말에는 두려움과 강한 불안감이 스며들어 있습니다. 그래서 그는 "당신과 같은 소위 평화 애호가들이라는 자들, 당신들은 테러리스트를 돕는 것에 지나지 않으며, 미국의 판단력을 약화시키고 미국의 적에게 군수품을 제공해주고 있다."고 분노에 차서 반대자를 향해 말했던 것입니다. 자고로 자신을 위협한다고 보이는 것을 향하여 증오심을 드러내어 박멸하는 것은 불안감을 없애는 '좋은' 방법이라고 여겨져왔기에 미국의 안팎에서 적에 대한 사냥이 벌어지는 것입니다. 그래서 테러리스트와 조금이라도 관련이 될 것 같다는 의심이 들면 무조건 체포해서 구금하는 일이 벌어지게 됩니다. 9·11 이후 2004년 말까지 미국 법무부가 약 5,000명의 사람을 체포, 억류했는데, 이 가운데 1심에서 유죄판결이 내려진 사람은 1명뿐이고, 그나마 항소심에서 그도 무죄판결을 받았습니다. 무슬림처럼 보이고, '거동이 수상하다'고 여겨지면 그야말로 잠재적인 테러리스트로 간주되어 무차별 체포되었고, 조금이라도 트집이 잡히면 그대로 추방되었던 것입니다. 아랍식 이름을 가지고 있다고 해서 무작위로 억류되는 등 인권 침해를 받은 사람들의 경우는 이루 셀 수 없이 많습니다. 예컨대 가수 캣 스티븐스Cat Stevens는 이슬람으로 개종하여 '유수프 이슬람Yusuf Islam'이라고 이름을 바꾸었는데, 2004년 그가 탑승한 런던 발 비행기는 항로를 변경하여 다른 곳에 착

우리에게 종교란 무엇인가

류할 수밖에 없었습니다. 그의 이름에서 위협을 느낀 미국 당국이 그를 긴급 체포하고자 했기 때문이었습니다. 정당한 절차를 거쳐 미국에 입국하려는 사람들 역시 알몸 수색과 무차별 심문을 당하는 등의 폭력에 시달렸습니다. 또한 중동이나 남아시아 출신 사람들에 대한 증오 범죄도 극성을 부려서 영문 모르고 목숨을 잃은 사람도 수두룩했습니다. 특히 "머리에 기저귀 차고 있다."고 조롱을 받은 시크교 신자들이 터번과 수염 등 눈에 띄는 차림으로 인해 많은 피해를 보았습니다. 터번을 하고 집 근처에 있다가 총알을 맞기도 하고, 항공기 탑승을 거부당하기도 하였습니다. 시크교도가 터번을 하지 않는 것은 마치 벌거벗고 다니는 것같이 수치스러운 행동입니다. 시크교도들이 머리에 터번을 하는 것은 모든 시크교도가 마땅히 지켜야 할 행위 규범이기 때문입니다. 미국 정부의 고위 관료가 자랑스러워하며 "경우에 따라 다른 사람의 인권을 유린하지 않는 것은 주어진 임무를 충실하게 이행하지 않았음을 의미한다."고 말했다니, 그야말로 벌어진 입을 다물 수가 없습니다. 이런 상황이기에 개인의 이메일과 인터넷 사용 내역에 관해 광범위한 사찰이 이루어지고, 시민에 대한 도청과 감청이 적법한 절차 없이 횡행하게 된 것입니다. 9·11 이전에 인권의 보루라고 스스로 뽐냈던 미국에서 이런 일이 마구 자행되고 있다는 것은 참으로 충격적인 일입니다.

9·11 이후에 유럽에서 논란이 벌어졌던 것은 다음의 세 가지 문제입니다. 각각 무슬림 여인이 쓰는 베일, 무함마드를 조롱하는 카툰, 그리고 무슬림 사원 건물 가운데 가장 두드러지게 눈에 띄는 미나레트(첨탑)와 모스크를 둘러싸고 벌어졌던 일입니다.

베일 논란

무슬림 여인들이 머리에 쓰는 히잡과 온 몸을 가리는 부르카(그밖에도 눈만은 가리지 않는 니캅, 그리고 얼굴은 가리지 않는 차도르가 있습니다)에 대해 국가가 가하는 통제에 관한 한에서는, 프랑스가 미국보다는 한 수 위입니다. 프랑스가 무슬림 여인의 옷차림에 대해 강경한 자세를 취하는 모습은 알제리 식민 통치 시절부터 볼 수 있었던 것으로, 정치적 이슬람을 상징하는 히잡이나 부르카가 프랑스 공화국의 가치 이념과 정면으로 상충된다고 보기 때문입니다. 프랑스는 전체 인구 가운데 무슬림이 10%를 차지하고 있으며, 유럽에서 가장 많은 무슬림이 사는 나라입니다. 9·11 이후 팽배해진 프랑스 안의 배타주의적 분위기가 무슬림 공포증을 불러일으키면서, 공공기관 안에서 무슬림 베일의 착용 금지로 나타난 것입니다. 2004년 9월부터 프랑스에서 시행된 이 금지법은 학교와 같은 장소에서 히잡과 부르카(니캅 포함)뿐 아니라 시크교의 터번, 야물커라고 부르는 유대교의 작은 모자의 착용, 그리고 커다란 십자가를 세우는 것도 금하였습니다. 하지만 이런 것은 무슬림의 베일 논의에 끼어서 부수적으로 포함된 것에 불과합니다. 무슬림의 정치적 상징으로 간주된 베일을 유럽에서 법적으로 규제하게 되었다는 것

히잡, 부르카, 니캅, 차도르
(왼쪽부터)

우리에게 종교란 무엇인가

은 9·11 이후에 배타주의가 만연하고 있음을 보여주는 예입니다.

카툰 논란

2005년 9월 네덜란드의 일간지, 〈율란트 포스텐Jyllands-Posten〉에 이슬람의 예언자 무함마드에 관한 카툰이 게재된 후, 세계 여러 곳에서 무슬림의 항의 집회가 일어났습니다. 신문사는 이슬람을 비판하는 데 자기 검열이 있는지의 여부를 알기 위해 이를 기획했다고 밝혔는데, 발행된 지 4개월이 지난 후 파키스탄의 네덜란드 대사관에 폭탄이 투척되고, 시리아, 레바논, 이란의 네덜란드 대사관에는 방화가 일어나는 등 소요가 이어졌습니다. 그 과정에서 100명의 사망자가 발생하였습니다. 그러나 다른 한편으로 언론의 자유가 지닌 중요성을 강조하면서 네덜란드 상품을 사주자는 캠페인이 벌어지는 등 지지하는 움직임도 일어났습니다. 당시의 갈등은 네덜란드 수상이 제2차 세계대전 이후 네덜란드가 당면한 최악의 국제적 위기 상황이라고 하소연할 만큼 심각했습니다. 2008년에는 50여 개국에 달하는 신문이 표현의 자유를 지지한다는 것을 나타내기 위해 그 카툰을 다시 게재함으로써 논쟁이 더욱 격화되었습니다. 이렇게 카툰 논쟁은 신성모독을 외치는 무슬림과 언론의 자유를 주장하는 유럽의 대립 구도로 나타났습니다. 당시 교황 베네딕토 16세Benedictus PP. XVI는 2006년 그리스적 이성과 바이블 신앙을 조화시킨 기독교 대對 이성과의 조화가 결핍되어 폭력적인 개종을 강요하는 이슬람의 대립 관계를 강조하는 연설을 하였습니다. 누가 보더라도 이슬람 문명과 서구 기독교 문명이 서로 충돌하는 것처럼 비쳐지게 만든 것입니다.

2015년 1월에는 알제리 이민자 집안 출신의 쿠아치Kouachi 형제가 프랑스의 풍자 만평 전문잡지 〈샤를리 에브도Charlie Hebdo〉에 난입하여 12명을 사살하는 참사가 일어났습니다. 쿠아치 형제가 보기에 〈샤를리 에브도〉는 예언자 무함마드를 조롱하고, 이슬람에 모욕을 주었습니다. 무슬림들은 예언자 무함마드가 형상화되는 것 자체를 모독으로 생각하는 데다가 〈샤를리 에브도〉에 나타난 무함마드에 대한 그림은 외설적이고 조롱이 가득하여 무슬림으로서 도저히 참을 수 없다고 여겼던 것입니다. 이미 〈샤를리 에브도〉는 2006년 2월에 무함마드에 관한 〈율란트 포스텐〉의 카툰을 다시 실어 고발당한 적도 있었고, 2011년 11월에는 또 다른 무함마드 카툰으로 화염병 공격과 웹사이트 해킹을 당하기도 했습니다. 하지만 〈샤를리 에브도〉는 이슬람뿐만 아니라, 기독교를 포함한 여러 종교, 정치, 사회 방면에서도 가리지 않고 풍자를 해왔기 때문에, 이런 위협에 굴복하는 것은 표현의 자유를 포기하는 것이라고 여겼습니다. 〈샤를리 에브도〉는 목숨을 걸고 표현의 자유를 지켜야 한다고 보았기에 물러서지 않았습니다. 반면 쿠아치 형제는 이슬람의 대의를 앞세웠습니다. 그들은 12명을 살해하면서 아랍어로 "알라는 위대하다!" 그리고 "예언자의 복수를 했다!"고 외쳤으며, 경찰에 포위되어 죽음을 앞둔 순간에도 이슬람 순교자로 죽기를 바랐습니다. 그들은 잔인무도한 살인을 매우 침착하게 저질렀으며, 자신의 행위에 조금도 후회의 기색이 없었습니다. 쿠아치 형제가 이슬람 신앙의 수호자임을 자처했다면, 〈샤를리 에브도〉는 근대 서구 사회의 소중한 가치인 표현 자유의 수호자임을 자처하며

우리에게 종교란 무엇인가

강경하게 맞섰습니다. 양자 사이에는 접점이 없었으며, 서로 부딪칠 경우에 폭력적인 사태가 벌어지는 것은 충분히 예견될 수 있었습니다. 이런 대립은 쉽게 해소될 것 같지 않습니다. 많은 이들이 이 사건의 희생자를 애도하며 "나도 샤를리!"라는 표어를 내걸고 프랑스 전역뿐 아니라 서구의 주요 나라에서 시위를 하여 많은 호응을 얻었습니다. 그러나 곧 희생자 애도 기간 동안 눌려 있던 다른 관점이 "나는 샤를리가 아니다!"라는 표어로 모이기 시작하였습니다. 한쪽은 서구 사회의 절대가치

쿠아치 형제의 테러 이유가 된 〈샤를리 에브도〉의 만평

인 표현의 자유, 언론의 자유를 주장합니다. 다른 한쪽은 이슬람 신앙의 수호를 주장합니다. 서로 자신의 가치를 포기할 수 없다고 하면서 이를 침해할 경우에 결사 항전을 할 수밖에 없다고 단호하게 못을 박습니다. 양자 사이에 이해를 나눌 수 있는 길은 꽉 막혀 있고, 서로 삿대질과 보복을 하는 길만 열려 있는 것 같습니다.

유럽에서 이슬람을 경계하는 태도는 예나 지금이나 다름없지만, 특히 격화되는 때가 있습니다. 자신의 문화에 자신감과 여유가 없어지는 경우에 그런 일이 벌어집니다. 2009년 11월에는 스위스가 무슬림 사원의 미나레트 건립 금지를 안건으로 국민투표를 하여 유권자 57.5%의 찬성으로 통과되는 일이 벌어졌습니다. 무슬림이 전체 인구의 6%(약 40만)인 스위스에서 이제 무슬림 사원 건물 가

미나레트와 '그라운드 제로 모스크' 논란

운데 가장 두드러지게 드러나는 미나레트가 세워질 수 없게 된 것입니다. 스위스 정부는 미나레트의 건립 금지안이 종교 자유의 권리를 침해하며 무슬림 급진주의를 더욱 자극할 것이라고 주장하며 반대하였지만, 우익 정당들이 적극적으로 주도하여 법안이 가결되었습니다. 스위스의 26개 주 가운데 반대한 주는 4개 주에 지나지 않은 것으로 볼 때, 스위스에 불고 있는 반무슬림 정서가 어떤지를 짐작할 수 있습니다.

이슬람 건물을 둘러싼 논쟁은 미국에서도 일어났습니다. 9·11 사태로 붕괴된 세계무역센터의 터 근처에 이슬람 모스크가 들어설 것이라는 소문 때문에 그 건물은 '그라운드 제로 모스크'라고 지칭되었습니다. 사실은 모스크가 아니라 이슬람 커뮤니티 센터이고, 장소도 '그라운드 제로'에서 두 블록이나 떨어진 곳이지만, 그 계획 때문에 커다란 소동이 일어났습니다. 무슬림 '테러리스트'가 쌍둥이 건물을 무너뜨리더니, 이제는 무슬림 극단주의자들이 그 붕괴를 축하하기 위해 '승리의 모스크'를 세운다고 하면서 많은 미국인들이 9·11 희생자를 위해 결코 용납할 수 없다고 시위를 벌였습니다. 그들은 그라운드 제로를 미국 애국주의의 성스러운 장소라고 주장하면서, 이슬람 모스크가 그 신성한 장소를 모독하고 있다고 강변하였습니다. 카툰 논쟁에서는 서구의 표현 자유와 무슬림의 신성모독 주장이 서로 대립하였는데, 여기에서는 미국인의 신성모독 주장과 무슬림의 종교 자유 주장이 맞서게 되었지요. 결국 2011년 9월에 커뮤니티 센터는 문을 열었지만, 미국 여론조사에서 70%의 미국인이 '그라운드 제로 모스크'에 반대했다니, 이슬람에 대한 미국인의 정서를 잘 보여줍니다. 반대한 이들은 속내를

우리에게 종교란 무엇인가

드러내어 그라운드 제로의 성소聖所에 모스크를 짓겠다는 자야말로 '불량한' 무슬림이라고 말하고자 한 것이겠지요. 테러와의 전쟁이라고 주장하면서, 이른바 테러리스트와 '선량한' 시민을 구분하는 것이 아니라, '좋은' 무슬림과 '나쁜' 무슬림을 구분하고 있었던 것입니다. 그런 생각을 하는 사람들 머릿속에는 확고부동한 분류 틀이 자리 잡고 있어서, 한쪽에 무슬림 '테러리스트'가 있고, 다른 한쪽에는 구미歐美의 애국적 크리스천이 있으며, '좋은' 무슬림은 그 중간 어디쯤에 위치해 있는 것입니다. 여기에서 무슬림 '테러리스트'라고 지목되면 거의 인간 취급을 받지 못하게 됩니다. 인간도 아니고 짐승도 아닌 그 중간, 그리고 산 것도 아니고 죽은 것도 아닌 중간, 바로 좀비zombie와 같은 존재로 취급됩니다. 아부 그라이브와 관타나모에서 벌어진 일은 바로 그런 점을 잘 보여줍니다.

아부 그라이브와 관타나모

이라크 수도 바그다드의 서쪽에 위치한 아부 그라이브Abu Ghraib 수용소와 쿠바 관타나모 만에 있는 미국의 관타나모Guantanamo: GTMO 수용소는 이라크 전쟁과 아프가니스탄 전쟁에서 사로잡힌 전쟁포로를 수감해둔 곳입니다. 아부 그라이브 수용소에서 수감자들이 미군에게 당한 고문의 실상이 2004년 4월에 폭로되어 세상에 널리 알려졌습니다. 수감자들을 조금이라도 인간으로 여겼다면 도저히 저지를 수 없는 짓이 거기에서 자행되었으며, 심지어 죽은 자에 대한 조롱도 거리낌 없이 행해졌습니다. 미군은 마치 관광객처럼 수감자들이 고통스러워하는 모습을 보고 사진을 찍으면서 즐겠습니다. 관타나모 수용소에는 수감자들이 언제 재판을 받을지도 모른 채 무기한 구금되어 있으며, 아무런 법적 보호도 받지 못하고 무자비한 인권 유린을 당하고 있습니다. 수감자들이 경전으로 여기는 쿠란에 대해 미군이 모욕을 가했다는 것도 확인되었습니다. 미국은 아부 그라이브와 관타나모의 수감자들이 테러리스트이거나 테러리스트와 연계가 있다고 주장하면서, 그들을 인간이 아니라 좀비로 취급하고 있는 것입니다. 좀비는 인간이 아니므로 죽여도 죽인 것이 아니며, 좀비는 살아 있지도 죽은 것도 아니므로 좀비의 죽음에 슬퍼할 필요가 없다는 식입니다. 테러리스트로 규정되면 좀비가 됩니다. 그런데 누가 테러리스트라는 규정을 내리는 것입니까? 바로 "테러다!"라고 외치면서 비상사태를 선포하는 권력이 규정합니다. 아부 그라이브와 관타나모는 9·11을 테러로 선언하고 '테러와의 전쟁'을 선포한 부시의 비상사태 정권이 만들어냈습니다. 테러라고 일단 규정하면 비상사태를 만드는 단추가 자동으로 눌러집니다. 그렇게 되면 여태까지 일상을 지배하던 법의 관할권이 정지되고, 초법超法의 권력이 작동하게 됩니다. 그리고 이 권력은 아무런 제한도 받지 않는 절대적인 기반에서 움직이게 됩니다. 부시는 자신의 적을 '무슬림 테러리스트'라고 규정하고, 무슬림 테러리스트를 제압한다는 명분으로 무소불위의 절대 권력을 만들어낸 것입니다. 부시는 이스라엘 군이 팔레스타인 주민에게 공격을 가하는 것은 '정당한' 전쟁인 반면, 팔레스타인 전사가 그 공격에 대항하여 싸우는 것은 테러라고 믿어 의심치 않습니다. 테러라는 명칭은 지독하게 오염력이 강해서 조금이라도 혐의가 있다면 모조리 제거 대상에 포함이 됩니다. 바로 이런 의구심 때문에

우리에게 종교란 무엇인가

아부 그라이브 수용소(왼쪽)와 관타나모 수용소에서 벌어진 포로에 대한 비인도적 만행들

이슬람과 테러의 연관성이 논의되는 것이며, 보다 일반화되어 종교와 폭력의 관련성이 운위되는 것입니다.

종교와 폭력

9·11 이후에 두드러진 점 가운데 하나가 종교와 폭력에 관한 논의가 활발해진 것입니다. 9·11 공격이 '무슬림 테러리스트'에 의해 자행되었다고 보았고, 테러리즘을 무슬림 신앙이 추동하였다고 여겼기 때문에 "9·11 이후 종교의 어두운 측면에 대해 간과할 수 없게 되었다."는 주장이 등장하게 된 것입니다. 여기서 '종교의 어두운 측면'이라는 것은 종교라면 당연하게 있어야 할 자리에서 벗어났다는 의미를 함축하고 있습니다. 종교가 당연히 지켜야 할 자리라는 것은 바로 정치와 같은 공적인 영역이 아니라, 개인의 내면적인 영역이라는 주장입니다. 여태까지 그런 일탈적인 것에 대해서는 '유사종교', '사이비 종교', 혹은 컬트^{cult}라는 용어로 덮어 제거해버렸지만, 이슬람을 사이비 종교라고 규정하기에는 너무 부담이 크고 부작용이 심각하기에 그럴 수는 없는 것이지요. 일본의 오무

신리쿄オウム眞教理나 중국의 파룬궁法輪功처럼 규모가 상대적으로 작다면 몰라도 말이지요. 게다가 1980년대부터 이란 혁명(1979)이나 북아일랜드 종교 갈등, 그리고 라틴 아메리카의 해방신학 등에서 이미 공적 영역에 간섭하는 종교를 익히 봐왔기에 더욱 그렇습니다.

종교와 폭력의 관계를 편하게 정리하는 방법은 두 가지입니다. 하나는 종교를 송두리째 부정하지 않고, 종교가 변질될 경우에 폭력의 위험성이 있다고 보는 것입니다. 종교는 원래 선한데 가끔 악으로 변질되어버린다는 것이지요. 다른 하나는 종교 자체가 폭력적이라는 것입니다. 종교는 비합리적이고 미신이며, 그 지배층은 무지한 사람들의 두려움을 이용하여 자기 배 속을 채우는 악이라는 것이지요. 두 관점의 차이는 종교를 일부만 폭력과 연관시키느냐 아니면 전부 연관시키느냐 하는 것입니다. 서점에 가서 둘러보면 두 종류의 책을 쉽게 찾을 수 있습니다. 예컨대 찰스 킴볼Charles Kimball의 『종교가 사악해질 때When Religion Becomes Evil: Five Warning Signs』는 앞의 관점이고, 크리스토퍼 히친스Christopher Hitchens의 『신은 위대하지 않다God Is Not Great: How Religion Poisons Everything』, 또는 리처드 도킨스의 『만들어진 신: 신은 과연 인간을 창조했는가?The God Delusion』는 뒤의 관점입니다.

우리에게 종교란 무엇인가

포스트 9·11 시대에 구미인歐美人이 종교를 보는 관점에서 좌파와 우파의 차이는 없습니다. 변질될 경우에 종교가 폭력적으로 된다고 보건, 아니면 종교 자체가 폭력이라고 하건, 종교가 제자리를 찾지 못하고 있다고 보는 것은 마찬가지이고, 이런 관점으로 이슬람을 보고, 또 9·11을 파악하고 있습니다. 이처럼 유럽과 미국에서 정치적인 성향의 차이에도 불구하고, 종교 문제에 대해서 합의를 보게 만드는 인식의 배후에는 유럽 역사에 대한 특정한 해석이 자리 잡고 있습니다. 그리고 그런 해석에 대해 '물론勿論'의 태도, 즉 "너무나도 당연하기 때문에 의문을 제기할 필요가 없다."는 자세를 취하고 있습니다. 그건 바로 16~17세기 유럽에서 벌어진 가톨릭과 개신교 사이의 갈등을 '종교 전쟁'의 대표적 사례로 간주하고, 그로 인한 참혹한 결과를 극복하기 위해 근대의 국가가 만들어질 수밖에 없었다는 관점입니다. 유럽의 종교 전쟁에서 드러났듯이, 종교가 정치에 간섭하고 이른바 공적인 영역에 개입할 경우에는 끔찍한 폭력이 드러나게 되므로, 종교를 사적인 영역에 묶어두고 그 범위를 벗어나지 못하도록 국가가 종교를 통제해야 한다는 것이며, 이런 조건이 확립되면서 비로소 서구의 근대성도 정착하기 시작했다는 주장입니다. 하지만 종교의 폭력을 극복하기 위해 근대국가가 나타났고, 국가의 등장으로 유럽의 평화가 찾아오게 되었다는 주장은 그야말로 하나의 '썰說'에 불과한 것입니다. 왜냐하면 그것은 교회로부터 권력을 인수한 근대국가가 자신을 정당화하기 위해 마련한 이데올로기이기 때문입니다. 이를 확인하기 위해서는 단지 질문 하나만 던져보면 됩니다. 즉 "근대국가가 등장해서 과연 얼마나 폭력이 감소되었는가?" 하는 질문입니다. 감소하기

**유럽의
종교 전쟁에
대한 해석**

는커녕 근대국가 이후에는 이전보다 대규모의 살육과 체계적인 폭력이 자행되지 않았나요? 제1차 세계대전, 제2차 세계대전 그리고 이후의 온갖 처참한 전쟁의 결과를 떠올려도 되지만, 그보다는 당장의 비참한 상황을 생각해보는 것이 어떨까요? 엄청난 재원을 들여서 지구를 송두리째 수없이 날려버릴 핵폭탄을 만들어 항시 저장해놓은 것은 종교로부터 벗어났다는 이른바 세속 국가들이 하는 짓 아닙니까? 그리고 그것도 모자라서 상호확증파괴Mutual Assured Destruction: MAD의 두려움으로 핵무기 사용을 꺼리게 되니까 그 대신에 실제로 사용할 재래식 무기 개발에 국민의 복지 예산을 모조리 전용해버리는 짓을 하는 것이 바로 세속 국가 아닌가요? 이렇게 세속 국가가 저지르는 심층적인 폭력 대신 어째서 종교적 폭력에만 관심을 모으게 하는 것인지 질문을 던질 필요가 있습니다.

우리는 일제시대 윤봉길, 이봉창의 거사를 '의거義擧'이며, 그들을 의사義士라고 칭송하고 있습니다. 그런 한국에서 이른바 '무슬림 테러리스트'를 보는 관점이 구미와 똑같을 수는 없을 것입니다. 하지만 2011년 수쿠크Sukuk 즉 이슬람채권법을 둘러싸고 한국의 보수 개신교 단체가 드러낸 무조건 반대의 모습은 반이슬람의 태도를 잘 보여주었습니다. 게다가 이제 세계 제2위의 '선교 대국'으로 우뚝 섰다고 하는 한국 개신교가 2만 명이 넘는 해외 선교사를 주로 어떤 지역으로 파견하는가를 살펴보면 그들의 공격 목표를 알 수 있습니다. 2007년의 아프간 인질 사태도 그런 공격적 태도에서 빚어진 비극으로 볼 수 있을 것입니다. 이런 점은 9·11 이후, 한국의 보수 개신교인이 기존의 반이슬람 태도에 더하여 증오와 정복의 자세를 보다 내면화하고 있음을 확인할 수 있습니다. 이는 서

292

남아시아 출신 이주 노동자에 대한 공격적 태도로 나타날 것이 분명한 만큼, 많은 갈등의 요소를 내포하고 있으며 앞으로 계속 주목해야 할 문제일 것입니다.

마무리

이 글을 시작하면서 다음의 세 가지 질문이 제시되었습니다. 즉 9·11 사건에 내재되어 있는 종교적 문제는 무엇인가? 9·11 사건 이후, 종교를 보는 관점에서 강조된 측면이 무엇인가? 9·11 사건으로 야기된 종교적 문제를 어떻게 평가하고, 극복할 수 있는가? 이제 이 질문에 대해 간략하게 답변하면서 마무리하고 싶습니다.

9·11 사건의 배후에는 이스라엘과 팔레스타인 갈등, 그리고 유대-기독교와 이슬람 사이의 갈등이 자리 잡고 있습니다. 이천여 년의 유랑 생활을 끝내려는 유대인들이 이스라엘이라는 유대인 국가를 팔레스타인 지역에 세우면서 시작된 팔레스타인 문제는 중동 전체가 연루된 무력 전쟁으로 확대되었고, 아주 오래된 편견의 집체集體인 유대-기독교와 이슬람의 대결 구도와 연결되었습니다. 미국이 이스라엘의 강력한 후원 세력이라는 점은 널리 알려져 있으므로, 많은 무슬림에게 미국은 그리 호의적이지만은 않은 이미지를 가지고 있습니다. 게다가 미국이 중동의 석유를 안전하게 확보하기 위해 아랍의 독재 체제와 손잡고 있기 때문에 많은 불만이 쌓이게 되었습니다. 9·11 사건은 무슬림 무장 세력 일부가 미국을 타격하기 위해 이런 불만을 이용하여 일으킨 것입니다. 본토가 공격당한 사상 초유의 사태에 직면하여 미국인들은 심각한 위기의

식을 갖게 되었고, 이미 많은 무슬림 이민자를 지니고 있는 유럽에서도 불안감이 고조되었습니다. 이런 위기의식과 불안감은 대부분 이슬람에 대한 오래된 편견을 활성화시켜 확대·심화하는 방향으로 나타나게 됩니다. 그래서 자기 내부의 이질적 타자인 무슬림에 대해 서구 국가들이 강력한 통제 및 배제排除 장치를 작동하게 되었습니다. 종교적 용어로 표현되고 강화된 이런 배타적 상황으로 인해 서구 사회에서 소수자에 대한 관용의 원칙이라는 기본 규범이 훼손되고 있는 것이 아닌가 하는 문제가 제기되고 있으며, 표현의 자유 및 언론의 자유라는 근대적인 기본 규범, 그리고 종교 자유 및 상호 존중의 기본 가치가 제대로 지켜지고 있는지, 상호 갈등의 양상을 보일 때 어떻게 조정해야 바람직한지 등의 문제가 대두되고 있습니다. 또한 학계에서는 종교와 폭력이라는 주제가 부각되고 있으며, 서구 사회에서 오랫동안 타자他者를 종교적 타자로 간주해온 집요한 편견에 대해서도 비판의 목소리가 높아지고 있습니다.

9·11 사건으로 불거진 이런 문제가 서구 사회에만 속한 것이고, 우리에게는 해당 사항이 없는 것일까요? 그렇지 않습니다. 우리 사회 내부의 타자와 주변부에 대한 우리의 태도를 점검하는 데 9·11 사건 이후 서구 사회에서 진행되고 있는 상황은 거울처럼 우리를 비춰줍니다. 우선 북한 체제가 존속하는 한, 빨갱이와 종북 사냥을 내걸고 자신의 정치적 이익을 챙기는 부류는 사라지지 않을 것입니다. 이런 증오 집단과 특정 종교 단체가 긴밀한 유착 관계를 유지하고 있다는 것은 널리 알려진 사실입니다. 또한 한국의 노동 시장을 찾은 이주노동자 가운데 무슬림의 비중이 점점 커지고 있

우리에게 종교란 무엇인가

어서 한국에서 무슬림 소수자에 대한 문제가 조만간 커다란 사회
문제로 대두될 전망입니다. 게다가 사회적·경제적 소수자, 또는 성
적 취향, 성별 등의 소수자 문제도 더욱 첨예하게 나타날 것입니다.
얼마 전에 극우 단체에서 다문화 정책을 중단하라는 주장을 일간
신문에 광고했습니다. 그들은 불법 체류자 신분인 이주 아동의 권
리를 보장해주고자 하는 법안 발의에 반발해 광고를 냈다고 밝혔
습니다. 서구 사회만의 문제가 아닙니다. 우리에게도 곧 닥칠 것입
니다. 이런 갈등 상황이 벌어지면 우리의 종교 집단은 어떤 태도를
취할까요? 몰아치는 자의 편을 들까요, 아니면 몰리는 자의 편에
설까요? 여러 가지 경우의 수가 있을 겁니다. 하지만 이미 벌어진
상황에서 뒤늦게 수습하려는 것은 그동안 속수무책으로 있었다
는 걸 보여줍니다. 쌍방의 폭력이 소라껍질 타고 올라가는 것 같은
그런 나쁜 게임에 말리고 싶지 않다면 자기도 모르게 휩싸이는 그
런 신세에서 스스로 벗어날 길을 찾아야 합니다. 그럴 때, 9·11사
건 이후의 서구 사회는 우리가 연구해야 할 중요한 주제가 될 것입
니다.

더 읽어볼 만한 글

마이클 웰치, 박진우 옮김, 『9·11의 희생양: 테러와의 전쟁에서 증오범죄와 국가범죄』, 갈무리, 2011.

로버트 쉬어, 노승영 옮김, 『권력의 포르노그래피: 테러, 안보 그리고 거짓말』, 책보세, 2009.

브루스 링컨, 김윤성 옮김, 『거룩한 테러: 9·11 이후 종교와 폭력에 관한 성찰』, 돌베개, 2005.

새뮤얼 헌팅턴, 이희재 옮김, 『문명의 충돌』, 김영사, 2016.

슬라보예 지젝, 이현우·김희진 옮김, 『실재의 사막에 오신 것을 환영합니다: 9 11테러 이후의 세계』, 자음과모음, 2011.

오다 마코토, 이규태·양현혜 옮김, 『전쟁인가 평화인가: 9월 11일 이후의 세계를 생각한다』, 녹색평론사, 2004.

이현우, 『로쟈와 함께 읽는 지젝: 9·11 이후 달라진 세계에서 우리는 어떻게 살 것인가』, 자음과모음, 2011.

이희수, 『이희수 교수의 이슬람: 9·11 테러 10년과 달라진 이슬람 세계』, 청아출판사, 2011.

조너선 색스, 임재서 옮김, 『차이의 존중: 문명의 충돌을 넘어서』, 말글빛냄, 2007.

지오반나 보라도리, 손철성 등 옮김, 『테러 시대의 철학: 하버마스, 데리다와의 대화』, 문학과지성사, 2004.

테리 이글턴, 서정은 옮김, 『성스러운 테러』, 생각의나무, 2007.

우리에게 종교란 무엇인가

폭력은
종교의
그림자인가?

박규태

卍

'종교와 평화'를 묻는다는 것은 어떤 맥락에서는 "폭력이
무엇이냐"를 묻는 것과 직결될 수 있는 것이 아닐까요?
종교는 평화를 지향하지만 거기에는 늘 전쟁과 폭력의 기억들이
들러붙어 있기 때문입니다. 그래서 우리는 '폭력 없는 평화' 혹은
'폭력 없는 종교'라는 게 정말 가능할까 하는 의문을 품게 됩니다.
이런 의미에서 '종교와 평화'의 문제에는 언제나 모순과 역설을
수반하는 그림자가 따라다닌다고 말할 수 있을 것 같습니다.
그렇다면 종교 혹은 평화라는 빛에 드리워져 있는 그림자를
어떻게 이해하고 또 어떻게 받아들여야 할까요?

"전쟁에는 그 자체에 신성이 깃들어 있다.

　　　전쟁도 이 세상의 법칙 중 하나이므로."

　　　　　　　　　　　　　　　조제프 드 메스트르

"아무리 평화가 불의하다 해도

　　　평화란 겉보기에 가장 정당한 전쟁보다 낫다."

　　　　　　　　　　　　　　　에라스무스

　전쟁에 신성이 깃들어 있다는 말은 도대체 무슨 뜻일까요? 이해하기 힘든 이 말은 아마도 인류의 역사는 곧 전쟁의 역사라는 서글픈 사실을 배경으로 나온 것 같습니다. 또한 좀 더 생각해보면 이는 종교와 전쟁이 밀접하게 연루되어 있다는 불편한 진실을 시사하는 말이기도 합니다. 이 불편한 진실은 분명 자가당착입니다. 종교란 원래 궁극적인 평화를 지향하는 문화 체계로 여겨지고 있기 때문입니다. 대부분의 종교가 평화 지향적인 가르침을 제시한다는 점은 누구도 부정하지 않습니다. 하지만 종래 십자군 전쟁(그리스도교/이슬람)이나 30년전쟁(가톨릭/개신교)을 비롯하여 오늘날에도 지구촌 곳곳에서 끊임없이 벌어지고 있는 크고 작은 종교 분쟁들에 이르기까지 현상으로서의 종교가 전쟁을 정당화하거나 부추겨온 것도 사실입니다. 예컨대 현대세계에서도 이스라엘과 팔레스타인 문제(유대교/이슬람), 보스니아 내전(가톨릭/세르비아정교회/이슬람), 코소보 분쟁(동방정교회/이슬람), 루마니아 민족 갈등(루마니아정교회/가톨릭), 에게 해 분쟁(이슬람/그리스정교회), 동티모르 분쟁(가톨릭/이슬람), 체첸 분쟁(이슬람/러시아정교회), 카슈미르 분쟁(

　　　　　　　　　　　　　　　우리에게 종교란 무엇인가

힌두교/이슬람), 스리랑카 내전(불교/힌두교), 에티오피아와 에리트리아 분쟁(콥트교/이슬람), 탄자니아 분쟁(그리스도교/이슬람), 북아일랜드 내전(가톨릭/개신교), 수단 내전(이슬람/개신교), 티벳 문제(불교/공산주의), 신장웨이우얼 자치구 문제(이슬람/공산주의), 태국 파타니말레이족 문제(불교/이슬람), 레바논 내전(그리스도교/이슬람), 알바니아와 그리스 분쟁(이슬람/그리스정교회), 라이베리아 내전(무슬림/비무슬림), 우크라이나 문제(러시아정교회/이슬람/가톨릭), 인도네시아 말루쿠 제도 분규(이슬람/그리스도교) 등 직간접적으로 종교가 밀접하게 연관되어 있는 분쟁이나 전쟁들이 수없이 많이 있습니다. 그래서 혹자는 인류 역사상 전쟁의 대다수는 그 중심에 종교가 연루되어 있다고까지 진단하기도 합니다.

9·11과 종교

비단 전쟁뿐만이 아닙니다. 종교는 전쟁을 위시하여 온갖 유형의 폭력에 관련되어 있습니다. 가령 21세기 초두를 비극적인 예감으로 물들게 한 9·11 사태를 생각해봅시다. 9·11 사태는 이 세계가 직면하고 있는 폭력적인 현실을 상징적으로 보여준 사건입니다. 미국의 종교학자 브루스 링컨Bruce Lincoln은 이라크 전쟁의 빌미가 된 이 사건을 종교적 관점에서 분석하고 있습니다. 이때 그가 특히 주목하는 것은 9·11 사태를 둘러싼 각종 종교적 수사입니다. 9·11 사태가 일어난 당일 미국의 조지 부시 대통령은 "오늘 우리는 악을 눈으로 보았습니다."라고 말하면서 즉각 테러와의 전쟁을 선포했습니다. 그것을 십자군 전쟁에 비유하면서 말이죠. 9·11 이후 얼마 지나지 않은 10월 7일에 부시 대통령이 알-카에다 및 아프가니스탄의 탈레반 정권에 대한 공격에 즈음하여 발표한 성명서는 "우리는 세계 전역에서 이슬람 신앙을 실천하는 10억 무슬림들의 친구입니다. 미국은 테러리스트를 돕는 자들의 적이며, 한 위대한 종교의 이름으로 살인을 저질러 그 종교를 모욕하는 야만스런 범죄자들의 적입니다."라고 하여 알-카에다와 이슬람을 구분하면서 "우리는 실패하지 않을 것입니다. 평화와 자유가 지배하게 될 것입니다. 감사합니다. 하나님께서 미국을 계속 축복하시기를."이라는 기원으로 끝나고 있습니다. 또한 이에 맞서 같은 날 알카에다 리더인 오사마 빈 라덴도 성명서를 내놓았는데, 그것은 "미국은 전지전능하신 하나님의 타격을 받아 가장 큰 건물들이 붕괴되었다. 하나님께 영광과 감사를 드린다. (중략) 팔레스타인에 평화가 정착되고 이교도의 군대가 무함마드의 땅에서 떠날 때까지 미국이 평화 속에서 살지 못할 것이란 점을 하나님께 맹세한다."라고 적고 있습니다. 요컨대 이 두 성명은 21세기를 연 미증유의 테러가 '종교 전쟁'의 성격을 띠고 있음을 강렬하게 시사하고 있습니다.

알-카에다 비행기 납치범들의 유품에서 발견된 테러 지령서는 더욱 분명한 형태의 종교적 담론을 보여줍니다. 쿠란의 가르침으로 구석구석 포장된 지령서는 무차별 살인과 폭력을 종교적으로 정당화시키면서 "실현의 시간이 다가오면…… 하나님을 위해 온전한 마음으로 기꺼이 죽음을 맞으시오. 언제나 하나님을 기억하시오. 목표가 눈앞에 다가오면 기도하면서 여러분의 생을 끝마치시오. 혹은 이런 말로 마지막 말을 삼으시오. '하나님 외에 다른 신은 없으며, 무함마드는 그의 사자이시다.'"라는 말로 대미를 장식하고 있

우리에게 종교란 무엇인가

습니다.

한편 부시 대통령은 2002년 1월 의회의 국정연설에서 종전의 이른바 '불량국가'들을 '악의 축'으로 지칭하면서 테러와의 정의로운 전쟁에 저항하는 테러 기도를 "가짜 종교의 이름으로 행해지는 폭력"이라고 규정합니다. 말하자면 테러와의 전쟁을 '선과 악의 투쟁' 혹은 '참된 종교와 거짓 종교의 대립'으로 설정하고 있는 거지요. 슬로베니아 출신의 철학자 슬라보예 지젝은 이런 식의 테러와의 전쟁이라는 담론 자체를 진실의 은폐에 기여하는 일종의 환상이라고 비판하기도 합니다. 미국이 테러리스트에게 부과한 악의 이미지들은 이미 모두 미국이 가지고 있었다는 거지요. 하지만 우리는 알-카에다의 경우도 미국과 마찬가지라는 점을 간과해서는 안 될 것입니다. 전술한 9·11 테러 지령서는 쿠란의 용어를 끌어와 알-카에다 진영을 '신자들', '신실한 영웅들', '하나님의 편'이라 칭한 반면, 테러 대상자에 대해서는 '이교도들', '불신자들', '사탄의 편' 따위로 형상화하고 있습니다. '우리'는 선(질서, 평화)이고 '그들'은 악(무질서, 폭력)이라는 거지요. 이와 같은 성속의 이분법적 구분은 모든 종교 전쟁의 대표적인 특징이라 할 수 있습니다. 아니, 어쩌면 종교 자체에 이런 이분법이 내장되어 있는지도 모르지요.

슬라보예 지젝
Slavoj Žižek (1949~)
그는 '테러와의 전쟁'이라는 담론을 진실의 은폐에 기여하는 일종의 환상이라고 비판한다. 미국이 테러리스트에게 부과한 악의 이미지들을 미국은 이미 모두 가지고 있기 때문이라는 것이다.

그런데 이처럼 9·11 사태가 넘치는 종교적 수사로 묘사된다 해서 그것이 곧 미국으로 대변되는 그리스도교 진영과 알-카에다가 내세우는 이슬람 진영 간의 종교 전쟁이라고 단언하기는 어려울 것

정당한 전쟁과 성전

같습니다. 9·11 사태를 둘러싼 국제적, 정치적, 경제적 역학관계가 대단히 복잡하기 때문입니다. 하지만 적어도 미국과 알-카에다 지도자들이 종교를 이용해서 자신의 목적과 행위를 정당화하려 한다는 점은 분명해 보입니다. 그때 양자 모두 이원론적 세계관에 입각하여 동일한 신앙 대상(God와 알라)의 은총을 언급하면서 자신이야말로 '정당한 전쟁'을 수행하는 평화의 사도임을 주장한다는 점은 매우 역설적입니다.

　여기서 잠시 '정당한 전쟁'과 관련하여 '성전聖戰' 개념에 대해 생각해보기로 합시다. 잘 알려져 있다시피 알-카에다를 비롯한 이슬람 진영의 과격파들은 '지하드Jihad'라는 슬로건을 내세우고 있습니다. '지하드'는 흔히 역사적으로 "이슬람의 전파와 보호를 위한 성스러운 전쟁 행위=성전"으로 정의됩니다. 그러나 원래 아랍어 지하드의 어원은 "어떤 정해진 목표를 향한 투쟁"을 뜻하는 말로서, 이슬람을 믿지 않는 적들에 대한 투쟁으로서의 지하드는 '작은 지하드'이고 그보다 더 '큰 지하드'는 "개인의 정신적, 종교적 정진을 위한 노력"을 가리킵니다. 우리는 흔히 이슬람교 하면 "한 손에는 쿠란, 한 손에는 칼"이라는 슬로건 및 '지하드'로 표상되는 전투적이고 공격적인 종교라고 알고 있지만, 이런 상식의 많은 부분은 실은 편견일 뿐입니다. 역사적으로 보자면 그리스도교 쪽이 이슬람교보다 더 전투적이고 공격적이었다고 말해야 할 것입니다. 십자군 전쟁의 사례는 이 점을 잘 보여줍니다.

서구 유럽의 그리스도교인들이 교황의 허락을 받아 1096년부터 13세기 중엽에 걸쳐 행했던 십자군 전쟁은 인류 역사상 종교의 이름으로 수행된 가장 추악한 전쟁으로, 서양 그리스도교 세계와 이슬람 세계 사이의 가장 깊은 갈등의 골을 보여준 사례라 할 수 있습니다. 이 전쟁의 공식적 동기는 무슬림의 손에 넘어간 성지 예루살렘을 탈환하고 수호하자는 데에 있었습니다만, 실제로는 이슬람이 지중해의 해상권을 잡고 있던 시대에 중동 지역과 유럽 사이의 무역권을 장악하려는 제국주의적 팽창 야욕에서 비롯된 것으로 엄청난 만행이 자행되었다고 합니다. 여기서 이해를 돕기 위해 십자군 전쟁을 다룬 영화 한 편에 주목해볼까 합니다. 〈글래디에이터Gladiator〉라든가 〈블레이드 러너Blade Runner〉 등으로 우리에게도 잘 알려져 있는 리들리 스콧Ridley Scott 감독의 〈킹덤 오브 헤븐Kingdom of Heaven〉(2005)이 그것입니다.

킹덤 오브 헤븐: 십자군 전쟁

영화 〈킹덤 오브 헤븐〉의 오리지널 포스터

1184년 무렵 문둥병자 국왕 볼드윈 4세Baldwin IV 가 예루살렘을 통치하던 시기의 십자군 전쟁을 묘사한 이 영화의 주인공은 프랑스 시골의 대장장이 발리안입니다. 아내의 자살로 상심에 빠져 있던 발리안 앞에 어느 날 이블린의 백작 곳트프리가 나타납니다. 그는 자신이 발리안의 아버지임을 밝히면서 그에게 함께 예루살렘으로 가자고 합니다. 처음에는 거절했지만, 그 동네의 사제였던 배다른 형제가 죽은 아내의 시신을 모독했다고 여긴 주인공은 순간적인 분노로 형을 죽인 후 아내와 형에 대한 용서와 구원을 찾아 곳트프리를 따라 예루살렘으로 떠나게 됩니다. 그 도중에 습격을 당해 깊은 상처를 입은 곳트프리는 죽기 전 발리안에게 기사 작위를 내리고 예루살렘의 왕을 보좌하라고 명하지요. 예루살렘에 도착한 발리안은 왕의 신임뿐만 아니라 왕의 누이동생인 시빌라 공주의 사랑까지 얻게 되고, 심지어 왕으로부터 시빌라와의 결혼 제의까지 받게 됩니다. 그러나 정치적 권력 다툼에 얽히고 싶지 않았던 주인공은 이 매력적인 제안을 받아들이지 않습니다. 이윽고 병세가 악화된 볼드윈 4세의 죽음 이후 과격파 세력이 득세하여 살라딘이 이끄는 이슬람 군대와의 전쟁을 도발하지만 결국 대패했고 이제 예루살렘이 함락될 위기에 처하고 맙니다. 이때 발리안은 얼마 안 되는 군사와 주민들을 지휘하여 살라딘 대군의 공격에 기적적으로 버티면서 유리한 종전 협상을 이끌어내는 데 성공합니다. 그 협상 조건은 항복하고 성문을 열면 주민들의 재산과 안전을 전적으로 보장한다는 것이었지요. 그 후 귀향한 주인공은 더 이상 전쟁에 휘말리지 않은 채 시빌라 공주와의 조용한 삶을 선택한다는 것이 이 영화의 결말입니다.

발리안이라는 가공의 인물 설정을 차치한다면, 문둥병자 국왕과 시빌라 공주 등 이 영화의 중요한 등장인물들과 장면들은 거의 역사적 사실을 배경으로 하고 있습니다. 역사적으로 이슬람이 서양 세계와 싸워 거둔 마지막 승리는 1186년 살라딘의 예루살렘 정복이었고, 그때 적에게 허용했던 살라딘의 관용도 역사적 사실입니다. 또한 주인공이 면죄를 위해 예루살렘 순례를 결정하는 장면도 확실한 역사적 근거를 가지고 있습니다. "하느님이 원하신다!"는 구호와 함께 시작된 십자군 전쟁에서 죽은 자들에게는 완전

　　　　　　　　　우리에게 종교란 무엇인가

한 죄 사함이 보상으로 주어진다고 널리 선전되었던 것입니다. 가령 제1차 십자군 원정(1096~1099년)을 독려하면서 당시 교황 우르바누스 2세Urbanus PP. II는 "성지순례 중 또는 이교도들에 대항하여 싸우다 죽는 경우에는 그들의 죄가 그 순간부터 사해질 것이니 하느님이 내게 주신 권능으로 그것을 인정하노라."고 선포했으며, 나아가 제2차 십자군 원정(1147~1149년)의 계획과 조직에 관여한 대수도사 성 베르나르도St. Bernardus 또한 템플기사단에게 바친 글에서 "그리스도의 기사는 양심에 거리낌 없이 죽이고 평화롭게 죽는다. 죽으면서 자신의 구원을 이루고 죽이면서 그리스도를 위해 일하는 것이다. 그리스도를 위해 죽거나 죽이는 것은 전혀 죄가 되지 않을뿐더러 오히려 무한한 영광이다."라고 적고 있습니다. 이처럼 종교의 이름으로 공공연하게 살인이 정당화된 만큼 십자군에 의해 관용의 여지가 없는 무자비한 학살이 이루어졌으리라는 점을 상상하기란 그리 어렵지 않을 것입니다.

이들은 십자군 전쟁이 신의 뜻에 의한 성전이고 따라서 '정당한 전쟁'이라고 굳게 믿었던 것 같습니다. '정당한 전쟁'론을 뒷받침한 신학에 의하면 "어차피 인간은 한 번은 죽게 되어 있으므로 전쟁으로 인한 육체적 피해는 그리 중요하지 않다. 무엇보다 중요한 것은 영혼의 구원"(토마스 아퀴나스)이고, "만약 하나님이 특수한 사정 때문에 사람을 죽이라고 명한다면 그 살인은 오히려 미덕이 된다."(성 어거스틴)는 겁니다. 1995년 일본 사회를 발칵 뒤집어놓은 옴진리교 사건에서도 이와 유사한 종교적 정당화를 찾아볼 수 있습니다. 불교계 신종교인 옴진리교의 교주 아사하라 쇼코麻原彰晃는 고차적 의식 상태에 도달한 수행자가 낮은 의식 상태의 일반인에게 폭력을 행사하거나 살해하는 것은 오히려 상대의 나쁜 카르마를 제거해줌으로써 종교적 구원의 수단이 될 수 있다고 주장하면서 도쿄의 지하철에 무차별 독가스 살포 행위를 정당화했던 것입니다.

평화의 문제는 곧 폭력의 문제

평화를 의미하는 '샬롬'(유대교)이라든가 '에이레네'(그리스도교) 혹은 '아 살람 알라이쿰'("당신에게 평화가." 이슬람교) 같은 상용구가 시사하듯이, 종교는 모든 악과 고통, 죽음과 폭력으로부터의 해방과 평화를 궁극적인 목표로 제시합니다. 이런 종교가 다른 한편으로 전쟁이나 폭력을 정당화하는 기제로 이용당할 수 있다는 사실을 우리는 어떻게 이해해야 좋을까요? 이런 물음과 관련하여 현대 평화학의 창시자인 요한 갈퉁은 평화 이론이 곧 폭력 이론이라는 사실을 우리에게 일깨워줍니다. 그는 참된 평화를 "모든 종류의 폭력이 없는 상태"로 규정하면서 폭력의 유형을 크게 세 가지로 분류하고 있습니다. (1) 전쟁, 테러, 폭행과 같은 직접적 폭력, (2) 제도, 관습, 법률, 정치, 경제 등에 내포된 구조적 폭력, (3) 종교, 사상, 언어, 예술, 과학, 대중매체, 교육 등에 내부적으로 존재하는 문화적 폭력이 그것입니다. 이 중 직접적 폭력과 구조적 폭력을 정당화하는 것이 바로 문화적 폭력이며, 종교야말로 그런 문화적 폭력의 대표적 사례라는 점에 주목할 필요가 있습니다. 요컨대 모든 폭력 문제에서 문화가 핵심적인 역할을 하고 그중에서도 특히 종교가 폭력의 핵심적인 전달자라는 거지요.

한편 지젝은 폭력을 주체적 폭력, 체제적 폭력, 상징적 폭력, 혹은 신화적 폭력과 신적 폭력 등으로 분류하기도 합니다. 그는 우선 사회적 행위의 주체인 개개인뿐만 아니라 억압적인 공권력이나 광신적 군중이 행하는 폭력 등 일반적으로 혐오의 대상이 되는 폭력을 가리켜 '주체적 폭력'이라 칭하면서, 그런 주체적 폭력을 가능케 하는 배경으로서 자본주의 등의 익명적이고 구조적인 폭력을 '체제적 폭력'으로 분류합니다. 이에 비해 갈퉁이 문화적 폭력이라 칭한 것을 지젝은 '상징적 폭력'이라는 개념에 담아내고 있습니다. 이때 상징적 폭력은 언어에 의한 폭력으로 대변됩니다. 지젝에 따르자면 어떤 대상을 상징화하는 것은 곧 폭력적인 과정에 다름 아닙니다. 예컨대 언어는 그 지시 대상을 단순화하여 마치 그것이 단일한 속성을 가지는 것처럼 보이게 만든다는 거지요. 상징체계로서의 종교에 의한 폭력도 크게 보면 이런 상징적 폭력의 범주에 들어갈 수 있겠지요.

요한 갈퉁
Johan Galtung (1930~)
그는 참된 평화를 "모든 종류의 폭력이 없는 상태"로 규정하면서 폭력의 유형을 3가지로 구분하고 있다.

이와 같은 세 가지 일반 범주의 폭력은 다시 종교적인 뉘앙스를 풍기는 두 가지 상위 범주인 '신화적 폭력'과 '신적 폭력'으로 수렴될 수 있습니다. 여기서 신화적 폭력이 모든 폭력에 심미적, 윤리적, 종교적 의미를 부여하면서 법-제정적, 경계-설정적, 죄-부과적 특성을 내포하는 폭력이라면, 신적 폭력은 모든 의미화 작용을 거부하는 날것 그대로의 폭력으로 법-파괴적, 경계-파괴적, 죄-사면적 특성을 보여준다는 겁니다. 양자는 상반된 속성을 지닌 것으로 설정되어 있지만, 어쨌거나 이런 두 가지 개념어는 그 자체로 폭력(적인 것)과 종교(적인 것)의 근사성을 암시적으로 보여줍니다.

일찍이 사회인류학자 르네 지라르는 아예 폭력이야말로 종교의

기원이라고 주장한 바 있습니다. 그에 의하면 종교는 희생제의에서 비롯된 것인데, 희생제의란 희생양에 대한 적대감 분출을 허용함으로써 공동체의 결속을 증진시키고 그럼으로써 더 큰 폭력을 사전에 예방하는 기능을 지닌 일종의 의례화된 폭력을 가리킵니다. 이를테면 작은 폭력으로 큰 폭력을 막는다는 거지요. 하지만 종교 전쟁은 이미 의례화된 폭력의 범위를 넘어선 더 큰 폭력이라 할 수 있습니다. 특히 핵전쟁의 위험이 상존하는 현대세계에서 아무리 정당하고 의로운 전쟁이라 하더라도 그것이 더 큰 폭력을 막기 위한 어쩔 수 없는 선택이라는 변명은 더 이상 통할 여지가 없습니다. 이 점에서 불의한 평화가 정당한 전쟁보다 낫다는 에라스무스의 통찰력은 지금도 여전히 유효한 것일지도 모르겠습니다. 그럼에도 불구하고 핵 위협뿐만 아니라 생태학적 위기의 시대를 사는 우리에게 정당한 전쟁이냐 불완전한 평화냐 혹은 작은 폭력이냐 큰 폭력이냐 하는 선택은 그 자체가 무의미해 보입니다. 공멸의 결과가 너무도 빤하기 때문이지요.

대안의 부재와 그림자의 인식

그렇다면 어떤 대안이 가능할까요? 전쟁과 온갖 폭력이 난무하는 우리의 냉엄한 현실 속에서 평화의 길은 짙은 안개 속에 가려 잘 보이지 않은 채, 알 수 없는 분노들만이 언제라도 터질 것 같은 풍선처럼 부풀어 오르고 있습니다. 뚜렷한 대안의 부재가 답답하게 느껴지는 가운데, 폭력과 평화의 문제에 대해 근래 "평화는 각 개인에서부터 시작된다."든가 "우리의 깊숙한 내면까지 파고들어가

우리에게 종교란 무엇인가

야 한다." 하여 마음의 문제에 대해서도 주의를 기울이는 평화학
연구자나 평화운동가들이 하나둘씩 늘어나고 있습니다. 이와 같
은 내면적 접근은 지극히 평범해 보이지만 무언가 종교와 썩 잘 어
울려 보입니다. 가장 큰 폭력이 종교와 연루되어 있듯이 가장 큰
비폭력 또한 종교에 뿌리를 내리고 있는데, 비폭력의 진정한 힘은
무엇보다 마음의 평화에서 나오는 것이기 때문입니다. 그래서 베트
남 승려 틱 낫 한Thich Nhất Hạnh은 "평화를 이루는 것은 바로 우리가
미소 짓고 숨 쉬며 마음의 평정을 유지하는 능력에 달려 있다."고
말한 것이겠지요.

　분석심리학의 창시자 칼 융에 따르자면, 진정한 평화는 개개인
이 자기 안에 있는 '그림자'를 인식할 때 가능하다고 합니다. 이때
그 그림자 원형의 매혹적이며 무시무시한 영향에 휩쓸리지 않으면
서 그림자를 자각하는 것이 중요합니다. 여기서 말하는 그림자란
자아에서 배제되어 무의식에 억압된 성격 측면 혹은 무의식의 열
등한 인격으로, 요컨대 나의 어두운 면을 가리킵니다. 그림자의 가
장 큰 특성 중 하나는 그것이 늘 다른 사람에게 투사되기 쉽다는
점입니다. 우리는 흔히 자신의 어둡고 부정적인 측면을 인정하고
싶지 않기 때문에 일종의 방어기제로서 자신의 그림자를 다른 사
람에게 투사하곤 합니다. 그럼으로써 내 안에는 그림자가 없다고
여기게 되는 거지요. 그런데 이런 그림자의 투사가 집단 무의식의
차원에서 행해질 때 그것은 대인관계에서의 투사와는 비교가 안
될 정도의 엄청나게 강한 증오감, 혐오감, 공포감을 수반하게 됩니
다. 이런 그림자의 집단적 투사가 인류 역사상 세대, 성차, 계층, 계
급, 종교, 정치, 인종, 민족, 국가 등 다양한 집단을 매개로 하여 끊

임없이 반복적으로 이루어져왔습니다. 사실 그림자의 집단적 투사 없는 전쟁은 없다고 할 수 있습니다. 이때 그림자 원형이 적의 집단에 투사되면 적은 인간이 아닌 괴물이나 짐승 혹은 사탄처럼 여겨지게 됩니다. 이 점을 잘 아는 전쟁 도발자는 의도적으로 전쟁의 신, 승리의 신, 영웅신 따위가 등장하는 신화를 내세워 국민의 집단적 무의식을 자극함으로써 적에 대한 그림자 원형의 투사를 촉진시키고자 조작합니다. 그러면서 항상 정의와 자유와 평화를 위한 의로운 전쟁, 해방을 위한 혁명, 세계 인류의 구제를 위한 성전 따위의 수식어로 전쟁을 미화합니다. 신화적 폭력을 창출하는 거지요. 이렇게 해서 사람들이 아무런 양심의 가책 없이 무차별적인 집단 학살과 같은 신적 폭력을 감행하도록 만드는 거지요. 전술한 9·11 사태나 십자군 전쟁은 물론, 중세의 마녀사냥이라든가 홀로코스트의 유대인 학살 등은 그 대표적인 사례라 할 수 있겠습니다.

문제는 이런 그림자를 어떻게 인식하느냐 하는 점이겠지요. 개인적 무의식의 그림자는 우리의 노력 여하에 따라 얼마든지 의식에 동화시킴으로써 그것을 창조적인 에너지로 전화시키는 것이 가능하다고 봅니다. 하지만 집단적 무의식의 그림자는 그 에너지가 너무 강렬한 나머지 우리 의식의 기능을 압도하기 때문에 그것을 의식에 동화시키기가 매우 어렵습니다. 예컨대 한국인이 무의식적으로 일본에 대해 가지고 있는 부정적인 콤플렉스가 얼마나 넘어서기 어려운 것인지를 생각해보십시오. 그래서 융은 다만 우리 마음속에 전율할 만한 파괴적 충동을 수반하는 원형적 그림자가 드리워져 있다는 사실을 인식하는 것만으로도 큰 의미가 있다고 말합니다. 그런 인식이 우리로 하여금 무의식의 원형적 그림자에 장

우리에게 종교란 무엇인가

기간 사로잡히지 않을 만한 면역력을 어느 정도는 키워줄 수 있다고 기대되기 때문입니다.

어쨌든 그림자는 내가 원한다 해서 쉽게 지울 수 있는 어떤 것이 아닙니다. 마찬가지로 전쟁을 비롯한 모든 종류의 폭력 또한 그림자처럼 우리 삶에 따라다니는 그런 것일지 모릅니다. 그렇다면 우리가 할 수 있는 것은 그림자와 함께 사는 법을 배우는 일이 아닐까요? 비단 전쟁이나 테러의 위협뿐만 아니라 성차별, 가부장적 권위주의, 가정폭력, 학교폭력, 지역갈등, 남북분단을 둘러싼 이데올로기적 흑백논리, 외국인 노동자 착취, 신자유주의적 경쟁제일주의, 업적주의, 물량주의, 배금주의, 환경파괴적 경제성장주의, 종교적 배타주의 등 우리 사회의 수많은 그림자들을 그림자로 인식하는 데에서부터 평화의 길을 찾아나가야 하지 않을까요? 언젠가는 대안의 가능성이 찾아질 거라는 희망을 끝내 놓지 않으면서 말이지요.

칼융
Carl Gustav Jung (1875~1961)
그는 진정한 평화는 개개인이 자기 안에 있는 '그림자'를 인식할 때 가능하며, 우리 마음속에 파괴적 충동을 수반하는 원형적 그림자가 드리워져 있다는 사실을 인식하는 것만으로도 큰 의미가 있다고 말한다.

강인철, 『전쟁과 종교』, 한신대학교출판부, 2003.

브루스 링컨, 김윤성 옮김, 『거룩한 테러: 9·11 이후 종교와 폭력에 관한 성찰』, 돌베개, 2005

슬라보예 지젝, 이현우 외 옮김, 『폭력이란 무엇인가』, 난장이, 2008.

자크 G. 루엘랑, 김연실 옮김, 『성전, 문명충돌의 역사』, 한길사, 2003.

정진홍, 「종교와 평화」, 『본질과 현상』 9, 본질과현상사, 2007.

한국종교문화연구소, 「특집 종교·폭력·평화」, 『종교문화비평』 18, 2010.

더
읽어볼 만한
글

교회와
사찰을
매매해도
되는가?

윤승용

부동산 중개 인터넷 게시판은 물론이고 일간신문마저도
'교회나 사찰 매매 ○○억'이라는 매매 광고가 지면을 도배하고
있습니다. 그것도 단순한 시설 거래가 아니라 교인 수를
권리금으로 계산해서 팔아넘기는 일들이 일상사가 되었습니다.
실제 교회 매물을 거래하는 '기독정보넷(www.cjob.co.kr)'
등을 보면 한 해 800건이 넘게 올라오고 있으며, 사찰
매매를 전문으로 하는 '사찰넷(www.sachal.net)'에는
200여 건에 달하는 사찰 전·월세와 매매 광고가 등재되고
있습니다. 성스러운 종교에도 시장의 논리, 상품화가 만연한
모습입니다. 이런 일들을 어떻게 이해해야 하나요?

종교의 도덕적 타락만으로는 설명되지 않습니다

종교 시설의 매매 현상을 두고 우리 사회에서 논란이 많습니다. 한 쪽에서는 종교를 사고파는 행위는 있을 수 없는 일이라고 분개하며 안티-종교운동을 전개하는가 하면, 다른 한쪽에서는 성직자가 혼자 혼신의 힘을 다해 개척한 교회나 사찰을 본인이 처분할 수 없단 말인가 하며 반문하고 있습니다.

종교의 매매를 막으려는 안티-종교운동은 교회를 비롯한 종교 시설을 사고파는 행위는 종교적이지도 윤리적이지도 못하다고 주장합니다. 특히, 신도를 헤아려 권리금까지 주고받는 것은 종교를 이용해서 사적인 이득을 취하는 행위이기 때문에 이른바 사이비 종교들이나 하는 짓이라는 것입니다. 더욱이 비인간적인 탐욕의 시장을 견제해야 할 종교가 도리어 반종교적인 시장에 마구 편입되는 것 자체가 있을 수 없는 일이라고 주장합니다. 따라서 성직자 개인이 마음대로 신앙 공동체의 터전인 교회를 처분하는 것은 신앙 공동체 전체를 우롱하는 처사라고 주장합니다.

한편, 교회나 사찰의 개별적인 처분을 용인하는 측에서는 기성 교단에 설 자리가 없는 성직자가 개인의 자산과 노력을 투여하여 개척한 교회나 사찰을 처분해서 일정한 보상을 받는 것은 당연한 일이라고 주장합니다. 종교적 구원 활동을 하기 위해 필요한 물질적인 것은 종교를 이루는 중요한 구성 요소이기는 하지만 성스러운 종교의 본래 영역은 아니기 때문에 자신이 운영할 수 없을 때에는 처분이 가능하다는 것입니다. 특히, 개척 교회는 목회자 개인이 노력한 산물이므로 교회 건물만이 아니라 신도의 숫자까지 계산하여 팔고 살 수 있다고 주장하고 있습니다.

이 같은 종교 시설 매매에 대한 찬반 주장을 보면 양자 서로 종

314

교회 매매의 실태를 보도한 〈한겨레〉 2011년 4월 20일자 기사

교에 대한 기본 인식과 그에 따른 현실 처방이 크게 다르다는 것을 알 수 있습니다. 매매를 반대하는 쪽은 종교는 세속과 엄격히 구분된다는 종교의 본질론에 무게를 두고 있습니다. 그들이 보기에는 종교에 시설과 운용이라는 세속적인 요소가 없는 것은 아니지만 그것은 어디까지나 종교 활동을 위한 보조적인 것에 지나지 않는다는 것입니다. 그 바탕에는 종교는 본래 성스러운 것이며, 더 나아가 현실에서도 가능한 한 성스러워야 한다는 인식이 깔려 있습니다. 그들은 종교가 사회의 빛과 소금이 되기 위해서는 무엇보다도 '종교다움'을 유지해야 하며 종교에서도 목적과 수단을 혼동하는 일은 있을 수 없는 일이라고 주장합니다. 그 반면 찬성하는 쪽은 세속 속에 있는 종교의 현실론을 주장합니다. 그들은 종교가 성스러운 것이기는 하지만 세속적인 질서를 벗어나서는 존재하기 어려우므로 마땅히 그것을 수용할 수밖에 없고, 나아가 보다 나은 종교 활동을 위해 그것을 활용할 수밖에 없다는 인식을 가지고 있습니다. 그래서 종교적 행위 자체를 제외하고는 모두 현실의 논리에 충실해야 한다고 주장합니다.

그러나 교회와 사찰의 매매는 우리 사회에만 있는 특이한 현상입니다. 종교가 한국보다 더 세속화되었다고 하는 서구에서도 쉽게 찾아볼 수 없는 독특한 현상이지요. 한마디로 우리 사회에서는 종교가 돈이 되고 사업이 된다는 것입니다.

교회나 사찰의 매매 행위를 관행이라는 명분으로 쉽게 넘기고 있지만 엄밀히 따져보면 여기에는 많은 문제가 있습니다. 무엇보다도 교회의 사적인 매매는 실정법을 무시하는 범법 행위에 해당됩니다. 종교는 민법상 비영리단체로서 각종 세금을 면제받고 있습니다. 종교 자산들은 그렇지 않은 경우도 있지만, 대부분 특정 교단의 유지 재단이나 종단에 편입되어 있습니다. 유지 재단이나 종단에 속하는 교회나 사찰의 자산은 면세 혜택이나 종교로서 사회적 편익을 제공받고 있다는 면에서, 종교 자산은 엄연히 사회적 혹은 공적 자산입니다. 그럼에도 불구하고 교회 자산을 사적으로 매매하는 것은 범법 행위일 수가 있다는 것입니다. 또한 유지 재단에 속하는 자산은 각 교회의 당회堂會가 관리하고 처리한다는 현행 각 교단 헌법이나 관련 규정을 봐도 사적인 매매는 잘못된 일입니다. 이는 교회 자산을 명의 신탁하는 행위에 해당되며, 분명 부동산실명제의 법률을 위반하는 것입니다.

이상과 같은 현상들을, 종교가 시장 중심의 사회에서 영위되고 있다거나 종교의 과도한 세속화나 윤리적 타락으로 단순하게 설명해버리기에는 충분치 않은 것 같습니다. 이는 한국 사회에만 있는 특이한 현상의 하나일 뿐 아니라 한국 종교의 구조적 모순과 깊이 관련되어 있는 문제이기도 합니다.

우리에게 종교란 무엇인가

교회라는 말은 에클레시아Ekklesia에서 기원했습니다. '소집된 모임' 또는 '공동체'라는 뜻을 가지고 있습니다. 그런데 신약성서 헬라어 사본에 나타난 에클레시아는 종교적인 의미를 가진 단어가 아니었습니다. 하지만 언제부터인지 신앙인들의 집회 장소, 즉 건물을 뜻하게 되었습니다. 오늘날 교회라는 말은 신앙인들의 집합 장소인 건물을 지칭함과 동시에 신앙 공동체를 가리키는 경우가 많습니다. 전자의 교회는 유형의 건물로서 신자들의 총유 자산을 말하고 있는 반면, 후자의 교회는 종교 공동체로서 그리스도의 몸 자체이며 나아가 종교의 현실적인 실체를 말하고 있습니다. 전자가 생명이 없는 유형의 실체라면 후자는 종교적인 생명을 가진 무형의 실체입니다. 물론 이 양자가 결합될 때 교회는 비로소 지상의 '하나님의 나라'가 되는 것입니다.

신앙 공동체는 거래 대상이 될 수 없습니다

유형의 교회와 무형의 신앙 공동체는 각각 신앙의 형식과 내용을 이루고 있기 때문에 신앙 대중들이 양자를 구분하여 인식하는 것은 쉽지 않은 일입니다. 그런 복합적인 인식 때문에 교회를 매매한다는 것은 유형의 교회 건물을 파는 것만이 아니라 무형의 신앙 공동체를 팔아치우는 일로 인식되기도 합니다. 특히, 신도 수를 헤아려 권리금을 받고 매매하는 것은 종교, 나아가 존엄한 신앙을 사고파는 행위로 간주될 수 있습니다. 이같이 권리금까지 받고 교회 공동체가 매매된다면 이미 종교의 정상적인 한계를 넘어서고 있는 것입니다.

교회 공동체가 매매된다는 것은 사적인 욕망에 사로잡힌 목회자만이 아니라 교회 공동체에 무관심한 신도들에게도 적잖은 책임이 있습니다. 교회 공동체에 대한 관심이 부족하기 때문입니다.

이런 일은 보다 많은 은총을 받으려는 신도들이 그것을 중개하는 개인 성직자에게 무조건 순종하기에 나타나는 현상입니다. 목회자 역시 마찬가지입니다. 교회 공동체보다 자신의 사익을 위해 종교의 권력과 자산을 독점하려고 하기 때문입니다. 결국 교회 매매는 교회를 개인적인 복을 구하러 다니는 굿당 쯤으로 생각하는 편의주의적인 고객 신도와 사사로운 이익에 눈이 멀어 세속적인 교회를 기업 경영쯤으로 생각하는 목회자들이 함께 만들어낸 합작품이라고 할 수 있습니다.

또한 개교회個敎會별 성장지상주의 전략을 추구한 한국 교회의 책임도 무시할 수 없습니다. 한국 교회는 공동체성이 강한 유럽 교회의 영향을 받은 것이 아니라 선교 초기부터 선망의 대상이었던 미국 교회의 영향을 많이 받아왔습니다. 그런 영향으로 인하여 한국 교회는 개교회주의個敎會主義 전통이 강하고 성장지상주의 노선을 추구해왔습니다. 또 교회 공동체의 내부 갱신보다는 물량적 성장을 도모하였습니다. 대부분의 교회는 개인적인 신앙에만 함몰하여 공동체 내부의 갱신도, 외부 사회에 대해서도 관심을 보이지 않습니다. 단지 종교 시장의 경쟁에서 이기는 자만이 선교 시장을 독식할 수 있다는 강박관념에 사로잡혀 자신의 신앙 공동체에도, 또한 종교 간의 협력에도 별로 관심이 없었습니다. 문제는 이러한 성장 중심의 전략이 과도해지면 종교가 종교적인 본질을 상실할 위험이 있다는 것입니다. 최근에는 이러한 종교현상을 빗대어 교회와 사찰을 '종교주식회사'라고 비아냥거리는 소리마저 들리고 있습니다.

우리에게 종교란 무엇인가

종교를 말할 때 흔히 교리만 가지고 평가하는 경우가 많습니다. 불교는 윤회고輪廻苦로부터 벗어나기 위한 해탈의 종교이고, 기독교는 하나님의 나라인 천국으로 가기 위한 구원의 종교라는 식입니다. 그래서 불교인은 불교를 알지 못하는 사람을 해탈의 지혜를 모르는 어리석은 사람이라고, 기독교인은 기독교를 믿지 않는 사람을 천당에 갈 수 없는 불쌍한 사람이라고 합니다. 이런 말들이 틀린 말은 아니지만, 교리만 가지고 종교를 논하는 것은 종교를 알기에 한계가 있습니다. 종교는 교리, 의례, 공동체, 윤리 등이 서로 뒤엉켜 있는 문화적 실체입니다. 추상적인 교리만으로 종교를 본다면 종교의 한쪽 면만을 보는 것과 같습니다. 모든 종교의 교리는 자기 삶의 방식대로 훌륭한 삶의 가치를 담고 있습니다. 아마 종교를 사칭하는 '사이비 종교'가 아닌 한 교리가 나쁜 종교는 거의 없을 것입니다. 그러나 교리가 아무리 좋은 종교라 하더라도 삶의 현장에서 그것이 실천되지 않으면 '살아 있는' 종교라고 할 수 없을 것입니다. 실천이 없는 종교는 단순한 사상이거나 아니면 관념적인 철학에 지나지 않습니다. 현실에서 실천이 없는 종교는 종교로서 삶의 방향성만 제시할 뿐 삶의 현장에서 힘이 되는 신앙이라고는 할 수 없으며, 교리가 없는 '현실의 종교'는 현실과 영합하여 삶의 방향을 제시하지 못하고 종교의 목적성을 상실하기 쉽습니다. 따라서 현실에서 역동적인 종교가 되려면 종교의 이상과 실천을 함께 갖춰야만 가능합니다. 가끔 '현실의 종교'를 기준으로 교리를 바라보면 종교가 얼마나 아름답게 포장되어 있는지, 사랑과 자비의 실천을 종교에 요구하는 것이 거의 불가능하다든지 하는 생각이 들 때가 많습니다. 또 교리를 중심으로 '현실의 종교'를 보면, 많은 종

종교도 경쟁에서 이겨야 산다고 합니다

교에서 교리와는 상관없는 전혀 다른 모습들이 보입니다. '현실의 종교'가 자기 정상 궤도를 벗어났을 때 이런 모습이 분명하게 드러납니다. 그런 특이한 현상 중 하나가 바로 교회나 사찰의 매매인 것입니다.

왜 이런 궤도 이탈 현상이 일어나는 것일까요? 종교적 구원을 통한 개개인의 인간 존엄성을 보존하는 데는 관심이 없고 종교 집단의 개척과 성장만을 생각하기 때문일 것입니다. 이 같은 개척과 성장의 욕망이 한번 신의 이름으로 정당화되면 종교는 신의 이름으로 주변의 타자들을 정복하는 데만 열을 올리게 됩니다. 이는 역사적으로도 쉽게 증명되는 일입니다. 예컨대, 근대 이후 제국주의가 휩쓸고 간 나라들은 거의 다 기독교 국가가 되었습니다. 심지어 포용주의를 표방했던 이슬람도 정복의 강도는 좀 약하다고 할 수 있지만 크게 다르지 않았습니다. 과거 이슬람이 정복한 지역에는 종교의 자유를 허용하긴 했지만 불신앙자들을 일정 거주 지역으로 제한하고 종교세라는 페널티를 부가하였습니다. 또한 모든 종교들은 자신의 경전에서는 모든 사람을 형제자매라고 부르고 있지만 다른 종교를 만나기만 하면 태도가 돌변합니다. 실제로 형제자매로 포용하는 경우는 극히 드문 일입니다. 우리의 종교 역사도 다르지 않습니다. 조선시대에는 유교가 사회를 지배하자 불교를 탄압하는 숭유억불정책을 시행하였고, 근대에 들어와 기독교가 상륙하여 이 땅에 새로운 개척과 정복의 역사가 시작되었습니다. 불교와 유교와 같은 전통 종교를 전근대적인 비문명 종교로 낙인찍거나 동학과 대종교와 같은 민족종교들을 미신이나 사이비 종교로 비종교화하여 종교 영역에서 추방하려고 한 것도 다 인간의 구

우리에게 종교란 무엇인가

원을 위한 것이 아니라 종교의 개척과 성장 전략에서 비롯된 것입니다. 개척과 성장만이 오직 신의 명령이라고 생각하는 종교들의 싸움에서 포용이나 양보라는 것은 없습니다. 항시 자신의 영역 확보만이 그들의 당면한 과제였던 것입니다.

이단을 극단적으로 탄압한 것도 따지고 보면 인류의 구원을 확산하기보다는 영역 확보라는 이해에서 비롯된 측면이 강합니다. 일정한 자기 헤게모니를 가진 세계종교일수록 이단 문제에 대해 더 엄격한 것은 바로 이 때문입니다. 예수가 유대교가 금기시하는 안식일에 노골적으로 치료 행위를 하였다는 것이나, 성전에서 장사하는 이들을 몰아낸 것도 모두 당시 거대한 종교 권력에 대한 도전이었습니다. 이러한 일은 제물에 대한 영업권을 쥐고 있는 유대교 제사장에게 온몸으로 도전한 행동이었습니다. 예수의 이런 행동은 기독교라는 이단 종교가 종교 영역 확보를 위해 기득권 세력인 유대교에 맞서 사활을 건 싸움이었던 것입니다. 결국 예수는 유대교 제사장들에 의해 혹세무민과 내란 선동죄의 혐의로 십자가에 처형당하고 맙니다. 이후 이단으로 지목되었던 기독교는 콘스탄티누스의 칙령에 의해 국교회가 됩니다. 기독교는 자기가 당했던 것과 똑같은 방법으로 이단 논쟁을 일으키며 자신의 영역을 지켜나갔습니다. 중세에는 이단으로 의심만 받아도 잔인한 방법으로 고문과 사형이 집행되었습니다. 교회의 권위에 도전하는 사람들에게는 추악한 마녀사냥이 행해졌습니다. 고아, 과부, 노숙인 등 사회적 약자들만 골라 희생양으로 삼은 것입니다. 또한 중세 종교의 독주를 뒤엎은 사건이 바로 종교개혁입니다. 조직에 반항하는 자들이라는 뜻을 가진 프로테스탄트들은 독일 보헤미아에서 신·구교

A la fin ces Voleurs infames et perdus,
Comme fruits malheureux a cet arbre pendus

Monstrent bien que le crime (horrible et noire engeance)
Est luy mesme instrument de honte et de vengeance,

Et que cest le Destin des hommes vicieux
Desprouuer tost ou tard la iustice des Cieux . 1]

자크 칼로(Jacques Callo)의 1632년 작 〈전쟁의 참화(Les Grandes Misères de la guerre)〉. 30년전쟁의 참혹한 모습을 담은 에칭 작품이다.

간에 벌어진 30년전쟁을 통해 겨우 이단의 탈을 벗게 됩니다. 이같이 종교가 자기 영역을 유지하려고 하는 한 종교의 이단 논쟁은 끝이 없을 것입니다. 겉보기에는 자기 신념을 지키려는 교리 싸움을 하는 것 같지만 그 이면에는 영역 확보의 이해가 도사리고 있다는 것은 이미 잘 알려져 있는 일입니다. 종교 입장에서 이것은 아주 불편한 진실입니다. 제3자의 눈으로 보면, 정통과 이단의 문제가 아니라 선교 영역에 대한 선점과 경쟁의 문제로 읽힐 뿐입니다.

종교들은 미지의 땅을 선점해서 자신의 세력을 어떻게 키울 것인지, 그리고 내 영역을 함부로 침범하는 자는 누구인지에 대해 항시 주의를 기울여야 했습니다. 인간에게 은총을 내리는 신이라 할지라도 자신의 영역을 개척하고 성장하는 데까지는 지켜주지 않습니다. 그것은 인간 자신이 스스로 챙겨야 하는 일입니다. 그래서 결과가 좋으면 신에 감사하고, 결과가 나쁘면 신이 나를 시험하는 것으로 생각하면 그만입니다. 신은 인간에게서 문책당하거나 원망

322

을 받는 일이 결코 없습니다. 기업 경영에서 새로운 경쟁자가 시장의 진입 장벽을 허물고 시장을 선점하는 일이 중요한 것처럼 종교에서도 영역 선점의 성패가 종교의 사활을 좌우합니다. 이렇게 본다면 종교도 경쟁에서 이겨야만 살아남을 수 있다는 것이기에 다른 영역과 전혀 다를 바가 없습니다.

대형 교회는 종교 위기의 상징

1995년을 정점으로 한국의 개신교인 수는 내리 10년째 감소했습니다. 신도 수의 감소는 개신교의 확대재생산 시스템이 중단될 수밖에 없다는 것을 의미합니다. 확대재생산 시스템은 교회가 양적으로 성장하면 교단이 분열되고, 교단이 분열되면 그에 맞는 무인가 신학교가 새롭게 설립되고, 무인가 신학교가 설립되면 목회자가 양산되고, 목회자가 양산되면 교회 개척이 일어나 다시 교회의 성장으로 순환하는 것입니다. 그런데 교회 성장이 멈추면 이 재생산 시스템이 작동할 수가 없습니다. 이 시스템은 양적인 성장을 전제로 한 것이기 때문입니다. 그럼에도 현재 300여 개의 인가·무인가 신학교에서 매년 1만 명이 넘는 목회자가 배출되고 있습니다. 2010년 현재 목사의 수는 10만 명이 넘었습니다. 전국의 교회가 6만 개 정도이니, 추산해보면 신학교를 졸업해도 실업자가 될 수밖에 없는 구조입니다. 이들은 결국 해외 선교를 자원하거나 자신과 가족의 쌈짓돈, 아니면 빚을 내어서라도 자신의 교회를 개척할 수밖에 없는 게 작금의 현실입니다. 교회 성장이 지속적으로 이루어질 때는 이런 것들이 큰 문제가 되지 않았습니다. 그러나 성장이 멈추고 경쟁이 격화하면서 목회자 개인의 출혈에 의존하는 교회 개척이 많아지게 되었지요. 문제는 이런 식의 교회 개척은 개척 시작 때부터 교회의 사유화를 전제로 하고 있다는 점입니다. 특히 교회의 운영이 목사의 생계와 결합되면서 교회의 개척과 성장은 지상 과제가 되어버립니다. 교회의 이 같은 사유화 현상은 오늘날 한국 교회가 직면한 모든 문제의 도화선이 되고 있습니다.

이 세상의 모든 것은 사유화가 진행되는 순간 자연히 자본주의 시장의 논리를 따르게 됩니다. 시장 가치를 증대하고자 자본주의적인 팽창 원리를 따를 수밖에 없다는 것입니다. 사유화되고 있는 한국 교회도 시장의 논리를 피해 갈 수 없습니다. 1970년대 이후 한국 교회의 개교회주의가 원래 추구하고 있던 다양성, 의사 결정과 집행 과정의 신속함, 자치권 등의 민주적 가치가 퇴색되면서 교회는 자연 사유화의 욕망에 사로잡히게 되었습니다. 결국 종교의 본래 모습과는 거리가 먼 탐욕을 담아내는 그릇이 되고 만 것입니다. 이것이 현재 한국 교회의 현주소입니다. 목회자 개인이 교회를 사유화할 수 있다는 것은 바로 신앙 공동체가 그만큼 비민주적이며 독선적으로 운영되고 있다는 것을 의미하기도 합니다. 이런 독점적 권력 현상을 바탕으로 교회의 매매나 상속이 가능하게 된 것입니다.

이와 같은 상황에서 시장교회market church가 등장하게 되었고, 그 시장교회 중에서 가장 성공한 것이 바로 대형 교회입니다. 대형 교회는 이른바 성장지상주의의 상징입니다. 영웅주의, 세속적 경영 등과 밀접한 관련을 가지고 있습니다. 현재 규모가 세계 1위인 여의도순복음교회를 비롯하여 은혜와진리교회(2위), 금란교회(7위),

우리에게 종교란 무엇인가

인천숭의감리교회(9위), 주안장로교회 (10위) 등 한국 대형 교회는 세계 10대 교회 중 절반을 차지하고 있습니다. 아마 세계 50대 교회 혹은 100대 교회로 확대해도 절반 이상을 우리나라가 차지할 것입니다. 그리고 서울, 분당, 일산을 비롯하여 전국 각지에서 건축비가 800억이니 1200억이니 하는 초대형 건

세계 제1위의 규모를 자랑하는 여의도순복음교회

축물이 모습을 드러내고 있습니다. 마치 한국의 자본주의가 한국의 재벌에서 꽃을 피우는 것이 아니라 대형 교회에서 만개하고 있는 것 같습니다. 이 같은 대형 교회는 한국 재벌과 닮은 점이 너무나 많습니다. 규모나 크기만 재벌을 닮은 것이 아니라 경영 방식도 닮아 있습니다. 한국의 대형 교회는 재벌의 문어발식 경영을 흉내라도 내듯이 수도권 인근에 광범위하게 지교회支教會를 확산시키고 있습니다. 여의도순복음교회는 남대문, 송파, 엘림, 도봉, 강동, 성북 등 20개의 지성전支聖殿을 갖고 있으며, 조용기 목사의 동생인 조용목 목사가 시무하고 있는 은혜와진리교회는 수원, 과천, 안산, 시흥, 광명 등 수도권 24곳에 지교회가 설립되어 있습니다. 온누리교회, 광림교회, 왕성교회, 영락교회 등도 여러 지교회들을 갖고 있습니다. 문어발 식 경영으로 인하여 주변 소형 교회들이 아우성입니다. 이마트, 롯데마트, 홈플러스 등 재벌들이 운영하는 대형 마트가 동네의 슈퍼마켓, 연쇄점을 비롯하여 구멍가게까지 고사시키고 있듯이 수많은 작은 지역 교회들이 문을 닫게 될 지경에 이르고 있습니다. 거대 자본의 논리가 교계 내에서도 똑같이 적용되는

이른바 양극화 현상이 일어나고 있는 셈입니다.

한편, 기독교가 본격적으로 시장에 편입된 것은 종교개혁 이후의 일입니다. 기독교가 다양한 교파로 분열되면서 교파 간 경쟁 상황에 놓이게 된 것입니다. 개신교는 개인의 종교성을 강조하고 만인사제설萬人司祭說과 목회자의 사유재산을 인정하고 있다는 점에서 가장 자본주의적인 종교입니다. 그렇다고 해서 오늘날과 같은 이런 대형 교회의 출현을 종교적인 이유만으로 설명할 수는 없습니다. 대형 교회가 출현하려면 수많은 대중들이 생활하는 거대 도시가 형성되어야 하고 교통과 통신과 같은 기술혁명이 이뤄져 있어야 합니다. 여기에 성장지상주의와 같은 극단적인 시장의 원리가 적용될 때 비로소 가능해집니다. 교회 성장학자들인 도널드 맥가브란Donald McGavran과 피터 와그너Peter Wagner 그리고 로버트 슐러Robert Schuller 등이 시장교회를 만든 주범들로 지목받고 있습니다. 특히 로버트 슐러는 교회 성장학을 목회 현장에 접목시킨 인물입니다. 그의 교회 성장학은 교회 경영을 기업의 판촉 행위와 다름없게 만들었습니다. 그의 논리는 1970년대 후반 한국에 수입되었는데 이때부터 한국 교계에서 교단의 힘이 크게 약화되고 개별 교회의 목소리가 커졌으며, 1980년대에 이르러 시장 만능주의를 의미하는 신자유주의과 결합하면서 대형 교회가 이 땅에 우후죽순처럼 번져갔습니다. 교계에서는 몇 만 명의 신자와 몇 백만 평의 교회 부지를 갖게 해달라는 기도들이 자연스러운 것이 되었습니다. 대형 교회는 종교계에 투신하는 사람이라면 누구나 열망하는 성공의 상징이자 개신교계를 넘어 한국 종교의 모델이 되었습니다.

대형 교회는 미국에서 탄생했지만, 그것들이 본격적으로 위세

우리에게 종교란 무엇인가

를 떨친 무대는 한국이었습니다. 그러나 조그마한 가정 교회가 성서의 근본정신과 가장 부합한다고 주장하는 신학자들이 많습니다. 그런 것을 보면, 교회의 대형화는 신학적으로도 교회가 하느님의 말씀과 멀어지게 되는 요인입니다. 한국 사회에서는 이같이 개신교뿐만 아니라 한국 종교 전체가 대형 교회 열풍에 몸살을 앓게 되었습니다. 종교적인 것은 세속과는 다른 성스러운 것이라는 단순한 인식이 종교의 실상을 가리곤 합니다. 더불어 성전은 단순한 건물이 아니라 신앙 공동체가 형성한 사회적 자산이라는 인식이 부족합니다. 또한 종교는 인간다운 공동체적인 삶을 안내하기보다는 시장 만능 사회에서 발생하는 개인의 초조함과 불안감을 해소하는 아편과도 같은 역할을 해왔습니다. 이 때문에 한국 종교에 이런 현상들이 빚어진 것은 아닌가 합니다.

종교의 사회 공공성을 지향하며

이상과 같이 종교 성전들을 매매한다는 것은 신앙 공동체까지 거론하지 않는다 하더라도 신앙 대중의 정서에 부합하지 않을 뿐 아니라 종교의 정체성과 종교 단체의 신뢰성에도 큰 문제를 야기할 수 있습니다. 아마 이런 매매 상황이 계속된다면 결국에는 유럽과 같이 주일에도 텅텅 비는 '교회 공동화 현상'에 직면하게 될 가능성이 많습니다. 현재 물신화된 대형 교회의 신도들은 더 이상 현세적 이익을 얻을 수 없다고 판단되면 교회를 떠날 가능성이 많습니다. 이미 한국 교회의 성장세는 1990년대 후반에 들어 마이너스 성장률 시대로 접어들었습니다. 신도는 해마다 줄고 있지만 교회는 해마다 1,000개 이상씩 늘어나고 있습니다. 이 같은 상황에서 대형 교회가 더 큰 교회를 짓고, 그것도 모자라 지교회를 늘리고, 또 아들에게 대물림까지 한다면 그 누가 종교를 곱게 보겠습니까? 지금은 그야말로 종교의 위기입니다. 종교가 시장 만능주의에 빠져 인간의 존엄을 고려하지 않고, 교회 공동체마저도 성장의 수단으로 이용하려 한다면 그들만의 잔치로 끝날 것이 분명합니다. 지금이야말로 종교 내부의 민주화와 개방화를 통하여 내부 공동체를 건강하게 하고, 나아가 사회의 공적 가치를 다시 회복시켜야 할 때가 아닌가 합니다.

더 읽어볼 만한 글

김선주, 『한국 교회의 일곱 가지 죄악』, 삼인, 2009.
김진호, 『시민K 교회를 나가다』, 현암사, 2012.
이상성, 「소망 없는 소망교회—대형교회의 성찰과 문제점」, 『역사비평』 2009년 겨울호.
찰스 킴볼, 김승욱 옮김, 『종교가 사악해질 때』, 에코리브르, 2005.
한국종교문화연구소, 『신자유주의 사회의 종교를 묻는다』. 종교문화총서 9, 청년사, 2011.

우리에게 종교란 무엇인가

종교인은
왜
세금을
내지 않는가?

윤승용

성직자도 세금을 내야 하는가? 성스러운 사명을 감당하고 있는
성직자에게 세속적인 척도를 그대로 적용하여 세금을 부과하는
것은 온당하지 못하다는 목소리가 있는가 하면, 소득이 있는
곳에 과세가 있다는 원칙에 따라 성직자도 세금을 내야 한다는
목소리가 있습니다. 우리 사회에서는 이 문제를 두고 한동안
열띤 논쟁을 벌였고, 마침내 소득세법 개정에 따라 2018년부터
종교인 과세가 실시된다고 합니다. 그러나 아직도 종교계
안팎에서는 이 문제를 두고 찬반 논의가 계속되고 있어 과연
그대로 시행될 수 있을지 귀추가 주목됩니다. 왜 이러한 논란이
일어나게 되었을까요? 그리고 이 논쟁의 의미는 무엇일까요?

종교인의 과세는 종교단체의 비과세와는 다르다

'종교인도 세금을 내야 하는가'라는 문제는 1992년 〈월간 목회〉라는 개신교계 잡지에서 처음 제기되었습니다. 그런데 당시에는 그것이 개신교 내부의 문제로 치부되어 사회적 이슈가 되지 못했습니다. 이 문제가 재차 거론된 것은 2006년 종교비판자유실현시민연대(이하 종비련)가 종교인 과세를 주장하면서부터였습니다. 당시 종비련은 한기총, 조계사, 명동성당, 국세청 앞에서의 가두서명과 함께 인터넷을 통한 서명 운동을 전개했습니다. 종교인들에게 과세하지 않은 국세청장도 직무유기죄로 검찰에 고발하였습니다. 그러나 당시 국세청은 기획재정부에 종교인 과세에 대한 유권해석을 요청하는 방식으로 기소를 면했고, 그 요청을 받은 기획재정부는 검토 중이라는 대답만 반복하면서 시간을 끌었습니다. 여론의 압력이 가중되자 정부는 2015년 종교인 납세 방침을 확정하고 세법 개정 등의 법적 조치를 취하였습니다. 그리하여 마침내 2018년부터 종교인 과세가 시행될 예정이지만 종교계 일각에서는 아직도 반대의 목소리가 존재하고 있습니다.

종교인에 대한 과세 논란은 많은 경우 종교 단체의 수입과 종교인 개인의 보수를 혼동하는 데서 발생합니다. 비영리단체인 종교기관과 개인으로서의 종교인을 분명하게 구분하지 않고 종교라는 이름으로 함께 묶어 해결책을 찾고 있기 때문에 혼란이 일어나는 것입니다. 양자에 대한 과세의 성격은 분명히 다릅니다. 종교 기관은 비영리 공익법인으로 분류되기 때문에 종교 기관이 받는 기부금은 비과세 대상입니다. 단지 신도들로부터 받는 기부금만은 증여세 과세 여부가 논란의 대상이 됩니다. 그렇지만 종교인이 수령하는 소득은 개인 소득에 해당하므로 세금이 따를 수밖에 없습니

330   우리에게 종교란 무엇인가

다. 물론 소득에 대한 성격 규정에 따라 목회 활동에 의한 근로소득인지 사례비에 해당하는 기타소득인지가 결정될 것입니다. 무속인의 경우는 종교 기관과 종교인이 동일하므로 신도들로부터 수령하는 금전이 사업소득으로 간주되는 경우가 있습니다.

과연 종교인의 면세 혜택은 온당한 것인가?

우리나라 헌법 제38조에 의하면 모든 국민은 법률이 정하는 바에 의하여 납세 의무를 지게 되어 있습니다. 그리고 소득세법 제12조에 의하여 소득세를 과세하지 않는 소득 항목은 별도로 열거하고 있습니다. 예를 들면 신탁법 제65조에 따른 공익신탁의 이익, 대통령령으로 정하는 농가부업소득, 대통령이 정하는 복무 중 사병이 받는 급여 등이 비과세 소득에 속합니다. 목회자나 신부, 승려 등 종교인은 여기에 포함되지 않습니다. 따라서 현행 소득세법 하에서 종교인은 자신의 개인 소득에 대해 반드시 소득세를 납부해야 합니다. 그럼에도 불구하고 종교인에 대한 비과세 관행이 정부 수립 이후 현재까지 큰 시비 없이 계속될 수 있었던 것은 세무 행정상 그렇게까지 할 필요성이 없었거나 아니면 국가가 종교인과의 협력이 필요해서 종교를 배려한 것으로 볼 수밖에 없습니다. 종교인에게 소득세를 과세하지 않은 이유가 법적인 것이 아니라는 것입니다.

민주화 이후 종교를 보는 눈이 달라졌다

종교인 납세 문제가 본격적으로 제기된 2006년 당시 인터넷 포털 사이트 네이버가 실시한 여론조사에 따르면, 종교인도 소득세를 내야 한다는 의견이 80% 이상으로 나타났습니다. 이 논쟁이 종교계를 수년간 뜨겁게 했던 것에 비하면 조사 결과는 꽤나 일방적이었습니다. 이 같은 결과는 민주화 이후 종교계에 대한 우리 사회의 인식 변화를 담고 있습니다.

민주화 이전 시대의 종교는 인권 및 민주화 운동의 선봉에 섬으로써 정의의 상징이 되었습니다. 사실 권위주의 정권에 저항한 종교나 종교인은 소수에 지나지 않았지만, 이 소수가 과대 표상이 됨으로써 종교계 전체가 민주 투사 혹은 정의의 사도처럼 간주된 것입니다. 이처럼 군사정권 시기에는 종교계가 사회 공공성 담론을 주도하는 위치에 있는 것으로 비쳤기 때문에 종교계 내부에 대한 성찰은 거의 이루어지지 않았습니다. 그러나 민주화 이후 그동안 드러나지 않았던 종교 집단의 비민주적 운영과 교회 자산의 사유화 등, 종교 내부의 문제가 폭로되면서 종교계는 사회적 지탄의 대상으로 떠올랐습니다. 이러한 시대적 흐름 속에서 종교인에 대한 과세 문제가 등장한 것입니다.

교회나 사찰이 가난했던 시절에는 어느 누구도 종교 단체와 종교인의 비과세를 문제 삼지 않았습니다. 그러나 1990년대 이후 대도시를 중심으로 대형 교회와 기업형 사찰이 점증하면서 종교계에 대한 시민사회의 인식은 변화하기 시작하였습니다. 그러면 구체적으로 종교계에 어떤 변화가 일어난 것일까요?

1990년대 이후 시민사회에 비친 종교계의 모습은 사회봉사에 힘쓰기보다는 정교분리를 내세워 스스로 성역화하거나 권력화, 기

2015년 12월 16일 '종교인 근로소득 과세를 위한 국민운동본부'는 서울지방국세청 앞에서 기자회견을 열고 "국민개세주의에 의한 조세형평과 재정투명성 확립을 위해서는 종교인의 소득을 즉각 근로소득세로 과세해야 한다."고 주장했다.

업화하는 이익집단과 다르지 않습니다. 실제로 대형 교회 목사 중에는 억대의 연봉을 받는 사람이 늘어났고 자녀에게 자신의 교회를 상속하는 경우도 적지 않습니다. 사찰의 경우에도 정도의 차이는 있지만 기업화하는 경향이 나타나고, 신도들에게 재(齋)를 지내주고 고수입을 올리는 스님이 적지 않다고 합니다. 더구나 일반 서민은 생활비를 아껴 헌금도 하고 시주도 하는데 거대한 종교 단체의 종교인들은 외제차를 타고 골프를 치면서도 세금 한 푼 내지 않습니다. 이러한 상황이 시민사회로 하여금 사회 정의와 조세 정의의 원칙을 상기시키도록 한 것입니다.

경제 민주화에 대한 요구도 우리 사회가 종교인 과세 문제에 관심을 가지게 만든 요인으로 보입니다. 1997년 IMF 사태 이후 시장만능주의와 그에 따른 사회적 양극화 현상에 대한 시민사회의 저항이 종교인의 소득세 납부 문제에 일정한 영향을 미친 것입니다. 이처럼 종교인 과세 문제는 한국 종교계의 현실에 대한 시민사회의 우려와 경제적 민주화에 대한 시대적 요구가 맞물려 사회적 의제로 등장했습니다.

종교인의 소득세 과세에 대한 반론은 적당한가

종교인 과세 문제가 불거질 때마다 논란이 되는 점은 대략 세 가지입니다. 종교인은 영적 봉사자인가 근로자인가, 종교인 과세는 이중과세인가 아닌가, 종교인 과세가 정교분리의 위배 혹은 종교 자유의 침해인가 아닌가 하는 점이 그것입니다. 이 논점들을 좀 더 자세히 살펴보도록 하겠습니다.

먼저, 종교인이 매월 받는 사례비는 영적 봉사에 대한 예우금이지 근로의 소득으로 볼 수 없다는 종교계 일각의 주장을 검토해보지요. 이들의 주장대로 종교인이 받는 사례비가 예우금이라고 한다면 대가 없는 소득이므로 소득세보다 세율이 높은 증여세나 양도세를 물어야 합니다. 노동에 대한 대가로 받는 사례금이라면 명칭이 어떠하든 법적으로는 소득세 과세의 대상이 되기 때문입니다. 더구나 어느 종교든 노동의 고귀함을 강조하고 있는데, 종교인 스스로가 자신의 소득이 근로소득이 아니라고 주장하는 것은 노동자를 비하하는 듯한 인상마저 주고 있습니다.

이번에는 종교인이 받는 사례비는 이미 소득세를 낸 신도들이 헌금한 것이기 때문에 이중과세에 해당한다는 주장에 대해 살펴보겠습니다. 사실 이러한 주장은 소득의 주체를 분명하게 구분하고 있는 세법을 이해하지 못한 데서 생긴 오해입니다. 만일 이들의 논리를 따른다면 비영리단체의 상근 직원 인건비에 대해서도 과세하지 말아야 하고 나아가 국민의 세금으로 근로의 대가를 받는 공무원에 대해서도 과세해서는 안 됩니다. 이중과세라고 하는 말은 한 과세 대상에 대해 같은 성격의 조세를 두 번 이상 매기는 것을 뜻하기 때문에 이는 종교인 과세의 경우에는 해당되지 않습니다.

종교인에게 과세할 경우 종교의 자율성이 침해받을 소지가 있

우리에게 종교란 무엇인가

으며 종교 활동의 자유가 제한될 우려가 있다는 세 번째 주장에 대해서도 살펴보도록 하지요. 먼저 해외로 눈을 돌려보면 현재 대부분의 국가는 종교 활동의 자유를 보장하면서도 종교인들에게 소득세를 부과하고 있음을 알 수 있습니다. 특히 미국이 그렇습니다. 종교인의 소득에 대한 과세와 종교 활동의 자유 사이에는 직접적인 연관 관계가 없습니다. 한국을 제외한 OECD경제협력개발기구 회원국 모두 종교인에게 세금을 부과하고 종교인의 보수에 대해 일반 근로자와 동일하게 과세하고 있습니다.

이러한 세 가지 논리 이외에 비영리법인의 비과세나 감세의 근거가 되는 민법 제32조에 근거하여 종교인의 소득에 대한 비과세를 주장하는 사람들도 있습니다. 그러나 이 조항은 종교 단체의 비과세에 관한 규정이지 종교인 개인의 비과세를 말하는 것이 아닙니다. 민법 제32조에는 '학술, 종교, 자선, 기예, 사교 기타 영리 아닌 사업'을 목적으로 하는 사단이나 재단을 법인으로 만들어 보호 육성한다는 내용이 있고, 이를 근거로 세법은 종교와 같은 비영리법인에 면세나 감세 혜택을 주고 있습니다. 구체적으로는 법인세, 취득세, 양도세, 부가가치세 등 19가지 정도의 세금을 종교 단체에는 면제 혹은 감세하고 있습니다.

이처럼 비영리법인에 부여되는 각종 세제상의 혜택이 여기에 종사하는 종교인들에게도 적용된다고 보는 것은 일종의 착시 현상입니다. 그러면 왜 이러한 착시 현상이 일어나는 것일까요? 종교 단체 이외의 비영리단체는 재정의 투명성 유지를 위해 사립학교법, 의료법, 사회복지법과 같은 법률에 의한 규제를 받습니다. 그런데 종교 단체의 경우에는 그러한 구체적인 법이 마련되어 있지 않습니다. 그렇기 때문에 종교 단체로부터 소득을 얻는 종교인들은 사례비를 받든 봉급을 받든 간에 세법과는 관계없는 것으로 착각하고 있는 것으로 보입니다. 그러나 우리나라의 민법과 세법의 취지는 종교 단체의 비영리 활동을 권장하기 위해 종교 단체의 수입에 대해 비과세 또는 감면하는 것이지 종교인 개인의 수입이나 소득에 대해 면세 또는 감세해주자는 것이 아닙니다. 특히 헌법 제38조에 국민개세주의國民皆稅主義를 표방하고 있는 것을 고려한다면 종교인의 보수를 예외로 다룰 근거가 전혀 없습니다.

종교인에 대한 과세를 신성모독이나 종교 탄압으로 간주하는 사람들도 종종 있습니다. 그러나 이러한 논리 역시 범주의 오류에 해당합니다. 종교 탄압과 신성모독은 종교 활동의 자유와 관련해서 주장할 수 있는 언설들입니다. 국민의 4대 의무의 하나인 납세의 의무를 피하기 위해 자신이 믿는 신까지 끌어들이는 것은 그 자체가 오히려 신성모독일 수 있습니다. 더구나 종교 단체가 부동산 투기를 한다든가 자산 축적을 위한 영리적 활동을 한다면 세금과 관련한 어떠한 주장도 자기기만적 논리에 지나지 않을 것입니다.

종교인의 납세에 대한 현실적인 대안은?

종교인 과세 문제가 불거질 때마다 종교 단체의 사회적 지위를 명확하게 하고 재정을 투명하게 하기 위해 종교법인법 제정이 필요하다는 주장이 제기되어왔습니다. 사실, 현재 민법 32조에 의해 설립된 종교 단체들은 세제상 많은 혜택을 받고 있으나 비영리법인의 하나일 뿐 종교 활동의 특수성을 고려한 실제적인 종교법인은 아

우리에게 종교란 무엇인가

닙니다. 그저 종교 재산의 관리를 위한 '종교 단체 유지 재단'일 뿐입니다. 따라서 종교 단체의 종교법인화를 위한 종교법인법 제정이 필요하다는 것입니다.

그러나 종교법인법이 제정된다고 해서 종교계의 재정 투명화가 이루어지고 그것을 기초로 종교인의 소득세 납부가 원활해질 수 있는 것은 아닙니다. 단지 종교 단체에 법인격이 부여됨으로써 그에 따른 권리와 의무가 분명해지는 것뿐입니다. 그러나 이 법의 제정에 대한 종교계 내부의 인식 차가 크기 때문에 법 제정 가능성은 크지 않습니다. 법이 제정된다고 하더라도 종교 단체의 활동 보호 및 육성에 초점을 두어야 하기 때문에 종교인 과세 관련 사항은 크게 달라질 것이 없을 것 같습니다. 따라서 종교인 과세 문제는 종교법인법 제정 이전에 정부와 종교계가 협력하여 시행 가능한 합리적인 방안을 모색해야 할 필요가 있습니다.

종교인 과세 문제에 대한 합리적 방안을 모색하려면 먼저 현행 과세체계를 보완해야 합니다. 이러한 면에서 종교 단체의 급여성 인건비를 원천징수하게 하는 일이 무엇보다 필요합니다. 영리법인의 경우 직원의 급여에 대해 원천징수를 이행하지 않으면 불이행 가산세를 내야 하고, 원천징수 이행 신고를 하지 않으면 급여의 해당 금액만큼 법인세나 소득세 부담이 증가합니다. 그래서 원천징수 의무가 성실히 이행됩니다. 그런데 비영리법인은 원천징수 의무를 이행하지 않더라도 법인세나 소득세를 물지 않기 때문에 원천징수의 이행 동기가 부족합니다. 따라서 비영리법인의 경우에는 원천징수를 이행한 인건비만 목적 사업에 사용한 것으로 인정한다는 내용을 민법 조항에 보완할 필요가 있습니다.

다음은 징세 과정을 간편하게, 또 자율적으로 하게 하는 것입니다. 본래 소득세는 납세자의 자진 신고를 통한 자발적 납부를 원칙으로 하고 있습니다. 따라서 소득세 납부자는 세금 납부의 전 과정을 이해하고 있어야 하고 정부도 그러한 과정에 대한 편의를 제공할 의무가 있습니다. 종교인이 소득세를 납부하지 않는 이상한 현상은 과세하지 않은 정부의 관행이 큰 요인이지만 과세체계에 대한 무지로 발생하는 경우도 많습니다. 국가가 강제력을 동원하여 종교인 소득세를 징수할 수도 있지만 과세에 대한 공감대가 형성되지 않은 상황에서 발생하는 징세 비용과 그에 따른 조세 저항을 고려하면 강제 징수보다는 자발적 납부를 유도하는 것이 필요합니다.

그런데 우리나라의 종교 단체들은 대부분 법적 성격이 분명하지 않아 원천징수 의무를 이행하기가 쉽지 않습니다. 원천징수 절차가 어려우면 종교인들이 자진 납세하는 분위기가 만들어지기 어렵습니다. 물론 교단이나 종단이 원천징수 의무자가 될 수 있으나 개교회 중심의 한국 종교계에서는 실현 가능성이 적어 보입니다. 따라서 납세의 원활함을 위해서는 종교 단체를 법인으로 대우하여 등록하도록 하는 절차가 필요할 것입니다.

현재 한국 개신교는 170여 단체에 6만여 교회, 불교는 105개 단체에 2천여 사찰이 있습니다. 교단에 속하지 않은 독립 교회나 독립 사찰을 고려한다면 종교인에게 보수를 지급하고 있는 종교 단체는 7만여 개로 추산됩니다. 천주교는 1990년 중반부터 종교인의 근로소득세 납부를 결의하고 자율적으로 시행해오고 있습니다. 개신교 교파의 하나인 안식교(제7일안식일예수재림교회)도 오래전부

마사초(Masaccio)의 〈종교세 (The Tribute Money)〉(1425). 피렌체의 산타마리아 델 가르마데 성당에 있는 프레스코화. 이 회화의 내용은 마태복음 17장 24~27절에 기록된 것으로, 예수와 12제자가 가버나움 마을에 이르러 성 안으로 들어가려는데 로마의 세리들이 베드로에게 세금을 요구하는 상황을 그림으로 담아낸 것이다.

터 목회자 및 교역자의 소득세를 내고 있습니다. 두 교회는 중앙집권적 조직이라는 공통점을 지니고 있습니다. 이에 비하여 개신교나 불교는 개교회 중심 내지 말사 중심의 조직이고 재정의 측면에서도 상위 조직인 노회, 총회, 교구본사 등으로부터 독립되어 있습니다. 따라서 종교계의 이러한 구체적 현실을 고려하면서 종교인의 자진 납부를 유도하는 방안이 필요할 것입니다.

종교인 과세는 현대 국가가 지향하는 복지국가 건설과도 관계가 깊습니다. 종교의 사회 활동은 대부분 사회봉사와 사회복지를 명분으로 하고 있는데 2006년 한 해 동안 보시(헌금) 명분의 종교 비용이 6조 원이라고 합니다. 10년 사이에 200% 증가했다고 하니 지금은 훨씬 더 많을 것입니다. 10조에 가까울 것이라는 추론도 가

조세 평형의 원칙은 지켜져야 합니다

능합니다.

종교계의 이러한 막대한 자원이 과연 대중의 복지에 얼마나 사용되었는지를 경제 투명성의 측면에서 먼저 살펴볼 필요가 있습니다. 종교 단체가 비영리단체로서 사회에 충분히 기여해왔다면 종교인 과세 논란에 대해 다른 말을 할 수도 있을 것입니다. 하지만 절대 다수의 신자가 빈약한 살림을 꾸리고 있는 가운데서도 대형 교회나 거대 사찰은 대물림하면서 종교 권력을 행사하고 있습니다. 그렇다면 과연 우리 사회의 종교 단체들은 스스로를 비영리단체라고 자부할 수 있는지, 기도원이나 기도사찰을 비롯한 여타의 시설은 비영리라는 기준에 얼마나 떳떳할 수 있는지, 나아가 종교 단체들이 정신세계를 상품화하여 고수익을 올리고 있는 것은 아닌지 자문해봐야 할 것입니다.

한편, 저소득층 종교인들은 소득을 신고함으로써 국가가 제공하는 복지 혜택을 누릴 수 있습니다. 미자립교회 목회자들에게 세금을 부과하면 어려운 교회 살림을 더욱 궁핍하게 만들 것이라는 반대의 논리도 있습니다만 이는 사실과 다릅니다. 면세점 이하의 종교인일수록 소득 신고만 하면 여러 가지로 국가의 도움을 받을 수 있기 때문입니다. 예를 들면 지역의료보험에서 직장의료보험으로 전환되어 의료보험 수가가 낮아지고 국민연금제도도 이용할 수 있습니다. 나아가 종교인들이 실직할 경우 실업급여도 신청할 수 있으며 기초생활보장 자격도 부여받을 수 있습니다.

우리나라 헌법 제20조 2항은 종교와 정치의 분리를 선언하고 있습니다. 종교가 정치에 관여해서도 안 되며 국가는 종교에 대해 중립성을 유지해야 한다는 규정입니다. 이 같은 엄격한 정교분리

우리에게 종교란 무엇인가

원칙과 국가의 종교 중립성 규정에도 불구하고 위정자들이 자신들의 이익을 위해 종교를 이용하고 그에 대한 반대급부로 종교인에 대해 세제 혜택을 제공했다면 이는 위헌적인 관행이자 직무유기에 해당합니다. 물론 종교인에 대한 과세는 과세 비용에 비해 걷히는 세금이 크지 않다는 의견도 있지만 조세 평형의 원칙 준수가 무엇보다 중요합니다.

이제 한국의 종교계는 시대가 요구하는 경제적 민주화에 솔선수범해야 합니다. 종교인들은 청빈의 삶을 통하여 세상 사람에게 모범을 보여야 하고, 종교 단체는 공공선의 실현을 위한 치열한 몸짓을 보여주어야 합니다. 종교인으로서 소득을 성실하게 신고하여 납세의 의무를 다하는 것은 이러한 정신을 실천하는 시금석의 하나가 될 것입니다.

김상구, 『종교가 왜 돈이 되는가』, 해피스토리, 2011.
김성호, 「한국의 종교재산과 조세문제」, 『기독교사상』, 1999년 5월호.
이진구, 「해방이후 종교법인법 제정을 둘러싼 논쟁」, 『한국종교』, 2008.
이찬수 외, 『한국종교 컨설팅하다』, 모시는 사람들, 2010.

더
읽어볼 만한
글

요즘 한국에서 기독교는 왜 그렇게 비판받을까요?

방원일

최근 한국 사회에서 기독교는 '개독'이라고 불릴 만큼 이미지
실추를 겪고 있습니다. 교회의 각종 문제들이 전 사회적으로
공유되어 비판의 대상이 되는 일은 최근의 정보 환경
변화와 어떤 관계가 있을까요? 스스로를 '안티기독교'라고
부르는 사람들이 조직적으로 활동하기 시작한 것은
인터넷 환경과 어떤 관계가 있을까요? 한국 개신교에 대한
비판이 거세었던 시기는 최근만이 아니라 1920년대에도
있었는데, 이 두 시기에는 어떤 공통점이 있을까요?

요즘 인터넷에서 우리나라 기독교 관련 기사를 읽다 보면 기독교를 '개독'이라고 욕하는 댓글을 보는 일이 전혀 낯설지 않습니다. 인터넷상에서 생긴 '개독'이라는 신조어는 이제 널리 알려진 표현이 되었습니다. 기독교인들도 자신들이 그렇게 불리고 있다는 것을 잘 알고 있습니다. 개신교회의 정치적 행태를 비판하는 시위에 나선 한 신학생의 말이 이를 잘 보여줍니다. "기독교가 다 개독교가 아님을 보여주기 위해 나왔다." 한국의 여론 형성에 중요한 역할을 하는 인터넷 공간에서 기독교에 대해 좋게 평가하는 사람은 많지 않습니다. 유행하는 표현으로 말하면, 넷심(인터넷 민심)의 대세는 기독교에 대한 비호감입니다.

이처럼 한국 사회에서 기독교에 대한 반대 여론이 공개적인 형태로 표출되는 것은 비교적 최근, 1990년대 이후의 현상입니다. '안티기독교' 운동 단체들이 활동을 개시한 것도 이 시기라고 할 수 있습니다. 그렇다면 기독교에 대한 반감과 이에 기반을 둔 반대 운동은 왜 최근에 확산된 것일까요? 안티기독교 운동이 나타나게 된 종교사적 배경과 사회적 의미에 주목하면서 답을 찾아보도록 하겠습니다.

반기독교적 분위기가 고조된 것이 1990년대 이후부터라는 말을 했습니다. 왜 이때부터 교회에 대한 비판의 목소리가 높아진 것일까요? 전에는 교회에 문제가 없었는데 이때부터 문제가 생긴 걸까요? 그렇지 않습니다. 그보다는 교회의 문제는 전부터 쌓여 있었던 것인데 다만 최근에 그 문제를 두드러져 보이게 하는 사회적 조건이 형성되었고 비판 여론이 조성될 수 있는 논의의 장이 마련되었기 때문에 그것이 문제가 되고 있다고 하는 것이 더 정확한 설

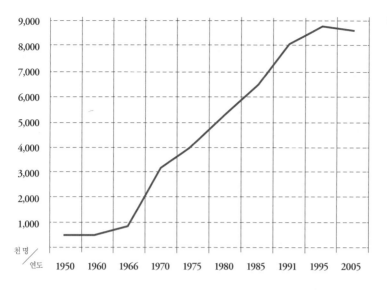

한국 개신교의 성장 추이

명이 될 것입니다. 이 글에서는 이 두 사안, 사회적 배경과 논의의
장을 중심으로 이야기를 풀어나가도록 하겠습니다.

　교회 내부의 입장에서 볼 때 1990년대는 개신교회의 위기가 시
작된 시기라고 말할 수 있습니다. 1960, 70년대에 세계적으로도 유
례없는 고속 성장을 했던 한국 개신교회는 90년대 이후 교세 정체
를 맞이하게 됩니다. 한국의 개신교 인구는 1960년에 62만 명(추
정), 1985년에 648만 명, 1995년에 881만 명으로 엄청난 성장을 해
오다가 2005년 인구조사에서는 861만 명으로 오히려 소폭 하락합
니다. 성장의 중단은 교회에 큰 충격을 주었습니다. 이것은 고도 성
장기와는 다른 교회 운영이 요구됨을 의미합니다. 마치 1990년대
이후 한국 경제가 고도 성장기와는 다른 패러다임으로 경제의 체
질을 강화해야 했던 것처럼, 이 시기 교회에서는 이전이라면 교회
의 성장 속에 묻혀 제대로 언급되지 않았을 문제점들이 서서히 갈

등의 원인으로 나타나게 됩니다. 이 문제들은 성장을 주도해온 대형 교회를 위주로, 교회를 사유화하는 형태를 보인 목사들을 둘러싸고 주로 제기되었습니다. 그동안 교회 내부의 관행으로 묵과되어오던 것들이 이제 사회적인 상식의 기준에서 비판받기 시작한 것입니다. 그 시작이 된 것은 2000년경에 이슈가 된 대형 교회 목사의 2세 세습 문제입니다. 당시 주요 대형 교회에서 담임목사직을 아들에게 물려주려는 움직임이 있었는데, 이는 신문에 기사화되어 교인과 일반인들의 비판 여론을 불러일으켰습니다. 당시 교인들 중에서는 교회 내분의 문제가 언론에 기사화되어 사회적인 비판을 받는 것에 당혹스러워하는 사람들도 있었지만, 이 사건을 계기로 교회 내부의 일에 대해서도 사회적 상식에 입각한 비평이 필요하다는 인식이 자리 잡게 됩니다. 교회의 문제가 '그들'만의 문제가 아니라 사회의 일부로서, 비신자를 포함한 '우리'의 문제가 되기 시작한 것입니다.

인터넷 매체가 등장한 21세기에 들어 교회 문제가 공론화되어가는 속도는 무척 빨라졌습니다. 대표적으로 〈오마이뉴스〉를 통해서 교회 내부의 문제가 사회적 이슈가 되었던 일들이 여러 번 있었으며, 최근에는 교회 문제를 전문적으로 다루는 〈뉴스앤조이〉와 같은 인터넷 매체들에서 교회 문제가 집중적으로 보도되고 있습니다. 1990년대 이전에는 교회 내부의 문제가 일반 사회에서 논쟁의 대상이 되는 일이 많지 않았습니다. 신종교에 관련된 사건이 보도되는 경우는 있었지만 주류 교회 내부의 문제가 이슈화되는 일은 많지 않았지요. 그러나 2000년경 교회 세습 문제에 대해 사회 일반의 비판적 여론이 형성된 이후, 언론과 인터넷 매체에서 교회와 관련된 보도가 지속적으로 이루어졌습니다. 그 대부분은 교회의 문제점이나 사회적 이슈에 대한 교회의 부적절한 반응에 대한 것이었습니다.

지금 이 사건들 하나하나를 설명하는 것은 이 짧은 글에서는 불가능하기 때문에 사람들의 입에 오르내렸던 사건들을 나열하는 정도로만 하겠습니다. 오웅진 신부가 운영하는 꽃동네에 관련된 문제, 순복음교회 조용기 목사의 교회 재산 운영과 관련된 분규, 몇몇 대형 교회의 주도로 서울광장에서 열린 친미 집회, 사학법 개정에 반대했던 교계 집회, 김선일 씨 사건을 비롯한 해외 선교 관련 내용, 기독교 정당 설립, 쓰나미나 일본 대지진이 불신앙의 대가라는 일부 목사들의 부적절한 언급, 봉은사 땅 밟기 등 다른 종교에 대한 공격적인 태도 등등. 이상의 크고 작은 사건들 중에는 여러분들이 들어본 것도, 그냥 지나친 것들도 있을 것입니다. 하지만 여기서 공통점을 지적하기는 어렵지 않을 것입니다. 이 사건들에서 교회는 대부분 문제의 장본인으로서 비판의 대상이 되는 입장에 있습니다. 이처럼 교회에 쏟아지는 비판에 기독교 신자가 대답하는 것은 곤혹스럽기 짝이 없는 일입니다. "모든 교회가 그런 것이 아니라 일부 목회자의 일탈에 불과하며, 기독교의 본질과는 다른 문제"라고 방어적인 대답을 하기는 하지만, 그것은 본인들에게도 그리 속 시원한 답변은 아닙니다.

이제 사람들은 교회에서 일어나는 일들에 대해 더 많이 알게 되었습니다. 많이 알수록 교회에 대해 비판할 거리도 늘어납니다. 그런데 이에 대해 대부분의 교회는 반성과 개선의 노력을 보이기보다는 기득권을 지키고 자신의 입장을 고수하는 모습을 보였습니다. "진리는 오만하다."는 기독교 특유의 자존심이 좋지 않은 방향으로 적용되어 배타적이고 독선적인 종교라는 이미지를 굳히게 되었습니다.

크게 보아 개신교회가 비판 대상으로 부각된 시기는 보수언론에 대한 비판 운동이 전개된 시기와 일치합니다. 2000년대 이후 우리나라에서는 '안티' 운동이 유행했습니다. 이 운동의 출발은 한국 사회의 여론 형성을 독점해왔던 보수적 언론에 대한 도전이었습니다. 그리고 그 연장선상에서 기득권을 누리는 보수 세력으로 인식되었던 개신교회에 대한 반대 운동이 '안티기독교'라는 모습으로 나타나게 됩니다. 안티기독교 운동은 특정 종교에 대한 불만의 표출이지만, 더 크게 보면 한국 사회의 민주화라는 사회적 맥락과 떼놓을 수 없습니다.

인터넷 공간의 출현과 안티기독교 집단의 형성

앞에서 최근 한국 사회의 일반적인 여론이 기독교, 특히 개신교에 적대적인 방향으로 형성된 배경을 살펴보았습니다. 그런데 이보다 특수하게 기독교에 대한 적대감을 더 적극적으로 표현하는 사람들의 모임이 존재합니다. '안티기독교' 집단이 그들입니다. 이 집단의 형성 역시 최근의 현상으로 주목할 만합니다. 기독교를 싫어하는 사람들은 이전부터 존재했습니다. 교회를 다니다 환멸을 느끼고 나온 사람들이 있는가 하면 교회에 속하지는 않았지만 개신교의 공격적인 선교에 자극을 받아 이에 대항하는 논리를 공부하는 사람들도 있었습니다. 이전에는 이런 사람들이 조직화되어 집단을

우리에게 종교란 무엇인가

구성하는 경우가 드물었습니다. 아니, 그럴 기회가 없기 때문에 종교에 대해 특이한 취향을 가진 개인으로서 존재했습니다. 그런데 이러한 성향의 개인들이 서로 의견을 교환하고 정보를 공유하는 계기가 마련되었는데 여기에는 인터넷의 발달이 큰 영향을 미쳤습니다. 인터넷이 어떻게 안티기독교인들을 결집하는 데 도움을 주었을까요?

종교에 대한 정보, 특히 특정 신앙 공동체에 대한 정보는 내부적인 성격이 강해 외부에 공유되지 않는 경우가 많습니다. 다른 사회 영역에 비해 정보에 접근하기가 어려운 경우가 많습니다. 그나마 각 교단의 입장을 반영하는 종교적 지식은 신학 교육을 통해 체계화되어 보급되지만, 그러한 이해관계와 무관한 내용은 체계화되기가 쉽지 않습니다. 더구나 이해관계에 반하는 내용이 체계화되기는 더 어렵죠. 인터넷이 종교 영역에서 사용되기 시작하였을 때, 초기에는 신앙을 가진 사람들 간의 친목을 위한 공간으로 많이 활용되었지만 점차 종교에 속하지 않은 이들이 담론을 펼치는 장의 역할도 하게 되었습니다. 특히 종교에 관련된 게시판은 주로 기독교를 비판하는 사람들이 주도하였고, 이곳에서 벌어지는 치열한 설전을 통해서 다져진 논리로 무장한 반기독교인들이 성장하게 되었습니다. 게시판, 카페, 블로그 등 다양한 공간을 통해서 반복되는 내용들은 어느 정도 체계화되어 지식으로서 축적되는 양상을 보였습니다. 단순한 반감으로 욕하는 수준에서 벗어나, 이성적인 논증이라든지 종교에 대한 공부를 바탕으로 한 글들이 생산되는 모습이 보였습니다. 이렇게 인터넷에서 형성된 종교문화는 안티기독교 운동이 등장할 수 있는 토양이 되었습니다. 이것은 새로운 미디어 환경이 종교현상에 영향을 미친 한 예라고 할 수 있습니다.

　반기독교적 성향의 사람들은 합리적인 측면에서 기독교 교리를 비판합니다. 우리나라 반기독교인들의 비판 논리는 신앙인들과 언쟁을 벌이는 과정에서 자체적으로 다듬어진 부분도 있고, 서양의 무신론 전통의 영향을 받은 부분도 있습니다. 최근 서양에서는 리처드 도킨스를 위시하여 과학적인 차원, 특히 진화생물학의 입장에서 기독교를 비판하는 학자들의 저서가 주목받고 있으며 이러한 책들은 우리나라에도 활발하게 소개되어 큰 인기를 누리고 있습니다. 이러한 인기는 책 자체의 가치에 기인하는 바도 있겠지만 무엇보다도 한국에 반기독교적인 관심, 더 정확하게 표현하면 합리적인 차원에서 종교를 이해하고자 하는 관심이 강하게 형성된 데서 기인하는 바가 컸다고 설명할 수 있겠습니다. 서양의 전통적인 무신론, 최근 과학적 접근에 의해 강화된 무신론이 한국의 반기독교적인 토양을 만나 크게 주목받고 있는 것입니다.

　서양 무신론 전통이 한국 내의 관심과 만나 수용되는 모습을 잘 보여주는 사례로는 반기독교시민연합에서 무신론 광고를 게재한 일을 들 수 있습니다. 무신론 문구를 버스 광고 문안으로 게재하는 것은 영국에서 시작된 아이디어였습니다. 영국의 무신론 단체가 추진하고 도킨스가 지원한 버스 광고에는 "아마도 신은 없을 것이다. 걱정 말고 인생을 즐겨라.There's probably no God. Now stop worrying and enjoy your life."라고 쓰여 있었습니다. 이 아이디어는 이내 우리나라 반기독교 단체 '반기독교시민운동연합'에 의해 도입되어서 국내에서도 버스에 "나는 자신의 창조물을 심판한다는 신을 상상할 수가 없다."라는 아이슈타인의 말을 인용한 광고가 실렸습니다. 작은

　　　　　　　　　　　　　　우리에게 종교란 무엇인가

사건이었지만 이 일은 우리나라의 반기독교 운동이 사회적인 활
동을 개시한 것으로 볼 때 의미가 있습니다. 또한 반기독교 운동이
국제적으로 연대하는 양상을 보이는 점도 눈여겨보아야 할 것입
니다. 현재 한국의 반기독교 운동은 단순한 기독교 반대를 넘어서
종교법인법 제정과 같이 종교의 사회적 책무를 촉구하는 시민운동
으로 발전하는 모습을 보이고 있습니다.

이제까지 우리는 최근의 반기독교적인 정서의 대두와 그것이 조직
화된 양상으로서의 안티기독교 운동에 대해 간단히 살펴보았습니
다. 저는 그것이 1990년대 이후 시작되었고 2000년대 들어 강화되
고 있는 최근의 움직임이라는 점을 강조하였습니다. 그런데 이러한
반기독교적인 움직임이 우리 종교사에서 처음 일어난 것은 아니라

1920년대와 1990년대 개신교회의 평행이론

는 점을 언급할 필요가 있습니다. 여기서 잠시 역사적 시점을 1920년대로 이동해보도록 하겠습니다. 일제의 강점이 한창 진행 중이었던 1920년대는 삼일운동이 좌절된 시기인 동시에 사회주의로 대표되는 새로운 사조가 지식인들에게 수용되었던 때이기도 합니다. 우리가 눈여겨보고자 하는 것은 사회주의 민족지도자들이 기독교를 반민족적인 집단으로 규정하고 반대 운동을 펼쳤다는 점입니다. 여러 사회주의 단체에서는 종교의 존재 의의를 부정하는 토론회를 통해서 반기독교적 입장을 선전하고자 했습니다. 특히 한양청년연맹이라는 단체는 1925년 10월 25~26일에 반기독교 대강연회를 개최하여 '기독교는 미신이다', '현재 기독교의 해독', '악마의 기독교' 등의 제목의 강연을 진행하려다 무산되기도 하였습니다. 이들은 이해 12월 25일을 '반기독데이'로 정하고 김익두金益斗와 같은 유명한 부흥사들을 '고등 무당'이라고 비난하였습니다. 최근의 안티기독교 운동의 선구가 되는 움직임을 이 시기 사회주의자들이 보여준 것이지요.

저는 1920년대와 최근(1990년대와 2000년대) 한국 기독교에 대한 일반 사회의 인식에 상당한 공통점이 있다고 생각합니다. 1920년대 이전의 사정을 보도록 합시다. 1890년대부터 한국에 소개된 개신교는 문명 종교의 대명사였습니다. 개신교는 자유와 평등이라는 근대적 원리를 알려주고 민족운동의 자양을 제공한 종교였습니다. 그랬던 개신교가 1920년대에는 개혁적인 이미지를 상당히 상실하고 반종교적 태도를 불러일으켰다는 것은 놀라울 정도의 변화입니다. 이 시기의 개신교는 보수화가 상당히 진행되었고, 교회에는 젊은 신도의 유입이 줄어들었습니다. 1920년대부터 해방까지 교

352 　　　　　　　　　　　　　　　　우리에게 종교란 무엇인가

회 인구는 정체되었습니다. 교회가 사회를 주도하는 힘을 상실하고 자신의 기득권 유지에만 주력하던 시기에 교회는 성장의 위기에 직면하고 외부적으로는 반기독교적인 비판을 맞이하게 된 것입니다.

우리가 살펴본 최근의 상황에서도 비슷한 흐름을 감지할 수 있습니다. 1970, 80년대 산업화와 성장의 시기에 개신교도 성장을 함께하였습니다. 개신교는 도시의 성장을 상징하는 종교로서 사회 변화의 동력을 제공했습니다. 그러나 1990년대 이후 한국 사회가 성장 일변도의 패러다임으로부터 벗어난 반면에 개신교는 이전의 성장 원리와 신학에서 달라지지 않은 모습을 보여주었습니다. 개신교의 이미지는 새로운 것이 아니라 낡은 것을 대변하게 되었고, 교회의 보수화와 더불어 젊은 활력을 상실하였습니다. 1990년대 이후의 교세 감소는 개신교회가 사회 주도적인 가치를 상실하고 오히려 사회의 발전과 다른 방향으로 가고 있는 것으로 인식되었던 시기에 일어난 일이며, 이것이 반기독교운동이 모습을 드러내게 된 가장 중요한 배경이라고 하겠습니다.

어느 때든 특정한 종교를 싫어하는 사람들은 존재하게 마련입니다. 그런데 반불교적인 사람, 반유교적인 사람이 아니라 하필이면 반기독교, 그중에서도 반개신교적인 사람들이 나름의 문화와 공동체를 형성하였다는 것은 종교학적으로 의미가 있는 사실입니다. 종교에 반대하는 것 역시 '종교현상'입니다. 무신론이 서양 기독교 문화를 바탕으로 형성된 특수한 종교현상이듯이, 한국의 안티기독교 운동 역시 한국 기독교를 배경으로 한 종교현상입니다. 우리는 이 종교현상을 통해서 종교와 사회가 긴밀하게 상호작용하는 모습을 봅니다. 한국 개신교회는 한국의 산업화와 더불어 고속 성장을 하다가 1990년대 이후 성장이 멈추게 되며 이는 교회의 위기로 다가왔습니다. 한국 사회의 주된 과제가 성장에서 민주화로 이행하던 시기에, 개신교회는 이전의 패러다임을 고수함으로써 사회적 변화를 주도하던 세력이 아니라 변화의 발목을 잡는 세력으로 인식되게 됩니다. '개독'은 개신교회의 이러한 사회적 이미지 하락을 대표하는 언어입니다. 그리고 교회에 대한 비판적인 분위기가 낳은 하나의 산물이 안티기독교 운동입니다. 또한 우리는 이러한 변화에 미디어 환경이 중요하게 작용한 것도 볼 수 있었습니다. 인터넷 사용 이후 교회 내부의 정보가 사회에 공유되는 속도와 범위가 확연히 증가하였고, 이는 교회의 일들이 사회적 관심거리가 되는 데 도움을 주었습니다. 이전이라면 개인적 호오의 영역일 수 있었지만, 지금은 정보의 공유와 교환을 통해 기독교에 대한 반대가 하나의 운동으로 형성되는 것을 볼 수 있습니다. 안티기독교 운동은 종교를 믿는 사람들끼리의 문제가 아니라 같은 사회에서 살아가는 사람들 모두의 문제임을 잘 보여주는 종교현상이라고 하겠습니다.

더 읽어볼 만한 글

리처드 도킨스, 이한음 옮김, 『만들어진 신』, 김영사, 2007.
블루칼라, 『신 벗어던지기』, 미담사, 2010.
필 주커먼, 김승욱 옮김, 『신 없는 사회』, 마음산책, 2012.

한국 개신교의 해외 선교, 어떻게 볼 것인가?

이진구

해외 선교라고 하는 말을 들으면 제일 먼저 떠오르는 이미지는 무엇인가요? 아마도 2007년 아프간에서 일어난 샘물교회 봉사단의 피랍 사태를 떠올리는 사람이 많을 것입니다. 왜 그들은 정부에서 위험지역으로 지정한 그곳으로 가야만 했을까요? 도대체 선교가 무엇이길래 목숨을 걸면서까지 위험지역으로 가는 것일까요? 이 사태가 우리에게 주는 교훈은 무엇일까요? 이 글에서는 아프간 사태를 실마리로 하여 개신교 해외 선교의 현황과 선교에 대한 열정, 선교 전략과 선교 동원, 순교의 정치 등에 대해 함께 성찰해보고자 합니다.

아프간 사태, 그 이후

2007년 여름 아프간에서 샘물교회 봉사단 23명이 납치된 사건은 지금까지도 우리 모두에게 생생한 기억으로 남아 있습니다. 이 사건이 터졌을 때 대부분의 사람은 무장 납치범들의 비인간적 행위를 비판하면서 인질들이 하루빨리 풀려나기를 기원했을 것입니다. 무고한 민간인을 대상으로 한 납치 행위는 어떤 이유로도 정당화될 수 없다는 것이 우리의 상식이기 때문이지요. 2명의 인질이 살해되는 비극이 발생하기는 했지만, 마침내 나머지 피랍자가 모두 풀려났을 때 온 국민은 안도의 한숨을 내쉬었을 것입니다.

그런데 당시 여론은 피랍된 사람들이 당하는 고통을 안타까워하면서도 이들의 행위에 대해 곱지 않은 눈길을 보냈습니다. 심지어는 납치범들의 만행보다 피랍자들에 대한 비판이 더 거세게 일어났던 것 같습니다. 위험지역 여행을 자제해달라는 정부의 사전 경고를 무시하고, 합법적 선교 활동이 허용되지 않는 국가에서 '봉사 활동'을 위장하여 선교 활동을 한 봉사단원들의 경솔하고 무모한 행위를 비판하는 의견이 많았습니다. 특히 익명성의 공간인 인터넷에서는 선교 팀에 대한 비판을 넘어 개신교 자체에 대한 전면적이고 노골적인 공격까지 등장했습니다. 사이버테러를 연상시키는 공격이었습니다.

해외 선교에 대한 비난이 거세지자 개신교계에서는 자성의 목소리가 등장하였습니다. 봉사단을 파송한 샘물교회의 담임 목사가 먼저 기자회견을 열고 인질 사태에 대해 책임을 통감한다며 대국민 사과 성명을 발표하였습니다. 한국 교회 내부에서도 '득'보다 '실'이 많다고 하면서 공세적 선교를 자제해야 한다는 목소리가 나오는가 하면 이 사건을 계기로 선교 방식을 전면적으로 재검토해

356

야 한다는 목소리도 등장했습니다.

그렇다고 하여 한국 교회가 해외 선교 자체를 포기하겠다는 입장을 천명한 것은 결코 아니었습니다. 오히려 아프간 사태로 인해 해외 선교가 위축되어서는 안 된다는 것이 지배적 의견이었습니다. 아프간 사태 이후 정부가 해외여행을 제한하는 법령 제정을 추진하자 개신교계가 종교 자유의 침해 가능성을 주장하면서 강하게 반발한 것은 이러한 입장에서 나온 몸짓으로 보입니다. 선교를 '지상명령'으로 이해하는 한, 개신교의 해외 선교는 지속될 것으로 보입니다.

2005년 인구센서스 통계에 의하면 우리나라의 종교 인구는 총인구의 절반 정도이고 종교 인구의 대부분은 불교, 개신교, 천주교에 속해 있습니다. 좀 더 자세히 보면 불교 1100만, 개신교 850만, 천주교 500만 정도로 나타나는데 이는 우리나라 종교 인구의 98%에 해당합니다. 어떤 학자들은 이러한 우리나라의 종교 지형을 두고 '종교적 과두체제'라고 부르기도 합니다.

해외 선교의 현주소

그러면 이 세 종교에서 해외에 파견한 포교사의 숫자는 어느 정도일까요? 가장 많은 신자 수를 지닌 불교의 경우 해외 포교사가 생각보다 많지 않습니다. 한국 불교 최대의 종단인 조계종의 경우 미주 지역 24개 주에 약 120개의 한인 사찰을 두고 있을 뿐입니다. 사찰 하나에 한두 명의 포교사가 파송된다고 보면 현재 해외 포교사의 수가 어느 정도인지 대략 짐작할 수 있을 것입니다. 천주교의 경우에는 해외 파견 사제의 수가 300명대 수준이고 그나마 그들 대부분은 해외 교포를 대상으로 선교 활동을 하고 있습니다.

개신교의 경우는 어떠할까요? 최근 통계에 의하면 2014년 현재 한국 개신교는 170여 개국에 2만7천 명 가까이 되는 선교사를 파송하고 있습니다. 불교나 천주교와는 비교가 되지 않는 숫자입니다. 전 세계적으로 보아도 이 숫자는 미국에 이어 두 번째로 많은 선교사 수에 해당합니다. 기독교 인구당 파송 선교사 비율로 보면 한국이 미국을 제치고 1위를 차지한다고 합니다. 흔히 중국과 미국을 G2라고 하는데, 해외 선교의 장에서 보면 한국이 미국과 함께 'G2'인 셈입니다. 한 세기 전까지만 해도 선교 대상 국가의 하나였던 한국이 이제는 '세계 선교'를 이끄는 '선교 대국'으로 등극한 사실에 대해 세계 기독교계는 놀라움을 금치 못하고 있습니다.

어떻게 해서 한국이 이처럼 해외 선교계의 선두 주자로 떠오를 수 있었을까요? 한국 교회가 해외 선교를 시작한 지는 꽤 오래되었지만 해외 파송 선교사가 급증한 것은 88올림픽 직후입니다. 잘 알려져 있다시피 1970~80년대 한국 개신교는 경이적인 성장을 하였습니다. '한강의 기적'을 일으키며 고도성장을 거듭하던 한국 경제와 경쟁이나 하듯이 한국 교회는 '성령의 기적'을 일으키며 폭발적 성장을 거듭했습니다. 그러나 이 시기의 한국 교회는 해외 선교에 본격적인 관심을 보이지 않았습니다. 국내 선교에 주력하느라 여력이 없었던 것이지요. 88올림픽 당시에는 1천 명 정도의 선교사가 해외에서 선교 활동을 하고 있었다고 합니다.

해외 선교의 활성화에 1차적 계기를 제공한 것은 해외여행 자유화 조치였습니다. 올림픽을 계기로 해외여행이 자유로워지면서 선교사 파송이 용이해진 것이지요. 문민정부가 들어서며 세계화를 강조한 것도 해외 선교에 유리한 요인으로 작용하였을 것입니다. 물론 이러한 외적 여건만으로 해외 선교 붐을 온전하게 설명할 수는 없을 것입니다. 외적 조건이 아무리 무르익어도 주체적 역량이 갖추어지지 않으면 아무 소용이 없으니까요. 그런데 앞서 언급했듯이 이 시기 개신교는 폭발적 교세 성장으로 풍부한 인적·물적 자원을 보유하게 되었고 이러한 자원을 기반으로 하여 해외로 진출할 수 있었던 것입니다.

이 대목에서 또 하나 주목해야 할 것은 이 시기 한국 교회의 성장 곡선입니다. 학자들에 의하면 1980년대 중반을 정점으로 하여 한국 교회의 성장 곡선은 점차 둔화되고 있었습니다. 전체적 교인 수는 그 후에도 점증했지만 성장 동력은 떨어지기 시작한 것입니다. 이는 국내의 '종교 시장'이 포화 상태가 되어 개신교의 선교 활동이 한계에 부딪혔다는 것을 의미합니다. 그런데 성장 곡선의 하향이 오히려 해외 선교를 더욱 활성화시키는 요인으로 작용했던 것 같습니다. 기업의 경우에도 국내시장이 막히면 해외시장 개척에 눈을 돌리듯이, 개신교의 경우 국내 선교의 한계를 해외 선교를 통해 돌파하려는 몸짓을 보였던 것입니다.

레닌 동상의 철거로 상징되는 소비에트 체제의 붕괴 역시 한국 개신교의 해외 진출에 커다란 도움이 되었습니다. 사회주의 체제의 붕괴 이전까지 한국 교회의 북방 선교는 극동방송이나 아세아방송과 같은 라디오를 통한 초보적 형태의 전파電波 선교였습니다만 이들 국가와의 국교 수립 이후에는 현지에 선교사를 파송할 수 있게 되었기 때문입니다. 당시 한국 교회는 구사회주의권을 새롭게 발견된 '황금어장'으로 간주하고 앞다투어 달려갔습니다. 물론 그 과정에서 적지 않은 '잡음'도 생겼습니다. 특히 소비에트 체제의 붕괴와 함께 수면 위로 부상한 러시아정교회와의 갈등이 심했습니다. 한국에서 파송한 선교사들은 모스크바를 비롯한 각 지역에서 열정적인 선교 활동을 펼쳤는데 이 과정에서 러시아정교회를 선교의 동반자로 간주하지 않았습니다. 보수적 신앙을 지닌 한국 개신교 선교사들의 눈에 비친 러시아정교회는 '참 기독교'가 아니었기 때문입니다. 러시아정교회 역시 한국 선교사들이 비기독교인을 대상으로 한 선교 활동보다는 러시아정교회 교인들을 빼앗아 간다고 하면서 '불편한 심기'를 드러내었습니다. 국내에서 개신교의 공세적 선교가 '무례한 기독교'로 낙인찍혔듯이 러시아에서는 개신교의 공격적 선교가 '예의 없는 선교'로 비난받은 것입니다. '세속적' 혹은 '물질적' 특혜 제공을 통해 타 교회의 교인을 자기 교회로 끌어들이는 행위를 '양 훔치기sheep stealing'라고 부르기도 하는데, 러시아정교회의 입장에서는 한국 개신교의 선교 행위가 그렇게 비쳤던 것입니다. 이러한 갈등은 마침내 러시아 정부가 한국 개신교의 러시아 선교를 법적 차원에서 제한하는 빌미가 되었습니다.

우리에게 종교란 무엇인가

정교회 예배당에 촛불을 붙이는 젊은 엄마와 딸. 소비에트 체제 붕괴 후 한국 개신교는 구 사회주의권을 선교의 '황금어장'으로 보고 모스크바 등지에 선교사를 파견하여 활발한 선교 활동을 펼쳤지만, 그것이 비기독교인보다는 정교회 교인들을 대상으로 한다고 하여 러시아 정교회로부터 '예의 없는 선교'라는 비난을 받았다.

　대한민국의 국력 신장도 개신교의 해외 선교에 유리한 요인으로 작용한 것으로 보입니다. 88올림픽 이후 한국의 국제적 위상은 매우 높아졌으며 국내 기업들은 세계 무대에 본격적으로 진출하였습니다. 삼성, 현대, 대우, LG와 같은 대기업은 전통적인 교역 상대인 미국, 일본, 유럽만이 아니라 아랍을 비롯하여 중앙아시아, 아프리카, 남미, 동남아시아 등지로 뻗어나갔습니다. 국내의 각종 구호개발 단체들도 이 무렵부터 해외 진출을 본격화하였습니다. 이러한 기업과 단체들이 진출한 곳에서 한국 선교사들은 선교 활동에 유리한 발판을 마련할 수 있었습니다. 19세기 말 서구의 정치적, 군사적, 경제적, 문화적 제국주의가 서구 기독교의 해외 선교를 위한 통로로 활용되었듯이, 대한민국의 국력 신장과 국제적 위상의 증대는 최근 한국 개신교의 해외 선교 열풍에 중요한 발판이 된 것입니다.

최전방
선교
지역으로
진출하라!

얼마 전 해외여행 가이드로부터 들은 이야기가 있습니다. 오랜 가이드 생활을 하면서 세계 곳곳을 다녀본 그는 전 세계 어느 곳에 가나 세 가지는 반드시 있다고 자신 있게 말했습니다. 첫째는 중국집이고, 둘째는 배낭여행객이고, 셋째는 선교사라는 것입니다. 약간 과장된 이야기일지 모르지만 나름대로 일리가 있다고 생각했습니다. 그가 선교사를 이야기할 때 저의 머릿속에서는 한국 선교사들이 먼저 떠올랐습니다. 앞서 언급한 해외 파송 선교사 통계가 보여주듯이, 이제 세계 어느 오지에 들어가도 한국 선교사를 볼 수 있을 것 같다는 생각이 들었기 때문입니다.

그러면 선교사들은 왜 위험을 무릅쓰고 낯선 땅으로 향하는 것일까요? 기독교 언어로 표현하자면 선교는 그리스도의 '지상명령'입니다. "너희는 내가 다시 올 때까지 땅끝까지 복음을 전파하라!"는 성경의 구절이 선교를 기독교인의 사명으로 만드는 주요한 전거로 인용되고 있습니다. 그러나 선교에 대한 의무감 혹은 열정만 가지고 선교사로 파송되는 것은 아닙니다. 한 명의 선교사가 실제로 해외로 파송되기까지에는 여러 경로를 거쳐야 합니다.

한국 개신교 선교사들의 최대 연합기구라고 할 수 있는 한국세계선교협의회KWMA에는 2014년 12월 말 현재 256개 단체가 회원으로 가입되어 있습니다. 선교 단체 217개와 교단 선교부 39개입니다. 선교 단체는 특정 교단과 관계없이 독자적으로 선교 활동을 하는 선교 전문단체를 의미하고 교단 선교부는 교단 소속 선교부를 가리킵니다. 선교 단체의 경우, 캠퍼스 선교에 초점을 둔 단체가 있는가 하면 특정 국가를 대상으로 한 선교 단체도 있고, 항해를 하는 선원을 주 대상으로 한 선교 단체가 있는가 하면 다양한 대

우리에게 종교란 무엇인가

상과 목적을 지니고 설립된 선교 단체도 있습니다. 한국대학생성경읽기선교회UBF, 한국국제기아대책기구, 국제대학선교협의회CMI, 인터콥InterCP, 예수전도단YWAM 등이 가장 대표적인 선교 단체들입니다. 교단 선교부에는 대한예수교장로회(합동), 대한예수교장로회(통합), 기독교대한감리회, 기독교하나님의성회, 기독교대한침례회 선교부 등이 있으며 파송 선교사의 숫자는 대체로 교세에 비례하고 있습니다. 최근에는 사랑의교회, 온누리교회, 지구촌교회, 할렐루야교회 등처럼 막강한 물적·인적 자원을 지닌 대형 교회들이 독자적으로 선교사를 파송하기도 합니다.

선교사가 파송되는 국가는 아시아를 비롯하여 아프리카, 유럽, 오세아니아, 북미, 남미에 이르기까지 모든 대륙에 걸쳐 있습니다. 세계관 혹은 종교 전통별로는 (구)사회주의권, 이슬람권, 힌두권, 불교권, 유교문화권, 토착종교권 등으로 분류합니다. 최근에는 좀 더 미시적인 분류법이 등장하기도 합니다. 예를 들면 인도의 경우 하나의 국가이지만 그 안에는 서로 다른 언어와 관습과 문화를 지닌 수많은 종족이 존재하고 있기 때문에 좀 더 효과적인 선교를 위해 종족 단위의 접근 방법을 모색하고 있습니다.

이러한 맥락에서 '미전도종족unreached people'이라는 용어가 등장하는가 하면 '미전도종족 선교'가 해외 선교의 주요한 패러다임으로 부상하였습니다. 비기독교인의 입장에서는 불쾌하게 들릴 수도 있는 '미전도종족'이라는 용어는 기독교의 '복음'이 거의 들어가지 못한 지역으로서 자체적으로는 '복음화'가 불가능하다고 판단되는 지역을 가리킬 때 사용됩니다. 이러한 '복음의 불모' 지역에 선교사를 집중적으로 파송하여 현지인 중심의 자립 교회가 설 때까

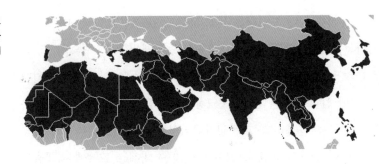

10/40도 창. 지도에 푸른색으로 표시된 지역은 기독교화가 가장 덜 되었으며 선교 활동이 가장 힘든 곳이라고 알려졌다.

지 선교 활동을 하는 것이 미전도종족 선교입니다. 세계 복음주의 권에서 지배적 선교 패러다임으로 등장한 이 방법은 한국 교회에도 수입되었으며 현재 한국 교회는 '미전도종족 입양Adopt-A-People 운동'을 적극적으로 전개하고 있습니다. 이 운동은 특정 종족의 사람을 실제로 데려다 키우는 것을 가리키는 게 아니라 그 종족이 자립 교회를 세워 자체적으로 선교 활동을 할 수 있을 때까지 물적, 영적으로 후원하는 프로그램입니다. 이 용어 역시 비기독교인의 입장에서는 기독교 선교의 '오만함'을 나타내는 것으로 비칠 수 있습니다.

미전도종족 선교와 관련하여 개신교 선교계에서 등장하는 독특한 용어들이 있습니다. 우선 '10/40도 창10/40 Window'이라는 용어가 있는데 이 용어는 북위 10도에서 40도에 걸쳐 있는 지역을 가리킵니다. 구체적으로는 이슬람권에 속하는 북아프리카와 아랍, 중앙아시아, 그리고 힌두 및 불교권에 속하는 인도와 동남아시아 지역을 가리키는데 기독교화가 가장 덜 되었으며 선교 활동이 가장 힘든 곳입니다. 특히 이슬람 지역은 합법적 선교가 거의 불가능하기 때문에 선교사 비자를 얻어 입국하기가 어렵습니다. 따라서 이 지역에서는 목사 중심의 전통적인 선교 방식 대신 비자 발

우리에게 종교란 무엇인가

급이 용이한 전문적 직업을 지닌 평신도 중심의 창의적 접근이 모색되고 있습니다. 그래서 이러한 지역을 '창의적 접근 지역'이라 부르고 그곳에서의 선교를 '전문인 선교'라고 부르기도 합니다. 나아가 이러한 지역은 선교사들의 모험과 용기가 요청되는 개척 지대로서 '전방 지역Frontier Zone' 혹은 '최전방 지역'으로 불리기도 합니다. 이처럼 최근 한국 개신교의 해외 선교 담론에서는 미전도종족, 10/40도 창 지역, 전문인 선교, 창의적 접근 지역, 최전방 지역 등과 같은 새로운 용어들이 지속적으로 생산되고 있습니다. 이러한 용어들은 이른바 복음주의권 선교사 출신의 선교 이론가들에 의해 고안되며 청년·대학생을 선교사로 동원하는 선교 동원가들에 의해 적극적으로 유포되고 있습니다. 아프간이야말로 이러한 용어들이 가장 잘 적용되는 최전방 지역이고 바로 그곳에서 비극적 사태가 발생한 것입니다.

아프간 사태로 인해 한국 개신교의 해외 선교가 비판의 도마 위에 올랐을 때 어느 선교 동원가는 이렇게 말했습니다.

> 교회가 순교를 각오하지 않는 선교사를 파송하는 것은 엄청난 오류이다. 또한 선교사가 순교를 각오하지 않는다면 그는 이미 선교사가 아니다. ……한국 교회는 2만 명이 넘는 장기 선교사를 파송했다. 그러나 엄밀한 의미에서 순교자가 거의 나오지 않았다. 지난 미국 교회의 1백 년 역사와 비교하면 매우 놀라운 일이다. 상식적으로 볼 때 적어도 2백여 명의 순교자는 나왔어야 한다.

종교사에서 순교가 차지하는 위상과 순교의 숭고한 의미를 무시해서는 안 될 것입니다. 그러나 순교라는 용어가 남용되어서도 안 되겠지요. 그런데 아프간 사태의 한복판에서 순교의 논리를 강조하는 것은 쉽게 이해되지 않습니다. 순교를 논하기 위해서는 두 명의 목숨을 앗아간 아프간 사태의 복잡한 발생 배경과 그 의미에 대한 보다 심층적인 분석이 요청되고 나아가 한국 개신교의 선교 방식에 대한 철저한 비판적 성찰 작업이 선행되어야 할 것입니다. 이러한 뼈아픈 자기 성찰이 없이 순교라는 용어를 남발하는 것은 매우 위험한 발상일 것입니다.

왜 한국 교회는 이처럼 해외 선교에 엄청난 열정을 가지고 '올인'하는 것일까요? 여러 요인이 있겠습니다만 가장 중요한 요인의 하나는 앞서 언급한 바 있는 국내 교회의 위기와 관련되어 있습니다. 최근 들어 교인 수는 줄어들고, 더 이상 국내 선교는 진척되지 않으며 교인들의 신심마저 약화되는 총체적 위기 상황을 맞이하고 있는 것이 오늘 한국 개신교의 현실입니다. 국내 교회에서 소화할 수 없는 인력을 해외로 파송하여 새로운 일터를 찾게 만드는 것은 '선교 경제학'의 논리로 보아도 매우 매력적인 대안입니다. 해외 선교는 교회 지도부의 입장에서는 교인들의 신심을 고양시킬 수 있는 좋은 방안이기도 합니다. 선교 현지에서 보내온 '불쌍한' 현지인들의 모습, 그들을 대상으로 한 선교사들의 봉사 활동, 그 구호 활동에 자신의 헌금이 사용된다는 사실에 교인들은 신앙적으로 뿌듯함을 느낄 수 있기 때문입니다.

우리에게 종교란 무엇인가

최근에는 '단기 선교'라고 불리는 새로운 형태의 선교가 유행하고 있습니다. 전통적 의미의 선교는 특정 국가에 파송되어 그곳에서 오래 머물면서 선교 활동을 하는 장기 선교입니다. 그러나 요즈음에는 일주일에서 한 달 정도의 짧은 기간 선교지를 방문하는 단기 선교가 확산되고 있습니다. 앞서 언급한 2만7천 명의 선교사는 장기 선교사를 가리킵니다만 최근에는 방학만 되면 각종 선교 단체와 교회별로 수천 명, 수만 명의 교인이 단기 선교를 떠나고 있습니다. 요즈음 교인치고 단기 선교 한번 갔다 오지 않은 사람은 거의 없다고 합니다. 과거에는 장기 선교사들이 보내온 편지나 사진, 혹은 안식년을 맞아 귀국하여 보고하는 선교 이야기를 통해 간접적으로 '은혜'와 '감동'을 받았습니다만, 이제는 교인들이 직접 현지를 방문하여 생생한 체험을 할 수 있게 된 것입니다.

이러한 단기 선교가 '선교'냐 '여행'이냐의 논쟁도 있습니다. 비록 짧은 기간이지만 현지를 방문하여 장기 선교사의 고된 사역을 도울 수 있고 나아가 현지인에게 물질적으로나 정신적으로 큰 도움을 줄 수 있다는 의견이 있습니다. 반면 단기 선교는 선교를 빙자한 관광여행에 지나지 않으며 일종의 '종교적 투어리즘religious tourism'이라는 비판도 있습니다. 그래서 그런지 요즈음에는 단기 선교를 '비전 트립vision trip'이라는 용어로 대체하기도 합니다. 이는 단기 선교에 어떤 큰 의미를 부여하기보다는 현지 방문을 통해 자신의 '비전'을 발견하는 조그마한 계기로 삼자는 취지에서 나온 용어로 보입니다. 또 단기 선교 대신 '단기 봉사'라는 용어를 사용하기도 합니다. 현지인을 직접적으로 개종시키는 것보다는 그들의 곤경에 인도주의적 동기에서 접근한다는 의미에서 단기 봉사인 것입니다. 용어가 어떻든 현재 단기 선교는 한국 교회의 트렌드라고 할 수 있을 정도로 광범위하게 확산되고 있습니다.

단기 선교가 부상한 것은 앞서 언급한 한국 교회의 위기 탈출과 매우 밀접한 관련이 있어 보입니다. 단기 선교는 냉랭해진 교인들의 신앙심을 회복시키고자 할 때 중요한 통로로 활용될 수 있기 때문입니다. 저는 이 대목에서 과거 대학생들의 농촌 봉사 활동, 더 거슬러 올라가 19세기 러시아 지식인들의 '브나로드 운동'이 연상됩니다. 러시아의 인텔리겐치아들이 농촌으로 들어가 가난하고 무지한 농민들을 대상으로 행했던 농촌계몽 활동, 그리고 엘리트 의식에 사로잡힌 과거의 대학생들이 농민을 대상으로 행한 농촌 봉사 활동에서 엿보인 '낭만적' 의식이 요즈음 한국 교회의 단기 선교에서 '종교적 낭만주의'의 모습으로 재현되고 있는 것은 아닌가 하는 생각이 드는 것입니다.

어느 정도 여유 있는 삶을 사는 사람이 자신보다 가난한 자를 위해 무엇인가를 베푸는 행위 그 자체는 비난의 대상이 아니라 존중의 대상이 되어야 할 것입니다. 그러나 그러한 행위 속에 은밀하게 묻어나는 '시혜자적 의식'을 떨쳐버리지 못한다면 그러한 행위는 오히려 상황 자체를 악화시키는 '독'이 될 수도 있음을 잊어서는 안 될 것입니다. 요즈음 유행하는 '자원봉사'가 그 자체로는 아름다운 행위로 보이지만 도움을 주는 자가 시혜 의식에서 벗어나지 못한다면 그러한 행위가 차별에 근거한 기존 체제를 은밀한 방식으로 공고화시키는 공모의 장치가 될 수 있는 것과 마찬가지입니다.

현재 한국 교회에서 유행하는 단기 선교 역시 이러한 위험성을 다분히 지니고 있는 것으로 보입니다. 교회의 입장에서는 단기 선교가 일시적으로나마 교인들의 신앙심을 강화시키고 결집시키는 중요한 도구가 될 수 있지만 한국 교회 위기의 근본 요인을 성찰하지 않은 채 이러한 행위가 지속된다면 이는 한국 교회 전체에 독이 될 수 있을 뿐만 아니라 신자유주의적 세계화의 논리에 동참하는 결과를 가져올 수 있을 것입니다. 이러한 면에서 볼 때 한국 개신교는 장기 선교이건 단기 선교이건, 해외 선교를 위한 효율적 방법을 모색하기 이전에 '선교'가 무엇을 의미하는지를 자기-타자인식의 자리에서 새롭게 물어야 할 것입니다.

김동문, 『이슬람 신화깨기 무슬림 바로보기』, 홍성사, 2005.
김진호, 『시민 K 교회를 나가다』, 현암사, 2012.
김진호 외, 『무례한 복음: 한국 기독교의 선교, 그 문제와 대안을 성찰한다』, 산책자, 2007.
이진구, 「한국 개신교 해외선교에 나타난 종교적 군사주의: 백투예루살렘 운동을 중심으로」, 『종교문화비평』, 20호, 2011.

더
읽어볼 만한
글

국가조찬기도회에
참석하는
대통령,
어떻게
보아야 하나?

윤용복

한국 사회를 다종교 사회라고 말합니다. 심지어 '종교
백화점'이라고까지 하는 사람들도 있습니다. 그것은
사실일 수도 있습니다. 공식적으로 알려진 종교
교단의 숫자만 해도 4∼5백여 개에 이르기 때문입니다.
한편 우리나라에서는 부처님오신날과 성탄절을
공휴일로 지정해놓고 있습니다. 종교가 그렇게 많은데
종교 공휴일은 두 개에 불과한 이런 현상을 어떻게
보아야 할까요? 왜 이런 현상이 나타났을까요?

한국은 종교 백화점?

언제부터인가 특급호텔의 대형 연회장 등에서 대통령이 특정 종교인들과 함께 기도회를 갖는 것이 언론에 보도되기 시작했습니다. 바로 국가조찬기도회라는 것이죠. 여기에는 기독교를 대표하는 종교인들과 대통령을 비롯한 여당과 야당의 국회의원, 장관 등등의 공직자들이 참석합니다. 물론 모든 공직자들이 다 참석하는 것은 아니지만, 공직에 몸을 담고 있는 공직자들이 특정 종교적 모임에 참석해서 공개적으로 기도회를 갖는 것이 타당한 일인지 의문이 들기도 합니다. 사실 이런 문제는 대통령이나 일부 고위 공직자들에게만 해당되는 이야기는 아닙니다. 국회의원이나 각급 지자체장 그리고 지방의회 의원 등을 비롯해 국가공무원이라고 불리는 모든 공직자에 해당되는 이야기일 수 있습니다. 한편 학교 수업 시간에 수업과는 상관없이 학생들에게 기도를 하도록 하거나 방과 후 종교적 모임에 참석하도록 강요하는 선생님들도 있습니다. 이런 행위는 개인의 종교적 자유를 침해하는 행동에 속할 수 있습니다. 따라서 교사를 비롯한 교육공무원의 경우에도 해당되는 이야기이기도 합니다. 또한 지방자치제가 시행된 이후에는 일부 민선 지자체장들이 공식적인 행사에서 특정 종교를 두둔하는 발언들을 하기도 했습니다. 그 가운데 대통령은 모든 공직자들의 대표이기 때문에 작은 행위 하나에도 다른 공직자들보다도 더 많은 논란을 일으키는 것으로 보입니다. 그러나 한편에서는 대통령이나 다른 공직자들도 모두 이 나라의 국민이고 종교의 자유가 있는데, 도리어 공직자라는 이유로 종교의 자유가 억압을 받는다고 하소연하기도 합니다. 도대체 이런 일들이 왜 발생하는 것일까요? 또 이들의 행위를 어떻게 보아야 할까요?

　이 문제에 대해 직접적으로 언급하기에 앞서서 우선 우리나라의 종교 상황이 어떠한지를 언급하고 지나가야 할 것 같습니다. 현실을 제대로 파악해야 바른 이해를 할 수 있을 테니까요. 대부분다 아는 사실이지만 우리나라에는 많은 종교들이 있습니다. 유교, 불교, 천주교(기독교), 개신교(기독교), 천도교, 대종교, 원불교, 대순

진리회 그리고 이슬람교 등등 우리가 그래도 주변에서 들을 수 있는 이름들만 꼽아도 이 정도입니다. 이 종교들 가운데 유교와 천주교, 대종교, 원불교 등은 하나의 교파로 이루어져 있습니다. 그러나 다른 종교들은 여러 파로 나뉘어 있죠. 불교와 개신교는 하나의 종파가 아니라 여러 종파, 교파로 나눠져 있습니다. 교파, 종파까지 포함된 이 모든 종교들을 열거한다면 족히 4~5백 개의 교단이 나올 것입니다. 일일이 다 거론하기도 힘들 정도죠. 그래서 흔히 우리나라는 여러 종교들이 공존하는 다종교 사회이고 어떤 종교도 우위를 갖지 못한 사회라고 말들을 합니다. 조금 다른 말로 하면 종교 백화점에 해당된다고 할 수도 있습니다.

그런데 이런 종교 현실을 조금만 자세히 들여다보면 다른 모습도 보입니다. 1985년부터 10년마다 통계청에서는 인구주택총조사를 실시하면서 그와 더불어 종교 인구도 함께 조사하고 있습니다. 2005년에 조사된 바에 따르면 불교를 믿는 사람(10,726,463명)이 가장 많고, 그다음이 개신교(8,616,438명), 그다음이 천주교(5,146,147명)의 순서로 나타나 있습니다. 이들의 숫자(24,489,048명)는 우리나라 전체 인구(47,041,434명)의 약 52.1%, 그리고 전체 종교 인구(24,970,766명)의 약 98.1%를 차지하고 있습니다. 사실상 불교와 기독교 전통이 양분하고 있는 셈이며, 개신교와 천주교를 합한다면 기독교 인구가 오히려 불교보다도 많습니다. 교인들의 숫자가 조금씩 변화되어오고 있기는 했지만, 1985년의 조사 그리고 1995년의 조사에서도 세 종교의 순서는 다르지 않았습니다. 1995년과 2005년 사이에 많이 변화된 사항은 개신교의 교세가 약간 줄어들었고, 천주교의 교세가 크게 늘어났다는 것입니다.

서울시청 앞 광장의 크리스마스 트리(왼쪽)와 서울 종로 일대를 뒤덮은 연등의 행렬

　사실 불교나 개신교에 다양한 교파가 있다고는 하지만 사회문화적 차원에서 본다면 교파 세분화는 큰 의미가 없습니다. 천주교와 개신교도 기독교 전통에 속합니다. 이렇게 놓고 볼 때 흔히 우리나라에는 많은 종교들이 있다고 이야기되고 있지만, 사실은 불교와 기독교가 대부분이며, 나머지 규모가 작은 여러 종교들이 있는 것이라고 말할 수 있겠죠.

　이를 전제로 하고 조금 더 들어가 이야기해볼까요. 해마다 연말이 되면 거리는 크리스마스 분위기에 젖게 됩니다. 언론에서는 구세군의 자선냄비에 대해 말하고 상점이나 거리는 형형색색의 전구와 갖가지 장식물로 치장됩니다. 수도 서울의 시청 앞 광장에도 어김없이 거대한 트리가 만들어져 반짝거립니다. 크리스마스가 공휴

일로 제정된 것은 이미 오래전의 일입니다. 부처님오신날도 분위기
는 비슷합니다만, 크리스마스보다 늦게 공휴일로 지정되었기 때문
인지 분위기는 좀 다른 듯합니다. 그렇지만 부처님오신날을 맞이
하기 위해 거리 곳곳에 연등을 매다는 모습도 이제는 일상화되어
가고 있습니다. 크리스마스 전날 밤이면 방송은 교회나 성당에서
행해지는 종교의식을 중계하기도 합니다. 부처님오신날에도 마찬
가지로 불교에서 하는 종교의식이 방송을 통해 사람들에게 전달
됩니다. 두 종교의 지도자들이 하는 메시지도 언론을 통해 전 국
민에게 전해집니다.

　이런 사례는 여러 가지를 들 수 있습니다. 우리나라는 엄연히
세속 국가를 표방하고 있고 정치와 종교가 분리되어 있음에도 국
가적인 장례에 종교의식을 도입하고 있습니다. 이 종교의식에는 불
교, 천주교, 개신교의 성직자들이 나와서 차례대로 그들의 종교의
식을 거행합니다. 2000년대 들어서 여기에 원불교가 한 자리를 차
지한 것으로 보입니다. 앞으로도 계속 이 4개 종교가 차례대로 할
것 같습니다. 또한 우리나라의 군대에는 군종제도가 있습니다. 각
종교의 성직자들을 장교로 임관시켜 군에 입대한 종교인 장병들의
신앙생활을 돕고, 또 군인들의 정신력 강화에 이바지하기 위한 것
이라고 합니다. 이 군종제도도 처음에는 천주교와 개신교만 가능
하였고, 1960년대 들어서 불교가 추가되었습니다. 원불교는 2000
년대 들어 이 군종제도에 편입되어 이제는 이 4개 종교가 군종장
교로 성직자들을 보낼 수 있습니다.

　종교적 축일을 국가적 공휴일로 지정한 것이나 국가의례에 종교
의례를 도입한 것, 그리고 군종제도를 도입한 것 자체의 잘잘못을

이야기하려는 것은 아닙니다. 그것은 보는 관점에 따라, 그리고 자신이 어떤 환경에 처해 있는가에 따라 다양한 의견이 나올 수 있기 때문이죠. 잘못되었다고 해서 이제 와서 이 모든 것을 다시 되돌린다면 혼란에 직면할 수도 있을 것입니다. 반대로 잘되고 있기 때문에 더 확대해서 다른 종교들도 모두 여기에 편입시켜야 한다고 주장하기도 어렵습니다. 다만 52%에 속하지 못하는 나머지 국민들이 느끼게 될 소외감을 어떤 식으로 극복시켜주어야 할 것인가가 숙제로 남겠죠.

대한민국의 헌법 제20조에서는 "모든 국민은 종교의 자유를 가진다. 국교는 인정되지 아니하며 종교와 정치는 분리된다."고 하여 종교의 자유를 보장하고 있습니다. 이러한 종교의 자유는 국가가 종교에 대해 함부로 간섭하지 못하도록 함으로써 종교를 보호하자는 의미를 지니고 있습니다. 국교가 인정되지 않는다는 것은 국가가 특정 종교를 우대하지 말아야 한다는 것이고, 더 나아가서 어떤 종교든지 차별하지 말아야 함도 포함되는 것입니다. 종교의 자유에는 개인이 자기 마음대로 신앙을 선택해서 믿을 자유와 동시에 본인이 원하지 않는다면 어떤 신앙이라도 믿지 않을 권리도 포함됩니다. 개인의 종교적 자유에는 종교를 선택해 믿을 수 있는 신앙의 자유도 있지만, 자신이 믿고 있는 종교의 의례나 집회에 자유롭게 참석할 수 있는 권리도 있고, 자신이 믿고 있는 종교를 다른 사람에게 선전, 즉 선교를 할 수 있는 권리도 포함되죠. 물론 그 반

모든 국민의 종교의 자유는?

대의 경우도 성립합니다. 자기가 원하지 않는다면 특정 종교의 집회나 의례에 참석하지 않을 권리, 그리고 다른 사람의 선교를 거부할 권리 등등을 모두 인정하는 것입니다. 따라서 한 개인이 부처님을 믿든, 알라를 믿든, 하느님을 믿든, 우주인을 믿든, 뱀을 믿든 그것은 오로지 본인의 결정에 달린 것이고, 아무도 그것을 억지로 막을 수는 없습니다. 그리고 반대로 이 모두를 부정하면서 개인이 어떤 신도 믿지 않는다고 하는 것도 마찬가지입니다.

그래서 국가는 개인의 이러한 모든 선택에 대해 그 의사를 존중하고 마음대로 간섭해서는 안 됩니다. 특히 누군가가, 또는 특정 종교 단체가 어떤 종교나 그 종교를 믿는 사람을 사이비나 이단이라고 주장한다고 해서 국가가 나서서 그것을 이단이다, 또는 이단이 아니다라고 가려줄 수는 없습니다. 다시 말해서 국가는 어떤 종교에 대해서도 그것이 진짜인지 가짜인지 판별하지 않는다는 겁니다. 그 종교가 어떤 존재를 신으로 섬긴다 하더라도 그 신이 거짓이며 우상이라고 국가가 나서서 개입하지 않습니다. 아무리 국가라 하더라도 개인의 신앙에 대해 이러쿵저러쿵하는 것 자체가 이미 개인의 종교 자유를 침해하는 일이 되니까요. 결국 대한민국의 모든 국민은 자유롭게 종교를 믿고, 종교를 탈퇴하고, 그리고 종교를 부정할 수 있습니다.

그런데 이렇게 자유롭게 종교를 믿고 전파할 수 있다고 해서 다른 사람에게 자신의 종교를 강요할 수는 없습니다. 그것은 다른 사람의 종교 선택권, 즉 자신이 마음대로 아무 종교나 믿을 수 있고, 또 종교를 믿지 않을 권리를 침해하는 것이기 때문입니다. 다시 말하면, 내 종교의 자유가 아무리 철저하게 보장된다고 하더라도 다

우리에게 종교란 무엇인가

른 사람의 권리까지 침해할 수는 없기 때문입니다. 꼭 다른 사람에게 직접적으로 강요하지는 않더라도 은연중에 상대방이 압박을 받는다면 이것도 분명 타인의 종교 자유를 침해하는 것이 되겠지요. 그래서 학교에서도 이런 문제들 때문에 종종 논란이 발생하곤 합니다. 그것은 사립학교나 국공립학교, 어디에서도 일어날 수 있는 문제입니다. 예를 들어 초·중·고등학교의 경우 학교의 선생님이 수업 시간에 또는 방과 후에 자신의 종교를 학생들에게 전파하는 경우가 있습니다. 이럴 때 학생들은 은근히 압박을 받기도 하고, 특히 그 정도가 심할 경우 아직 판단력이 약한 학생들은 맹목적인 신앙에 빠지기도 합니다. 학생들이 압박을 받는다면 이것도 마찬가지로 학생의 종교 자유를 침해하고 있는 것입니다. 학교뿐만 아니라 공직 업무의 성격상 군대나 검찰, 교도소 같은 우월적 지위에 있는 상관의 종교 여부가 하위직 공직자의 종교 자유를 침해하는 것도 문제가 될 수 있습니다.

종교 단체에서 세운 종립학교의 경우에는 이와는 다른 문제로 논란이 되고 있죠. 부분적으로 예외가 있지만 종립학교는 그 학교의 설립 취지가 선교를 목적으로 하는 경우가 대부분입니다. 그렇기에 이러한 학교들은 공개적으로 특정 종교에 대한 교육을 의무적으로 시킵니다. 모든 학생이 반드시 그 학교가 속한 종교 단체의 의례에 한 번 이상 참여하거나 그 종교에 대한 지식을 교육받도록 하고 있죠. 그런데 여기에서 논란이 생기는 겁니다. 그 학교에 속한 학생 가운데는 다른 종교를 믿는 사람도 있고, 종교를 믿지 않으려는 학생도 있기 때문입니다. 그들은 단지 그 학교에 들어갔다는 이유로 억지로 자신이 싫어하는 종교에 대한 교육을 받아야 합니다.

교육을 통해 개인의 여러 가지 자유와 권리에 대한 교육을 심어주어야 할 학교에서 버젓이 한 개인의 자유를 침해하는 행위를 하고 있는 것입니다. 그러나 종립학교 측에서도 할 말은 있습니다. 많은 돈을 들여서 학교를 세운 목적은 선교를 하려는 것인데, 종교의 자유를 이유로 그 종교에 대한 교육을 시키지 못하게 하는 것은 선교를 포기하는 것이기 때문입니다. 이것은 선교의 자유를 침해하는 것이 되기도 한다는 거죠. 즉, 종교의 자유는 선교의 자유도 포함하는데 이것을 못하게 하니 학교 측의 종교 자유가 침해된다는 겁니다. 그러나 이와 같은 종교 자유는 서로가 동등한 위치에 있을 때에야 가능하지 않을까요?

공직자의 종교 자유

이제 공직자의 종교 자유에 대해 알아보도록 하겠습니다. 우리나라의 공직자들도 기본적으로 공직자이기 이전에 대한민국 국민입니다. 따라서 공직자라고 할지라도 앞에서 언급한 다양한 종교적 권리와 자유를 누릴 수 있습니다. 따라서 공직자도 자신이 원하는 경우 특정 종교의 집회에 나가서 자유롭게 기도하고 자신의 신앙을 다른 사람에게 전파할 수 있다는 겁니다. 다시 말해서 공직자라고 해서 마음대로 자신의 신앙을 고백하거나 자신이 믿는 신에게 기도를 할 수 없고, 자신이 다니는 종교의 집회에도 나가지 못하며, 자신의 종교를 전파하는 데 제한을 받는다면, 그것은 그 공직자의 종교적 자유를 훼손하는 것이라고 할 수 있습니다. 대한민국의 헌법은 공직자라고 해서 예외가 될 수는 없기 때문에 이런

우리에게 종교란 무엇인가

주장은 어느 정도 설득력이 있습니다. 그렇기 때문에 공직자들도 사찰이나 성당, 교회 등등을 찾아다니며 마음대로 신앙생활을 하고 있습니다. 물론 이것은 대통령이라고 해서 예외가 될 수는 없다고 봅니다. 대통령도 공직자이면서 우리나라의 국민이기 때문에 역시 종교의 자유를 누려야 하고 그래서 자신이 믿는 종교 집회에 참석할 수 있어야 하겠죠. 그런데 왜 대통령을 비롯한 정치인들이 국가조찬기도회를 비롯한 특정 종교의 의례나 종교 행사에 참석해서 기도를 하거나 종교적 발언을 하는 것이 논란이 될까요? 앞에서 제시한 논리대로 말한다면 사람들이 왜 공직자의 종교 자유를 억압하려 하는지 의아한 생각이 들 수도 있습니다. 임명직 공직자들은 물론이고 국민의 투표로 선출되는 선출직 공직자들, 특히 그 가운데서도 대통령의 종교적 행동은 논란을 증폭시킵니다.

사실 대통령을 비롯한 모든 공직자들의 종교 자유가 인정받아야 한다는 것에 대해서는 어떤 이견도 있을 수 없습니다. 그들 모두 대한민국의 국민임은 물론이고, 그렇기 때문에 국민의 권리와 의무에서 차별받을 수는 없을 테니까요. 그런데 여기에는 한 가지 전제가 있습니다. 대한민국의 공직자라면 공무, 즉 국민을 위해 업무를 수행하는 사람이죠. 공직자가 국민을 위해 업무를 수행할 때에는 모든 국민을 공평하게 대해야 할 책임이 있습니다. 자신과 잘 아는 사이라고 해서 우대하거나 잘 모르는 사이라고 해서 함부로 대해서는 안 된다는 거죠. 만약 그런 행동을 한 공직자가 있다면 당장 사회적 비난에 직면할 것이고, 경우에 따라 법의 심판을 받아야 할 수도 있습니다. 우리 사회에서 심심치 않게 터져 나오는 것이 친인척 비리입니다. 뒤집어 말한다면 공직자가 자신의 친인척과 다른 국민을 공평하게 대하지 않은 것에서 나온 것이 친인척 비리라고 할 것입니다.

그렇다면 공직자들은 자신과 친한 사람과는 인연을 끊고 살아가야 할까요? 또한 완전히 다른 사람을 대하듯 모른 척하고 지내야 할까요? 그렇지는 않겠죠. 공직자도 가족이 있고 친척이 있고 친구가 있습니다. 공직자가 되었다고 해서 그들 모두를 모르는 척할 수는 없는 거죠. 그렇지만 이것은 어디까지나 개인적인 문제입니다. 공직자가 공무를 수행함에 있어서는 친인척이든 아니든 모두 똑같이 대해야 합니다. 공무가 아닌 사적인 자리에서는 친인척이나 친구, 동창 등 누구와도 교류를 할 수 있습니다. 다만 그렇게 교류하는 자리에서 공무와 관련된 문제들이 자꾸 노출되기 때문에 사회적인 문제가 발생하는 거죠. 그래서 공직자들에게는 이런 사적인 교류라 할지라도 다른 사람들과는 다르게 처신하도록 요구하거나 아니면 되도록 자제하라고 권고를 하곤 합니다. 동창회를 비롯한 여러 사적인 모임의 임원을 맡지 않도록 한다거나 경조사에 아무에게나 함부로 부조를 못 하도록 하는 것 등은 그 때문일 것입니다.

종교에 관해서도 비슷하게 이해하면 좋을 것이라고 생각합니다. 공직자도 대한민국의 국민으로서 종교의 자유를 인정받아야 할 것입니다. 그래서 비록 공직자라고 하더라도 자신이 마음대로 종교를 선택해서 믿을 자유가 있고, 또 그 종교를 선교할 자유도 있고, 종교의례에 마음대로 참석할 자유도 있습니다. 물론 그 반대의 경우, 즉 이 모든 것을 부정하거나 거부할 자유도 있는 것이죠. 그런데 문제는 공직자의 임무가 공무를 수행하는 것이라는 데 있습

우리에게 종교란 무엇인가

니다. 단순히 개인의 자격으로 행동할 때에는 아무런 문제가 되지 않을 것입니다. 자신의 가족과 함께 가까운 사찰을 찾아 예불을 드린다거나 주일예배나 주일미사에 참석한 경우라면 말입니다. 그러나 공직자의 직위를 가지고 참석하는 종교적 모임에서나 공직자의 직함을 가지고 종교인과 접촉할 때에는 함부로 특정 종교를 편들어서는 안 된다는 겁니다. 또는 자신의 직위를 내걸고 특정 종교를 함부로 차별하거나 비하해서도 안 됩니다.

그런데 종종 개인적으로 참석한 자리에서도 문제가 발생합니다. 비록 개인적으로 종교 집회에 참석했다고 하더라도 종교 행위를 하는 과정에서 공적인 지위나 업무를 드러낼 수 있으니까요. 그래서 종교 집회에 참석한 자리에서 자신의 공직을 걸고 종교적 전파를 약속한다거나 아니면 그 종교에 혜택을 준다는 발언을 하였을 경우에 문제가 생깁니다. 비록 그런 약속이 실행에 옮겨지지 않았다고 하더라도 특정 종교에 우호적인 발언을 함으로써 간접적으로라도 그 종교에 혜택을 주는 결과로 나타날 수 있습니다. 이명박 정부가 의심의 눈초리를 받은 이유도 거기에 있습니다. 이명박 대통령이 서울시장 재직 시절에 참여한 종교 집회의 현장에서 "서울시를 하나님께 봉헌한다."는 발언을 했습니다. 비록 실제로 서울시가 하나님께 봉헌되지는 않았다고 하더라도, 당시 이명박 시장은 공직자로서 올바른 처신을 하지 못했다는 비난을 감수해야 했습니다. 이러한 과거의 행위는 후일 대통령이 되어서도 국민들에게 의혹의 시선을 받는 원인이 되었습니다. 이명박 정부 출범 초기 정부 부처의 인사에서 장·차관들이 기독교인들 중심으로 인선되었다는 비난, 그리고 뒤이어 국토해양부의 교통정보서비스인 '알고

가 시스템'과 교육과학기술부의 교육지리정보서비스에서 사찰 정보가 누락되면서 촉발된 종교 차별 논란 등은 모두 과거의 행위로 인해 의혹이 더욱 커진 것이라고 할 수 있습니다.

앞에서도 말했듯이 우리 사회는 불교와 기독교 이외에도 여러 종교들이 공존하는 다종교 사회입니다. 그렇기에 종교의 자유는 더욱 존중되어야 할 것입니다. 그렇지만 공직자의 종교 자유는 어느 면에서는 제한을 둘 수밖에 없는 것이기도 합니다. 공직이라는 지위를 이용해서 자칫 어느 한 종교에 치우치는 행위나 정책을 시행할 경우, 한 종교는 혜택을 받는 반면 그렇지 못한 종교는 이미 차별을 받고 있는 것이기 때문입니다.

국가조찬기도회에 참석하는 경우도 이 기준으로 살펴보면 시사를 얻을 수 있습니다. 사실 국가조찬기도회는 다소 기형적으로 생겨났다고 할 수 있습니다. 국가조찬기도회는 1965년 개신교계가 대통령과 국회의장, 대법원장 등 국가 지도자들을 초청해 기도를 하는 모임으로 출발했습니다. 당시나 지금이나 우리나라에는 기독교만 있었던 것이 아니라 다른 종교들도 있었습니다. 그런데 당시 박정희 대통령은 기독교적인 문화 풍토를 가지고 있는 미국의 국가조찬기도회를 본떠서 기독교인들과의 모임을 만들었는데, 그 명칭이 바로 국회조찬기도회였습니다. 그리고 이듬해 이 이름은 '대통령조찬기도회'라는 명칭으로 바뀌었는데 말 그대로 대통령을 위한 기도회가 된 것이죠. 나중에 이것은 다시 국가조찬기도회라는 명칭으로 바뀌게 됩니다. 이 모임은 10·26사태 등으로 인해 잠시 중단된 적은 있지만, 그 이후에도 중단되지 않고 지속적으로 개최되어 지금에 이르고 있습니다. 그리고 대통령의 종교와 상관없이

우리에게 종교란 무엇인가

역대 대통령이 모두 이 기도회에 참석하였습니다.

그런데 이 모임은 국가를 위한 순수한 기도회 모임이라기보다는 정권과 결탁하는 기독교의 모습을 보여주기도 했는데요, 1980년 8월 6일 TV로 생중계까지 된 '전두환 국가보위비상대책위원회 상임위원장을 위한 조찬기도회'가 바로 그것이었습니다. 이것은 정권과 결탁한 종교의 모습을 보여준 전형이라고 할 수 있습니다. 정권이 종교를 이용해서 정당성을 확보하려 하고 종교도 정권을 이용해서 자신들의 영역을 확장하려 한다는 비난에서 양측 모두 자유로울 수는 없을 겁니다. 물론 현재는 그때와 상황이 많이 달라졌습니다만, 항상 서로 간에 엄정 중립을 지키기 위한 긴장의 끈을 놓아서는 안 될 것입니다. 구설수에 오르지 않으려면 이 기도회에 참석하지 않으면 되겠죠. 그러나 보다 중요한 것은 참석 여부보다는 참석해서 하는 행위나 말에 달려 있다고 할 수 있습니다. 이것은 공직자에게만 요청되는 것이 아니라 공직자와 함께 참석한 종교인들에게 요청되는 것이기도 합니다.

공직자의 행동 하나, 말 한마디가 국민의 생활에 끼치는 영향은 매우 크다고 할 수 있습니다. 왜냐하면 공직자의 그런 언행은 국민들의 삶과 직결되는 것이 대부분이기 때문이죠. 특히 공직자의 지위가 높을수록 그 파급력은 훨씬 커질 것입니다. 또한 그 행동이 종교와 관련되어 있으면 논란의 여지는 더욱 크다고 할 것입니다. 종교는 상대성보다는 절대성을 강조하기 때문입니다. 따라서 특정 종교와 공직자가 관련되어 있을 때, 그 종교가 아닌 다른 종교의 입장에서 보면 자신들이 차별당하고 있다고 느낄 수 있습니다. 어떻게 처신해야 하는지는 각자의 몫이지만 보다 엄격하게 처신해야 할 필요가 있는 것은 이런 이유 때문이라고 하겠습니다. 특히 선거철이면 종교 단체에 선심성 공약을 펼치거나 자신의 종교를 이용해서 선거에 이기려고 하는 선출직 공직자는 처신을 더욱 조심해야 할 것이라고 생각됩니다.

사실 과거에도 이런 일들은 있었습니다. 공직자들이 특정 종교와 관련된 행동을 공식적인 자리에서 버젓이 해도 큰 문제가 되지 않았던 것입니다. 대표적인 것이 초대 대통령이었던 이승만李承晩이 제헌의회(1948년 5월 31일)에서 한 행동이었습니다. 당시 이승만은 "대한민국의 탄생이 하나님 때문이었음"을 주장하면서 국회의원 가운데 목사 신분이었던 이윤영李允榮 의원에게 기도를 부탁하면서 회의를 시작했습니다. 그러나 당시는 일제로부터 독립한 지 얼마 지나지 않았기 때문에 사회도 어수선했고, 정교분리의 원칙 같은 것이 지금처럼 명확하게 확립되지도 않은 때였습니다. 또한 아직 민주화에 대한 이념이나 시민사회 의식 등이 별로 확산되지 않았던 때였습니다. 그 뒤를 이어 앞에서도 언급했듯이 국가의 공휴일, 국가의례, 군종제도 등에서도 특정 종교 중심의 정책은 이어졌지만, 역시 시민사회의 미성숙으로 인해 큰 논란이 일지는 않았습니다. 그러나 현재는 상황이 많이 달라졌습니다. 매스미디어나 IT, SNS 등의 발달로 인해 시민들이 실시간 정보를 공유하고 다양한 가치와 이념이 빠른 속도로 전파되고 있습니다. 따라서 과거와 같은 행위가 더 이상 용납되기 힘든 사회가 되었습니다. 공직자는 과거와 달리 더 쉽게 국민의 눈에 노출되고 있습니다.

따라서 공직자가 종교적인 논란에 휩싸이지 않으려면 공직자의 신분을 가지고 공식적인 자리에서의 종교 생활은 되도록 피하는

우리에게 종교란 무엇인가

것이 상책일 것입니다. 그러나 이러한 일이 쉽지 않음도 사실입니다. 도대체 어디까지가 공직자의 신분이고 어디까지가 개인의 신분인지, 그것을 칼로 무 자르듯 명확하게 그을 수나 있는지도 잘 모르겠습니다. 사실 우리 사회는 어떤 사람을 한 인간 아무개로 보기보다는 그 앞이나 뒤에 붙은 ○○ 아무개, 아무개 ○○님으로 보는 것을 더 좋아합니다. 종교 집회나 공적인 모임에 가서도 직함을 더 강조하는 경우가 흔합니다. 따라서 완전히 사적인 모임과 공적인 모임을 구별하는 것이 쉽지는 않으리라 생각됩니다. 그것을 어떻게 판단하고 행동하는가 하는 것은 결국 공직자 본인의 몫으로 남습니다.

강돈구 외, 『현대 한국의 종교와 정치』, 한국학중앙연구원, 2009.
오경환, 『종교사회학』, 서광사, 1990.
종교자유정책연구원, 『종교차별과 종교인권』, 초록마을, 2009.
최종고, 『국가와 종교』, 현대사상사, 1983.

더
읽어볼 만한
글

종교교육,
누구를 위한
종교·교육인가?

송현주

헌법에서 보장하는 '종교의 자유'는 '종교교육의
자유'를 포함할까요? '종교의 자유'라는 이름으로
사학이 특정 종교 교육을 하는 일이 과연 정당화될
수 있을까요? 아니면 사학의 특정 종교교육은 개인의
'종교의 자유'를 침해하는 것일까요? 만일 '종교의
자유'와 '종교교육의 자유'가 충돌한다면 어떤 것이 더
상위개념이어야 할까요? 이 글은 우리 한국 사회에서
종교교육의 문제를 둘러싸고 제기된 논란의 본질이
무엇인지 그 사건의 전개 과정과 현황을 중심으로
살펴보고, 바람직한 해결책은 무엇인지 살펴봅니다.

"학교는
마치
종교감옥
입니다!"
—현재
진행형인
종교교육의
갈등 현장

"하나님을 믿으면 역경을 헤쳐 나갈 수 있습니다." 기독교계 사립 일반고인 서울 명지고는 지난 7월 17~19일 3일 동안 학교 체육관에서 '신앙 부흥회'를 열었다. 1·2학년 학생 모두가 1~2교시 2시간 동안 수업 대신 학교가 창의적 체험활동으로 진행한 부흥회에 참석해야 했다. 다른 학교에서 온 목사 등이 설교를 하고 관련 영상을 보여줬다. 찬송가도 불렀다. 3교시에는 부흥회에 참여하면서 느낀 점을 썼다. 이 학교 ㄱ양은 "차라리 수업하는 게 낫다"며 "기독교 신자도 아닌데 부흥회에 참여하려니 너무 괴로웠다"고 말했다. ㄴ양도 "'하나님을 믿지 않으면 실패한다'는 설교 내용이 불편했다"고 했다.(《한겨레》, 2012년 8월 9일자, 12면)

지금 읽어본 이 신문기사의 제목은 "수업 대신에 '할렐루야', 학교는 마치 '종교감옥'"입니다. 모든 부모는 자신의 자녀가 학교에서 동서양의 인류가 지금까지 이룩한 최고의 이상과 가치에 입각하여 품위 있고 공정한 그리고 질 높은 교육을 받기를 기대할 것입니다. 또한 한 학교의 교장 혹은 운영자들이 자신의 사적 이익이나 목적을 위해 교육의 현장을 이용하지 않고, 적어도 우리 사회의 구성원들이 동의할 수 있는 최소한의 공통분모에 부합한 교육 내용을 제공하리라고 생각할 것입니다. 우리나라 대부분의 중·고등학교는 이른바 '뽑기' 혹은 '뺑뺑이'라는 무시험추첨제에 의해 학생들이 무작위로 배정되는 현실이므로, 부모들의 이런 기본적 기대와 요구는 존중되어야 마땅할 것입니다. 그런데 우리의 사랑스런 자녀가 자신의 의사와는 관계없이 배정된 학교에서 일방적으로 주어지는

우리에게 종교란 무엇인가

수업 대신에 "할렐루야" 학교는 마치 '종교감옥'

수업 대신에 "할렐루야" 학교는 마치 '종교감옥'. 〈한겨레〉 2012년 8월 9일자.

"하나님을 믿으면 역경을 헤쳐나갈 수 있습니다."

기독교계 사립 일반고인 서울 명지고는 지난 7월17~19일 3일 동안 학교 체육관에서 '신앙 부흥회'를 열었다. 1·2학년 학생 모두가 1~2교시 2시간 동안 수업 대신 학교가 창의적 체험활동으로 진행한 부흥회에 참석해야 했다. 다른 학교에서 온 목사 등이 설교를 하고 관련 영상을 보여줬다. 찬송가도 불렀다. 3교시에는 부흥회에 참여하면서 느낀 점을 썼다. 이 학교 ㄱ양은 "차라리 수업하는 게 낫다"며 "기독교 신자도 아닌데 부흥회에 참여하려니 너무 피로웠다"고 말했다. ㄴ양도 "'하나님을 믿지 않으면 실패한다'는 설교 내용이 불편했다"고 전했다.

이뿐이 아니다. 이 학교 학생들은 의무적으로 매일 아침 8시에 교실에서 '큐티'를 한다. 큐티는 '조용한 시간'(Quiet Time)의 약자로, 기독교인들이 성경을 읽고 묵상하는 시간을 일컫는다. 시간은 5~10분 정도로 짧지만 이 시간에는 교실 밖으로 나갈 수 없고 떠들어서도 안 된다. ㄱ양은 "학급비로 걷은 돈을 학생들의 동의 없이 헌금으로 내기도 했다"고 말했다.

매주 월요일 1교시에는 '예배 수업'을 한다. 학기 초 선생님이 '예배 수업 듣기 싫은 사람 손들라'고 했지만, 손을 들 수 없는 분위기라고 ㄱ양은 전했다. 대체 수업도 명목상으로만 존재한다. ㄱ양은 "대체 과목으로 '생활과 교육', '생활과 종교'가 있다고 말씀하시는데, '생활과 교육'은 담당 교사가 배정돼 있지 않고, '생활과 종교'는 대부분 기독교를 찬양하고 다른 종교를 비판하는 내용"이라고 말했다.

초·중등학교 교육과정 지침에 따르면 특

서울 명지고, 주1회 '예배시간'
지난달 사흘간 2시간씩 부흥회
대체수업은 명목상 있을 뿐

학생이 교육청 인권센터에 제보
학교 "전학 가고 싶으면 가라"

정 종교 과목을 개설할 때 반드시 철학, 교육학 등 대체 과목을 마련해야 한다. 서울학생인권조례도 학생들에게 예배 등 종교행사 참여를 강요하지 못하도록 규정하고 있다. 김영란 명지고 교감은 "우리 학교는 '기독교 이념에 따라 학생을 교육한다'고 홍보하고 입학할 때 서약서도 받는다"며 "전학 가고 싶은 학생들은 언제든 전학 보낼 용의가 있다"고 말했다.

학교에서 사실상 '우열반'을 운영한다는 증언도 나왔다. 학생들의 말을 종합하면, 명지고는 입학 전인 지난 2월, 전체 신입생들을 대상으로 영어·수학 두 과목 시험을 치렀다. 이어 영어를 좋아하는 학생들의 신청을 받은 뒤, 신청한 학생 가운데 영어 성적을 기준으로 두 반을 선발해 1학년 1반과 18반을 '영어과제반'으로 운영하고 있다. 영어과제반의 한 학생은 "성적이 좋은 학생들은 대부분 신청했고, 학습 분위기가 좋을 것 같아서 나도 신청했다"며 "'영어를 잘하는 반'이기도 하지만 '공부를 잘하는 반'이기도 하다"고 말했다.

2009 개정 교육과정은 학생들이 교과목을 선택해서 수업을 들을 수 있도록 했지만, 성적을 고려해 반 편성을 따로 하는 것을 금지하고 있다. 서울시교육청 관계자는 "성적에 따라 반 편성을 한 것으로 보인다"며 "교육과정 위반 소지가 있어 지도할 방침"이라고 말했다.

이에 대해 황남택 명지고 교장은 "영과반은 글로벌 인재 육성을 위해 외국에서 살다왔거나, 강제 야자아간자율학습)이나 영어를 잘하는 학생들을 따로 모은 것으로 우열반이 아니다"라고 말했다.

ㄱ양은 지난 7월18일, 종교행사 강제 참여, 우열반, 강제 야자아간자율학습) 등 학교의 인권침해 사항을 시교육청 인권교육센터에 제보했다. 그러나 시교육청은 '우열반'과 종교행사 강요 문제에 대해선 차일피일 조사를 미뤄오다 〈한겨레〉가 취재에 나서자 8일 뒤늦게 사실관계 확인에 착수했다. 강제 야자 및 강제 밤자율수업 문제만 담당 부서에서 학교 쪽에 서면 질의를 보내 최근 답변을 받은 상태다.

박수진 기자 jin21@hani.co.kr

(19.2×22.5)cm

종교교육 때문에 학교를 '종교감옥'이라며 고통을 호소한다면 거기에는 분명히 문제가 있는 게 아닐까요?

우리 한국 사회에서 이와 같은 종교교육의 문제는 학교의 내부적 문제로 치부되며 오랫동안 외부에 크게 노출되지 않고 잠복해 왔습니다. 이 문제를 사회적 차원에서 진지하게 논의하게 된 계기는 2004년 대광고 학생회장 강의석 군의 종교교육 반대 투쟁에 의해서였습니다. 강 군은 당시 18세의 고등학교 3학년 학생으로서, 한국 사회에 종립중·고등학교의 종교교육 문제를 크게 부각시켰습니다.

종교교육 문제의 점화: 대광고 강의석 군 종교교육 문제 제기

"종교의 자유를 위해 앞으로 학교에서 강제적으로 이뤄지는 예배를 거부하겠습니다."

2004년 6월 16일 오전, 대광고등학교 학생회장 강의석 군(당시 18세, 3학년)은 학내방송을 통해 "종교적 자유를 인정하라."는 내용의 '종교 자유 선언'을 하였습니다. 기독교재단이 운영하는 사립학교에서 본인의 의사에 반해 행해지는 '강제 예배'를 헌법상 보장된 종교의 자유와 개인의 인권 침해로 규정하고, 이를 거부하겠다는 선언이었습니다. 그리고 그는 방과 후 서울시 교육청 앞에서 학내 종교의 자유와 예배 선택권을 요구하는 1인 시위를 하였습니다. 이어 이튿날에는 '미션스쿨 종교자유'라는 카페(이후 '학내종교자유'로 개명)를 개설하고 종교 자유를 위한 운동을 전개하였습니다.

그런데 7월 8일 기말고사를 치르기 위해 등교한 강의석 군은 학교 측으로부터 제적, 퇴교 조치되었습니다. 학교 측은 강 군을 퇴교시킨 이유가 종교적 자유를 요구했기 때문이 아니라고 해명했습니다. 학교에 의하면 강 군이 잘못한 것은 "학교의 방송 시설을 무단 사용하고, 학생들을 선동하는 등 8가지 학칙을 위반한 것"이라고 하였습니다. 이에 강 군은 1,800여 명의 '종교자유지지 서명'을 받은 진정서를 국가인권위원회에 제출했고, 서울북부지원에 '퇴학처분 효력정지 및 지위보전 가처분' 신청서를 제출했습니다. 그리고 8월 11일부터 학내 종교의 자유 관련 학칙 개정 등을 요구하며 단식을 시작했습니다. 이에 8월 말, 서울북부지방법원은 법원의 판결확정 시까지 퇴학 처분의 효력을 정지한다는 판결을 내렸고, 마침내 9월 25일 대광고 측이 예배 참석에 대한 학생들의 자율권을 보장한다고 약속함으로써 강 군은 단식을 46일 만에 중단했습니다.

이와 같은 '강의석 군 사건'이 언론에 보도되자 안티-기독교운동이 확산되는 등 우리 사회에 상당한 반향을 불러 일으켰습니다. 강 군은 강제적인 종교교육에 대한 불복종 운동을 통해 학생의 인권에 대한 문제의식을 드높인 인물로 평가되어, 〈한겨레 21〉에 의해 '2004년 올해의 인물'로 선정되기도 하였습니다. 그리고 2005년 1월 학교법인 대광학원을 상대로 낸 퇴학처분 무효확인 소송에서 승소함으로써 서울대 법대에도 입학할 수 있게 되었습니다. 대광고는 국가인권위원회의 중재를 받아들여 '현행 학생회칙의 개정과 수업 외 종교 행사에 대한 해결책 강구' 등의 사안에 합의했습니다.

그런데 강 군의 사건은 이것으로 끝난 것이 아니었습니다. 강 군은 2005년 10월 대광학원과 서울시교육청을 상대로 손해배상 청구소송을 제기하였습니다. 그 내용은 "학교의 일방적인 종교 강요로 종교의 자유를 침해받았다."는 것이었습니다. 이 소송에 대한 몇 차례 재판은 서로 극단적으로 엇갈린 판결을 내림으로써 사립학교 종교교육의 허용 범위에 대한 우리 사회의 관심을 다시 한 번 불러 모았습니다.

첫 번째 판결은 제소한 2년 후인 2007년 10월에 나왔습니다. 서울중앙지법은 대광고가 종교의 자유를 침해했다고 인정하고, 강 군에게 1500만 원을 위자료로 지급하라고 일부승소 판결을 내렸습니다. 그런데 2008년 5월, 이 1심에 대한 항소심에서 고등법원은 원심을 뒤집고 학교 측의 손해배상 책임을 인정하지 않았습니다. 판결의 요지는 "강 군이 그동안 종교교육에 대해 명시적으로 거부 의사를 표시하지 않았고 각종 학교 행사에 적극적으로 참여해 온 점 등에 비춰볼 때 학교가 원고 의사에 반해 강제로 종교 행사를 강제했다고 보기 어렵다."는 것이었습니다. 그런데 2010년 4월, 상고심에서 대법원은 미션스쿨에서도 종교의 자유가 인정되어야 한다며 원심을 파기환송시켰습니다. 대법원 전원합의체는 종교교육을 위해 설립된 사립학교에서도 학생들의 종교 자유가 보장돼야 한다고 판시함으로써 강 군의 손을 들어준 것이었습니다. 재판부는 '학교 측이 사전에 종교교육에 대해 충분히 설명하거나 학생의 동의를 얻지 않았고, 강 군이 지속적인 이의 제기를 했는데도 종교 행사에 참여할 것을 강요한 것은 불법행위'라고 판결했습니다. 또 '종교 과목 수업을 하면서 대체 과목을 개설하지 않고, 종교 행사의 참석 여부에 사전 동의조차 얻지 않은 점은 우리 사회의 건전한 상식과 법 감정에 비춰 용인될 수 있는 한계를 벗어난 것'이라고 밝혔습니다.

결론적으로 이 사건에 대한 대법원의 최종 판결은 강 군의 승소였습니다. 하지만 대법원의 판결에도 불구하고 우리 사회의 종교교육 문제가 근본적으로 해결되었다고 보기는 어려울 것입니다. 앞에서 살펴본 명지고 학생의 호소처럼 종립학교에서 종교교육을

우리에게 종교란 무엇인가

둘러싼 갈등은 지금도 벌어지고 있기 때문입니다.

사립중등학교에서 행해지는 종교교육과 관련하여 강 군이 제기했던 주장을 요약하면 다음과 같습니다.

첫째, 모든 국민에게 종교의 자유라는 기본권이 있지만 학내에서는 지켜지지 않고 있다는 것입니다. 학생들의 종교는 보장되어야 하며, 학내 종교 활동은 방과 후 개별적으로 이뤄지거나 특별활동 시간 동아리 형태로 진행되어야 한다고 주장합니다.

둘째, '종교교육'과 '종교 활동'은 분리되어야 한다는 것입니다. 사립학교가 건학 이념에 따라 종교교육을 할 수 있다 하더라도 그 내용은 다양한 종교의 역사나 사회적 의미와 같은 일반적인 것이어야 하며, 특정 종교에 대한 신앙을 강제하는 '종교 활동'이 되어서는 안 된다는 것입니다.

셋째, 타 종교를 가지고 있거나 무종교라고 해서 차별받아서는 안 된다는 것입니다. 학생회 임원이 되기 위해서는 특정 종교 기관에 출석해야 한다는 조항이 있어 출마하지 못하는 학생이 있으며, 교원 임용에서도 특정 종교의 신자로 제한하는 규정이 있다고 합니다.

넷째, 종교교육 시간에 타 종교를 비하하는 발언을 하는 교사들이 있다고 합니다. 이것은 교사의 자질과 관계되므로 교사의 임용 시 철저한 감독이 필요하다는 것입니다.

강 군의 사건은 그간 종교계 학교에서 암묵적으로 실시돼온 전교생 대상 종교 예배의식이 과연 타당한 제도인지 정식으로 문제를 제기한 것으로 우리 사회에서 매우 중요한 의미를 지니고 있습니다. 사학 측은 자신들의 존재 이유를 종교적인 건학 이념에 두고 있으며, 학생들을 일정 시간의 종교 수업과 의식에 참여시키는 건 당연한 권리라고 생각하고 있습니다. 이에 반해 학생 측은 학교 선택권이 없는 상황에서 강제로 배정된 학생들에게 특정 종교를 가르치는 것은 헌법에 보장된 종교의 자유를 침해하는 것이라고 주장합니다. 강의석 군 사건은 바로 이런 학생 측의 오랜 불만이 공식적으로 표출된 것으로서, 언젠가는 일어나야 할 일이었을 것입니다.

그런데 강 군이 제기했던 문제는 보다 넓은 시각에서 보면 헌법상에 보장된 국민의 '종교(양심)의 자유'와 여기서 확장된 사립학교의 '선교 즉 종교교육의 자유' 그리고 '중등교육의 평준화 정책'이라는 한국의 교육 시스템과 복잡하게 얽혀 있습니다. 이 삼자 간 관계의 충돌에서 빚어지는 종교교육의 문제는 쉽게 해결될 수 있는 문제가 아니고, 여전히 우리 사회에서 현재진행 중인 사안이라 할 수 있습니다.

중등 종립학교의 종교교육: 학교선택권과 학생선발권의 충돌

이쯤에서 우리나라의 중등학교 입시 정책과 교육의 현실에 대해 살펴보는 일이 필요합니다. '종교의 자유'와 '종교교육의 자유'의 갈등은 평준화 체제에서의 '학교 선택의 문제'와 깊이 연결되어 있기 때문입니다. 여기서 관건은 학생의 '학교 선택권'과 학교의 '학생 선발권'의 유무입니다.

현재 우리나라 대부분의 종립 사학에서는 건학 이념 실현의 일환으로 종교교육이 행해지고 있습니다. 그런데 종립학교는 종교

과목을 통해서만 종교교육을 하는 것이 아닙니다. 예컨대 종립중학교에서는 창의적 재량활동 시간을 통해, 종립고등학교에서는 철학이나 윤리 등의 과목 시간을 통해 종교교육을 진행합니다. 또 조회 시간이나 방과 후 시간에 다양한 의례(명상, 기도 등)를 진행하기도 합니다. 그리고 종립대학에서는 졸업 필수 학점인 예배 수업(채플)을 통해 종교교육이 주로 행해지고 있습니다.

우리나라 종교계 사립학교(이하 '종립학교'라 칭함)는 2004년 4월 현재 초·중·고·대학을 모두 포함하여 총 482개교로서, 전체 사립학교(1,974개교)의 24.4%입니다. 종교별로는 개신교 349개교, 가톨릭 82개교, 불교 24개교, 원불교 18개교, 기타 종교 9개교입니다. 이 가운데 종립중학교는 전체 사립중학교(662개교)의 25.2%, 종립고등학교는 전체 사립고등학교(939개교)의 24.2%를 차지합니다. 강 군의 사건을 계기로 문제가 되었던 종립고등학교의 경우를 종교별로 살펴보면, 2004년 현재 전체 종립고등학교 236개교 중 개신교계가 약 68%이며, 여기에 가톨릭계까지 합치면 기독교계 종립고등학교는 전체의 84.7%(200개교)에 해당합니다.

종교별 종립고등학교(2004년)

종교별	학교 수
개신교	162
가톨릭	38
불교	12
통일교	3
제칠일안식일예수재림교	8
기타	13
합계	236

그런데 서울시교육청이 2004년 최순영 의원에게 제출한 자료인 「서울시내 학교별 종교활동 현황」에 의하면, 개신교계에 속하는 종립학교는 불교나 천주교에서 설립한 학교에 비해 복수 과목을 편성하지 않아 종교 과목 선택을 사실상 강제하고 있으며, 강제적인 종교 활동을 실시하는 비율이 높게 나타나고 있습니다(《한겨레》 2004.8.23자 보도). 따라서 종립학교들의 종교교육은 해당 종교에 따라 나타나는 양상이 조금씩 다를 수 있다고 하겠습니다.

결국, 종립중등학교의 종교교육 문제는 학교 선택권의 여부와 관련되어 있음을 다시 주목할 필요가 있겠습니다. 한국에서 중학교 평준화는 1969년부터 시작했고, 고등학교 평준화는 1974년 서울과 부산의 일반계 고등학교에서부터 점차 다른 대도시로 확대했습니다. 따라서 이 제도의 영향권 내의 종립학교에는 학생 선발권이 없게 되었습니다. 마찬가지로 중고등학생들에게는—물론 특목고, 자사고 등 일부 예외적 경우가 있기는 하지만—학교 선택권이 없어졌다고 할 수 있습니다. 이와 같이 추첨제에 의해 학생이 배정되는 상황에서는 학생들이 그 학교의 건학 이념을 고려하여 선택한다는 보장이 없으므로 특별한 행정 지침이 필요하게 되었습니다. 따라서 교육부는 종립학교의 경우 〈교육부고시(제1997-15호)〉를 통해 특정 종교 과목에 대한 복수 과목(철학, 교육학 등)을 편성, 운영하도록 하고, 정규 교과 시간 외의 종교 활동에는 학생들의 자율적인 선택권을 보장하도록 지도하고 있습니다. 하지만 대부분의 종립학교들은 자신들의 건학 이념을 포기할 수도 없는 상황이어서 추첨으로 입학한 타 종교의 학생들에게도 특정 종교 중심의 종교교육을 실시해오고 있습니다. 바로 이런 상황에서 강의석 군 사건

우리에게 종교란 무엇인가

과 같은 문제가 발생한 것입니다.

대학의
채플 수업,
숭실대
대법원
판례가
전범이 되다

우리 사회에서 강의석 군 사건 이전에 종교교육과 관련한 문제 제기가 전혀 없었던 것은 아닙니다. 그 전에도 종교계 사립대학의 예배 수업, 일명 '채플chaple'이 해당 대학의 졸업 요건인 것에 관한 논란이 지속적으로 있어왔습니다. 2013년 현재 채플은 연세대, 이화여대, 숭실대, 서울여대, 명지대 등 전국 50여 개 대학에서 실시하고 있으며, 그들은 주로 개화기 때 서양 선교사들에 의해 세워진 미션스쿨의 전통에 따라 채플 수업을 시행하고 있습니다. 이들 학교에서는 학생들에게 일주일에 한 번씩 예배 형식으로 진행되는 '채플' 수업에 참여하게 하고, 대부분 이에 대한 의무 시수를 이수하지 못할 경우 졸업을 할 수 없도록 학칙에 규정하고 있습니다. 채플 의무 시수는 학교별로 달라 연세대는 4학기, 이화여대는 8학기, 숭실대와 서울여대는 6학기 등입니다.

사실 대학가의 채플 반대 움직임은 오래전부터 있어왔습니다. 그것이 밖으로 드러난 대표적 사례는 1995년 숭실대의 한 학생에 의해 제기된 법정 공방입니다. 당시 숭실대 법학과 고○○ 학생은 "6학기 동안의 대학 예배 참석을 졸업 요건으로 한 숭실대학의 학칙이 종교의 자유에 반하는 위헌적 학칙이며, 채플 불참으로 인해 학사 학위를 주지 않는 것은 부당하다."며 학위수여이행청구소송을 제기하였습니다. 그러나 이 숭실대 학생의 채플 반대 소송은 원심에서 패소하였습니다.

이 사건은 1995년 서울지법의 원심, 1998년 대법원에서의 확정 판결로 일단락되었습니다. 하지만 향후 사립대학의 종교교육에 대한 헌법적 판단에 중요한 준거를 제공하는 것으로서 매우 큰 의미를 갖게 됩니다. 1995년 7월 숭실대 학생의 채플 수업 반대 소송에 대해 이 사건의 1심 재판(김황식 재판장)은 "예배 참석 의무의 학칙이 학생들의 신앙을 가지지 않을 자유를 본질적으로 침해하는 것으로 볼 수 없다."며 원심 패소를 선언했습니다. 이 같은 판단의 근거는 크게 두 가지로 요약할 수 있습니다.

첫째, 사립대학교에 입학하는 학생은 그 학교를 선택함과 동시에 자연히 그 학교의 학칙과 규정을 포괄적으로 승인한다는 법리적 해석입니다. 1심 판결문은 다음과 같이 말하고 있습니다.

> "사립대학의 학생 신분을 취득하기를 희망하는 자는 학칙이나 규정 등이 입학안내나 시험요강 등에 기재되어 있지 않아 이를 미리 알지 못하였다 하더라도, 사립대학에 입학함과 동시에 학교 당국이 일방적으로 정한 학칙, 규정 등의 내용을 일괄하여 포괄적으로 승인한 것으로 되므로 그 내용에 기속된다."(서울지법 1995.7.6.선고 95가합30135 판결)

둘째, 보다 중요한 것은 이 판결의 논거가 당시 〈교육법〉 제5조의 "국립 또는 공립의 학교는 어느 종교를 위한 종교교육을 하여서는 아니 된다."는 규정에 근거해 있다는 점입니다. 교육법의 이 조항은 국립 또는 공립학교가 아닌 한, "종교 단체가 설립한 사립대학의 경우에는 종교의 자유에 의해 종교교육 내지는 종교 선전

우리에게 종교란 무엇인가

을 할 수 있다."는 해석의 토대가 되고 있습니다. 즉, 학생의 종교 자유보다 사학의 종교교육 자유가 우선한다고 보는 법률적 근거가 된다는 것입니다.

1998년 이에 관한 대법원 판결도 "사립대학교의 종교교육은 종교의 자유를 침해하지 않는다."고 했습니다. 대법원은 "기독교 재단이 설립한 사립대학교(숭실대학교)에서 일정 학기 동안 대학 예배에 참석할 것을 졸업 요건으로 정한 학칙은 종교의 자유를 규정한 헌법에 반하지 않는다."고 판시했습니다. 판결문의 요지는 다음과 같습니다.

> "사립대학은 종교교육 내지 종교선전을 위하여 학생들의 신앙을 가지지 않을 자유를 침해하지 않는 범위 내에서 학생들로 하여금 일정한 내용의 종교교육을 받을 것을 졸업요건으로 하는 학칙을 제정할 수 있다. 위 대학교의 예배는 목사에 의한 예배뿐만 아니라 강연이나 드라마 등 다양한 형식을 취하고 있고 학생들에 대하여도 예배시간의 참석만을 졸업요건으로 할 뿐 그 태도나 성과 등을 평가하지 않는 사실 등에 비추어볼 때…… 대학예배에의 6학기 참석을 졸업요건으로 정한 위 대학교의 학칙은 헌법상 종교의 자유에 반하는 위헌무효의 학칙이 아니다."
> (대법원 1998.11.10.선고, 96다37268 판결)

결론적으로 이 대법원 판례는 사립대학의 종교교육의 적법성을 뒷받침해주었습니다. "신앙을 가지지 않을 자유를 침해하지 않는 범위 내에서, 대학 예배 참석을 졸업 요건으로 하는 학칙은 헌법상 종교의 자유에 반하지 않는다."고 한 이 대법원 판례는 이후 우리나라 사립대학의 종교교육의 운영 방식에 커다란 영향을 미쳤습니다. 종교교육에 대한 국가인권위원회(이하 '인권위'로 칭함)와 교육부의 조치도 이 대법원 판례에 입각해 있습니다.

그러나 채플 수업을 받는 당사자인 학생들의 생각은 반드시 이 판례의 입장과 일치하지는 않는 것 같습니다. 숭실대 학생의 채플 반대 소송 이후에도 채플 수업에 대한 반대 운동은 여러 대학교에서 계속되었기 때문입니다. 예를 들어 2003년에는 이화여대, 명지대 등에서 채플 반대 모임이 결성되었습니다. 2003년 10월 명지대 인문대 학생회는 '기도하지 않을 권리와 기도할 권리의 평등'을 주장하며 채플 반대 운동을 펼쳤습니다. 이때 조사한 명지대 인문대 설문 조사에서 응답자 130명 중 100여 명이 채플 폐지에 찬성했습니다. 2003년 이화여대 총학생회 선거에는 '채플 반대'를 주장하는 후보가 나와 600여 명의 채플 폐지 동의 서명을 받았습니다. 또한 2003년 결성된 이화여대 '채플 반대 모임against the chapel'은 "신을 위해 기도할 권리만큼, 기도하지 않을 자유도 있다."고 주장하며 2004년 인권위에 학교의 채플 교육 강요에 대한 진정서를 제출했습니다. 그러나 인권위는 이 진정에 대해 동년 3월 앞에서 살펴본 대법원 판례를 근거로 각하결정을 내렸습니다.

2005년에는 연세대생 5명이 돌아가면서 채플 강제 이수 폐지를 위한 1인 시위를 하였습니다. 2006년에는 숭실대 학생 12명이 교육부에 종교교육과 관련한 학칙 변경 청구서를 전달하고, 인권위에 진정을 했습니다. 그리고 2007년에는 숭실대 학생 2명이 학내 종교의 자유를 위한 헌법 소원을 했습니다. 2012년에는 계명대의

2011년 4월 4일 이화여대 대강당 앞 계단에서 학생들이 필수과목인 기독교 예배 수업 '채플' 수강 거부 선포대회를 갖고 있다.

박 모 군이 채플 폐지를 위한 1인 시위를 하였고, 대구참여연대는 이 문제로 인권위에 진정을 했습니다.

그러나 이처럼 사립대학의 채플 문제가 좀처럼 가라앉지 않는 상황에서도 인권위와 교육부는 강의석 군의 경우와는 달리 학생의 종교 자유보다 사립대학의 종교교육 자유 편을 들어주었습니다. 이와 같이 대학의 경우, 종립고등학교와는 다른 판단을 내리는 이유가 무엇일까요? 그 핵심은 대학생의 경우에는 학교 선택권이 있기 때문이라고 합니다. 그리고 대학의 채플 수업은 예배 형식만 있는 것이 아니라 강연이나 드라마 등 다양한 형식으로 발전하여 행하고 있으므로, 그러한 형식의 채플은 학생들의 '신앙을 가지지 않을 자유'를 침해하지 않는다고 보기 때문입니다. 그렇다면 과연 그 두 가지 이유가 정당한지 차례로 살펴보기로 합시다.

먼저, 우리나라의 대학 입시 상황에서 학생들이 완전한 의미에서 학교 선택권을 가지고 있는지 반문해볼 필요가 있습니다. 대학 입시가 형식상으로는 학생들의 자발적인 선택의 모습을 취하고 있지만, 사실 그 내용에서도 순수한 자발성을 가지고 있다고 할 수 있을까요? 실제 그 속사정을 들여다보면 학생들은 내신과 수능 점수에 의해 강제로 배정되고 있는 게 아닐까요? 시험 성적에 의한 대학교 간 서열화가 명확한 한국 사회에서 입시생들이 대학 선택 시 해당 대학의 종교적 배경과 역사를 얼마나 진지하게 고려해볼 수 있을까요? 아마 대부분의 대학 신입생들은 그 학교의 교육 내용을 보고 선택할 수는 있어도, 그 학교의 종교적 배경을 보고 결정하지는 않을 것입니다. 실제 우리나라 상당수의 명문 사립대학들은 종교적 사학 재단에서 설립한 것입니다. 그러나 그 종교적 배경 때문에 합격생들이 그 명문 대학을 포기한다는 것은 거의 상상할 수 없는 일입니다.

그럼 이번에는 다양한 형식의 채플이 학생들의 '신앙을 가지지 않을 자유'를 침해하지 않는다고 보는 입장은 어떨까요? 채플 수업의 이수 당사자인 채플 반대 학생들은 채플이 '신앙을 가지지 않을 자유'를 침해하고 있다고 보는 데 반해, 우리나라 재판부의 판례는 그것이 "신앙을 가지지 않을 자유를 침해하지 않는 범위 내에 있다."고 보고 있습니다. 이 관점의 차이는 어디에서 연유하는 것일까요? 학생들 사이에는 채플 시간을 졸거나 딴생각을 하면서 버려도 되는 시간으로 치부하거나, 대리 출석 아르바이트를 고용하여 때우는 경우도 있다고 합니다. 이는 출석 체크만 할 뿐, 그 내용에 대해 엄밀한 평가를 하지 않는 채플 수업 특유의 성격에 기인하는 측면도 있습니다. 여기서 채플이 신앙을 강제하지 않는 듯 보이기도 합니다. 하지만 그렇다고 해당 사학의 종교를 가지지 않은 학생이 반드시 의무적으로 채플 수업을 이수해야 졸업한다는

우리에게 종교란 무엇인가

조항이 종교의 자유와 충돌하지 않는 것일까요? 만약 종교의 자유를 침해하지 않는다고 한다면, 그것은 한 종교의 예배나 교리 강연에 노출된 학생들의 심적 부담을 고려하지 않는 것이며, 동시에 채플을 통해 제공되는 한 종교의 의식의 존엄성과 사상의 진지함을 너무 가볍게 취급하고 있는 것은 아닐까요? 우리 사회는 앞으로 이 점에 대해 보다 진지하게 숙고할 필요가 있으며, 종교라는 현상에 대해서도 더욱 성숙한 안목을 키워나가야 할 것입니다.

정교분리 사회에서 종교의 자유 vs. 종교교육의 자유

큰 틀에서 본다면 한국 사회의 종교교육 문제는 이와 같이 중·고등학교의 종교교육과 대학교에서의 종교교육의 문제라는 이중적 차원에서 발생하고 있습니다. 그리고 그 둘은 서로 다른 가치판단에 의해 유지되는 기현상을 보이고 있습니다. 법원은 중·고등학교의 종교교육 문제에서 학생의 종교 선택 자유가 종립사학의 종교교육 자유보다 존중되어야 한다고 최종 판결했습니다. 반면에 대학교에서는 사학 측의 종교교육 자유가 학생의 종교 자유보다 더 크다는 대법원 판례가 막강한 영향력을 행사하고 있습니다.

그렇다면 앞으로 바람직한 종교교육의 방향은 어떠해야 할까요? 이에 관하여 몇 가지 의견을 제안하면 다음과 같습니다.

1) 종립사학의 교육기관으로서의 본질과 정체성을 근원적으로 되짚어볼 필요가 있습니다. 종립학교는 그 존재의 제1 목적이 교육기관이지 종교(선교) 단체인 것은 아닐 것입니다. 특정 종교인을 양성하고자 하는 교육 목적은 개별 종교 단체나 성직자 양성기관에

적합한 것이며, 일반 종립사학은 우리 사회가 합의할 수 있는 보편적 교육이라는 1차적 목적에 충실해야 할 것입니다. 또 우리나라의 사학들은 재정적으로 완전히 독립되어 있지 않으며 대부분 정부로부터 지원을 받으므로 공립학교적 의무를 지닌다는 지적도 있습니다. 그렇다면 종립학교의 종교교육은 특정 종교를 위한 '무조건적 종교교육'이 아닌 '일정한 한계를 지닌 종교교육'으로 그 성격을 규정해야 할 것입니다. 종립학교의 종교교육 자유는 방과 후나 주말 등을 이용한 특별활동을 통해, 그리고 종교교육에 대한 선택의 자유를 학생들에게 부여하고 종교교육의 이수를 성적이나 졸업 여건의 필수 요소로 삼지 않음으로써 '일정한 한계 내에서' 실현할 수 있을 것입니다.

2) 법률적 차원에서는 사립학교 학생들이 입학과 동시에 해당 학교의 종교교육을 받는 데 동의한 것이라고 보는 법리적 해석이 과연 타당한지 되돌아볼 필요가 있습니다. 현행 중·고등학교의 학생 선발 방식에 의하면 학생들은 종교적 기준과는 상관없이 학교에 임의로 배정되고 있습니다. 대학을 진학하는 경우에도 종교적 요소를 고려하는 경우는 극히 희박할 것입니다. 이런 현실을 무시하고, 학생들이 입학과 동시에 종립학교의 건학 이념과 학칙에 자동적으로 동의했다고 주장하고 특정한 종교교육을 강요하는 것은 재고해봐야 할 것입니다.

종립사학 측도 그동안 일종의 금기에 속했던 종교교육의 문제가 최근 우리 사회에서 큰 이슈가 되고 있는 사실에 주목할 필요가 있습니다. 우리나라에서 1886년 종교(선교)의 자유가 선포되었을 무렵, 교육을 통한 선교는 커다란 의미가 있었을 것입니다. 하지

우리에게 종교란 무엇인가

만 각종 대중매체를 통해 자유로운 선교가 가능하며 도처에서 종교를 만날 수 있는 오늘날 굳이 교육을 통한 선교가 필요한지 숙고해볼 필요가 있습니다. 미국의 경우 하버드 대학교는 이미 1886년에 의무 채플을 중단했으며, 일본의 대표적인 기독교 대학인 도시샤同志社 대학도 1960년대에 채플을 자율화했다고 합니다.

3) 우리 사회에도 '인문적 교양 교육'으로서의 종교교육이 요청되고 있습니다. 앞에서 살펴본 것처럼 우리나라는 종교의 자유와 정교분리가 헌법에 명시된 이른바 '세속 국가'입니다. 이러한 세속적 사회에서 요청되는 종교교육은 '특정 종교를 위한 신앙 교육education of religion'이 아니라 종교 일반에 관한 지식과 교양을 목적으로 하는 '종교에 관한 교육education about religion'이 되어야 할 것입니다. 그것은 '종교에 관한 교양 교육' 혹은 '인문학적 종교교육'이라 부를 수도 있을 것입니다.

'교양으로서의 종교교육'이 필요한 이유는 우리나라가 세속 국가라는 이유 외에도 다종교 사회이기 때문입니다. 우리나라는 단 하나의 종교가 국교로서 존재하지 않으며, 인구의 약 절반이 무종교인 사회입니다. 종교 인구는 기독교와 불교로 거의 양분되어 있으며, 그 외에도 여러 종교가 자유롭게 공존하고 있습니다. 이런 현실에서 종교는 자칫하면 우리 사회의 갈등과 불화의 원인이 되기 쉽습니다. 종교에 대한 전반적 무지는 종교인과 무종교인 그리고 특정 종교인들 간의 반목과 오해를 불러일으킬 수 있습니다. 종립 사학도 이러한 한국 사회의 현실을 반영하여, 다양한 종교들이 상호 존중과 배려 속에서 공존을 지향하는 종교적 가치관을 종교교육의 구성 내용으로 삼을 것을 고려해야 할 시점입니다.

더
읽어볼 만한
글

강돈구, 「한국의 종교정책과 종교교육」, 『종교연구』 제48집, 2007.
고병철, 「한국의 종교교육—중등 종립학교를 중심으로」, 『종교연구』 제46집, 2007.
송기춘, 「종교학교에서의 종교교육과 학생의 종교의 자유—평준화지역의 중등학교를
　　　중심으로」, 『공법연구』 vol.33, no.1, 한국공법학회, 2004.
최승환, 「학교내 종교자유: 누구를 위한 자유인가?」, 『종교문화비평』 8호, 2005.

더
찾아볼 만한
사이트

종교자유정책연구원 홈페이지 http://www.kirf.or.kr/

다문화 시대의
종교
기상도는?

박종수

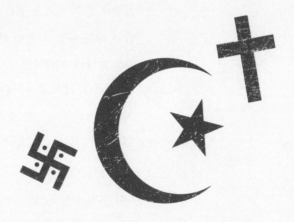

다문화 사회는 다양한 문화의 운반자로서 이주민에 주목하여 그들과 어떻게 살아가야 하는가에
대해 문제를 제기합니다. 이 다양한 문화의 마주함에는 종교도 예외일 수 없기에, 다문화 시대에는
이전보다 더 많이 타 종교와 관계 맺는 방식에 대해 고민하고 배울 필요가 있습니다. 그렇다면 다문화
시대의 종교 기상도는 어떻게 예보될 수 있을까요? 서구 사회의 경험은 우리에게 어떤 교훈을 줄
수 있을까요? 선교와 포교 방식에는 환대의 윤리와 관용의 미덕이 발휘될 수는 없는 걸까요?

엄마: 이게 너, 리즈반이야, 누구?

아들: 리즈반.

엄마: 그래, 그리고 이 사람은 손에 몽둥이를 든 사람이란다. 이 사람이 널 때린다면 어떻겠니?

아들: 나빠요. 때리는 건 나쁜 거예요.

엄마: 그래, 나쁜 거란다. 그럼, 이건 다시 너란다. 그리고 이건 사탕을 든 사람인데, 사탕을 너한테 준다면 어떻겠니?

아들: 사탕은 달콤해요. 좋은 거예요. 좋은 사람이에요.

엄마: 그래, 좋은 거란다. 그럼 이제, 누가 힌두교인이고, 누가 무슬림인지 말해볼래?

아들: 둘 다 똑같이 생겼어요.

엄마: 그래. 아들아, 꼭 기억해두렴. 세상엔 두 종류의 사람이 있단다. 좋은 행동을 하는 좋은 사람. 그리고 나쁜 행동을 하는 나쁜 사람. 그런데 하는 행동이 다를 뿐, 다른 차이점은 없단다. 이해하겠니? 이해했다면 말해볼래?

아들: 좋은 사람, 나쁜 사람. 다른 차이점은 없다.

위의 내용은 〈내 이름은 칸〉이라는 영화의 한 장면입니다. 자폐증을 앓고 있는 아들 리즈반은 힌두교인들에게 수난을 당한 무슬림들이 하는 이야기("죽일 놈들! 그놈들이 무자비하게 쏴 죽였어!")를 듣고서 그 말을 따라 합니다. 아들의 이런 행동을 보고 엄마 라지아 칸은 아들에게 위의 대화 내용과 같이 노트에 그림을 그려가며 설명합니다. 세상엔 좋은 사람과 나쁜 사람처럼 두 종류의 사람이 있는데, 두 사람은 하는 행동이 다를 뿐 차이가 없다고요. 위의 장

우리에게 종교란 무엇인가

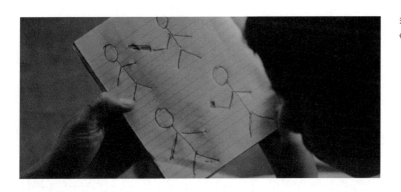

면에서 엄마가 아들에게 선과 악, 또는 아군과 적군이라는 이분법
을 설명하는 게 아니라는 것은 분명하리라 봅니다. 여러분들은 엄
마의 설명을 어떻게 이해하셨나요?

　영화는 9·11 사태 이후 무슬림들이 겪게 된 상황을 리즈반 칸
의 시선을 통해서 보여주고 있습니다. 이 영화는 오늘날 다문화 시
대의 종교 기상도에 어떤 전선이 형성될 수 있을지 예보하는 듯합
니다. 누군가의 표현처럼 문명의 충돌이 가속되어 한랭전선을 형
성할지 모르고, 문명의 공존처럼 온난전선을 형성할지도 모릅니다.
영화의 결말은 개신교로 대표되는 미국 대통령과 이슬람교로 대
표되는 리즈반 칸이 현재 동일한 시간을 공유하고 있다는 식으로
온난전선이 형성될 수도 있다고 예견합니다. 그런데 영화는 영화일
뿐, 다문화 시대에 놓여 있는 한국 사회의 종교 지형에는 어떤 변
화가 나타날 수 있을까요? 우리 사회의 다문화 현상을 이해하기
위해서는 다문화 사회를 먼저 경험했던 서구 사회를 알아보는 것
이 도움을 줄 듯합니다. 물론 서구 사회가 경험했던 다문화 현상
이 한국 사회에 그대로 나타난다는 의미는 아닙니다. 다만 다문화
현상이 어떤 배경에서 출현하게 되었고, 그에 따른 사회의 변화가

어떻게 나타나고 있으며, 논쟁이 되는 것은 무엇인지를 이해하기 위함입니다.

서구 사회의 다문화 현상과 이슬람포비아

서구 사회가 현대의 다문화 현상에 대해 본격적으로 논의하기 시작한 때는 1970년대 전후입니다. 그 이전부터 다양한 곳으로부터의 이주를 통해서 서구 사회로 편입된 아프리카, 동유럽, 아시아 국가 출신의 이주자들이 집단을 형성하면서 다양한 권리를 요구했던 것이 발단이 되었던 것이지요. 이주는 자본의 흐름과 무관하지 않다고 합니다. 대체로 제3세계나 아시아에서 산업화된 서구 사회로 이주하는 경향이 뚜렷합니다. 우리 사회의 대다수 이주민도 마찬가지입니다. 1970년대 전후 서구 사회는 노동, 유학, 결혼, 이민 등 장기 체류 성격의 이주민들을 일정 기간, 같은 공간에서 함께 살아가야 하는 존재로 받아들이기 시작했습니다. 다양하지만 소수자인 이주민들에게 인정을 베풀어야 한다는 사회 공동체적 가치가 만들어진 셈이지요. 이러한 가치는 다문화주의 정책이라는 제도를 통해서 다양한 소수자들을 주류 사회로 편입시켜 사회 통합에 기여하려는 방향으로 진행되었습니다.

미국과 캐나다는 국가의 성립부터 다민족으로 구성된 나라이기에 다문화주의가 비교적 쉽게 정착할 수 있었습니다. 영국과 프랑스를 비롯한 유럽에서도 식민주의 건설에서 비롯된 이주민의 증가로 소수자에 대한 논의가 일찍부터 있었습니다. 그런데 다문화주의가 모든 국가에서 동일한 의미를 갖진 않습니다. 왜냐하면 각 국

우리에게 종교란 무엇인가

가마다 이주민을 수용하게 된 배경이 다르기 때문이죠. 그래서 다문화주의를 이야기할 때 용광로, 모자이크, 무지개, 샐러드 볼 등으로 비유하면서 다문화주의를 다양한 의미로 사용하기도 합니다. 그러나 다문화주의가 이렇게 다양하게 표현된다고 해도 사회적 통합을 지향한다는 공통분모는 갖고 있는 듯합니다. 왜냐하면 다문화주의 논의는 이주민의 증가로 인해 발생하게 된 여러 문제 제기를 해결하기 위해서 시작되었기 때문입니다.

그런데 2011년 초 유럽, 호주 등에서 각 정상들이 다문화주의를 철회하겠다고 선언하였습니다. 보수 우익 진영의 유권자들을 의식한 정치적인 발언이란 비판이 제기되고 있습니다. 프랑스는 2010년 수천 명의 집시를 추방하였고, 2011년엔 이민자 수용 쿼터를 연 18만 명으로 축소·유지하겠다고 선언하기도 했습니다. 그리고 2011년 여름엔 노르웨이 오슬로에서 연쇄테러 사건이 발생했습니다. 집권 여당이 주최한 청소년 캠프장에서 총기를 난사해 수십 명

노르웨이 오슬로 연쇄테러의 범인 아네르스 베링 브레이비크(Anders Behring Breivik)의 스케치 초상화. 그는 범행 전 1,518쪽에 달하는 〈2083: 유럽 독립 선언서〉를 인터넷에 게시하였다. 이 선언서에는 테러 준비 계획과 다문화주의에 대한 비판이 담겨 있다.

의 목숨을 앗아간 이 사건은 유럽의 극우주의가 극단적인 형태로 나타나고 있음을 보여주는 사례입니다. 이처럼 최근 유럽에서는 극우 진영이 세력을 넓히고 있는데, 이들은 무슬림을 포함한 타 민족에 대해 상당히 배타적인 정서를 갖고 있습니다.

프랑스에서는 2011년 4월 여성들에 대한 '베일 금지법a law banning face-covering veils'이 발효됐습니다. 베일은 무슬림 여성이 자신의 정체성을 드러내는 전통 의상인데, 프랑스 정부는 베일이 여성에 대한 억압을 상징하고 사회 통합을 어렵게 한다면서 국가기관 등 공공장소에서 베일(부르카, 히잡, 니캅 등)을 벗지 않으면 150유로(약 21만 원/2012.8.9. 기준)의 벌금을 부과하고 재교육 수업에 참여시킨다고 합니다. 뿐만 아니라 베일을 착용하도록 강요한 종교 지도자, 아버지, 남편 등에게도 3만 유로의 벌금과 1년의 징역형을 부과할 방침이고요. 프랑스에서 베일을 착용하는 여성은 무슬림 500여 만명 중 2,000여 명에 불과하다고 합니다. 우리나라에서는 이 사건을 KBS 스페셜에서 〈프랑스의 선택, 부르카를 벗기다〉편을 방송하여 베일 금지법을 둘러싼 논란을 소개했었습니다(2011.4.17. 방송). 그리고 이 논란은 전 유럽으로 확산되고 있습니다.

베일 금지법의 표면적 쟁점은 보편적 인권으로서의 종교 자유를 어느 영역까지 허용할 것인가입니다. 프랑스에서는 일종의 정교분리 원칙인 '라이시테laïcité'라는 정신이 있다고 합니다. 이 정신은 국가에 미치는 종교의 영향력을 제한함으로써 시민들의 자유를 보장하자는 취지에서 비롯되었습니다. 그러나 최근에는 무슬림 이주민들의 종교 자유를 억압하는 논리로 사용되고 있다는 점에서 비판이 제기되고 있습니다. 모 일간지 기사 제목처럼, 베일 금지

우리에게 종교란 무엇인가

법의 이념적 기반인 라이시테가 톨레랑스tolérance라는 관용의 정신을 벗겨낸 것은 아닌지 생각해볼 문제입니다. 그런데 겉으로 드러난 갈등 이면에는 이슬람교에 대한 유럽인들의 뿌리 깊은 혐오감이 자리 잡고 있는 것 같습니다.

이슬람교에 대한 혐오감을 최근에는 '이슬람포비아Islamophobia'라고 부르기도 합니다. 이 용어는 이슬람교Islam와 포비아phobia의 합성어입니다. 포비아는 두렵거나 불안한 상태를 나타내는 의학 용어였는데, 최근에는 사회현상을 나타내는 용어로도 사용되고 있습니다. 반이슬람주의anti-Islamism와 같은 의미로 받아들여지기도 하지요. 이슬람포비아 현상은 9·11 사태 이후 더욱 노골적으로 나타나고 있습니다. 앞서 언급했던 영화 〈내 이름은 칸〉이 이러한 상황을 잘 보여주고 있습니다. 무슬림을 테러리스트로 비난하거나 침을 뱉고, 집단적으로 따돌리거나 오사마Usama라고 부르는 사례가 대표적입니다.

다문화 사회로 접어든 한국과 민족주의

이제 시선을 우리 사회로 돌려보겠습니다. 한국 사회에서는 언제부터 다문화 현상이 있었을까요? 역사적으로 본다면 한국 사회에서의 다문화 현상은 삼국시대부터 있었다고 볼 수 있지만, 자본의 이동에 따른 현대적 의미의 다문화 현상은 1980년대 말부터일 듯합니다. 단일민족주의와 순혈주의를 표방해왔던 우리 사회도 전 지구적인 흐름에 역행할 수는 없었던 모양입니다. 홍선대원군이 살아서 돌아온다고 해도 말이죠. 고부가가치 산업으로 경제구조가 재편되면서 한국 노동자들은 3D업종(제조업, 광업, 건축업과 같은 더럽고 위험하며 힘든 일)을 기피하게 되었습니다. 정부는 그 해결책으로 외국인 노동력을 받아들이게 되었지요. 이주 노동자들은 '코리안 드림'이라는 꿈을 갖고 산업연수생, 고용허가제 등으로 한국에 들어와 한국인들이 기피하는 업종에서 대부분 종사하게 되었습니다. 이들은 중국, 베트남, 필리핀, 인도네시아, 파키스탄, 몽골 등에서 온 사람들이 대부분입니다. 서구 또는 일부 아시아에서만 볼 수 있었던 노동력의 이동이 어느덧 우리 사회에서도 익숙한 풍경이 되었습니다.

한국 다문화 사회의 단면을 그려낸 영화가 몇 편 있었습니다. 그 중에 황병국 감독의 〈나의 결혼 원정기〉(2005)는 한국의 인신매매적 국제결혼의 세태를 풍자적으로 그려냈고, 육상효 감독의 〈방가? 방가!〉(2010)는 우리 사회 여주 노동자의 현실을 풍자적으로 보여주었습니다. 방가는 '방家'로서 방 씨 성을 가리키기도 하며 '반갑습니다'를 의미하기도 합니다. 영화 속 이주 노동자들이 '이미그레이션immigration, 출입국관리소'을 외치며 단속을 피해 도망치는 부분은 한국 다문화 사회의 문제점을 드러내주기도 했습니다. 사진속 내용은 영화의 절정 부분으로, 강제 추방을 앞둔 이주 노동자들이 이전부터 준비했던 외국인 노래자랑의 모습입니다. 이 노래자랑의 취지는 외국인들이 한국 사회에 얼마나 적응했는가, 한국어에 얼마나 숙달되어 있는가, 그리고 한국 노래를 얼마나 잘 소화해서 부르는가를 경연대회 방식으로 보여주는 것이었습니다. 그래서 이들이 준비한 곡도 〈찬찬찬〉이라는 트로트 가요였지요.

그런데 이들은 준비했던 한국 가요를 부르지 않았습니다. 만약

우리에게 종교란 무엇인가

이 영화에서 이 반전이 없었다면, 이 영화는 그저 그런 코미디에
불과했을 듯합니다. 이들은 자신의 모국어로 자신들의 감정을 담
아낸 노래를 불렀습니다. 앵무새처럼 한국인의 노래를 부르는 것
이 아닌, 이주민 자신들의 목소리가 반영된 그런 사회를 지향해야
한다는 것이 감독이 의도한 바가 아닌가 합니다. 그렇다면 〈내 이
름은 칸〉이 다문화 시대의 종교 기상도에 변화를 예고한 것처럼,
〈방가? 방가!〉도 한국 다문화 사회에서 종교 기상도의 변화에 대
해 예견할 수도 있지 않을까요? 이주민은 다른 지역으로 이동하면
서 몸만 옮겨지는 것이 아니라 자신의 언어, 문화, 종교 등을 함께
갖고 움직이기에, 〈방가? 방가!〉에서 보여준 이주 노동자들이 자신
들의 문화적, 종교적 소신을 자유롭게 표현하는 것이 다문화 사회
가 지향해야 할 바가 아닐지 모르겠습니다.

서구 사회에서는 이주의 역사가 비교적 오래됐고 그들이 요구하는 것들이 단계적으로 나타났다고 합니다. 초창기의 이주민들은 대체로 경제적 목적으로 이주했기에, 주류 사회로 편입하기 위해서 경제적 권리를 우선적으로 요구했습니다. 그러다가 점차 정치적, 사회적, 문화적 권리를 주장하게 되었습니다. 이러한 맥락에서 이주로 인한 다문화 사회의 문화적 쟁점은 생존에 직접적으로 연계된 경제적, 정치적 문제보다는 덜 시급하다고 지적할 수 있습니다. 예컨대, 우리 사회에서는 이러한 단계적 대비도 없이 문화적 권리에 대해서 호들갑을 떨고 있다는 비판이 제기되고 있습니다. 하지만 서구 사회와 우리 사회의 상황이 다르므로 문화적 쟁점에 대한 대비가 경제·정치적 쟁점보다 덜 중요하다고는 할 수 없겠습니다. 오히려 다양한 쟁점들이 동시다발적으로 논의되어 사회적 합의를 이끈다면 다문화 사회로의 전환에 보다 수월하게 대비할 수 있을 테니까요.

다문화란 하나 이상의 복수의 문화이며, 다문화주의는 다인종, 다민족으로 구성된 사회와 국가에서 문화의 중심이 되는 주류 문화에 대한 대응 개념으로, 다양성의 존중을 내포하는 개념이기도 합니다. 우리 사회는 얼마 전까지만 해도 "우리 것은 좋은 것이여." 또는 '신토불이身土不二'라며 우리의 것에 집착하여 외부의 것들에 대해 배타적인 경향이 짙었습니다. 뿐만 아니라 한류라는 담론을 기획·조장하면서 한국 문화의 독창성과 우수성을 해외에 홍보하기에 여념이 없습니다. 우리 문화에 대한 자부심은 민족주의적 자긍심에 기인하고 있는 듯합니다. 그런데 이러한 인식에도 균열이 생기기 시작했습니다. 민주주의의 성장과 더불어 시민 의식이 한층 고양된 까닭이지요. 뿐만 아니라 세계시민으로서의 인식도 한

몫하고 있는 듯합니다.

우리 사회의 구성원으로서 이주민들은 이주 노동자, 다문화 가정(결혼 이주민과 그 자녀), 유학생, 북한 이탈 주민 등으로 유형이 나누어집니다. 통계청의 2010년 통계조사에 의하면 외국인의 수가 전체 남한 인구의 약 2.5%인 1,237,517명이라고 합니다. 대략 42명 중 1명이 외국인이라는 것이지요. 한국 정부에서는 이들 중 다문화 가정만 다문화 정책의 대상으로 삼고 있습니다. 현재 다문화 가정은 대략 18만 정도라고 합니다. 그렇다면 나머지 5배 이상에 해당하는 이주민들은 다문화 정책에서 제외되어 있는 셈입니다. 상당수의 이주 노동자는 이 정책에서 배제되어 인권과 문화적 권리를 향유하기 어려웠습니다. 물론 현재는 상황이 조금씩 나아지고 있지만요. 그러나 다문화 가정에 대한 정책의 변화가 시급한 현실입니다. 민족주의적 동화주의에 바탕을 둔 정책이니까요.

다문화 · 다종교 지형과 종교계의 선교 전략

현대사회에서 이주는 단순히 몸만 이동하는 것이 아니라, 이주자의 가치관과 종교 그리고 문화가 함께 옮겨지는 현상입니다. 그런 의미에서 이주로 인한 다문화 현상은 경제적·사회적 지형과 더불어 종교적 지형에도 영향을 미칠 수 있습니다. 그리고 다문화 시대는 한 사회 안에서 다양한 문화가 끊임없이 만나는 긴장된 현실에서 공존 또는 공생의 방법을 모색하는 시대이기도 합니다.

이러한 시대적 상황에서 근본주의를 강조하는 종교는 더 이상 시대에 적응할 수 없을 듯합니다. 따라서 타 종교에 대해 이해와 인정의 자세가 요청되고 있습니다. 이러한 시대적 요구를 반영한 종교계의 선교 전략을 다문화 선교·포교 또는 이주민 선교·포교라고 부를 수 있을 듯합니다.

한국 종교의 교세 확장 전략은 최근까지 유행했던 해외 선교·포교가 이제 국내 이주민을 대상으로 한 다문화 선교·포교로 옮겨진 듯합니다. 한국 개신교는 2004년 고 김선일 씨 사건으로 해외 선교 전략을 수정하면서, 해외 선교에서 잃은 성장 동력을 다문화 선교에서 찾고 있는 듯합니다. 이주민에 대한 종교계의 선교 전략은 동화와 배제의 방향으로 나타나고 있습니다. 동화의 방향은 이주민을 보편적 보살핌의 대상으로 인식하면서 진행되고, 배제의 방향은 적대적 대상으로 인식하면서 전개되고 있는 듯합니다. 한국 종교들은 이들을 보편적 인간 또는 보살핌의 대상으로 인식하다가 점차 자신들의 종교적 정체성에 위협적인 존재로 인식의 자리를 옮기는 경향이 있는 듯합니다.

앞서 언급했던 서구 사회의 이슬람포비아 현상이 우리 사회에서도 이슈가 되었던 적이 있었습니다. 개신교 일각에서 객관적 근거와 사실 관계에 대한 규명 없이 "이슬람이 몰려오고 있다."는 구호를 유포시켰던 것이지요. 이들에 의하면, 국내 이주 노동자 중 약 2만 명 정도가 이슬람화를 목표로 삼고 있는 직업적 선교사라고 합니다. 이에 대해 누군가는 한국 개신교가 이슬람포비아 현상을 유포시킴으로써 현재의 총체적 위기를 타개하기 위한 수단이라고 분석하기도 했습니다. 외부의 적을 설정함으로써 내부의 응집력을 강화하기 위한 수단이란 말이죠. 그 근거로 서구의 이슬람포비아에 비해 한국의 경우 물리적 폭력이 동반되지 않았으며, 일반 사

우리에게 종교란 무엇인가

회보다 개신교의 장에서 더 부각되고 있으며, 빠른 속도로 확산된 뒤 약화되는 과정을 거쳤다는 점을 지적하였습니다.

종교계 중에서 통일교가 이주민에 대한 선교 전략을 가장 먼저 구체화하지 않았나 싶습니다. 통일교는 국제결혼을 통해서 형성된 다문화 가정에 대해 자체의 교리에 맞춰 이주민을 수단화하고 있다는 혐의를 받는 듯합니다. 통일교는 한때 세계평화통일가정연합으로 정체성을 전환하면서 가정을 보다 부각시켰던 적이 있습니다. 그러나 한국 다문화 사회가 논의되기 이전부터 국제결혼을 통한 '다문화 가정'을 형성하였다지만, 자발적 이주에 의한 가정의 형성이라기보다 종교적 신념 또는 타의적 강요에 의해 가정이 형성되었다는 점에서 논란의 여지가 있는 상태입니다. 현재 개신교와 천주교에서는 이주 노동자의 인권 보호와 사회적 문제를 해결하기 위해 시작된 '이주노동자지원센터' 또는 '중국동포의 집' 등이 초기에 보여줬던 표면적 목적에서 '이슬람포비아' 현상과 같은 공격적 선교 지향 형태로 변하고 있다는 점에서 논쟁이 부각되고 있습니다. 물론 선교 지향적인 정체성을 강하게 갖고 있는 개신교와 천주교로서는 당연한 논리이겠습니다. 하지만 다문화 사회라는 독특한 상황에서 이러한 정체성이 어느 범위까지, 어떠한 방법까지 허용될 수 있는가에 대한 보다 진지한 성찰이 요청되고 있습니다. 불교에서는 이주민에 대해 인연이라는 보편적 시각으로서 볼 것인가, 자비의 발현이라는 시혜적 대상으로 볼 것인가라는 인식 근거에 대한 논의가 있었습니다. 그리고 불교, 원불교에서는 복지를 비롯한 축제와 이벤트 등을 통해서 이주민 포교·교화 전략이 드러나고 있습니다. 그러나 이것이 순수한 '자비'의 발현으로서 나타난다고 볼 수도 있겠지만, 베푸는 자와 받는 자를 분리시켜 상대적인 우위를 점하면서 포교·교화를 용이하게 할 수 있는 전략으로 사용될 수도 있기 때문에 논쟁이 일어날 수도 있을 듯합니다.

최근 종교계에서는 다문화 선교의 한 방편으로 다문화 교육에 관심을 기울이는 듯합니다. 정부에서 운영을 위탁하는 다문화가족지원센터의 경우 시설 단체가 종교 단체인 경우가 늘어나고 있습니다. 그런데 종교 단체가 주체가 되어 다문화 관련 사업을 진행할 경우 공공성을 확보해야 할 기관이 특정 종교의 선교의 장으로 활용될 위험이 있을 듯합니다. 실제로 개신교나 불교계에서 운영하는 다문화가족지원센터에서는 다문화 교육 또는 한국 문화 체험의 일환으로 그 종교의 의례에 참여하도록 요구하는 경우도 발생하곤 합니다. 다문화 교육이란 문화적, 인종적 배경이 다른 사람들에게 상호 문화적 전통을 이해하고 존중함으로써 인간의 존엄성과 평등성을 증진시키는 교육이라고 하지요. 종교 단체가 다문화가족지원센터를 위탁 운영할 경우 발생할 수 있는 제도적인 보완이 요청되고 있습니다. 프랑스에서 있었던 부르카 논란의 사례처럼 말이지요.

누군가 한국 사회를 종교 백화점이라고 표현했던 적이 있습니다. 다양한 종교가 한국 사회에 공존하여 현재에 이르렀다는 것으로 해석할 수도 있겠습니다. 한국 사회를 서구 사회와 비교한다면, 종교 간의 극단적인 갈등이 많지 않았다는 사실은 놀라운 일이라 하겠습니다.

하지만 다문화·다종교 지형으로 보다 복잡하게 전환된 한국 사회에서 앞으로 종교 기상도는 어떻게 예보될지 알 수는 없습니다. 개신교에서 우려했던 이슬람교의 확장에 따른 충돌이 앞으로 어떻게 전개될지는 아무도 모르는 일이니까요. 다만, 한국 종교계가 이웃 종교에 대한 존중과 관용의 미덕을 좀 더 발휘해야 하는 시대가 도래한 것만은 틀림없는 사실일 듯합니다. 종교의 자유는 종교 선택의 자유뿐만 아니라 강요받지 않아야 하는 자유까지 포함한다는 사실을 종교계가 상기한다면, 우리 사회 다문화 시대의 종교 기상도는 '맑음'으로 예보될 수 있지 않을까요?

(사)국경없는 마을 다문화연구단, 『이주민 공동체의 문화다양성에 대한 조사연구: 다문화지도 제작』, 문화관광부, 2007.
니시카와 나가오, 한경구·이목 옮김, 『국경을 넘는 사람들』, 일조각, 2006.
박천응, 『다문화교육의 탄생』, 국경없는마을 출판사, 2009.
유네스코아시아 태평양국제이해교육원, 『다문화 사회의 이해』, 동녘, 2008.
자크 아탈리, 이효숙 옮김, 『호모 노마드 유목하는 인간』, 웅진닷컴, 2005.
한국종교문화연구소, 『종교문화비평』 19, 청년사, 2011.

더
읽어볼 만한
글

도판 출처

Shutterstock.com

26쪽 ⓒESB Professional

62쪽 ⓒGena Melendrez

65쪽 위 ⓒVanderWolf Images

　가운데 ⓒZurijet

　아래 ⓒChokchai Suksatavonraphan

66쪽 위 ⓒKiev.Victor

　가운데 ⓒAJP

　아래 ⓒAndrij Vatsyk

68쪽 위 ⓒSergey Golotvin

　아래 ⓒPatryk Kosmider

69쪽 위 ⓒZurijeta

　아래 ⓒYavuz Sariyildiz

76쪽 위 ⓒsangaku

　가운데 ⓒMikhail Markovskiy

　아래 ⓒLenar Musin

97쪽 ⓒholysiam

102쪽 ⓒjorisvo

104쪽 ⓒdmitry_islentev

112쪽 왼쪽 ⓒMarbury

　오른쪽 ⓒMaksMaria

128쪽 ⓒEverett Historical

157쪽 ⓒAndrea Danti

185쪽 ⓒLisaveya

190쪽 ⓒPikoso.kz

204쪽 ⓒDaniel Reiner

223쪽 위 ⓒInna Astakhova

　아래 ⓒbitt24

312쪽 ⓒAndrew Park

331쪽 ⓒSimone Voigt

342쪽 ⓒjorisvo

361쪽 ⓒEugene Sergeev

370쪽 ⓒAlexandra Lande

Wikimedia Commons 😊 ⓤ🄭

49쪽 ① Thierry Ehrmann(CC-BY-2.0)

74쪽 ① ⓒMarie-Lan Nguyen(CC BY-2.5)

77쪽 ① M a n u e l(CC BY-2.0)

146쪽 위 ① David Shankbone(CC BY-3.0)

170쪽 아래 오른쪽 ①ⓞ Tom Yates(CC BY-SA-3.0)

179쪽 위 왼쪽 ①ⓞ ⓒAndrew Dunn(CC BY-2.0)

　위 오른쪽 ①ⓞ Dcconsta(CC BY-SA-3.0)

　아래 ①ⓞ Maksim(CC BY-SA-3.0)

216쪽 ①ⓞ r2hox(CC BY-SA 2.0)

269쪽 ①ⓞ Valentinian(CC BY-SA 3.0)

282쪽 (왼쪽부터) ①ⓞ Hijabis4ever(CC BY-SA-3.0))

　①ⓞ Steve Evans(CC BY-2.0)

　① Fruggo(CC BY-2.0)

　①ⓞ Marius Arnesen(CC BY-2.0)

325쪽 ①ⓞ Jhcbs1019(CC BY-SA-4.0)

351쪽 ① Zoe Margolis(CC BY-2.0)

413쪽 위 ①ⓞ Johannes Grødem(CC BY-SA-2.0)

　아래 ①ⓞ Lukepryke(CC BY-SA-4.0)

421쪽 ①ⓞ kayakorea(Brandon Butler)(CC BY-SA-3.0)

ⓒ연합뉴스

231쪽

333쪽

357쪽

373쪽 위 / 아래

375쪽 왼쪽 / 오른쪽

403쪽

ⓒ한겨레

315쪽

391쪽

우리에게 종교란 무엇인가